INVASION !

DU MÊME AUTEUR

(collectif), *Livre-Mémorial des déportés de France arrêtés par mesure de répression et dans certains cas par mesure de persécution, 1940-1945*, Fondation pour la Mémoire de la Déportation, Éditions Tirésias, 2004.

1914-1918. La Grande Guerre au Moyen-Orient, Éditions Espace Publication, Beyrouth, 2009.

(sous la direction de Claude Quétel), *Dictionnaire du Débarquement*, Éditions Ouest-France, 2011.

Afrikakorps. L'armée de Rommel, Tallandier, 2013.

BENOÎT RONDEAU

INVASION !

Le Débarquement vécu par les Allemands

TALLANDIER

Conseiller éditorial : Claude Quétel

Éditions Tallandier – 2, rue Rotrou 75006 Paris
www.tallandier.com

En mémoire de mes chers parents, Hélène et Michel,
témoins de ces événements dans leur jeunesse
et avec lesquels j'ai, pendant de longues années,
arpenté les champs de bataille de notre Normandie natale.

SOMMAIRE

Troisième partie
LA SEMAINE LA PLUS LONGUE

Quatrième partie
LA GUERRE D'USURE : L'ENFER DES HAIES

Cinquième partie
LA DÉFAITE

TABLE DES CARTES

Prologue

« ALORS, ÇA Y EST[1] »

5 juin 1944, au Berghof, la résidence d'Hitler à Berchtesgaden. Depuis février, en raison de la menace de plus en plus précise d'un bombardement aérien allié, le Führer a quitté son quartier général de Prusse orientale, la Wolfschanze (la « tanière du loup »). À l'ambiance spartiate succède le charme d'un chalet cossu des Alpes bavaroises. Suivant son habitude, après avoir regardé un film et mené une discussion sur le théâtre et le cinéma avec son entourage, Hitler s'est couché très tard, vers trois heures du matin. Le dictateur s'endort sans se douter que, depuis plusieurs heures, les combats ont commencé en Normandie. Son maréchal favori, le maréchal Rommel, qui doit mener la bataille pour repousser l'Invasion, est lui aussi endormi, chez lui, à Herrlingen. Aucun officier de son état-major du groupe d'armées B (*Heeresgruppe B*) ne réalise que la situation exige de le contacter[2].

S'agit-il de l'*Invasion*, du véritable Débarquement ? Le maréchal von Rundstedt, commandant de l'OB West* craint une diversion. Il requiert néanmoins à 4 h 45 l'autorisation

* OB West : *Oberbehfelshaber West*, le haut commandement allemand à l'Ouest.

de faire intervenir immédiatement deux divisions de Panzer* de réserve. Warlimont, l'adjoint de Jodl, le chef d'état-major de l'OKW**, n'a pas plus de certitude que l'OB West quant à la nature des opérations en cours[3]. Dans ces conditions, le général Jodl refuse la requête de Rundstedt.

Au Berghof, on hésite à réveiller le maître du Reich, à peine endormi. Eût-il été prévenu des opérations aéroportées en cours avant de se retirer dans sa chambre qu'il aurait sans doute suivi l'évolution des événements et exigé davantage de rapports au fil des heures. Les atermoiements et le manque de clairvoyance des responsables de la Wehrmacht auront des conséquences dramatiques pour le IIIe Reich.

À quoi bon réveiller Hitler s'il ne s'agit que d'opérations aéroportées de faible envergure ? Loin du tumulte du front, disposant de rapports fragmentaires, parfois erronés, l'état-major de la Wehrmacht met beaucoup de temps à réaliser l'ampleur de l'offensive ennemie. Les responsables du haut commandement ne finissent par admettre que l'Invasion a réellement débuté qu'entre 8 h et 9 h 30 du matin, peu avant l'arrivée au Berghof d'Albert Speer, le ministre de l'Armement et des Munitions. L'armée allemande combat déjà depuis près de dix heures. La bataille des plages est engagée depuis l'aube et, dans les bunkers du mur de l'Atlantique, les soldats allemands luttent avec l'énergie du désespoir.

C'est après 10 heures, ce 6 juin 1944 que le Führer se réveille enfin. On lui apprend immédiatement la nouvelle. Il reste d'abord calme, soulagé même. « Le Führer fait plus que se réjouir du fait », rapporte Joseph Goebbels, le ministre de la Propagande[4] : enfin le jour tant attendu est arrivé !

---

* Panzer : char d'assaut allemand chenillé à tourelle.

** OKW : *Oberkommando der Wehrmacht*, le haut commandement de l'armée allemande.

Avec l'entrée en guerre des États-Unis en décembre 1941, un débarquement des Alliés à l'Ouest à plus ou moins longue échéance était une certitude. Sa confiance en la victoire est absolue. La bataille débute donc en Normandie, exactement à l'endroit qu'il avait prévu. Les conditions météorologiques lui sont également favorables puisque le mauvais temps semble devoir limiter les opérations aériennes alliées. Goering, le patron de la Luftwaffe, estime la bataille d'ores et déjà gagnée. À la conférence hebdomadaire de midi, Hitler, qui a toujours envisagé un éventuel débarquement en Normandie comme une diversion, est désormais dans un état d'excitation total. « Il s'approcha des cartes en affichant un sourire insouciant, dans l'attitude d'un homme qui aurait enfin trouvé l'occasion longtemps attendue, de régler ses comptes avec son ennemi », rapporte le général Warlimont[5]. Le Führer laisse tomber ce commentaire laconique : « Alors, ça y est. » À 14 h 30, il consent finalement à l'intervention des divisions de Panzer de réserve. Ordre tardif : les Alliés ont réduit au silence les défenses du littoral. Hommes et matériel ne cessent d'affluer dans les têtes de pont. Pis, la montée en ligne des réserves allemandes va s'effectuer en plein jour, sous la menace de la formidable puissance des forces aériennes alliées susceptible de donner sa pleine mesure si la météorologie le permet.

Il s'agit bien de l'Invasion. L'épreuve du Jour J et la bataille de Normandie commencent pour l'armée allemande.

Première partie

L'ATTENTE DERRIÈRE L'*ATLANTIKWALL*

Chapitre premier

VAINCRE À L'OUEST POUR GAGNER LA GUERRE

Quatre années se sont écoulées depuis l'éclatante victoire remportée par les armées d'Hitler sur la France et ses alliés en juin 1940. Quelques centaines de combattants en *Feldgrau** étaient alors tombés pour la conquête des départements du Calvados et de la Manche sur les plages desquels déferlent les vagues des libérateurs en cette matinée grise du 6 juin 1944. Quatre années que le martèlement des bottes de l'occupant résonne sur les pavés des localités normandes. Mais le vent de la défaite a commencé à souffler sur les armées d'un Reich désormais sur la défensive : les revers cinglants de Stalingrad, de Tunisie et de Koursk annoncent-ils le désastre final ? La partie qui va se jouer à l'Ouest en cet été 1944 est cruciale. Le peuple allemand est lui aussi las de la guerre. Chaque jour qui passe sans que l'Invasion ne soit annoncée est une déception. Les Allemands savent qu'il faudra affronter cette terrible épreuve pour en finir avec les souffrances du conflit. L'impatience est à son comble.

En conséquence, le 3 novembre 1943, Hitler a édicté la fameuse directive n° 51. Celle-ci débute par un constat lucide sur la situation générale : « Pendant les deux der-

* *Feldgrau :* uniforme gris-vert de l'armée allemande.

nières années et demie, la lutte amère et coûteuse contre le bolchevisme a mobilisé la plus grande partie de nos ressources et énergies militaires. Cet engagement était en accord avec un danger sérieux et la situation globale. La situation a depuis changé. La menace à l'Est demeure, mais un danger encore plus grand pointe dans l'Ouest : le débarquement anglo-américain ! » En effet, Hitler sait pertinemment que les Alliés doivent débarquer par la Manche (et ce dès 1941-1942). Mais ils se sont d'abord engagés en Méditerranée en 1942 puis en 1943 – ce qui lui a permis d'envisager une dernière offensive à l'Est (Koursk). La vraie confrontation doit avoir lieu en France : c'est une certitude. Mais où et quand ?

« Repousser une invasion anglo-américaine constituerait un tournant décisif de la guerre », écrit Goebbels dans son journal le 27 octobre 1943[1]. Hitler y voit l'ultime opportunité d'un renversement du cours de la guerre en sa faveur. Ce succès lui permettrait de diriger toutes ses forces sur le front de l'Est et accorderait également au Reich le temps nécessaire à la mise au point d'armes qui pourraient assurer la victoire, en particulier les bombes volantes V1 et les fusées supersoniques V2. Espoir auquel beaucoup se raccrochent, que certains récusent, tandis que d'autres feignent d'admettre qu'une issue diplomatique est encore du domaine du possible, cette dernière hypothèse ayant la faveur du Führer lui-même[2]. Si les Alliés parviennent à ouvrir un front en Europe du Nord-Ouest, le Reich est perdu.

Quelques jours auparavant, le 28 octobre 1943, le rapport que le maréchal Gerd von Rundstedt a fait parvenir à Hitler est alarmant : compte tenu des forces actuellement mises à sa disposition, il s'estime incapable de repousser un débarquement allié au printemps 1944[3]. L'OB West aligne quarante divisions*, la moitié seulement étant pleinement opérationnelle[4]. On ne dénombre que cent cinquante chars modernes[5]. Jusqu'à présent, aucune urgence ne semblait dicter un renforcement de l'armée allemande à l'Ouest. La gravité de la situation apparaît désormais avec acuité : il n'y a jamais eu si peu de troupes cantonnées à l'Ouest alors même que la montée en puissance de ses adversaires de l'autre côté de la Manche se précise. Cependant, les Alliés étant engagés en Méditerranée et l'hiver approchant, Hitler sait qu'il dispose de quelques mois de répit avant que l'assaut ne soit donné sur les côtes de la *Festung Europa*, la « Forteresse Europe ».

Conformément à la directive n° 51 du Führer, la dotation des armées de l'Ouest en matériels modernes, renforts et unités de remplacement est désormais prioritaire, cela au détriment du front de l'Est qui, depuis le déclenchement de l'opération Barbarossa en juin 1941, vampirise toutes les ressources. La France est alors une zone de guerre plutôt paisible, où les forces d'occupation n'ont apparemment qu'à rappeler leur présence en défilant aux accents de chansons aux fameux refrains tel « Heidi, Heido, Heida », passé à la postérité comme emblématique du nazisme... De plus, le contact – comparé à l'Est – est moins distant avec les populations occupées, même si beaucoup s'accommodent difficilement de la situation, comme en témoigne le roman *Le Silence de la mer* de Vercors. L'Ouest constituait jusqu'alors une zone de remise en condition des unités malmenées à l'Est, notamment la force de frappe d'Hitler, à savoir, outre les Waffen SS et les parachutistes (*Fallschirmjäger*), les divisions de Panzer, ainsi qu'un réservoir d'effectifs de remplacement

* Une division d'infanterie comprend entre 8 000 et 14 000 hommes.

et de matériels à l'intention des autres théâtres d'opérations. Les effets de la directive n° 51 sont rapides : huit divisions d'infanterie sont affectées à l'Ouest.

Toutefois, en raison de la pression exercée par les Soviétiques, l'immense front de l'Est va continuer d'absorber une part non négligeable des renforts et remplaçants. 75 % des Panzer et des automoteurs produits en décembre 1943 (soit 1 639 sur 2 200) sont affectés aux unités combattant sur le front russe auquel est octroyée encore l'intégralité de la production de chars lourds Tiger. Début 1944, au grand désarroi du général Jodl, le front russe accapare encore les deux tiers des divisions d'infanterie et, surtout, les trois quarts des divisions de Panzer et de panzergrenadiers*. En mars 1944, la crainte de voir la Hongrie basculer dans le camp adverse ou, du moins, abandonner la cause de l'Axe, pousse Hitler à y dépêcher temporairement des divisions blindées stationnées en France. À la fin du mois, la situation sur le front de l'Est l'oblige finalement à y envoyer le IIe corps SS de Panzer. Il ne reste alors plus qu'une seule division entièrement motorisée sur le front de l'Ouest[6].

Cette situation ne dure qu'un temps. Ce même mois de mars 1944, la 16e division de panzergrenadiers quitte la Russie pour la France où, amalgamant une unité de réserve, elle forme la 116e division de Panzer. D'autres formations de Panzer sont mises sur pied en France ou bien y sont transférées. Les meilleures unités de la Waffen SS – la *Leibstandarte Adolf Hitler* et la *Das Reich* – et de l'armée de terre – les 2e, 9e et 11e divisions de Panzer – sont transférées à l'Ouest. Les unités sont rééquipées, grâce à la

---

* Infanterie motorisée allemande montée sur des semi-chenillés ou sur des camions.

production industrielle de véhicules blindés qui atteindra des records en 1944. Les meilleurs chars, Panther et Tiger, supérieurs non seulement au T34 soviétique mais également au Sherman (le cheval de bataille des unités blindées anglo-américaines), sont dépêchés sur le front de l'Ouest. On dénombre cinq cent quatorze Panther à l'Ouest fin avril 1944 alors qu'aucun de ces engins n'y était déployé quelques mois plus tôt[7].

En juin 1944, espérant pouvoir s'opposer victorieusement à l'Invasion, Hitler concentre à l'Ouest un nombre conséquent de divisions d'élite de la Wehrmacht et de la Waffen SS : dix divisions blindées et motorisées et deux divisions de parachutistes. Le général des Panzer von Funck, spécialiste de l'arme blindée, arrive également du front de l'Est avec l'état-major du 47e corps de Panzer. À ce moment-là, le front de l'Ouest a bien préséance sur le front russe, qui n'aligne plus que vingt-deux divisions blindées et motorisées. Le nombre de blindés (Panzer, canons d'assaut et chasseurs de chars) déployés à l'Ouest est passé de 703 en octobre 1943 à plus de 2 000 en juin 1944. Preuve indéniable de l'effort de guerre face aux Alliés occidentaux, au sein de quarante-deux divisions de l'armée de terre à l'Ouest le 1er avril 1944, il ne manque que trois cents soldats par rapport aux tables d'effectifs théoriques[8]. L'effort colossal fourni également pour mettre en défense les côtes de la « Forteresse Europe », le fameux mur de l'Atlantique (*Atlantikwall*) – béton, armement, équipement, mines, barbelés… – abonde en ce sens.

Au printemps 1944, sur les trois cents divisions dont dispose la Wehrmacht, cent quatre-vingt-sept sont engagées contre l'armée Rouge mais cent vingt-deux sont déployées sur les autres fronts (de la Scandinavie à la Grèce), dont cinquante-huit sous l'autorité de Rundstedt. Le « second front » est une réalité bien avant le Débarquement.

Dans l'esprit d'Hitler, la bataille qui s'annonce sera décisive. Le 20 mars 1944, le discours qu'il tient devant les responsables du front Ouest résume ses espérances :

> En aucun cas, nous ne devons tolérer que le débarquement allié dure plus de quelques jours, sinon quelques heures. L'exemple de Dieppe doit nous servir de modèle. Une fois le débarquement repoussé, l'ennemi ne renouvellera certainement pas sa tentative. En dehors des lourdes pertes qu'il aura subies, il lui faudrait des mois pour lancer un nouvel assaut. Cependant, ce n'est pas là l'unique facteur qui empêchera les Anglo-Américains de recommencer. Il y en a un autre : le coup fatal porté à leur moral par un débarquement manqué. En premier lieu, un échec empêcherait la réélection de Roosevelt [...]. En Angleterre également, la lassitude se manifesterait plus encore qu'elle ne l'a fait jusqu'ici ; de plus, étant donné son âge, son état de santé et la perte de prestige qu'il subirait, Churchill serait désormais incapable d'imposer une nouvelle tentative de débarquement. [...] L'échec d'une tentative de débarquement représenterait pour nous beaucoup plus qu'un succès local sur le front de l'Ouest : ce serait l'élément capital dans l'ensemble des opérations de la guerre et donc dans le résultat final. Les 45 divisions actuellement stationnées en Europe – front de l'Est excepté – nous font défaut en Russie ; il faut que nous les transférions là-bas aussitôt la décision emportée à l'Ouest, de manière à obtenir un renversement complet de la situation. L'issue de la guerre et le destin du Reich dépendent de chaque combattant du front de l'Ouest, théâtre d'opérations n° 1 de ce conflit. Il faut donc que chaque officier ou homme de troupe vive dans le sentiment que tout dépend de son effort individuel[9].

Chapitre II

L'ULTIME RECOURS : ROMMEL ET L'*ATLANTIKWALL*

Dès 1942, Hitler se préoccupe de la mise en défense des côtes pour se prémunir de l'ouverture d'un second front. L'irruption d'un navire anglais jusqu'aux docks de Saint-Nazaire lors du raid mené par les commandos alliés en avril 1942 le contrarie particulièrement. Le limogeage de Karl Hilpert, le chef d'état-major de l'OB West, ne conjure en aucune manière la menace. Hitler préconise donc de fortifier le littoral sur cinq mille kilomètres, de la Norvège à la frontière espagnole. Dans sa directive n° 40 du 23 mars 1942, il ordonne la construction de quinze mille blockhaus. L'échec du raid anglo-canadien de grande envergure lancé sur Dieppe le 19 août 1942 le conforte dans cette opinion. Il lui apparaît évident que, pour des raisons logistiques, les Alliés doivent s'emparer d'un port dès les premiers jours de l'Invasion. Ceux-ci doivent être donc fortifiés en priorité. Deux ans plus tard, alors que l'expérience en matière de débarquement des Alliés s'est grandement accrue*,

* En effet, entre Dieppe (8/42) et le Jour J (6/44), les Alliés ont opéré leurs premières véritables opérations amphibies et aéroportées d'envergure (Torch, Husky, Avalanche, Shingle mais aussi Pacifique) et ils ont beaucoup appris de leurs erreurs.

les ports sont toujours considérés comme indispensables au succès d'une invasion : Hitler ignore les capacités amphibies de ses adversaires ainsi que leurs tactiques ; il ne soupçonne pas leur technicité en matière de construction de ports artificiels et sous-estime leur aptitude à ravitailler leurs troupes directement à partir des plages. Ces dernières, dont le potentiel stratégique est sous-évalué, ne sont pour autant pas négligées car c'est l'intégralité du littoral qui est mis en défense. Hitler s'intéresse en personne au moindre détail, jusqu'à la conception des casemates.

En septembre 1941, le maréchal von Witzleben – alors chef de l'OB West – a commencé à entreprendre quelques travaux de mise en défense du littoral, après repérage des meilleurs sites, mais presque rien n'est réalisé. Son successeur, le maréchal von Rundstedt, nommé en mars 1942, doyen du corps des officiers, amateur d'alcool et de cigares, a établi son QG sous une école à Saint-Germain-en-Laye. Rundstedt est certes prestigieux mais il manque de l'énergie nécessaire pour donner une impulsion décisive à l'édification de l'*Atlantikwall*. Il ne croira d'ailleurs jamais aux vertus de ce dernier. Un pur effet de propagande à son avis. Il délègue beaucoup, se lève rarement avant 10 h 30 le matin et ne travaille plus après 20 heures.

Pendant longtemps, les soldats allemands combattant sur tous les fronts ont considéré leurs camarades occupant la France comme des privilégiés, des planqués vivant « heureux comme Dieu en France ». La France est « un paradis pour le conquérant[1] ». Évoquant Paris, un officier de la 9e division de Panzer écrit : « J'ai passé des journées merveilleuses ici[2]. » Ceci a pu avoir de fâcheuses conséquences sur la discipline. L'inactivité est ce qu'il y a de pire pour un soldat, estime Hans von Luck – qui prend lui-même le temps d'emmener sa fiancée écouter Karajan à l'opéra de

Paris –, surtout s'il occupe un secteur réputé peu exposé et qu'il peut profiter de nombreuses aménités : cidre, calva, jeunes femmes[3]... Cette lassitude, le caporal Heinrich Böll la ressent, après trois années à surveiller le large au cap Gris-Nez et sur l'estuaire de la Somme. « Rien ne se passe si ce n'est les vagues allant et venant, allant et venant », se lamente le capitaine Joachim Lindner, alors à Dieppe[4]. Franz Gockel, mitrailleur au sein de l'un des régiments de la 716e division d'infanteric cst cn poste à Colleville-sur-Mer, dans ce qui sera le futur secteur d'Omaha Beach, et comme beaucoup de ses camarades, sympathise avec les Français du voisinage. Pour certains, la proximité de la gente féminine est source de plaisirs. Pour d'autres, plus nombreux qu'on a longtemps voulu le reconnaître, l'idylle est sérieuse. Ainsi, le soldat Bruno Skupski, en poste à Saint-Aubin-sur-Mer, s'éprend-il d'une jeune épicière, Pauline. Après la guerre, les deux amoureux, devenus parents d'un enfant, se marieront[5]... L'armée allemande veille cependant à la discipline : il est formellement interdit à un couple de jeunes gens non engagés de se tenir par la main. Au besoin la Feldgendarmerie rappelle à l'ordre les amoureux trop démonstratifs[6].

Aucune distraction de ce genre pour Franz Gockel. Il effcctuc dc nombreux exercices, les patrouilles se multipliant... En revanche, point de bunkers dotés d'impressionnants canons comme le jeune soldat les découvre dans les *Deutsche Wochenchauen*, les actualités filmées. Celles-ci en vantent les points forts et présentent systématiquement les puissantes batteries – jusqu'à 406 mm – du Pas-de-Calais. Elles claironnent qu'« ici, l'Allemagne démontre après quatre ans de guerre la formidable puissance de sa défense. Les soldats allemands veillent. Ils attendent l'ennemi[7] ». « Notre Wehrmacht les attend de pied ferme », affirme Goebbels avec assurance. La presse allemande déclare que l'*Atlantik*-

wall est « la plus grande et la plus longue ligne de fortifications que l'histoire militaire ait vue[8] ».

L'arrivée de Rommel à l'Ouest perturbe rapidement les habitudes nonchalantes. Le 5 novembre 1943, Hitler annonce au maréchal Rommel, le héros de l'Afrikakorps, qu'il le charge d'inspecter les défenses côtières à l'Ouest et d'en étudier les possibilités de renforcement tout en élaborant des projets de contre-attaque. En janvier 1944, Rommel se voit également confier le commandement du groupe d'armées B (de l'Escaut à la Loire), dans le secteur duquel l'assaut allié est attendu. Il s'attèle à sa tâche avec enthousiasme. À l'opposé de Rundstedt, qui critique l'ambition de son illustre subordonné, il ne manque pas d'énergie et travaille sans cesse. En deux semaines, au mois de février 1944, ce ne sont pas moins de quatre mille ordres, télétypes et instructions spéciales qui passent sur son bureau. Cette activité rejaillit sur l'OB West : en une journée, celui-ci reçoit ou donne près de neuf mille appels téléphoniques[9]. Le QG de Rommel est d'abord installé au château de Fontainebleau, celui de la marquise de Pompadour, avant d'emménager, le 9 mars 1944, dans celui des ducs de La Rochefoucauld à La Roche-Guyon, plus proche de la future zone supposée du débarquement, à savoir l'estuaire de la Somme. Rommel multiplie les inspections sur le littoral, rend visite aux différents commandants de secteur et discute avec eux des meilleures options pour rejeter l'ennemi à la mer. Il découvre avec consternation non seulement le faible état d'avancement des défenses dans la majeure partie des sites inspectés, mais pire encore, que certaines fortifications ont été délaissées ou mêmes détruites à l'explosif[10].

L'imagination de Rommel et son expérience acquise en Afrique du Nord vont lui permettre de concevoir des défenses élaborées capables de faire échouer le débarquement allié, pour peu qu'il puisse disposer de suffisamment de temps et de moyens, mais surtout d'autorité. Rommel a souvent été dépeint par ses pairs – parfois jaloux de sa gloire – et par certains historiens comme un officier au sens stratégique des plus limités. Ses options militaires sur le front de l'Ouest en 1943-1944 constituent au contraire la preuve d'indéniables qualités d'adaptation en ce domaine. Ce n'est pas le moindre des mérites de ce tacticien hors pair de la *Blitzkrieg* que d'avoir envisagé la victoire sur un positionnement avant tout défensif. À El Alamein*, déjà, il avait organisé un système de défense très élaboré, basé en particulier sur d'importants champs de mines, les plus vastes et les plus denses réalisés jusqu'alors. Reprenant et affinant sa stratégie, il prévoit de couvrir littéralement le littoral de mines. Ses projets sont pour le moins démesurés : il envisage de poser jusqu'à deux cent millions de mines[11] ! Ces « jardins du diable » protégeront les défenseurs d'un assaut venant du large mais aussi de l'intérieur. Tous les expédients sont bons. Le 9 janvier 1944, le général Meise, chef du génie et inspecteur du matériel du groupe d'armées B, annonce que onze millions de mines pourront être produites avec des explosifs français. Des centaines de milliers d'obus sont récupérés dans les arsenaux et sur la ligne Maginot. Quelques jours avant le Débarquement, Rommel obtiendra encore un million d'obus. S'il est souvent convaincant, il use parfois de stratagèmes pour obtenir du matériel. C'est ainsi que, lors d'un dîner auquel était convié un hôte aux importantes responsabilités, il fit exception à sa règle de ne s'accorder qu'un repas frugal pour offrir un festin préparé

* El Alamein : célèbre bataille menée par Rommel dans le désert égyptien en 1942.

par l'un de ses officiers, fameux restaurateur dans le civil. La tentative fut vaine...

Pour Rommel, il faut anéantir l'adversaire sur la côte, au moment même où il est le plus vulnérable, c'est-à-dire pendant le Débarquement. Les opérations amphibies alliées en Sicile (10 juillet 1943) et à Salerne (9 septembre 1943) ont certes montré la difficulté de monter une contre-attaque de Panzer en raison de la puissance de feu de la flotte et de l'aviation ennemies, mais surtout du fait que les Alliés, mettant à profit la configuration du terrain partout où cela était possible, se sont tout simplement infiltrés entre les points d'appui. Il importe donc de fortifier davantage les côtes. Avec ingéniosité, Rommel met au point en personne une multitude d'obstacles de plage pour couvrir l'intégralité de l'estran. Pour se prémunir de l'atterrissage des planeurs, il préconise d'inonder certains secteurs marécageux et imagine de tapisser les champs de pieux – on les surnommera justement les « asperges de Rommel » – surmontés d'obus et de mines, reliés entre eux par des barbelés. Le général Meise est admiratif du génie créatif de son chef. Il semblerait que certains avaient eu avant lui des idées similaires. Rommel découvre ainsi la présence à Quinéville, dans la Manche, de quelques pieux en béton et de trièdres mis en place dès 1941. Il faut toutefois disposer les défenses comme il le préconise et apporter toutes les améliorations nécessaires. Les tests s'avèrent en effet parfois décevants[12] : le 24 janvier, pour éprouver le dispositif défensif, on fait évoluer une barge vers la plage mais celle-ci passe sans dommage au-dessus des pieux ! Rommel refuse par ailleurs que des essais soient menés sur les « asperges » qui prolifèrent dans les champs. Il sait pertinemment que le système n'est pas sans défaut, mais il importe avant tout de maintenir l'effet bénéfique de ces défenses sur le moral de la troupe. Ses subordonnés se démènent pour multiplier les obstacles de plages. Le 2 février, le général Dollmann, chef de la 7e armée (Basse-Normandie et Bretagne), décide de mettre en place vingt-deux mille « hérissons tchèques* », prioritairement sur la côte du Cotentin. De son côté, Rundstedt insiste encore et encore sur la nécessité de fortifier les ports et de les ériger en forteresses : au 15 février, soixante-quatorze mille hommes et trois mille huit cents véhicules de la 7e armée sont affectés à cette tâche jugée essentielle[13].

Une frénésie s'empare des unités en poste sur l'*Atlantikwall*. Rommel, qui inspecte en personne le secteur de Colleville-sur-mer le 29 janvier 1944, est très mécontent de ce qu'on lui a présenté. Les canons ne disposent d'aucune protection, ils sont simplement dissimulés par un filet de camouflage. Les tranchées et les postes de combat ne sont rien d'autre que de simples fortifications de campagne. Comme en Afrique, les subordonnés se doivent d'exécuter avec célérité les travaux indispensables s'ils ne veulent pas subir les foudres de Rommel. L'édification de l'*Atlantikwall* devrait selon lui bénéficier de toutes les priorités, mais il n'est guère soutenu. En mars 1944, cinq bataillons du génie de la 7e armée sont ainsi accaparés par des travaux au profit de la Luftwaffe et ne peuvent donc donner leur concours à la mise en défense des plages. Quant aux propres unités de la Luftwaffe, l'OKW s'oppose à leur utilisation sur la côte. Goering intervient en personne pour s'opposer à l'utilisation de ses troupes dans les travaux de fortifications : les 3e et 5e divisions de parachutistes basées en Bretagne n'édifieront donc que des retranchements pour leur propre sécurité contre un assaut aéroporté ennemi[14]. Des clichés

---

* « Hérissons tchèques » : obstacle de plage constitué de plusieurs pièces métalliques (des rails) soudées entre elles en croix.

nous montrent cependant des hommes du 6e régiment de parachutistes plantant des « asperges de Rommel » en plein champ, mais il s'agit d'une mesure antiparachutiste qui entre dans le cadre de la mission dévolue à cette unité[15].

Néanmoins, le bétonnage du secteur accélère et les points d'appui sont construits à l'épreuve des bombes. L'armement est renforcé. Pour s'assurer des champs de tirs corrects, il faut bien souvent procéder à la destruction d'habitations et raser totalement la végétation sur le littoral. Partout, il faut fortifier les plages et les soldats doivent prêter leur concours à l'Organisation Todt (organisation nazie en charge d'édifier les défenses). Certains ne prennent pas cette tâche essentielle au sérieux : à Crasville, près du Havre, Rommel découvre avec consternation que des soldats ont tout simplement poussé des tétraèdres du haut des falaises pour s'éviter bien des fatigues[16] ! Des pieux garnis de mines sont fichés sur le sable de l'estran, non sans mal, grâce à un système de lance d'incendie permettant de faire glisser les troncs dans le sable rendu mouvant par le puissant jet d'eau. Encore faut-il que ces lances, parfois vieilles et usées, ne se déchirent pas. Quand le sol ne s'y prête pas, les hommes ont recours à des béliers pour enfoncer les pieux. Équipés de simples pelles et pioches, ils doivent aussi creuser des tranchées et des trous individuels tout en assurant les tours de garde et les patrouilles nocturnes. Un travail lent et épuisant, c'est à peine si la progression atteint quelques mètres par jour. Franz Gockel et ses camarades sont fourbus : comment consacrer suffisamment de temps à l'indispensable entraînement au combat[17] ? D'après l'interrogatoire de certains prisonniers allemands effectués après le Jour J, le soir, les hommes s'affalaient sur leur lit dans un état d'épuisement total[18]. Paradoxalement, être puni pour faute signifie être exempté de travail, au grand dam des autres soldats qui poursuivent les corvées de terrassement. Montant la garde sur la côte, les sentinelles, les yeux rivés sur le large, attendent le jour fatidique. Certaines sont déployées comme unités antiparachutistes. C'est le cas de l'adjudant Rudi Escher et de ses hommes, de la 91e division d'infanterie. Depuis le 2 juin, leur mission consiste à scruter le ciel du haut du clocher de Sainte-Mère-Église. Ils y ont aménagé un petit lieu de vie, où, à tour de rôle, ils se reposent le jour et dorment la nuit[19]. Sur les côtes, les bunkers de cantonnement prennent un aspect le plus confortable possible.

Tous ces travaux ne s'effectuent pas sans perturbations. Certaines positions attirent l'attention des Alliés et sont copieusement bombardées. Les soldats les plus chanceux se terrent dans leurs abris bétonnés. Pourtant, l'effet de souffle des bombes les chahutent à l'intérieur même des bunkers qui tremblent sous les explosions. Le 25 mai, peu après une visite d'inspection du général Dollmann, la batterie de Merville est frappée par l'aviation alliée. Il y a tout lieu d'être satisfait : les murs de deux mètres d'épaisseur ont résisté. Le surlendemain, Rommel inspecte le site. Deux Spitfire surgissent alors et passent en trombe, arrosant la batterie du feu de leurs mitrailleuses. Tous les officiers présents se jettent au sol… sauf Rommel, qui demeure impassible. Un courage exemplaire susceptible de donner un coup de fouet au moral des troupes.

Ont-ils le moral ces soldats allemands sur lesquels repose le sort du IIIe Reich ? « Nous attendions le Débarquement qui devait mener à une fin prochaine de la guerre », se souvient Franz Gockel. « Nous étions certains d'être les vainqueurs puisque Rommel assurait que nous étions dans la baie idéale[20]. » L'endoctrinement et l'arrivée massive d'équipement et de matériel ainsi que la foi intacte dans le Führer ont un effet indéniable sur les soldats allemands à l'Ouest. L'optimisme reprend donc le dessus : il semble encore possible de remporter la bataille à venir. « Si les Anglais essaient d'attaquer ici, sur la Manche, et subissent une défaite, écrit Heinrich Böll à son épouse, cela pourrait peut-être nous apporter un changement décisif dans cette guerre[21]. » Les fêtes de fin d'année sont porteuses d'un nouvel élan. « Aussi sombre que 1943 fut pour nous, nous commençons avec confiance l'année de la victoire », écrit un soldat à sa femme. Même état d'esprit – cela ne saurait surprendre – chez les Waffen SS : « 1944 sera l'année de la victoire de l'Allemagne », pronostique un tankiste de char Tiger[22]. Ils sont pressés d'en découdre, ces soldats, à l'instar du jeune Werner Kortenhaus, de la 21e division de Panzer : « Nous pensions réellement que nous étions si forts que nous les repousserions à nouveau[23]. » L'énergie de Rommel, héros de la propagande nazie, est revigorante et communicative. « Je suis convaincu, écrit-il à son épouse, que nous allons remporter la bataille décisive à l'Ouest, pourvu que nous ayons cependant suffisamment de temps pour nous préparer[24]. » Pour soutenir le moral précisément, ainsi que pour montrer sa satisfaction, le maréchal distribue accordéons et harmonicas sur les positions qu'il inspecte. Son enthousiasme gagne ainsi le général von Salmuth, chef de la 15e armée positionnée dans le Pas-de-Calais, que presque tout le haut commandement allemand s'accorde à considérer comme le lieu le plus probable de l'Invasion. L'amiral Krancke, chef de la marine à l'Ouest, en dépit de la faiblesse navale de la Kriegsmarine, fait preuve lui aussi d'optimisme : les batteries lourdes du Pas-de-Calais seront en mesure de repousser la flotte alliée. Erich Marcks, qui commande le 84e corps en Normandie et qui supportera le poids de l'invasion alliée, est également extrêmement confiant. Il est persuadé que ses hommes remporteront la victoire. Impressionné par le nombre et la qualité des effectifs que le Reich est encore en mesure d'aligner au bout de cinq années de guerre, rien, selon lui, ne rappelle la difficile situation de 1918[25].

Toutefois, la peur du combat qui approche n'épargne pas certains, comme Karl Max Wietzorek, pourtant parachutiste aguerri, vétéran du front de l'Est. Même un Waffen SS comme Helmuth Gunther prévoit non sans appréhension que la partie à l'Ouest sera très différente de celle menée contre les Russes : ici, il y aura « des hommes contre des machines[26] ». Pour Heinrich Füst, officier du service médical, c'est le fatalisme et l'angoisse de la mort qui prévalent[27]. Certains n'y croient plus, mais ce ne sont pas les plus nombreux. C'est le cas d'Hans Meier, qui ne voit qu'illusion dans l'*Atlantikwall* et qui écope de cinq ans de forteresse pour avoir refusé de participer à l'exécution d'un camarade de la Kriegsmarine passé à la Résistance[28].

Quels sont donc les résultats de l'activité déployée par Rommel ? Celui-ci écrit dans un rapport :

> Commencée fin janvier, la construction d'obstacles sous-marins le long de la côte atlantique est en cours d'exécution et presque terminée dans les secteurs les plus importants. On se demande pourquoi on n'a pas commencé plus tôt ; nous aurions établi une barrière infiniment plus puissante. La réponse est la suivante : personne n'y a pensé auparavant. Cependant, le fait qu'on ait débuté si tard est néanmoins un avantage : l'ennemi devra adapter sa tactique à cette nouvelle forme de défense qui, au dernier moment, risque d'infliger de lourdes pertes à ses péniches de débarquement. De fait, il se peut que ces nouveaux obstacles aient été pour quelque chose dans la dernière décision de nos adversaires de remettre le déclenchement de leur offensive[29].

La multiplication des obstacles défensifs sur les plages – les Alliés se rendent compte du renforcement des défenses côtières au début de l'année 1944 – n'a en effet pas été sans causer quelques inquiétudes au haut commandement allié[30], qui saura mettre au point matériels spéciaux et tactiques pour y répondre. Mais Rommel se trompe en imaginant que les Alliés débarqueront à marée haute pour éviter d'avoir à parcourir une trop grande distance sur la plage. Par ailleurs, le répit accordé aux Allemands par le report de l'Invasion prévue initialement au mois de mai est avant tout dû à la nécessité de disposer de davantage d'engins de débarquement. Toutefois, selon le rapport du groupe d'armées B pour la semaine du 28 mai au 3 juin, à la 7e armée, qui sera en première ligne le Jour J, on estime que seuls 18 % de l'ensemble du projet défensif est terminé[31]. Ce chiffre est global et la situation est moins dramatique dans le secteur du 84e corps où aura lieu l'assaut. Les moyens pour ériger des bunkers manquent : au cours de la semaine du 21 au 27 mai, la 7e armée n'a ainsi perçu que cent cinquante-neuf wagons de ciment au lieu des mille six cents escomptés[32]. Les bombardements sont les premiers responsables de cette situation. Dans un rapport du mois de mai, Rommel annonce que les destructions opérées sur les voies de communication dans le nord de la France par les Alliés perturbent l'arrivée des renforts et du ravitaillement. Si le rapport du groupe d'armées B de la semaine du 21 au 27 mai 1944 reconnaît que les bombardements ont causé peu de dommages aux fortifications, alors que des positions factices ont été attaquées, il souligne que douze aérodromes ont été mis hors service ainsi qu'environ deux cent quatre-vingts locomotives. Ces destructions liées à l'activité aérienne de l'ennemi ne sont qu'une partie de l'explication. D'abord peu réactive aux conceptions défensives de Rommel, la 7e armée a – selon les dires mêmes du maréchal – pris un retard de six semaines sur la 15e armée. Pourtant, la 7e armée ne ménage pas ses efforts : le 4 juin, on compte 84 000 hommes travaillant sur les défenses de plages et 15 000 autres s'activant sur les fortifications de l'intérieur[33].

Les résultats demeurent néanmoins impressionnants. L'Organisation Todt, qui double sa production de béton armé, a construit 4 600 blockhaus les cinq mois précédant l'Invasion alors que 8 478 seulement ont été édifiés depuis 1941[34]. Le journal de guerre du groupe d'armées B indique : « Jusqu'au 13 mai 1944, 517 000 obstacles sous-marins ont été construits le long des côtes de la Manche. 31 000 sont minés[35]. » Rommel n'a perçu que cinq millions de mines, ce qui est loin du total exigé (il estime à cinquante millions le minimum requis), mais, en l'espace de six mois, l'armée allemande à l'Ouest a été en mesure d'en enfouir trois fois plus qu'au cours des trois années précédentes. Cependant, en mer, du fait de l'activité ennemie et des pertes subies parmi ses navires, la Kriegsmarine éprouve des difficultés dans le mouillage de mines entre Boulogne et Cherbourg, dans la zone où est attendu l'assaut adverse.

Il reste indéniable que les résultats auraient été encore plus spectaculaires et conséquents s'il n'y avait eu tant de mauvaise volonté et de querelles au sein du haut commandement allemand à l'Ouest. Rivalités interarmes et inimitiés personnelles sont particulièrement préjudiciables à la préparation de la bataille décisive. Kriegsmarine et Luftwaffe se montrent particulièrement peu enclines à coopérer. Ainsi, lorsque la 3e flotte aérienne d'Hugo Sperrle, basée à l'Ouest, fait savoir à l'amiral Krancke que la meilleure parade face à la flotte alliée serait de mouiller les nouvelles mines acoustiques à proximité des ports britanniques, la Kriegsmarine s'empresse de répondre que cela ne peut être envisagé qu'à condition que la Luftwaffe engage tous les appareils disponibles dans l'opération, ce que cette dernière refuse. De toute façon, Hitler tranche en s'opposant au projet, de crainte que les Alliés ne parviennent à s'emparer de l'une de ces mines acoustiques – qui constitueront un réel danger pour les navires alliés pendant la campagne – et ne mettent au point une parade. La Kriegsmarine et la Luftwaffe ne sont certes pas les seules à blâmer. Les désaccords qui divisent les principaux responsables de l'armée de terre – la Heer – quant à la conduite à adopter pour rejeter les Alliés à la mer sont certainement plus graves de conséquences encore.

Chapitre III

ENTRE CONFUSIONS ET DÉSINFORMATION : L'IMPOSSIBLE STRATÉGIE

En 1942, Hitler avait confié la direction du haut commandement à l'Ouest à l'OKW, organe qui en théorie chapeaute la Heer (l'Armée de terre), la Luftwaffe (l'Aviation) et la Kriegsmarine (la Marine), avec l'idée qu'il était nécessaire de coordonner l'action des trois armes sur ce théâtre des opérations, alors que l'OKH (le haut commandement de l'armée de terre) mène la guerre à l'Est. C'était sans compter avec les rivalités internes au Reich et à la politique du « diviser pour mieux régner » du Führer. L'unité du commandement n'est qu'une illusion. En fait, la seule personne à réunir tous les pouvoirs de commandement est Adolf Hitler lui-même. Rundstedt n'est donc en aucune manière un commandant suprême à l'image du général Eisenhower. Ce dernier a non seulement la confiance de ses supérieurs (militaires et politiques), mais ses responsabilités s'exercent sur les trois armes – terre, air, mer – de l'ensemble des contingents alliés avec une véritable autorité : Eisenhower est celui qui prend les décisions. Contrairement à Rundstedt, la priorité accordée à son commandement ne souffre pas de la concurrence des autres théâtres des opérations – la Méditerranée et l'Asie-Pacifique –, et il a été ainsi en mesure de détourner à son profit des unités navales d'abord destinées aux autres fronts.

Le maréchal von Rundstedt ira, quant à lui, non sans exagération, jusqu'à affirmer que son autorité se résumait à faire changer les sentinelles qui montaient la garde devant son quartier général. Le déplacement voulu par la 15e armée d'une seule division a nécessité de multiples tractations entre l'OB West de Rundstedt et l'OKW de Jodl avant que la mesure ne soit finalement approuvée[1]. Il reste que ses responsabilités sont largement grevées par l'extrême complexité de l'organisation de l'armée allemande à l'Ouest.

Rundstedt a sous ses ordres : le groupe d'armées B de Rommel (15e armée de Salmuth et 7e armée de Dollmann, dont le 84e corps de Marcks en Normandie), déployé de l'Escaut à la Loire – ce dernier étant maréchal, il peut toutefois s'adresser directement à Hitler sans passer par Rundstedt et il reste inspecteur de l'*Atlantikwall* au-delà des limites du groupe d'armées B –, le groupe d'armées G de Blaskowitz, positionné de la Loire à l'Espagne et sur le rivage méditerranéen, ainsi que le groupe de panzers Ouest de Geyr von Schweppenburg (avec les Panzer de réserve). Mais Rundstedt ne peut déplacer ce dernier, réserve stratégique de l'OKW, sans l'aval du Führer. Par ailleurs, Geyr von Schweppenburg est également subordonné à Heinz Guderian, l'Inspecteur général des unités blindées (*Panzertruppen*), pour tout ce qui a trait à l'instruction et à l'organisation des divisions blindées et motorisées. De plus, certaines des divisions déployées à l'Ouest au sein du groupe d'armées B et le groupe d'armées G sont des divisions en cours de formation et à l'entraînement, et dépendent de ce fait du général Fromme, le chef de l'armée de remplacement, en poste à Berlin.

Rundstedt a également sous son autorité – mais uniquement sur le plan tactique – les généraux d'infanterie von Stülpnagel et von Falkenhausen, respectivement commandants militaires de France et de Belgique, responsables des unités de sécurité et d'occupation. En revanche, le général d'aviation Christiansen, commandant militaire des Pays-Bas, échappe à son autorité bien que Rundtsedt commande aux divisions établies dans ce pays. Mais ces trois généraux dépendent directement de l'OKW pour tout ce qui a trait à l'administration et à l'utilisation stratégique du territoire.

Le SD, la SS, la Gestapo et la police dépendent pour leur part directement de Himmler, et Rundstedt n'a aucune autorité sur eux. Himmler a d'ailleurs un droit de regard sur tout ce qui concerne la discipline au sein des divisions de la Waffen SS présentes sur le front Ouest. Rundstedt n'a pas plus d'autorité sur les marins de la Kriegsmarine, y compris – si ce n'est tactiquement – sur ceux qui occupent des positions d'artillerie côtière sur l'*Atlantikwall*. Le grand amiral Dönitz garde la main de ses unités – en particulier ses U-Boote* – par l'intermédiaire de l'amiral Krancke.

Mêmes limites et mêmes effets avec la Luftwaffe. Rundstedt ne peut donner aucun ordre aux unités aériennes allemandes, pas même les unités de la Flak**. Les cinq divisions terrestres de l'armée de l'air – deux divisions de parachutistes et trois divisions de campagne de la Luftwaffe – ne dépendent de Rundstedt et de Rommel que sur les plans tactiques et opérationnels. Il faut compter avec Sperrle et, surtout, avec Goering. Enfin, concernant l'Organisation Todt, la cheville

* U-Boote : sous marins allemands.

** Flak : DCA, comprend des projecteurs ainsi que des canons antiaériens allant de la pièce de 20 mm au 105 mm.

ouvrière de l'effort défensif allemand, Rundstedt n'a aucune d'autorité sur elle...

Symptomatique de la mauvaise organisation du haut commandement allemand, les secteurs du littoral attribués à chaque amiral ne concordent jamais avec ceux des généraux d'armée et de corps d'armée qui doivent donc composer avec plusieurs interlocuteurs de la Kriegsmarine dans le secteur de la côte dont ils sont responsables. Pis, on n'a jamais réglé la question du partage des compétences au moment de repousser l'Invasion. Si, en principe, il a été retenu que la Kriegsmarine ouvrira le feu sur les cibles en mer le jour du débarquement, le relais étant pris par l'Armée de terre (la Heer) lorsque l'ennemi aura débarqué, le moment précis où s'opérera la transition n'a jamais été défini avec précision. Par ailleurs, faut-il en priorité viser les hommes déjà débarqués ou bien ouvrir le feu sur les nouvelles vagues approchant du rivage[2] ?

Cette cacophonie dans l'organisation se double d'un débat tendu sur la meilleure stratégie à adopter pour repousser l'Invasion et l'emploi des réserves de Panzer. Ce débat va devenir célèbre sous le nom de *Panzerkontroverse*. Rundtsedt pense qu'il est illusoire d'imaginer empêcher l'ennemi d'établir une tête de pont. Toute sa réflexion stratégique se fonde sur ce postulat. Le 18 décembre 1943, la façon dont l'OB West envisage la bataille à venir est résumée par un de ses officiers d'état-major :

> On résistera à la côte en toute circonstance, ne seraitce qu'avec de petits groupes et dans les points d'appui, pour obliger l'adversaire à diviser ses forces. Manifestement, cela sera très difficile et il en résultera d'énormes batailles aériennes. Il faut en outre compter sur la défaillance du

> réseau ferroviaire. Néanmoins, les mouvements de concentration des réserves devront s'effectuer en toute tranquillité. Il est envisagé de rassembler toutes les forces possibles, même au détriment des autres secteurs de l'OB West, en vue de lancer une attaque massive et décisive au point d'application le plus important. Cependant, d'après les calculs approximatifs, cette concentration et le déploiement dureront au moins de douze à quatorze jours. D'après les renseignements actuels, on dispose de six divisions de Panzer et six ou sept divisions d'infanterie[3].

Par conséquent, il est entendu que les Alliés seront combattus en mer, sur les plages, dans la tête de pont par les forces en ligne, avant que la contre-attaque massive des réserves de Panzer et d'infanterie ne balaye les forces d'Invasion. Il faut donc fortifier le rivage mais aussi établir la défense en profondeur en érigeant une seconde ligne de défense. Le général Marnitz, qui a étudié le débarquement à Salerne, préconise de contre-attaquer au delà de la portée de l'artillerie navale alliée.

L'OB West s'attend à affronter l'Invasion entre la Normandie et le nord de la France, étant entendu que « la prise de possession de la Somme sera décisive pour l'ensemble de l'opération ennemie ». Comme cela était déjà souligné par Hitler dans la directive n° 51, on n'exclut pas des opérations secondaires, y compris sur le rivage méditerranéen. Cette idée fait d'ailleurs peu à peu son chemin, ne serait-ce que du fait des nouvelles estimations du potentiel ennemi en matière d'engins de débarquement : il aurait été multiplié par dix selon Dönitz. L'OKW, Jodl en tête, va même jusqu'à assimiler le débarquement d'Anzio à l'un de ces débarquements secondaires, en prenant pour preuve que les Alliés n'ont pas exploité le succès de la création de la tête de pont, comme si l'unique but de l'opération avait été d'attirer des réserves allemandes en Italie (la 715e division d'infanterie [DI] quitte ainsi la France pour l'Italie)[4]. Tous les rivages sont donc susceptibles de subir de telles attaques de diversion. Douze précieuses divisions sont ainsi immobilisées en Norvège... Corollaire direct d'un tel constat, il apparaît dès lors difficile et risqué d'affaiblir un secteur au profit d'une autre partie du front. Toutefois, la Kriegsmarine, observant l'exposition aux vents d'ouest et l'absence de ports importants dans le secteur, élève quelques objections à propos de l'estuaire de la Somme, mais aussi pour la baie de Seine, cette fois-ci en raison de la présence de récifs. À l'automne 1943, les grandes lignes de la bataille à venir esquissées par l'OB West semblent cependant approuvées à la fois par Hitler et par l'OKW.

Lorsque Geyr von Schweppenburg, général des Panzer, arrive à l'Ouest en 1943 après deux ans et demi passés sur le front russe, il ne cache pas son dédain pour Rommel. Selon lui, ce dernier n'est qu'un tacticien dont la stratégie est digne d'un soldat des tranchées de 1918. Comme la plupart de ceux qui n'ont affronté que les Soviétiques, il regarde de haut ceux qui n'ont eu « qu'à » combattre les Anglo-Américains. Les conceptions de Geyr von Schweppenburg ne sont pas exactement celles de Rundstedt, qu'il considère d'ailleurs comme totalement ignorant de l'art de l'emploi des forces blindées[5]. Dans la vision des combats à venir, la bataille décisive sera menée, selon lui, en profondeur à l'intérieur des terres – et non contre la tête de pont – par l'intervention en masse des réserves de Panzer et d'infanterie motorisée disposées sur les deux rives de la Seine. Comme en Russie, c'est avec la mobilité et la flexibilité, dans lesquelles la Wehrmacht excelle, que la victoire sera possible. Geyr von Schweppenburg admet que l'aviation alliée empêchera des mouvements de grande envergure (mais non ceux d'une bataille mobile), aussi faudra-t-il canaliser les forces alliées vers un champ de bataille choisi par les Allemands. Suivant sa logique jusqu'au bout, il entend garder le potentiel de la Luftwaffe intact pour cette bataille décisive : elle ne devra pas intervenir au-dessus des plages. Il pense aussi que ses Panzer sont les mieux à même de repousser toute opération aéroportée majeure de l'adversaire. Les unités du groupe de panzers Ouest consacrent donc beaucoup de temps à s'entraîner pour ce genre d'opération, qu'il imagine possible dans la région de Paris, d'autant qu'il estime le potentiel adverse à neuf divisions aéroportées (les Alliés n'en ont alors que quatre en Angleterre)[6]. Geyr von Schweppenburg a le soutien de Guderian, bien que le journal du groupe d'armées B affirme en date du 12 février 1944 que ce dernier partage l'opinion de Rommel selon laquelle les Panzer doivent intervenir sur les plages dès les premières heures du débarquement. La querelle entre Rommel et Geyr von Schweppenburg éclate à plusieurs reprises, notamment le 17 février 1944 lors du *Kriegspiel* (exercice sur carte) organisé par celui-ci à Paris. Le 28 avril, à La Roche-Guyon, la discussion entre Geyr von Schweppenburg, Guderian – à qui Hitler a conseillé de « retourner en France et de discuter de la chose, une fois de plus[7] » – et Rommel s'envenime, les deux premiers n'admettant pas l'importance qu'aura l'aviation alliée et rappelant une fois encore que la puissance des formations de Panzer repose sur leur mobilité.

L'arrivée de Rommel, l'homme qui devra affronter l'Invasion, change toute la stratégie acceptée jusqu'alors. Il ne comprend pas qu'au bout de cinq ans de guerre certains officiers persistent à ne pas admettre l'importance primordiale de l'aviation. Pourtant, il sait qu'il faudra compter sans le soutien aérien de la Luftwaffe. Il accorde en effet peu de crédit aux promesses de Goering, qui assure du soutien immédiat de mille avions dès l'Invasion. Fort de son expérience acquise dans sa lutte face aux Anglo-Américains en Afrique, Rommel sait que l'impact de la suprématie aérienne alliée sur le champ de bataille sera décisif. Contrairement au désert qui est un terrain ouvert, les unités devant absolument suivre les routes ou être transportées par voie ferrée, il sera beaucoup plus aisé aux Alliés de paralyser tous les mouvements. Il est vain, affirme-t-il, de penser que les Panzer pourront manœuvrer.

> Au moment de l'Invasion, déclare-t-il dès le 14 décembre 1943, les attaques aériennes de l'ennemi contre nos lignes de ravitaillement empêcheront l'envoi au front de tout avion, essence, roquette, char, fusil ou obus. Cette seule raison exclut la possibilité de balayer l'ennemi dans une bataille terrestre[8].

L'effet des attaques aériennes n'est pas pris au sérieux par tous. Nombre d'officiers supérieurs allemands pensent que, malgré les destructions, les chemins de fer français suffiront pour faire parvenir renforts et ravitaillement au front. Ils sont confortés dans cette opinion par un *Kriegspiel* mené au printemps 1944 qui démontre que repousser l'Invasion suppose d'avoir 40 000 tonnes de capacité de fret, un total bien en deçà des ressources disponibles[9]. Rommel aurait sans doute préféré mener une bataille mobile si cela avait été de l'ordre du possible. Si, en théorie, l'idée de mener une telle bataille est séduisante, elle se heurte à la réalité des faits : la Wehrmacht part avec un handicap sérieux dans ce domaine. Sa seule chance de victoire réside donc dans un combat défensif sous la protection de fortifications exploitant l'avantage d'un terrain choisi. Cette bataille doit être menée au moment où l'ennemi est le plus vulnérable et avant que toute sa puissance matérielle ne soit engagée : lorsqu'il débarque sur la plage. Rommel, un des héros de la *Blitzkrieg* et de la guerre de mouvement de 1940 à 1943, a réussi à admettre que cette forme de guerre n'était plus envisageable. « L'époque des percées et des grandes pénétrations de chars que nous avons connue au début de la guerre est close[10]. » La rapidité reste pourtant la clé du succès. Il faut donc que les unités de Panzer soient près de la côte afin d'être en mesure d'intervenir le plus rapidement possible : « Mieux vaut une division de Panzer le Jour J que trois divisions de Panzer à J+3[11]. » Parlant du Jour J, la formule qu'il emploie pour exprimer sa pensée au capitaine Lang, son aide de camp, est restée célèbre : « Ce sera le jour le plus long[12]. »

Toutes les énergies doivent se concentrer sur le rivage : dans l'esprit de Rommel, les travaux sur la seconde ligne de défense (à l'intérieur des terres) ne sont qu'une perte de temps, sauf dans le cas où celle-ci est très proche de la côte. Or, même si les défenses du rivage ont été considérablement renforcées, l'*Atlantikwall* ne peut faire échouer à lui seul l'Invasion. Cela suppose donc que les Panzer soient aussi déployés au plus près de la côte, sans pour autant être mêlés aux divisions d'infanterie qui s'y tiennent. Les unités de Panzer doivent demeurer au bord du littoral mais en bloc. L'intervention rapide des Panzer et de puissantes défenses littorales ne constitue pas le seul aspect de la stratégie de Rommel. Il s'illusionne lui aussi sur la puissance des bombes volantes V1 : il envisage de lancer la campagne de bombardement sur les ports et les bases militaires d'Angleterre en période de mauvais temps, et ce afin d'affecter le moral de l'adversaire.

Sans relâche, en mars et en avril 1944, Rommel et son chef d'état-major, le général Gause (remplacé par le général Speidel en avril), n'ont de cesse d'essayer de convertir Jodl et Warlimont (son adjoint) à leurs vues. En mars, le Führer promet oralement à Rommel d'accéder à sa demande. Rien de concret ne suivra dans l'immédiat. Alors qu'il a convaincu Hitler de déployer les divisions de Panzer sur les côtes, ce dernier se ravise dans les vingt-quatre heures qui suivent. Amer, Rommel commente : « Le dernier à sortir de son bureau a toujours raison[13]. » L'OKW de Jodl n'entend pas subordonner les Panzer au groupe d'armées B, qui souhaite les disposer le long de la côte, ne serait-ce qu'en cas de crise grave à l'Est nécessitant le transfert d'unités vers la Russie. Rundstedt rétorque à Rommel que, si son dispositif est adopté, les divisions de Panzer seront trop dispersées et, donc facilement taillées en pièces par la flotte et l'aviation ennemies[14]. Les opérations en Italie semblent pourtant donner raison à Rommel. Le haut commandement à l'Ouest observe en effet avec attention les opérations amphibies alliées devant Anzio – l'opération Shingle est déclenchée le 22 janvier 1944 – ainsi que les résultats des contre-mesures allemandes. La contre-attaque blindée est un échec, mais on relève qu'elle est lancée bien tardivement : vingt et un jours après le Débarquement[15]. Dollmann (chef de la 7e armée) a fait de son côté une proposition qui a le mérite de concilier les points de vue opposés de Rommel et de Geyr von Schweppenburg : défendre le littoral avec trente divisions d'infanterie, entre cinq et sept divisions de Panzer, dans le secteur du groupe d'armées B, et entre dix et douze divisions d'infanterie motorisées (si possible) ainsi que trois à cinq divisions de Panzer maintenues en réserve près de Paris. Projet qui n'eut aucun écho[16].

Le compromis décidé par Hitler le 26 avril 1944 ne satisfait personne. Incapable de trancher en faveur de l'une ou l'autre stratégie, le Führer disperse la formidable puissance de ses formations blindées sous plusieurs autorités. Trois divisions passent sous l'autorité du groupe d'armées B de Rommel, qui en a le contrôle tactique. Quatre divisions restent rattachées à l'OB West dans le cadre du groupe de panzers Ouest mais sous l'autorité de l'OKW. Les trois dernières divisions, déployées au sud, sont du ressort du groupe d'armées G. Toutes ces unités restent par ailleurs sous l'autorité de Geyr von Schweppenburg pour ce qui concerne l'entraînement et l'organisation. Au final, Rundstedt se voit ôter toute chance de pouvoir influer significativement sur la bataille à venir sans pour autant que les moyens de repousser l'invasion ne passent sous l'autorité de Rommel. Hitler brise l'espoir d'une contre-attaque massive préconisée par Rundstedt et Geyr von Schweppenburg tout en empêchant un renforcement décisif des défenses sur le littoral comme le souhaite Rommel. L'OKW garde la haute main sur les divisions de Panzer. Rundstedt et Rommel, les deux principaux chefs à l'Ouest, ceux qui vont devoir combattre l'Invasion, sont donc privés de l'autorité indispensable sur les divisions qui représentent le dernier espoir de succès.

Rommel n'a pourtant pas que des détracteurs. Salmuth, chef de la 15e armée, accueille favorablement les conceptions défensives de Rommel et se range à l'idée de disposer le maximum de troupes en première ligne, directement sur le littoral. Comme Rommel, il rejette l'idée de Rundstedt de constituer une réserve de Panzer et de mettre six divisions d'infanterie en réserve à envoyer immédiatement sur la zone de débarquement. Salmuth estime que la solution préconisée par Rundstedt part du postulat que les Alliés établiront une tête de pont (alors que Rommel entend vaincre l'ennemi au moment du débarquement et empêcher la formation de la moindre tête de pont). L'armée allemande ne pourra plus alors intervenir à temps et en masse : il faut concentrer les réserves sur les côtes. Salmuth est d'autant plus conforté dans son jugement qu'il est admis par beaucoup que le débarquement aura lieu dans son secteur, entre la Somme et le Pas-de-Calais, ce qui donne du poids aux opinions de cet officier expérimenté. Pourtant, tous les officiers supérieurs sont loin d'être convaincus. Le 30 janvier, en inspection en Normandie, Rommel note : « D'une façon générale, la troupe ne travaille pas suffisamment pour aménager les positions. L'urgence de ces travaux n'est pas reconnue. Partout règne le souci de garder des réserves à l'arrière, ce qui affaiblit le front sur le littoral[17]. » Deux mois et demi plus tard, Rommel déplore toujours que nombre d'officiers n'aient toujours pas compris l'importance de la bataille qui s'annonce à l'Ouest. Si la 15e armée bénéficie d'une seconde ligne de divisions prêtes à épauler celles qui défendent le rivage, dans le secteur de la 346e DI, près du Havre, Rommel souligne le danger à ne pas occuper en permanence toutes les fortifications car elles pourraient ainsi aisément être utilisées par les forces aéroportées ennemies.

L'OB West et le groupe d'armées B s'attendent plutôt à un débarquement entre la Somme et l'Escaut, peut-être précédé par des opérations de diversion. L'OKW abonde en ce sens. Toutefois, Hitler, pour lequel la menace planait de la Norvège à l'Espagne, a finalement une intuition : le débarquement aura lieu en baie de Seine, sur le littoral normand. Le 20 mars 1944, il déclare à ses subordonnés :

> Les plus menacées sont les deux péninsules du littoral occidental, c'est-à-dire le Cotentin et la Bretagne ; toutes deux sont également tentantes, car elles offrent le maximum

de possibilités pour la formation d'une tête de pont qui serait élargie systématiquement grâce à l'emploi massif de l'aviation et des armes lourdes[18].

Rommel finit par se ranger à son avis. Le 30 mai 1944, en tournée d'inspection dans le Calvados, il annonce à ses soldats :

> Messieurs, je connais les Anglais depuis l'Afrique et l'Italie. Et je vous dis qu'ils se choisiront un endroit pour débarquer où ils supposent que nous n'y attendons pas le débarquement. Et cela sera ici, à cet endroit, pas avant deux ou trois semaines[19].

Toutefois, dans l'esprit du Führer comme de son maréchal, ce ne sera qu'une opération secondaire, précédant l'attaque principale. Dans le dernier rapport avant le Jour J, celui relatif à la semaine du 28 mai au 3 juin, l'état-major de Rommel indique :

> La concentration des attaques aériennes sur les défenses côtières entre Dunkerque et Dieppe et sur les ports sur la Seine et l'Oise confirment le présumé point focal d'un débarquement de grande envergure[20].

Comment le haut commandement allemand a-t-il pu se leurrer à ce point ? Beaucoup d'éléments plaident en faveur d'un débarquement allié entre la Somme et le Pas-de-Calais : proximité de la Ruhr, présence des rampes de lancement de V1 qui représentent – selon Hitler – un objectif majeur pour les Alliés, distances moins grandes à parcourir pour la flotte et les escadrilles alliées... Plus probant pour le haut commandement allemand est le fait que deux fois plus de bombes sont larguées sur le Pas-de-

Calais que dans le secteur de la 7e armée, dans lequel aura pourtant lieu le Débarquement. Or, si les escadrilles alliées bombardent les bases de V1, c'est précisément parce que les Allemands les ont installées là pour menacer l'Angleterre.

Si le haut commandement s'attend à un assaut sur le rivage, entre la Somme et le Pas-de-Calais, tenu par la 15e armée, il n'en déplore pas moins le manque de renseignements sur l'adversaire. La faute en est d'abord imputable à l'impuissance de la Luftwaffe. Dans son rapport de la semaine du 15 au 20 mai 1944, le groupe d'armées B annonce : « Aucun résultat de nos propres reconnaissances aériennes sur l'île pendant la période couverte par le rapport n'est valable, et, par conséquent, seule est possible une estimation incomplète de la situation de l'ennemi[21]. » En ce beau mois de mai au cours duquel les Allemands s'attendent à affronter l'Invasion d'un jour à l'autre, on apprend d'un prisonnier qu'il y aurait de fortes concentrations de péniches de débarquement entre Brighton et Eastbourne. De nombreuses embarcations ont été transférées de l'ouest de l'Angleterre vers l'est, jusqu'à Harwich. L'incapacité de l'Abwehr (le service d'espionnage allemand) à remplir sa mission est également lourde de conséquences. À la veille du Débarquement, les estimations des différents services de renseignement allemands donnent 70 divisions à Eisenhower, alors qu'il n'en dispose que de 37.

Le chaos semé dans le système de communications et le réseau radar de la Wehrmacht à l'Ouest est également à prendre en compte. Pendant les trois jours précédant le Jour J, la destruction des câbles de la Luftwaffe interdit le QG de Paris de communiquer par téléphone avec Rennes et

Caen. Lorsque, le 28 mai, la station d'écoute radio de Terlinden, près de Bruges, puis, dans la nuit du 5 au 6 juin, celle du secteur de Cherbourg, sont détruites, il devient beaucoup plus difficile d'écouter et de détecter toute augmentation sensible du volume des communications radios alliées qui constituera le prélude à l'Invasion. La faillite du service de renseignement allemand est la plus grave défaillance de la Wehrmacht à la veille du Débarquement.

Tout cela est le remarquable résultat de l'opération d'intoxication alliée baptisée Fortitude, effectuée dans le cadre d'un ensemble d'opérations de diversion appelé Bodyguard. Un groupe d'armée allié fictif, le First United States Army Group (Fusag) placé sous le commandement du bouillant général Patton, que les Allemands ne peuvent imaginer dans un autre rôle que celui de commandant de la principale force d'invasion, fait croire à l'existence de forces imposantes déployées au sud-est de l'Angleterre (opération Quicksilver). Chars gonflables, péniches de débarquement en bois, faux cantonnements, trafics radios fictifs et agents doubles concourent à cette manipulation savamment orchestrée. Les rares incursions de la Luftwaffe autorisées au-dessus de l'Angleterre s'effectuent précisément dans cette zone. La destruction complète des ponts enjambant la Loire et la Seine ne sera effective qu'au moment de l'assaut pour ne pas désigner imprudemment la baie de Seine comme zone d'attaque. Plus subtile encore, des réseaux de résistance reçoivent à leur insu de fausses informations qui seront transmises à la Gestapo sous la torture... La Wehrmacht – de façon beaucoup moins convaincante – essaye aussi de tromper l'ennemi. On construit des leurres, de fausses batteries, de faux aérodromes pourvus d'avions en bois[22]... On diffuse des renseignements relatifs à l'arrivée de nouveaux états-majors et nouvelles unités, tous fictifs[23].

Début juin, sur la foi des rapports de ses agents, Walther Schellenberg, responsable du service du contre-espionnage au Sicherheitsdienst*, informe ses supérieurs que l'Invasion peut débuter dans les quinze jours à venir. De son côté, le groupe d'armées B a bien relevé que la BBC a multiplié l'envoi de mots de code pour la Résistance, mais estime que « l'expérience montre que cela n'est en rien révélateur de l'imminence d'une invasion[24] ». On ne pouvait pas mieux se tromper…

* Sicherheitsdienst : le service de renseignement de la SS.

Chapitre IV

L'ARMÉE ALLEMANDE À LA VEILLE DE LA BATAILLE

Qui sont donc les hommes qui attendent l'assaut des Alliés à l'abri de l'*Atlantikwall* ? Le nombre de jeunes recrues est élevé dans bien des unités (Panzer Lehr et 12e Panzer SS, par exemple). Comme dans les rangs alliés, beaucoup n'ont jamais vu le feu. En mars 1944, 30 % des soldats d'un régiment de la 709e DI – 21 ans de moyenne d'âge –, ayant l'expérience du front de l'Est, sont renvoyés en Russie et remplacés par de jeunes recrues âgées en moyenne de 18 ans et demi, peu entraînées et venant directement d'Allemagne[1]. La jeunesse des *Grünschnabel* ou « cornes vertes » (les « bleus ») ne garantit pas forcément leur aptitude physique, la nourriture faisant également défaut en Allemagne, s'il faut en croire le lieutenant-colonel Ziegelmann, de l'état-major de la 352e DI :

> Les renforts sont essentiellement constitués de jeunes hommes (classe 1925-1926). Presque tous ont une condition physique médiocre en raison de la disette qui sévit en Allemagne et ils ne sont aptes qu'à des tâches militaires assez limitées. Les marches de plus de quinze kilomètres provoquent une véritable hécatombe. La division demande

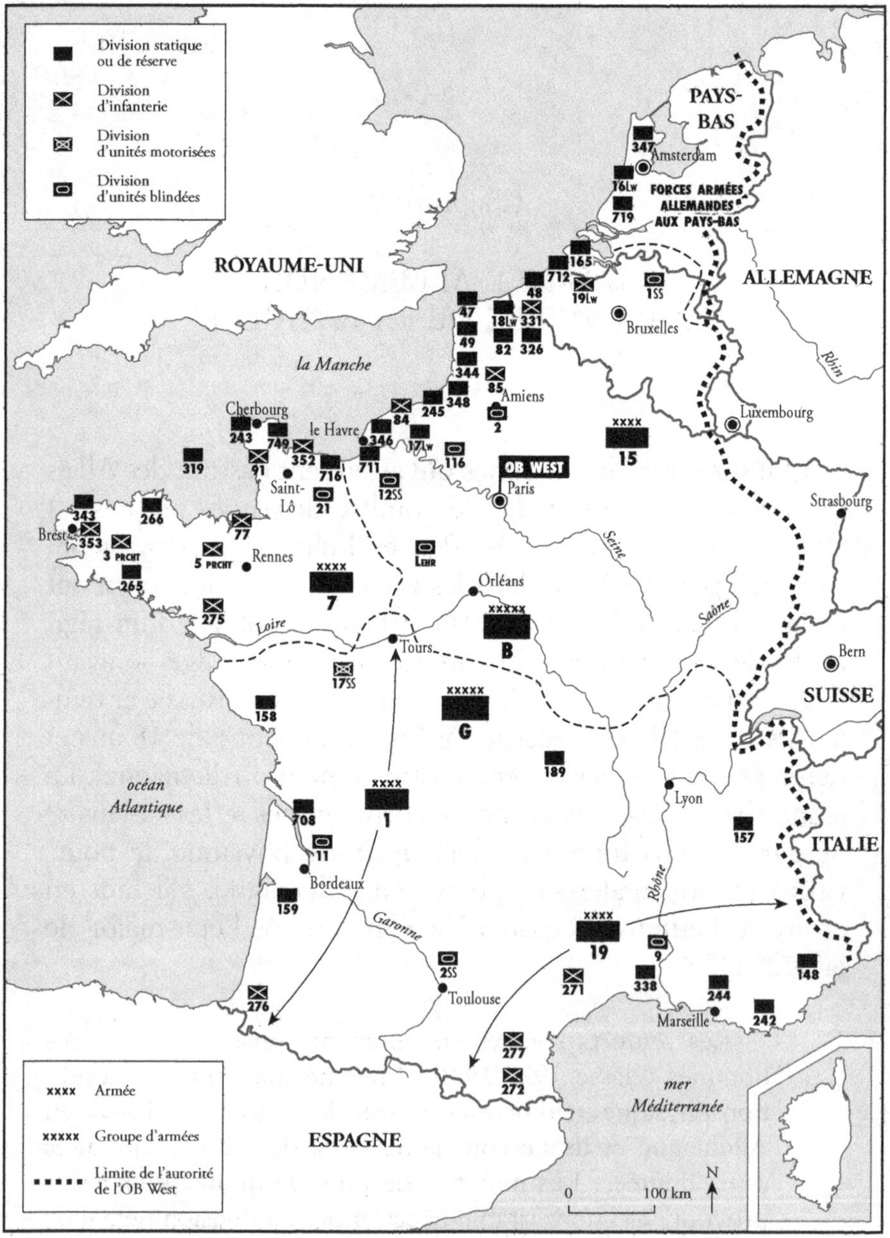

1. L'armée allemande à l'Ouest à la veille de l'*Invasion*

> une allocation de lait pour ces jeunes soldats mais sans résultat. Finalement, nous avons acheté directement du lait à la campagne et les paysans français nous ont beaucoup aidés à corriger les déficiences diététiques de ces jeunes gens[2].

On est donc loin d'une Wehrmacht composée exclusivement de combattants chevronnés, image d'Épinal ressassée, tandis que les Alliés peuvent également compter sur leurs vétérans des campagnes de Méditerranée. La Wehrmacht a cependant bien évolué depuis 1940. La plupart des soldats d'active des années 1939-1940 sont engagés en Russie, morts ou prisonniers. Certes, la moyenne d'âge y est généralement assez élevée en 1944 (31 ans en moyenne contre 26 ans au sein de l'US Army)[3]. En revanche, elle n'est plus l'armée inexpérimentée de 1940 (qui fut pourtant victorieuse) : elle compte de nombreux vétérans de toutes les campagnes rompus aux divers aspects de la guerre. Le 125e régiment de panzergrenadiers d'Hans von Luck – lui-même ancien du front de l'Est, mais aussi de l'Afrikakorps, comme deux mille soldats de la 21e division de Panzer – compte de nombreux vétérans de la Russie[4]. Le 1er avril 1944, 60 % des officiers de la 7e armée stationnée en Normandie sont des vétérans du front de l'Est. Certains d'entre eux auraient sciemment maintenu leur unité à un niveau opérationnel faible afin d'éviter tout transfert à l'Est…

Des convalescents venant de Russie, des *Volksdeutsche** et des unités composées de soldats souffrant de troubles de l'estomac ou d'autres maux complètent les effectifs. Le jeune soldat de 21 ans Heinrich Severloh, qui survivra aux combats d'Omaha Beach, est l'un de ces anciens blessés désormais

* *Volksdeutsche* : Allemands ethniques non ressortissants de l'Allemagne d'avant guerre.

jugés non aptes à servir sur le front de l'Est et affectés à l'Ouest sitôt leur convalescence achevée.

Enfin, Hitler a insisté pour déployer à l'Ouest nombre de formations d'*Osttruppen*. C'est sous ce terme, littéralement les « troupes de l'Est », que l'on désigne les citoyens soviétiques combattant aux côtés de l'armée allemande. D'autres, les *Hiwis*, abréviation de *Hilfwillige* – auxiliaires volontaires –, sont enrôlés comme personnels de la Wehrmacht (chauffeurs, cuisiniers, sapeurs, aides logistiques). Être un *Hiwi* permet d'éviter la mort lente promise par les Allemands aux prisonniers soviétiques dans les camps. D'autres encore, antisoviétiques, embrassent la cause nazie pour des motifs politiques. Les bataillons d'*Osttruppen* sont des unités combattantes commandées par des officiers allemands, transférées sur le front de l'Ouest, afin de prévenir tout risque de défection. En janvier 1944, on compte ainsi 65 000 Soviétiques dans les rangs de la Wehrmacht en France, dont 33 000 en Normandie. Or la qualité de ces unités d'ex-soldats soviétiques est soumise à caution. Rommel doute lui-même de leur valeur. Aussi entend-il les employer de façon dispersée, toujours encadrées de deux bataillons allemands, de façon similaire à ce qu'il avait entrepris à El Alamein en corsetant les unités italiennes par des troupes allemandes. On a exagéré l'importance numérique de ces troupes supplétives. Ces *Osttruppen* ainsi que les *Volksdeutsche* ne représentent que 5 % de l'armée allemande à l'Ouest alors que les Alliés de l'Axe comptent pour 31 % des troupes présentes sur le front de l'Est[5]. Le général Hellmich, qui a présidé à la création de ces unités, se voit tout naturellement adjoindre des *Osttruppen* pour sa 243e DI stationnée dans le Cotentin.

Autre avantage pour la bataille qui s'annonce, en plus de compter des soldats expérimentés, l'armée allemande laisse une large place à l'initiative personnelle. Pour une opération, un supérieur indique la mission que doit accomplir son subordonné, mais en aucun cas il ne lui dicte la façon dont il doit s'y prendre. Un subordonné peut de lui-même réagir à une situation imprévue. Ce principe est valable à tous les échelons de commandement, du groupe d'armées à la section. On est donc loin de la rigidité prussienne que d'aucuns imaginent, à commencer par leurs adversaires. La flexibilité de commandement et d'emploi des unités allemandes, qui n'existe à un tel degré dans aucune autre armée, constitue un avantage certain. La Wehrmacht est de ce fait l'armée la plus efficace sur le plan tactique en 1944. Sa capacité d'improvisation en fait un outil de guerre remarquable.

Un des atouts sur lesquels compte Hitler est l'endoctrinement de son armée, SS et Wehrmacht confondues. La propagande tient ici un rôle crucial, insistant sur les grands thèmes nationaux-socialistes et sur la nécessité de défendre la patrie face aux menaces d'anéantissement que font peser les Anglo-Saxons et les Soviétiques. De fait, les hommes de l'armée allemande cantonnés en France sont animés par un mélange de foi ardente et de fatalisme. Comme les Waffen SS et les parachutistes, dont l'endoctrinement politique fait d'emblée partie de la formation militaire, ceux qui ont combattu à l'Est, tout aussi motivés, sont imprégnés de préjugés raciaux nés de la lutte contre les Slaves et comptent parmi les plus nazifiés[6]. La propagation systématique de l'idéologie nazie dans la troupe prend un tour décisif en décembre 1943 au sein de la Heer avec l'institution d'officiers pour l'endoctrinement national-socialiste, qui ne sont pas sans rappeler les commissaires politiques soviétiques (sans avoir pour autant le même pouvoir de commandement). Les résultats sont probants s'il faut en croire le journal de Goebbels :

> Le national-socialisme est de plus en plus ancré dans la Wehrmacht par les officiers politiques et par le journal du front. La Waffen SS est un modèle de conviction national-socialiste et son exemple est imité de plus en plus par les autres armes[7].

La force de l'armée allemande repose essentiellement sur son excellence tactique. Mais il faut réentraîner les soldats stationnés en France et leur faire oublier leur vie de garnison. On sait que l'adversaire bénéficiera d'une nette supériorité matérielle. Aussi apprend-on la lutte antichars rapprochée, les techniques d'infiltration, les combats de nuit… Il importe également que les soldats se familiarisent avec le terrain qu'ils occupent, afin de bénéficier d'un avantage tactique sur l'adversaire. Les exercices sont très réalistes et l'apprentissage de l'art du camouflage s'avérera essentiel au regard de la suprématie aérienne alliée. Leur formation permet aux fantassins de bien connaître le maniement des différents types d'armes. L'entraînement est de qualité et bénéficie de l'expérience acquise au sein d'une armée pragmatique. Les leçons des derniers combats sont rapidement intégrées. Les officiers et les sous-officiers sont particulièrement doués pour transmettre à leurs hommes les rudiments qui font d'un soldat un bon combattant. Mais l'accroissement du volume total des effectifs pose cependant un problème au niveau de l'encadrement. Les sous-officiers, chevilles ouvrières de l'armée allemande, manquent terriblement. Alors que les formations de la Waffen SS sont censées être des unités d'élite bénéficiant de toutes les priorités, la 12e division SS de Panzer « Hitlerjugend » accuse ainsi un déficit de 2 192 sous-officiers[8]. Au 1er mars 1944, dans la fameuse 352e DI, qui défend le futur secteur d'Omaha Beach, « 30 % des postes des sous-officiers sont vacants en raison de la pénurie de sous-officiers compétents », selon le lieutenant-colonel Ziegelmann[9].

Nombre de divisions à l'Ouest sont des unités nouvellement formées. La majeure partie des divisions d'infanterie de la 7e armée quittent l'Allemagne sans avoir achevé leur instruction, étant entendu que l'entraînement sera terminé en France. Elles auront d'autant moins de temps à y consacrer que Rommel exige que l'armée participe aux travaux de fortifications des plages. Ainsi, à la 709e DI en poste dans le Cotentin, le bataillon de réserve consacre trois jours entiers par semaine à ces travaux, les quatre autres jours étant par ailleurs en partie dédiés à des tâches de transport ou de garde. Pis, les deux premières semaines de mai, le travail pour ériger l'*Atlantikwall* est effectué à plein temps.

À la veille du Débarquement en Normandie, 42 des 58 divisions relevant de l'OB West sont des divisions d'infanterie. Les divisions dites statiques (33 sur le total) sont certes moins bien dotées en armes lourdes et ne sont à l'évidence pas motorisées. Mais cela importe peu en fait : leur rôle n'est pas de mener une guerre de mouvement, mais de défendre le littoral. Bien soutenues, elles sont tout à fait aptes à cette tâche et ne sont pas beaucoup moins bien équipées ou de moindre valeur combative que la plupart des divisions d'infanterie alors en ligne sur le front de l'Est. Rommel est de toute façon persuadé que ces unités de qualité secondaire sont tout à fait aptes à assurer la défense de zones fortifiées. Toutefois, de nombreuses divisions, amputées d'un régiment, ne disposent d'aucune réserve.

Paradoxalement, si une division d'infanterie allemande de type 44 (non statique) compte théoriquement moins d'hommes qu'en 1943, sa puissance de feu a augmenté sensiblement et reste très supérieure à celle de ses homologues alliés. En effet, la dotation en armes automatiques et en mortiers est nettement plus importante, sans oublier le fait que le matériel est de qualité bien supérieure. La puissance des mitrailleuses MG 34 et 42, sans équivalent chez les Alliés, est à cet égard remarquable. Les Allemands peuvent compter aussi sur le Panzerschreck* et sur le Panzerfaust**, autre fameuse arme antichars utilisant des projectiles à charge creuse. L'armement antichars lourd est également excellent et de qualité supérieure : les canons Pak 40 de 75 mm et les différentes modèles de 88 mm constituent un arsenal dévastateur. Enfin, point d'équivalent dans les armées alliées au lance-roquettes multitubes Nebelwerfer***.

Mais la réalité est contrastée, notamment en ce qui concerne l'artillerie des divisions d'infanterie. Leur dotation en pièces d'artillerie, en munitions et matériels divers dépend de mesures *ad hoc* reposant notamment sur la récupération des stocks des armées vaincues. Certaines divisions de la 7e armée ont ainsi perçu des pièces russes, tchèques, yougoslaves, belges ou françaises. En revanche, lorsque certains régiments sont enfin dotés de canons et d'obusiers allemands, les obus correspondants sont insuffisants dans les stocks constitués[10]. L'armée allemande à l'Ouest dispose donc d'un armement des plus disparate. Certaines divisions comptent jusqu'à une centaine de modèles d'armes différents, pour certaines desquelles – quarante-sept, selon Max Pemsel, chef d'état-major de la 7e armée – on ne produit même plus de munitions. Un régiment d'artillerie reçoit ainsi le sobriquet de « musée ambulant de l'artillerie de l'Europe[11] ». Outre

---

* Panzerschreck : équivalent allemand du bazooka américain.

** Panzerfaust : lance-roquettes portatif antichars non réutilisable.

*** Nebelwerfer : lance-fusée allemand généralement à 5 ou 6 tubes.

les problèmes logistiques qui en résultent, on comprend les limites que cela occasionne dans la formation des troupes puisque les exercices à balles réelles doivent être réduits au minimum pour préserver les stocks[12].

Autre mal endémique aux divisions d'infanterie allemandes, elles sont largement hippomobiles, comme 80 % de la Wehrmacht. Les véhicules motorisés y sont en nombre insuffisant, souvent issus de butins des victoires passées. Des obstacles insoupçonnés surgissent à l'occasion : en mars 1944, quand la 16e division de campagne de la Luftwaffe (stationnée en Hollande) achète des camions pour se motoriser, elle est vite stoppée dans son élan par le haut-commissaire du Reich aux Pays-Bas[13].

Les unités de valeur ne manquent pas. Il y a d'abord les parachutistes. Max Pemsel estime que la 3e division de parachutistes a la valeur de deux divisions d'infanterie ordinaires. Les jeunes volontaires, âgés de 21-22 ans, bénéficient d'un encadrement expérimenté et rompu au combat. Afin de renforcer l'esprit de corps au sein de la division, l'ensemble de l'unité suit un entraînement au parachutage. Formée en mars 1944, la 5e division de parachutistes est de valeur combattive nettement moindre puisqu'elle accuse un déficit de près de cinq mille hommes en mai 1944. Les troupes sont insuffisamment entraînées et à peine 10 % des hommes ont effectué un saut en parachute. Cette dernière carence est à relativiser puisque ces soldats ne devraient pas pratiquer de saut opérationnel. Le matériel disponible est à l'avenant. La division ne compte que 9 % à peine des véhicules devant théoriquement l'équiper. Enfin, le 6e régiment de parachutistes (FJR 6) du commandant von der Heydte, rattaché à la 91e division d'infanterie dans le Cotentin, est constitué de recrues de 17 ans et demi d'âge moyen. L'unité est particulièrement bien équipée en armes collectives puisque chaque groupe de combat dispose de deux mitrailleuses au lieu d'une. Toutefois, les pièces antichars font défaut et le régiment manque de moyens de locomotion puisqu'il ne compte que soixante-dix véhicules de cinquante modèles différents.

La force de frappe que constituent les divisions de Panzer, combatives, bien équipées et très entraînées, est l'atout majeur de la Wehrmacht à l'Ouest. La Panzer Lehr, forte de 14 500 soldats, 237 Panzer, 700 SPW* est sans conteste la division blindée la mieux équipée de la Wehrmacht. Commandée par le général Bayerlein, ancien commandant de l'Afrikakorps, elle est mise sur pied au début de l'année 1944 à partir de différentes unités d'instruction dans le but précis de s'opposer à l'invasion attendue des Alliés. Il s'agit donc d'une formation d'élite, statut clairement illustré par sa dotation en matériel. « Avec cette seule division, vous devez rejeter les Anglo-Américains à la mer. Votre objectif c'est la côte. Non pas la côte, la mer ! » lance Guderian à Bayerlein le 26 janvier 1944[14]. La 21e division de Panzer, héritière de l'ancienne formation de l'Afrikakorps détruite en Tunisie, n'est en rien la division de second ordre qu'on a souvent dépeinte. Certes, elle compte une grande quantité de matériel de prise, récupéré sur l'armée française. Mais, avec ingéniosité, les ateliers du major Becker, ingénieur et industriel dans le civil, sont en mesure de construire de redoutables engins blindés sur châssis français. Rommel lui-même s'enthousiasme pour les lance-roquettes automoteurs qu'il met au point[15]. Les divisions de Panzer sont loin d'avoir une organisation uniforme et les divisions de la Waffen SS ne sont pas forcément les mieux pourvues. C'est

* SPW : half-tracks pour l'infanterie blindée – les panzergrenadiers.

ainsi qu'en date du 6 juin, si certaines unités de Panzer sont encore mal équipées – les 21e et 9e n'ont pas de Panther – la 2e compte en revanche 196 blindés (Panzer, Panzerjäger* et Sturmgeschütze**) alors que la prestigieuse 1re division SS de Panzer « Leibstandarte Adolf Hitler » n'en aligne que 124 en état de fonctionner en date du 1er juin[16]. Les situations sont donc très diverses.

C'est face aux Alliés occidentaux que les allemands vont introduire leurs blindés de la dernière génération : l'impressionnant Tiger II ainsi que le Jagdpanther, probablement le meilleur chasseur de char de la guerre. La France reste par ailleurs la zone d'entraînement et de remise en condition de nombre d'unités blindées. L'imposant complexe de Mailly-le-Camp est ainsi le cadre d'entraînement et de formation des bataillons de Panther. En juin 1944, dix bataillons (dont sept de divisions de Panzer combattant sur le front de l'Est) y sont à l'entraînement[17].

Si l'armée de terre a donc des atouts pour la bataille qui s'annonce, les autres branches de la Wehrmacht affichent surtout leurs faiblesses. La capacité offensive des cent mille hommes de la Kriegsmarine, dirigés à l'Ouest par l'amiral Krancke, est en effet des plus limitée. Sa flotte de surface – représentée surtout par de petites unités tel le K-Verband*** – est très restreinte et ne peut rien espérer face à l'incroyable armada alliée. Seules quelques dizaines de vedettes lance-torpilles et une quarantaine d'U-Boote – la plupart sans Schnorchel, le dispositif qui permet de recharger les batteries

---

* Panzerjäger : chasseur de chars.

** Sturmgeschütze : canon d'assaut.

*** K-Verband : unité spécialisée de la Kriegsmarine utilisant des sous-marins de poche, des torpilles humaines et des canots explosifs téléguidés.

sans faire surface – seraient en mesure d'intervenir le jour de l'Invasion : pas de quoi peser de façon significative sur le cours des événements. Pour les courageux équipages des U-Boote, l'Invasion sera synonyme d'un appareillage pour une mission suicide. Rien qui puisse susciter le moindre enthousiasme. C'est résigné qu'Herbert Wagner, du U 415, observe les mécaniciens s'activer autour des sous-marins à l'abri des alvéoles bétonnés du port de Brest. « Nous ne parlons jamais de l'Invasion, dit-il, mais nous y pensons sans cesse, ainsi qu'à notre mort[18]. » Les unités d'artillerie côtière constituent en revanche les éléments le mieux à même d'intervenir avec quelque efficacité.

La situation qui prévaut aussi au sein de la 3e flotte aérienne du maréchal Sperrle paraît tout aussi préoccupante. Face à la suprématie aérienne alliée, la Luftwaffe – à peine 820 appareils dont 110 chasseurs fin mai 1944 – s'avère incapable de contrecarrer les préparatifs de débarquement ni même de fournir des renseignements pertinents concernant les intentions et le dispositif des Alliés. Certes, la production atteint des records en 1944, mais par manque de carburant, la période d'entraînement en vol dans les écoles de pilotage passe de 260 heures en 1942 à 110 – voire 50 – en 1944. L'*Oberfähnrich* [l'aspirant] Hans-Ulrich Flade n'a ainsi bénéficié que de 60 heures d'entraînement, soit trois fois moins qu'un pilote allié[19]. Par conséquent, la Luftwaffe n'est plus en mesure d'aligner des pilotes bien formés en nombre suffisant. En juin 1944, elle en a perdu plus de trois mille depuis le début de l'année. Leur vie ne compte pas au regard de la survie de l'Allemagne, leur annonce en avril 1944 un Goering prêt à les sacrifier jusqu'au dernier. Malgré la présence de trente-trois mille pièces de Flak et des effectifs pléthoriques (trois cent vingt-six mille hommes), la faiblesse de la Luftwaffe est si criante à la veille de la grande confrontation à l'Ouest, que le plan « Drohende Gefahr West » prévoit le transfert d'un maximum d'unités aériennes du Reich vers le front d'invasion. Goering promet ainsi à Rommel un millier d'appareils dont le redéploiement serait effectué dans les plus brefs délais. À cette fin, plus d'une centaine de terrains de campagne sont aménagés. Rien ne permet d'affirmer toutefois que ces aérodromes de fortune auront des capacités suffisantes pour mener une guerre aérienne moderne. La tâche est des plus ardues puisque cette délicate opération devra être réalisée sous la contrainte d'une totale maîtrise de l'espace aérien par les Alliés. Certains de ses responsables, comme le général Peltz du 9e corps d'aviation, sont très pessimistes : les avions ne pourront être engagés que de nuit et les effectifs seront épuisés en l'espace de 48 heures[20]… Tout repose donc sur la Heer.

Les effectifs de l'armée allemande à l'Ouest le 1er mars 1944 représentent un million quatre cent mille hommes[21]. Elle aligne certaines des meilleures unités de la Wehrmacht et de la Waffen SS. Elle s'est renforcée de façon substantielle et s'est donné la possibilité de l'emporter. Au Jour J, elle dispose de sept à dix jours de réserves d'essence, soit 81 millions de litres. Les réserves de munitions sont d'un mois pour chaque Festung, deux semaines pour les défenses côtières et on en compte autant dans les dépôts à l'intérieur des terres. Hitler déploie à l'Ouest la fine fleur de ses troupes pour la bataille qu'il estime décisive. La Wehrmacht a préparé ses stocks en prévision de la confrontation. Peut-elle vraiment vaincre ? L'armée allemande est certes puissante, mais face à un adversaire bénéficiant d'une suprématie absolue dans le ciel et sur mer et disposant d'une supériorité matérielle manifeste, elle est obligée de vaincre rapidement. Et elle ne possède ni la mobilité ni le service de renseignement requis pour cela. Par ailleurs, elle ignore toujours la date et le lieu du débarquement. Pis, l'organisation chaotique du haut commandement et l'absence d'une stratégie claire constituent de sérieux écueils.

Et pourtant, l'armée allemande reste redoutée. Elle impose encore le respect à ceux qui vont l'affronter à partir du 6 juin 1944. Afin d'encourager ses hommes, le général Barton, le commandant de la 4e division d'infanterie américaine, leur affirme qu'ils ne vont être confrontés qu'à des divisions de second ordre et non à un adversaire à leur mesure. Un lieutenant lui rétorque alors : « Mon général, vous feriez mieux de mettre les Allemands sur la liste de diffusion. Ils ne semblent pas avoir réalisé cela[22]. » De leur côté, la plupart des soldats allemands engagés en Normandie ont conscience que cette bataille constitue sans nul doute la dernière possibilité qui s'offre au Reich d'obtenir la victoire finale.

Couchant ses impressions dans son journal le 4 mars 1944, Goebbels résume les sentiments de nombre de responsables à la veille du Débarquement :

> De l'avis du Führer, nos chances de succès sont assurées en cas d'invasion. Il me décrit en détail les forces armées dont nous disposons à l'Ouest pour repousser l'ennemi. Elles sont plus que suffisantes. Certes, parmi elles se trouvent plusieurs divisions nouvelles qui n'ont pas encore reçu leur baptême du feu ; mais comme celles-ci sont composées de troupes d'élite, il n'y a aucun souci à se faire. Si, par exemple, la « Hitlerjugend » entre en action, on peut être sûr qu'elle fera son devoir. De plus, le Führer veut incorporer dans cette division quelques unités de la « Leibstandarte » dont l'ardeur au combat ne manquera pas d'enthousiasmer la « Hitlerjugend ». Les autres troupes qui sont stationnées à l'Ouest sont aussi de premier ordre : elles sont jeunes, formées et entraînées ; elles offrent ainsi la garantie qu'elles

> combattront courageusement jusqu'au bout. Notre armement est supérieur à celui de l'ennemi, en particulier sur le plan des forces blindées. À l'Ouest, nous disposons des nouveaux chars Tiger et Panther, qui surclassent les anciens modèles. Comme nous n'en avons pas suffisamment, nous les mêlerons aux anciens chars ; ainsi, nos divisions blindées seront extrêmement puissantes sur le plan offensif et défensif. J'espère que les prévisions du Führer se révéleront exactes. On a été si souvent déçu ces derniers temps qu'on ne peut s'empêcher d'avoir des doutes. Mais, après tout, comme il y va de l'issue de la guerre, on peut être sûr que les troupes allemandes sauront se montrer à la hauteur de leur mission à l'Ouest[23].

Début juin 1944 survient l'instant fatidique tant attendu. Cette armée sur laquelle reposent tous les espoirs du Reich va subir l'épreuve des armes : saura-t-elle se montrer à la hauteur de la mission qui lui a été confiée ?

Deuxième partie

SIE KOMMEN !
LE 6 JUIN 1944

Chapitre V

ALARM ! PARACHUTISTES !

Le 4 juin 1944, sur la foi des informations que lui a remises le colonel Stagg, son officier météo, le général Eisenhower décide de lancer l'opération Overlord, le Débarquement en Normandie. Ce même jour, le service météorologique du colonel Ströbe de la Lutfwaffe est formel : le mauvais temps sur la Manche interdit toute invasion dans les jours à venir. Privés de leurs bases météo du Groenland[1] – celle-ci ayant été détruite par les Alliés –, les Allemands n'ont pu déceler l'accalmie prévue par Stagg. Lorsque le rapport parvient à l'OB West, le général d'infanterie Blumentritt, le chef d'état-major de Rundstedt, est rassuré[2]. Rundstedt prévient alors Berlin qu'aucune tentative n'est à craindre, les Alliés ayant besoin d'un minimum de quatre jours consécutifs de beau temps. Le 15 mai, Rommel écrivait à sa femme Lucie : « Je ne puis plus me permettre d'importantes tournées [...] parce que personne ne sait quand l'invasion peut avoir lieu. Il ne nous reste plus que quelques semaines, je crois, avant que les choses ne commencent à bouger, ici dans l'Ouest[3]. » Après un mois de mai particulièrement ensoleillé, le temps s'est subitement dégradé et la marée n'est guère favorable pour une opération amphibie et aéroportée d'envergure. Rommel attend en effet un débarquement à l'aube et à marée haute.

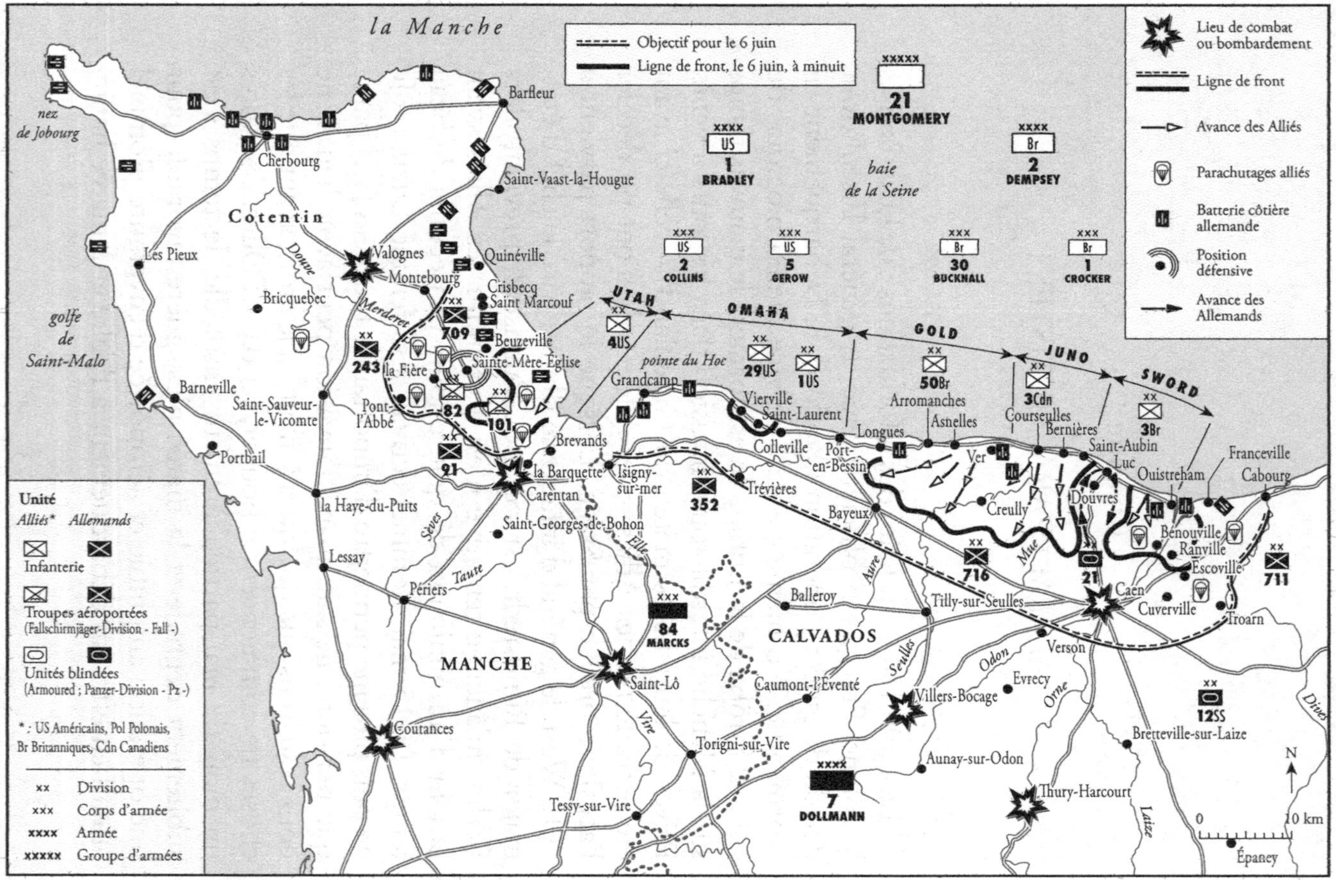

2. L'*Invasion*, 6 juin 1944

Cet élément essentiel retient son attention, la météo probablement tout autant : n'a-t-il pas lui-même averti que les Alliés débarqueront par mauvais temps[4] ? Ce qui laisse à penser, soit qu'il s'intéresse plus à la marée, soit qu'il a peut-être revu son jugement et qu'il ne lui apparaît pas possible d'envisager un débarquement par mauvais temps.

En dépit de ses immenses responsabilités, avec l'autorisation de Rundstedt, il estime donc pouvoir s'accorder une fête en famille pour l'anniversaire de son épouse (elle est née le 6 juin…) et profiter de l'occasion pour se rendre à Berchtesgaden rencontrer Hitler qu'il souhaite convaincre de rapprocher les Panzer au plus près de la côte, en Normandie plus précisément… Après un petit déjeuner frugal, Rommel déclare simplement : « Messieurs, il faut que je m'en aille. » Le voyage s'effectuera en voiture, Hitler ayant expressément interdit à tous ses généraux de prendre l'avion, si ce n'est à bord d'un trimoteur dûment escorté.

Le temps est si exécrable le soir du 5 juin que Krancke annule toutes les patrouilles de la Kriegsmarine prévue en baie de Seine… Friedrich Dollmann ne voit pour sa part aucune raison d'annuler le *Kriegspiel* organisé à Rennes, le 6 juin, par le général d'aviation Meindl, le commandant du 2e corps de parachutistes : « Je maintiens pour demain la réunion prévue à Rennes avec l'exercice sur carte qui doit s'y dérouler. Prenez les dispositions en conséquence. Que chaque commandant de division amène avec lui deux de ses chefs de corps. J'attendrai ces messieurs à Rennes à 10 heures. »

Tous les officiers supérieurs de Normandie et de Bretagne sont conviés à ce *Kriegspiel* à Rennes. C'est ainsi que la moitié des chefs de division et un quart des chefs de régiment sont en route alors que les premiers soldats alliés touchent le sol de France. Certains généraux, Hellmich de la 243e DI, Schlieben de la 709e DI et Falley de la 91e division d'infanterie, c'est-à-dire les commandants des trois divisions défendant le Cotentin, doivent partir dès le début de la nuit du 5 au 6. Falley ne manque pas de dire à son chef du 3e bureau : « Avec ce temps de cochon, on ne risque rien[5]. » Le général d'artillerie Marcks, chef du 84e corps, reçoit les honneurs de son état-major ce soir-là : né un 6 juin, il célèbre en toute simplicité ses 53 ans. Lui aussi doit se rendre à Rennes.

Outre les officiers partis pour le *Kriegspiel* de Rennes, d'autres cadres se sont accordé une permission au pire moment : le colonel Mayer-Detring, l'officier de renseignement de l'OB West, est parti à la chasse avec sa maîtresse ; le général Feuchtinger, le commandant de la 21e Panzer, l'unique division blindée présente dans le Calvados, est allé rejoindre à Paris sa maîtresse, une danseuse noire… Le colonel Tempelhof, le chef du bureau des opérations du groupe d'armées B, est lui aussi absent, parti en même temps que Rommel…

Pourtant, le colonel Hellmuth Meyer, chef des renseignements de la 15e armée, prévient le général von Salmuth, entre 21 et 22 h, qu'il a capté un deuxième vers de Verlaine (*blessent mon cœur d'une langueur monotone*), faisant suite à un premier vers entendu sur les ondes de la BBC à plusieurs reprises quelques jours plus tôt (*Les sanglots longs des violons de l'automne*). Ce message, prélude à des sabotages ferroviaires, serait en fait destiné uniquement au groupe « Ventriloque » dirigé par un certain Philippe de Vomécourt et opérant au sud de la Loire[6]. L'information est transmise à l'OKW, à l'OB West et au groupe d'armées B. Le débarquement serait imminent. La 15e armée, qui devrait subir l'assaut ennemi, est aussitôt mise en état d'alerte, mais pas la 7e. L'information ne semble pas vraiment prise au sérieux. Et puis le temps est tellement exécrable…

Cependant, au fil des heures, le QG du 84e corps à Saint-Lô et ceux de l'OB West et du groupe d'armées B reçoivent les premiers rapports, quelquefois inexacts et contradictoires. Ils font état de bombardements et de largage de parachutistes, parfois de simples poupées leurres qui font croire à des parachutages, à Lessay notamment. Sur la foi de ces renseignements, certes fragmentaires, à 2 h 15, Pemsel place la 7e armée en état d'alerte et avertit aussitôt par téléphone Dollmann : « Mon général, je crois que c'est le Débarquement. Pourriez-vous venir immédiatement[7] ? » Si Pemsel et Marcks sont convaincus, leurs supérieurs le sont moins. Le journal de la 7e armée relate : « Contrairement à l'opinion du groupe d'armées B et de l'OB West, la 7e armée pense que les débarquements aériens préludent à une plus grande action de l'ennemi[8]. » Par ailleurs, les radars de la Kriegsmarine encore opérationnels ont repéré des navires en mer, notamment à trente-cinq kilomètres environ au nord du Nez de Jobourg[9]. « Ce ne peut être que l'escadre de débarquement », se serait exclamé le contre-amiral Hoffmann[10].

La nuit du 5 au 6 juin 1944 devrait être routinière dans tous les cantonnements de l'armée allemande en Normandie. En quelques heures, le fracas des armes et le chaos de la bataille embrase le Cotentin et la zone côtière à proximité de l'Orne. Des vagues d'appareils alliés survolent la région. Un nouveau raid à l'intérieur des terres ? Cette fois-ci, ils paraissent bien nombreux et, surtout, ils volent beaucoup plus bas que d'habitude, remarque le général Reichert, le commandant de la 711e DI, une division statique positionnée entre l'estuaire de l'Orne et celui de la Seine. Il est attablé autour d'une partie de cartes, lorsque le vrombissement des escadrilles alliées éveille sa curiosité ainsi que celle de ses subordonnés. Sortant sur la terrasse de leur mess de Cabourg, les officiers allemands observent l'impressionnant spectacle dans la nuit normande. Un cri surgit dans la nuit : « Parachutistes ! » Deux éclaireurs britanniques auraient été capturés sous les yeux de Reichert. Aucun doute n'est désormais permis : une opération est en cours[11].

Partout, sur la côte normande, retentit la même alerte : *« Sie Kommen ! Invasion ! »* Les Alliés ont surpris leur adversaire. Comme à El Alamein, Rommel est absent.

Les combats à terre ont déjà commencé. Un seul pont enjambe le canal entre Caen et la mer. Il se trouve à Bénouville. Les Allemands comme les Alliés en ont compris l'importance cruciale en cas de débarquement dans ce secteur. Le pont est donc solidement gardé. Une cinquantaine de soldats de la 716e DI en assure la défense. À l'abri dans des retranchements entourés de barbelés, ils peuvent compter sur l'appui d'un antichars de 50 mm, d'une pièce de Flak et de cinq mitrailleuses. Cette nuit-là, toutefois, on ne compte que deux sentinelles en faction sur le pont, en sus de plusieurs Français requis pour sa surveillance. Le soldat Helmut Romer vient de prendre son tour de garde, relevant Vern Bonck, un Polonais considéré comme *Volksdeutsche*. Ce dernier décide d'aller boire un verre au bar du village avec un compatriote[12]. Il est minuit et quart. Soudain, un craquement sourd. On a bien entendu des avions au loin : est-ce un appareil abattu qui vient de percuter le sol ? Le silence qui suit n'est que de courte durée. Les deux Allemands voient soudain surgir de la nuit des hommes casqués faisant feu de toutes leurs armes. Une pluie de grenades réduit au silence la position défensive de la berge est du canal. Ce sont des aéroportés britanniques – des « Red Devils » – sortis de trois planeurs arrivés silencieusement sur le site. Romer a juste le temps de s'esquiver tandis que son compagnon est abattu d'une rafale de mitraillette Sten. Prenant ses jambes à son cou, il s'enfuit vers le centre de la localité suivi par une vingtaine d'assaillants qui réduisent au silence les nids de mitrailleuses positionnés de part et d'autre du pont sur la rive gauche. Le sergent Hickmann riposte avec son pistolet-mitrailleur MP 40 mais ses quatre soldats, tétanisés par la peur, ne réagissent pas[13]. Les combats sont brefs. Surpris, les défenseurs allemands du pont ont à peine eu le temps d'organiser une résistance efficace. Pis, certains dorment encore. Ratissant les tranchées autour du pont, deux paras anglais découvrent un cagnât abritant un groupe de soldats allemands paisiblement endormis. Ébloui par la torche de l'un des intrus, l'un des Allemands rouspète en croyant à la plaisanterie d'un camarade. Une rafale de mitraillette au pied des banquettes et voilà les Allemands debout, plus prompts que n'importe quel animal de course[14]. Quelques centaines de mètres plus à l'est, sur la commune de Ranville, le pont enjambant l'Orne, est pris sans combat.

Ce n'est que l'avant-garde de l'Invasion. Dans les heures qui suivent, les soldats de la 711e DI seront confrontés à des assaillants surgis du ciel depuis la côte jusqu'à Troarn et Cuverville. Partout, ce n'est que confusion. S'agit-il d'une opération majeure ? Les paras ennemis semblent omniprésents. Munis d'explosifs, les sapeurs britanniques procèdent à la destruction des « asperges de Rommel » pour faciliter l'arrivée des planeurs. Alertés par ces détonations à répétition, les soldats allemands ne parviennent pas à en comprendre la nature exacte. Dans l'obscurité de la nuit, le moindre faux pas et la moindre inattention sont fatals : une embuscade a tôt fait de surprendre les imprudents. À l'ouest de Troarn, six engins de la 21e Panzer sont ainsi surpris par un petit groupe de parachutistes britanniques dotés de lance-roquettes antichars PIAT. La colonne est anéantie. À Troarn, il est 4 heures passées quand une multitude de fusées éclairantes sont tirées après que des coups de feu ont retenti à l'entrée de la localité : un cycliste allemand vient d'être abattu. Les soldats allemands, embusqués dans les maisons sises de part et d'autre de la rue principale, voient soudain surgir une jeep et sa remorque, surchargées de matériel et de paras. Les balles fusent dans tous les sens mais l'engin parvient miraculeusement à éviter les tirs. Les Allemands ne parviennent à mettre la main que sur un seul de ces Anglais téméraires : le sapeur Peachey, malencontreusement éjecté de la remorque. Quelques minutes plus tard, le pont de Troarn saute…

Peu après, les défenseurs de la batterie de Merville font face à leur destin. Fossé antichars, barbelés, mines et nids de mitrailleuses ainsi que nombre de bunkers bétonnés : la position leur semble solide. Les effectifs se composent de quatre-vingts artilleurs et de cinquante hommes du génie[15]. La batterie du lieutenant Steiner inquiétait les planificateurs d'Overlord, aussi une opération mettant en œuvre un bataillon entier de parachutistes – le 9e bataillon du lieutenant-colonel Otway – a-t-elle été mise sur pied pour la neutraliser. Des tirs de Flak illuminent le ciel de leurs traçantes quand des planeurs survolent le site. Dès lors, tout s'accélère : les défenseurs entendent le staccato d'une mitrailleuse lourde britannique Vickers ainsi que les détonations de torpilles Bangalore qui ouvrent une brèche à travers les barbelés. Coups de sifflet. L'ennemi attaque ! Les mitrailleuses répliquent à l'assaut, des assaillants tombent, d'autres sont déchiquetés par les mines. Les Allemands s'accrochent à leurs positions et balayent le terrain jusqu'à ce qu'ils soient réduits au silence. Des corps à corps sanglants les opposent aux combattants d'élite de l'armée britannique. À 5 heures, trente minutes après le début de l'assaut, tout est fini. Soixante-dix parachutistes sont tombés. Des 130 défenseurs dirigés par l'adjudant Buskotte, à peine 22 sont encore en vie. Faits prisonniers, ils rejoindront le sous-officier Windgasser et quelques soldats de la Flak, venus chercher refuge à la batterie après avoir observé les parachutages et qui se sont donc jetés dans la gueule du loup : pendant la bataille, ils sont enfermés dans un abri où l'infirmier Kurt Richter officie déjà auprès de blessés britanniques. Le lieutenant Steiner s'en est sorti indemne : par chance, il occupe le poste de direction de tir, sur le rivage, à proximité de la vieille redoute de Merville-Franceville, à quelques kilomètres de la batterie.

Que font donc les blindés de réserve ? Ne sont-ils pas censés repousser toute invasion ? Que fait donc la 21e Panzer, pourtant déployée à proximité ? Peu après minuit, surpris par un vol d'escadrilles alliées au-dessus de son cantonnement, le commandant Hans von Luck croit d'abord, lui aussi, à un raid de bombardiers. Le téléphone retentit : c'est son adjudant. « *Major*, des paras ont été largués. Des planeurs ont atterri dans notre secteur. » Luck, habitué à ne pas perdre de temps, donne aussitôt ses ordres : « Toutes les unités doivent être immédiatement mises en état d'alerte et la division doit être informée. Le 2e bataillon du 125e régiment de panzergrenadiers passera à l'action là où ce sera nécessaire. Si possible, il fera des prisonniers et me les amènera. »

Une compagnie est malencontreusement sortie cette nuit-là avec ses seules munitions à blanc pour un exercice nocturne : situation dangereuse s'il en est[16] ! Le 2e bataillon du capitaine Kuron est déjà engagé. Au 1er bataillon, on prend également la mesure des événements. Le lieutenant Bandomir rapporte : « Nous entendons des bombes qui explosent sur Caen. Le ciel est illuminé par les fusées éclairantes suspendues à des parachutes. Je réalise que l'Invasion a commencé et je mets ma compagnie en état d'alerte[17]. »

Les Panzer restent pour l'heure à l'abri de vergers fleuris. Comme Marcks, le radio Klaus Lück fête son anniversaire ce jour-là : allongé dans sa chambre située sous les combles d'un château, il avale une rasade de calvados et entame la lecture d'une lettre de son épouse. À Verson, le sous-officier Heilig – un ancien de l'Afrikakorps – et le caporal Britten, pédalant de toutes leurs forces sur leurs bicyclettes depuis Caen, arrivent au moment où leur compagnie se rassemble. À Epaney, la 4e compagnie de Panzer du lieutenant Hoffmann est rapidement mise en état d'alerte et préparée au combat par le capitaine von Gottberg, qui aurait surpris une conversation téléphonique entre ses supérieurs, et devancé ainsi les ordres[18].

Comme ailleurs en ce jour fatidique, la réaction allemande est marquée du sceau de la confusion. La 21e Panzer joue de malchance : son commandant, Feuchtinger, est alors à Paris, où il passe du bon temps avec sa maîtresse. Le haut commandement allemand tergiverse et la division demeure dans la plus grande passivité alors que les heures s'égrainent et que les combats font rage à l'est de l'Orne. Luck réclame l'autorisation de mener une contre-attaque mais doit attendre le retour de son supérieur. Que de temps perdu alors que l'ennemi conforte sa position d'heure en heure !

La contre-attaque s'organise peu à peu. Faiblement dotées en armes lourdes, les unités de parachutistes sont vulnérables tant qu'elles n'ont pas fait la jonction avec les forces débarquées sur les plages qui, elles, disposent de tanks et d'artillerie lourde. À Bénouville les Allemands tentent de reprendre le contrôle du pont. La compagnie antichars de la 716e DI est la première à intervenir vers 2 h 30 mais un PIAT détruit l'engin de tête. Une compagnie commandée par le lieutenant Braatz de la 21e Panzer est également engagée à Bénouville. Les canons automoteurs et les semi-chenillés sont trop bruyants pour espérer surprendre les paras, mais leur puissance de feu est appréciable. C'est alors que le lieutenant Höller reçoit l'ordre de mener une reconnaissance à pied avec deux hommes. Dans un environnement urbain, où les blindés sont plus vulnérables, une telle précaution s'impose. Longeant la route, Höller rampe donc dans le fossé à gauche de la route. Arrivé au niveau du bout du mur du parc du château de Bénouville, situé sur sa droite, il découvre le cadavre d'un soldat britannique. Les trois Allemands ne distinguent aucun mouvement. Höller a alors une réaction inouïe : saisissant l'importance historique du jour qu'il est en train de vivre, il tend son appareil photo à l'un de ses hommes, enlève son casque et, tournant le dos à un ennemi à portée de fusil, il prend la pose ! Quant à son rapport, il est clair : s'exposer dans ces rues étroites sans le soutien de l'infanterie est bien trop dangereux[19]. Les contre-attaques vont se succéder pendant toute la matinée, un équipage de Panzer IV ayant même le courage de s'infiltrer jusqu'au centre de la localité finit incendié par des grenades Gammon. Les cris atroces de l'équipage glacent le sang des paras britanniques mais l'essentiel est acquis : les Allemands croient avoir affaire à une position pourvue de canons antichars et renoncent à poursuivre leur attaque alors que les défenseurs sont à leur merci. Un officier allemand accompagné de deux hommes se dirige ensuite vers le château de Bénouville, qui surplombe le canal et offre des vues sur le pont et les défenseurs. Il entend installer une mitrailleuse sur le toit de l'édifice. C'est une maternité placée sous la protection de la Croix-Rouge !

proteste madame Vion. L'officier n'en a cure mais, sitôt à une fenêtre du troisième étage, il est repéré par les paras anglais qui ouvrent le feu sur lui avec le canon antichars allemand situé en encuvement près du pont : l'obus traverse l'édifice de part en part[20] ! Pourtant, Höller monte lui aussi dans le bâtiment. Il observe alors de hardis marins de la Kriegsmarine descendre le canal depuis Caen vers la mer :

> L'équipage nous voit à travers les grandes fenêtres dans la cage d'escalier courir vers le haut et nous canonne avec des pièces de 20 mm, pensant que nous sommes des Tommies. L'escalier a l'air désert, personne n'est atteint. L'apparition est bientôt passée et nous sommes à l'étage supérieur. Ce navire, avec un second, qui avait entrepris une attaque contre le pont du canal occupé par l'ennemi, est repoussé. Le second navire, touché par le tir adverse, coule. L'équipage est fait prisonnier[21].

Höller estime que cette position dominante est idéale pour diriger le tir de mortier, mais renonce devant les risques encourus par les patientes alitées dans les salles. « À proximité du pont, je peux observer deux impacts, probablement provoqués par nos mortiers. C'était à peine un tir de harcèlement. » Le jeune officier et son supérieur sont ulcérés : avec les moyens dont ils disposent, ils auraient facilement pu emporter la position adverse. « Ah ! Avec vingt chars nous ne serions pas longs à enlever le morceau », soupire le sergent Tanner, en position dans le parc[22].

Les combats sont nettement plus violents à l'est de l'Orne. Les Allemands attaquent en force au sud de Ranville pendant toute la matinée. De nuit, la progression est plus discrète, mais avec l'arrivée de l'aube les silhouettes des Panzer et des semi-chenillés se découpent sur l'horizon. Progressant à couvert dans les champs, les fantassins épaulent l'action des blindés. Soudain, les aboiements secs des canons antichars et le bruit des impacts des roquettes de PIAT des paras britanniques déchirent l'air. Le lieutenant Bandomir raconte :

> Ma compagnie doit traverser un champ de blé entouré de haies. Malheureusement, les SPW [half-tracks] nous suivent de trop près, lorsque nous nous heurtons à une solide résistance. En conséquence, deux canons d'assaut sont touchés par des PIAT et sont aussitôt incendiés. Je me rappelle que quatre canons antichars automoteurs ont été perdus d'un seul coup sans que nous ayons pu tirer un seul obus. La deuxième compagnie progresse peu dans un sous-bois si bien que l'attaque de ma compagnie échoue elle aussi. L'officier qui commande ma première section est tué ; cette section a de lourdes pertes, de 15 à 20 hommes. Après l'échec de cette attaque (dans le parc du château d'Escoville), ma compagnie prépare des positions défensives légèrement en arrière[23].

Si certaines positions britanniques sont submergées, l'échec est patent. Plusieurs Allemands sont tombés aux mains de leurs adversaires. La campagne de Normandie est finie pour eux, mais ils croient encore en la victoire finale. « Lorsque le Führer, l'apprendra, vous serez rejeté à la mer », affirment les officiers capturés à diverses occasions. Les paras de la 6e division aéroportée britannique ont eu la chance de n'avoir à affronter essentiellement qu'un régiment de la 21e Panzer. Ce n'est qu'à 8 heures que le régiment de Panzer, commandé par le colonel von Oppeln-Bronikowski, se met en marche : l'objectif est d'anéantir la tête de pont aéroportée britannique à l'est de l'Orne. Le commandant Vierzig, chef du 2e bataillon du régiment de Panzer, raconte : « En raison du risque d'attaque aérienne nous avions pris une distance de cent mètres entre les véhicules. Nous eûmes cette chance qu'aucun Jabo [chasseur bombardier] ne nous attaquât en cours de route. Nous nous approchâmes sans une seule perte de la zone d'atterrissage des Tommies[24]. »

Alors que les chars se préparent à frapper la tête de pont aéroportée à l'est de l'Orne, un contre-ordre survient à 9 h 30 : demi-tour, il faut repasser l'Orne et cingler vers l'ouest, pour contre-attaquer vers les plages ! Il apparaît évident qu'une action plus vigoureuse de la part de la 21e Panzer, sans remettre en cause le succès d'Overlord aurait sonné le glas des « Red Devils » du général Gale. Près de Caen, un soldat allemand note dans son journal ce jour-là : « L'Invasion est arrivée ! *Good morning, Tommy !* Des parachutistes largués à l'est[25]. »

Pendant ce temps, sur le flanc gauche du front de l'Invasion, treize mille parachutistes appartenant aux 82e et 101e divisions aéroportées américaines entrent en action. La défense de la péninsule du Cotentin est assurée par la 709e DI sur la côte et par la 243e DI à l'ouest. Au centre, arrivée en renfort au mois de mai sur ordre exprès d'Hitler, la 91e division aéroportée, qui est une division d'infanterie, une formation de la Heer en fait, reçoit précisément comme mission de s'opposer à toute opération aéroportée ennemie dans le secteur. Intégré à cette division, le 6e régiment de parachutistes du commandant von der Heydte en constitue l'élément le plus solide et le plus combattif. Diverses unités ainsi que la garnison de la Festung Cherbourg complètent le dispositif.

Comme leurs camarades déployés dans le Calvados à proximité de l'Orne, les soldats allemands en poste dans le Cotentin observent l'activité particulièrement soutenue de l'aviation alliée en cette nuit du 5 au 6 juin. Les premiers à intervenir sont les servants des unités de la Flak. À la lueur intermittente de la lune se joignent celles des projecteurs qui scrutent le ciel noir chargé de nuages et révèlent aux artilleurs la présence hostile d'innombrables escadrilles d'appareils de transport C 47 Skytrain volant très bas. Très vite des chapelets de traçantes strient la nuit. L'éclat soudain des premières explosions annonce le début de la curée. Partout crépitent les tirs de mitrailleuses et les aboiements des pièces de Flak légères ainsi que les puissantes déflagrations provenant des obus de 88 mm qui encadrent les appareils ennemis. Les corolles qui envahissent le ciel ne laissent plus de doutes : des parachutistes ! Ajustant leurs tirs, les servants de la Flak multiplient les coups au but. Les rafales des armes automatiques fouillent les cockpits en causant des ravages et hachent les parachutistes suspendus dans le ciel. Les Allemands observent aussi des appareils ennemis qui entrent en collision. L'Invasion vient de débuter ! « Enfin, il sc passc quclqucs chosc », lancc Viktor, un soldat allemand, à son camarade et soldat Heinz Wittmann de la Flak. Alertés peu après minuit, ces artilleurs ont prestement enfilé leurs uniformes et leurs bottes et attrapé leurs armes pour rejoindre leur pièce de 88 mm. « La vérité à laquelle j'ai aspiré depuis des années se concrétise maintenant », songe Wittmann, surpris et toutefois déçu de rester l'arme au pied et de ne pas être engagé dans ce combat décisif[26]. En effet, lui et ses camarades doivent défendre des positions ; en outre, il n'est pas aisé de déplacer des canons de 88 mm en pleine nuit.

Les fantassins allemands s'empressent d'apporter leur soutien à leurs camarades de la Flak : mieux vaut abattre ces ennemis encore vulnérables lors de leur descente que d'attendre qu'ils soient au sol, prêts à mener un combat à mort. La survie est à ce prix. À 0 h 16, au moment où les Britanniques prennent d'assaut le pont de Bénouville, les premiers éclaireurs américains, les Pathfinders, sont parachutés. Sur la Dropping Zone D (une zone de parachutage prévue pour la 101e division aéroportée américaine), ceux du 501e régiment d'infanterie de parachutistes tombent sur des positions allemandes et sont abattus avant même d'avoir pu se défaire de leurs harnais[27]. Encore suspendus à leurs parachutes, une quarantaine d'hommes d'une compagnie du 506e régiment sont tués à bout portant. Le corps du chef de ce bataillon, le colonel Wolwerton, pendu à un arbre à trois mètres du sol, est criblé de balles par les Allemands qui lâchent rafale sur rafale contre l'infortuné officier[28]. Dès que les premiers paras arrivent au sol, les combats sont enragés. La violence se déchaîne, les adversaires s'acharnent davantage. Il y aura beaucoup d'exécutions sommaires de part et d'autre cette nuit-là. Les paras américains, dont les ordres sont explicites – ne pas s'encombrer de prisonniers derrière les lignes allemandes – ne font pas de quartiers[29]... À La Barquette, au nord de Carentan, un soldat allemand rendu furieux par les combats arrose d'essence trois enfants et les immole[30].

Dans d'autres circonstances, l'humanité l'emporte : à l'hôpital de campagne de la 91e division d'infanterie, le personnel médical allemand, assisté d'un sergent allemand, prêtre dans le civil, prodiguent leurs soins aux blessés aussi bien allemands qu'américains[31]. Partout, sur la côte et à l'intérieur des terres, c'est le même effarement devant le spectacle de l'invasion aéroportée : « Mais ils sautent, ma parole ! » s'exclame le lieutenant-colonel Hoffmann sortant de son abri à l'est de Montebourg. Il songe d'abord à l'équipage d'un avion en perdition mais comprend très vite que ce sont des parachutistes[32].

Où sont donc ces damnés parachutistes ? maugréent de nombreux soldats allemands. La nuit recèle bien des dangers. L'ennemi est-il tapi derrière la prochaine haie, prêt à ouvrir le feu ? Réveillé par cette agitation nocturne inhabituelle, le capitaine Düring, de la 352e DI, posté à Brevands avec sa compagnie de mitrailleurs, saute du lit, enfile ses bottes précipitamment – en se trompant de pied… – et sort de son logis. Il a tout juste le temps d'apercevoir deux silhouettes qui s'évanouissent dans la nuit malgré ses sommations avant de lâcher une rafale avec sa mitraillette MP 40. C'est son premier contact avec les Américains[33]. On rapporte d'autres faits difficilement vérifiables : se croisant dans la nuit, certains groupes ennemis se seraient abstenus d'ouvrir le feu devant la certitude d'un massacre mutuel assuré[34]… Les échanges de coups de feu, plus ou moins sporadiques, annoncent que des combats sont en cours ici et là. La nuit fourmille aussi d'étranges appels de criquets – des jouets distribués comme signes de reconnaissance à de nombreux aéroportés américains en prévision de la probable dispersion des largages : « S'ils avaient coassé comme des grenouilles, personne n'aurait remarqué cela dans les marais, affirme le soldat de 1re classe Griesser, mais le bruit de ces crécelles en fer blanc était si peu naturel qu'on aurait dû déjà être sourd pour ne rien remarquer[35]. »

Les accrochages se multiplient en des secteurs si nombreux et si dispersés que les états-majors allemands sont bien en peine de se faire une idée claire de la situation. La rupture des communications et l'absence de nombreux officiers – pour cause de *Kriegspiel* à Rennes – ajoutent à la confusion et à la timidité de la réaction en ces heures décisives. Face à un adversaire qui semble pouvoir surgir à l'improviste de n'importe où, les unités allemandes se positionnent en hérisson, c'est-à-dire en défense tous azimuts.

Les hommes du 6e régiment de parachutistes sont très vite à pied d'œuvre. N'ont-ils pas pour mission de contrer tout parachutage ? Parachutistes eux-mêmes, ne sont-ils pas particulièrement aptes à prendre d'efficaces contre-mesures ? « Le ciel était rempli d'avions », se souvient Wolfgang Geritzlehner. « Nous étions convaincus que tout serait réglé en quelques heures. Tout le monde était confiant[36]. » Dès 0 h 11, l'alerte est donnée. En raison des sabotages opérés par la Résistance, le commandant von der Heydte ne peut se mettre en relation avec les régiments de la 91e division d'infanterie. On finira par utiliser les lignes civiles, qui fonctionnent encore. Le lieutenant Pöppel, chef d'une compagnie, s'apprête à se coucher dans la ferme qu'il occupe quand surviennent les cris des sentinelles : « Alarm ! » Tous les postes d'observation annoncent des parachutages : « En un instant, nous sommes tous bien réveillés et rapidement prêts[37]. » Les premiers accrochages ne tardent pas. Tapi dans le cimetière de Saint-Georges-de-Bohon où il a établi son cantonnement, un groupe de parachutistes observe les parachutages. Le soldat de 1re classe Griesser se souvient :

> Une demi-heure après minuit, le 6 juin, j'entendis notre guetteur antiaérien crier : « Alarme-parachutistes-planeurs ! » tandis qu'il déchargeait son arme. La première chose que j'entendis en quittant ma tente fut un « oh, oh, ma jambe brisée » d'un parachutiste américain qui avait atterri dans un grand arbre. Son parachute pendait à la cime de l'arbre, lui-même était étendu sur la terre. Je le désarmai et je cherchai à lui parler en le rassurant. Sa blessure ne saignait pas. C'est probablement le premier prisonnier américain de la bataille de Normandie[38].

Plus tard dans la nuit, sur la Landing Zone E (zone d'atterrissage destinée aux planeurs), quatre-vingt-dix aéroportés américains sont capturés : voyant arriver sur eux des planeurs, les Allemands ouvrent le feu puis engagent un corps à corps, prenant de court leurs adversaires.

À quoi ressemblent-ils ces parachutistes américains, que la propagande s'est plu à comparer à des gangsters, affirmant qu'ils étaient recrutés parmi la pègre ? « C'est cela l'élite américaine ? Ils ont l'air de sortir de Sing Sing [célèbre prison des États-Unis][39]. » Certains, le crâne rasé ou tonsuré à l'iroquoise, surprennent leurs geôliers : « Maintenant, ils nous envoient des Indiens ! » Ce sont de jeunes soldats bien bâtis, dotés d'un matériel et d'un équipement dont la profusion et la qualité attirent l'attention des soldats allemands, qui saisissent l'occasion pour s'emparer, dans les containers, des poches et des paquetages de leurs prisonniers, de chocolat, cigarettes, rations K, véritables tentations pour des soldats à l'ordinaire si spartiate... La soie colorée en différents tons des parachutes inspire les soldats du commandant von der Heydte qui se taillent avec d'élégants foulards bien peu martiaux...

Des dizaines de parachutistes américains sont capturés par les troupes allemandes cette nuit-là. Heydte prépare sa contre-attaque, mais son régiment est dispersé et le manque de véhicules se fait cruellement ressentir.

Tous les soldats allemands combattant cette nuit-là dans le Cotentin ne font pas preuve d'autant de mordant. Le baptême du feu est parfois trop dur à supporter. Certains s'effondrent moralement et psychologiquement, faute d'entraînement peut-être et pour avoir consacré trop de temps de leur vie de soldat à des tâches d'occupation dans une zone jusqu'alors relativement épargnée par la guerre. Ainsi, le soldat Rainer Hartmetz découvre-t-il un spectacle désolant au poste de commandement de sa compagnie. Le commandant, pourtant un vétéran du front de l'Est qui en a vu d'autres, gît ivre dans son *foxhole**, tandis que deux hommes sont visiblement en état de choc : « Ils ne pouvaient pas parler. Ils tremblaient. Ils essayaient de fumer mais ne pouvaient pas porter leur cigarette à leurs lèvres[40]. »

Un des épisodes les plus célèbres et les emblématiques du Jour J est incontestablement le massacre des sticks** de paras américains au-dessus de la place de Sainte-Mère-Église. Rien, le 5 juin, ne laissait présager les événements à venir et les Allemands en poste dans la petite ville se sont donné du bon temps jusque dans la soirée, essayant de battre le record du tour de la place à bicyclette. Il est minuit quand le caporal-chef Rudolf May monte dans le clocher de la bourgade avec un de ses camarades. À peu près à la même heure, c'est une sentinelle allemande en faction près d'une mitrailleuse qui lance une alerte incendie. Le tocsin sonne et quelques habitants – une soixantaine qui bravent ainsi le couvre-feu – se ruent avec les seaux de toile prévus à cet effet. Une heure plus tard, le feu se transmet à une remise en bois. À cet instant précis, le vrombissement des moteurs des C 47 américains annonce un autre drame. Des parachutistes ! Du haut du clocher, May pense d'abord qu'il s'agit de containers. La Flak ouvre le feu. À la troisième vague qui survole la petite ville, les tirs des Allemands qui encadrent les civils sur la place se mêlent aux traçantes de la Flak. Ils visent les parachutistes ennemis qui, suspendus à leurs voilures, descendent rapidement vers le sol. L'enfer

* *Foxhole* : trou d'homme creusé par les combattants pour s'abriter sur la ligne de front.

** Stick : groupe de parachutistes se trouvant à bord du même appareil.

se déchaîne. Au moins quatre Américains sont tués. Pris de panique, les civils s'égaillent. Vingt minutes plus tard, un autre stick saute au-dessus de la place de Sainte-Mère-Église : six ou sept paras sont abattus. Sur la place, un des défenseurs est abattu par un GI qui meurt lui aussi. Les Allemands décrochent du clocher le soldat John Steele, qui restera leur prisonnier pendant quelques jours[41]. À 5 heures du matin, la ville sera entre les mains des Américains. Une trentaine d'Allemands sont capturés et onze sont tués.

La petite ville est un carrefour essentiel que les Allemands n'entendent pas concéder si facilement. Aussi multiplient-ils les contre-attaques, essentiellement au nord et au sud de la localité. À 10 h 30, le bataillon du commandant Moch du 1058e régiment d'infanterie de la 91e division d'infanterie attaque depuis le nord avec l'appui de 9 canons d'assaut ainsi que de quelques autres blindés du 100e bataillon de Panzer, une unité faite de bric et de broc et qui n'aligne que de vieux chars français de prise et un unique Panzer III, alors complètement obsolète. Mais ces engins peuvent encore s'avérer dangereux contre des parachutistes qui ne disposent que de très peu d'armes lourdes. L'ensemble ne manque donc pas de puissance. L'avance, le long des hautes haies vives de la région, est résolue et l'assaut s'effectue sous le couvert de l'artillerie. Les soldats se heurtent alors à la défense acharnée d'une poignée d'Américains armés d'un unique antichars de 57 mm. Au sud, ce sont les *Osttruppen* du 795e bataillon de l'Est, appuyées par trois chars légers et deux canons automoteurs, qui tentent de reprendre la ville aux Américains. L'assaut fait long feu. Depuis l'est, ce sont des fantassins et quelques blindés qui effectuent une vaine tentative depuis Beuzeville-au-Plain.

Décousues, ces contre-attaques manquent de coordination et surtout d'ampleur. Comme dans son combat face aux aéroportés britanniques, l'armée allemande, qui dispose pourtant d'effectifs importants, réagit confusément. Disséminés sur une vaste superficie, le nombre des paras américains est surestimé par leurs adversaires qui les croient beaucoup plus nombreux qu'ils ne le sont en réalité. Le lieutenant-colonel Keil, en position sur la façade est du Cotentin, envoie certes sa section du génie en contre-attaque mais il est bien en peine d'alerter toutes ses unités : les liaisons téléphoniques sont coupées. Il ne reste donc plus qu'à envoyer une estafette motocycliste, qui brave une nuit pleine de danger. Pris pour cible par des paras américains, l'agent de liaison échappe de peu à la mort et revient bredouille. Keil ne dispose que de 150 hommes sur tout son régiment (entre 2 000 et 3 000 hommes)[42]...

Les combats n'en sont pas moins acharnés et les pertes infligées par les Allemands aux forces aéroportées américaines seront lourdes. Les Allemands sont contraints de lancer des contre-attaques dans toutes les directions. Il importe d'empêcher les Américains de contrôler les points de franchissement : les ponts et les carrefours stratégiques. S'ils échouent à Sainte-Mère-Église, la contre-attaque menée vers midi sur la chaussée (longue de 800 mètres) et le pont enjambant le Merderet à La Fière est en partie couronnée de succès. L'assaut du 1057e régiment d'infanterie est précédé d'un pilonnage de l'artillerie et des mortiers. Il se fera d'abord sous le couvert du bocage mais, au niveau de la chaussée, il est impossible de manœuvrer et l'avance devra s'effectuer en s'exposant au feu adverse sur un espace sans couvert. Les Américains répliquent par un feu d'enfer et leurs mitrailleuses clouent sur place les fantassins allemands qui se tapissent dans l'herbe ou cherchent un abri derrière les haies. Néanmoins, trois Hotchkiss* H39 du 100e bataillon de Panzer restent insensibles à ces tirs et poursuivent l'assaut, réduisant au silence une pièce antichars de 57 mm. Courageusement, les tankistes allemands, à l'étroit dans leurs petits chars et disposant d'une visibilité somme toute réduite, avancent le long des haies, en dépit d'un danger pouvant survenir à chaque instant. Soudain, un tir suivi de la trajectoire d'une roquette ! Le premier puis le second Panzer sont immobilisés. Le terrain est marécageux : aucun espoir de manœuvrer pour effectuer des tirs de flanquement. Impossible, donc, de poursuivre plus avant. Toutefois, ce faisant, les Allemands contrôlent, et ce pour deux jours encore, la rive ouest de l'importante chaussée reliant le Merderet à La Fière[43].

En l'absence du commandeur de la division, les contre-attaques sur La Fière et Sainte-Mère-Église ont été décidées par le général Klosterkemper, le chef de la section opérations de l'état-major de la division. Klosterkemper ne reverra jamais son supérieur. Devant les événements qui se précipitent et alors qu'il se trouve à bord de sa limousine, parti en Bretagne pour le *Kriegspiel* de Rennes, Wilhelm Falley, commandant de la 91e Luftlande, est en route pour son QG. Le conducteur du général aperçoit soudain un soldat américain qui surgit sur la route. « Stop ! » crie le para. Le chauffeur accélère, dépasse l'Américain, mais le véhicule est alors criblé de balles et s'écrase contre le mur d'une ferme. Falley rampe sur la chaussée en direction de son pistolet, éjecté sur la route, tout en criant : « *Don't kill ! Don't kill !* » avant d'être abattu d'une balle en pleine tête par le 1re lieutenant Malcolm Brannen[44].

---

* Hotchkiss : char français de prise.

À Saint-Lô, Marcks décide de conjurer la menace que représentent les parachutistes ennemis en engageant sa principale unité de réserve : le Kampfgruppe* Meyer de la 352e DI. Cette décision sera lourde de conséquences. Pensant avoir suffisamment de temps pour anéantir les forces aéroportées américaines avant l'heure de la marée haute à laquelle doit logiquement avoir lieu le débarquement, les Allemands se privent d'une unité dont la présence fera gravement défaut lorsque surviendront les débarquements sur Omaha Beach et Gold Beach. Au W 5, le nid de résistance n° 5 (*Widerstandnest* 5), dans le secteur de ce qui sera Utah Beach, comme bien des officiers, le lieutenant Jahnke décroche lui aussi le téléphone qui sonne. Dans son combiné, il entend : « Parachutistes ennemis viennent de sauter. Vraisemblablement derrière votre secteur. » Les ordres de Jahnke fusent : les sentinelles de garde sont doublées et des patrouilles sont envoyées ratisser le secteur. Les premiers coups de feu retentissent. Une patrouille rentre avec un beau tableau de chasse à son actif : pas moins de dix-neuf prisonniers ! Ils sont rapidement identifiés : ce sont des parachutistes américains de la 101e division aéroportée américaine. Jahnke fait prodiguer les premiers soins aux blessés, non sans ordonner à son infirmier, Hoffmann, d'ôter l'arme qu'il porte à son ceinturon : « C'est défendu », remarque un des américains blessés**. Au nord-ouest du W 5 se situe le complexe de la batterie côtière de Saint-Marcouf, dite aussi batterie de Crisbecq. L'ensemble, dépendant de la Kriegsmarine, et commandé par l'enseigne de vaisseau 1re classe Ohmsen, aligne trois puissantes pièces de 210 mm et compte une garnison de trois cent vingt hommes. La batterie est bouleversée par un

* Kampfgruppe : groupe de combat.
** Less brancardiers et les infirmiers ne sont pas armés.

bombardement en règle : 600 tonnes de bombes sont déversées sur la position. Les pièces de Flak sont hors d'usage. Il faut vite déblayer les tranchées. On apprend que des parachutistes seraient dans les parages. Ohmsen envoie Grieg, un de ses hommes, avec une patrouille. Ce dernier, use d'un subterfuge en utilisant un criquet trouvé sur un para. Vingt parachutistes sont capturés de la sorte puis dûment enfermés dans un bunker vide. Jahnke et Ohmsen l'ignorent encore mais, dans quelques heures, ils vont se heurter de plein fouet à la force de débarquement alliée[45].

Chapitre VI

FACE AUX DÉBARQUEMENTS AMÉRICAINS

À l'aube brumeuse et grise de ce 6 juin, les soldats allemands postés sur la côte sud-ouest du Cotentin, comme le lieutenant Rohweder et ses hommes des W 2a et W 3 à Pouppeville, découvrent le spectacle impressionnant de l'armada déployée sous leurs yeux. Le commandant von der Heydte prétendra avoir eu lui aussi cette vision mémorable du haut du clocher de l'église de Sainte-Marie-du-Mont – ce qui est impossible puisque les paras américains y sont – ou de celui de Saint-Côme-du-Mont, qui est lui trop éloigné de la côte pour qu'on y distingue la mer[1]... 5 h 45 : l'horizon s'embrase, puis un grondement de tonnerre annonce l'enfer. La flotte vient d'ouvrir le feu sur les défenses côtières ! Les défenseurs sont accablés par la puissance des tirs qui pulvérisent leurs positions. Tout est bouleversé. Les barbelés sont hachés, les mines explosent prématurément, les tranchées sont comblées... C'est le chaos. Le relais est pris peu après par les escadrilles de bombardiers B 25 Marauder qui parachèvent l'œuvre de mort et de destruction. Dans leurs abris, les défenseurs se terrent, recroquevillés et les nerfs à vif en écoutant le sifflement caractéristiques des bombes. Ils sont secoués par le souffle des explosions. La terre tremble. Certaines images célèbres montrent des soldats allemands ensevelis dans leurs positions et, encore sous le choc, peinant pour se dégager. Tapi dans un simple trou creusé dans la dune étayé par quelques madriers et recouvert d'oyats, Jahnke observe lui-même l'ouverture des trappes des soutes à bombes. Son abri touché, le jeune officier saute vers le mur antichars. Il entend un nouveau concert d'explosions : « Zut ! Nos soutes à munitions qui sautent. » Le secrétaire du caporal d'ordinaire (la cuisine) court vers lui : « Tout est Ka... Kaputt, Herr lieutenant, mon entrepôt brûle, ma cambuse est renversée[2]. » Jahnke garde la tête froide. Il contacte le sous-lieutenant Ritter, qui tient le W 3. Celui-ci n'a plus que deux hommes avec lui et une seule mitrailleuse ! C'est au tour des roquettes des chasseurs-bombardiers d'accabler les soldats allemands. Les fusées éclatent contre les embrasures et un bunker saute, suite probablement à l'explosion de ses munitions. Ceux qui osent observer à l'extérieur distinguent une multitude de points noirs qui grossissent et se rapprochent : ce sont les péniches de débarquement américaines ! Vingt embarcations d'assaut forment la première vague – six cents hommes de la 4e division d'infanterie aémricaine –, suivies de près par les lourds LCT (*Landing Craft Tank*) qui transportent trente-deux chars Sherman. Des dizaines d'autres péniches suivent. Les Américains ont dérivé et c'est devant le W 5 qu'ils abordent à 6 h 40. « Feu à volonté », ordonne Jahnke. Le caporal Friedrich manie la pièce de 37 mm de la modeste tourelle de char Renault encore opérationnelle, mais pour peu de temps[3]. Tout l'armement lourd – qui se limitait à trois canons antichars moyens – est anéanti : il ne reste plus guère que douze chars Goliath téléguidés. À 7 h 15, Jahnke dépose les armes. Le mur de l'Atlantique n'a tenu qu'une demi-heure à peine. Les défenseurs d'Utah Beach n'ont opposé pratiquement aucune résistance. Les Américains ont eu de la chance de dériver et de débarquer sur cette plage, faiblement défendue. Si Utah Beach est rapidement conquise, et au prix de faibles pertes, elle reste soumise aux tirs intermittents de l'artillerie allemande. Le colonel Triepel, commandant d'un régiment d'artillerie côtière de l'armée, note dans son rapport : « Nous étions à une distance de 17 à 18 kilomètres de l'objectif. Mais nous pûmes cependant constater l'agitation qu'y provoquait l'arrivée de chacun de nos obus[4]. » La flotte américaine peut répliquer avec succès : vingt-sept artilleurs d'une batterie de la 91e division d'infanterie sont ainsi neutralisés avec leurs pièces. L'artillerie de la 352e DI, positionnée à l'est de la baie des Veys, ouvre également le feu sur Utah. La menace la plus manifeste reste la batterie de Crisbecq d'Ohmsen. Ce dernier revendique un coup au but sur le destroyer USS *Corry* : coupé en deux, celui-ci sombre mais plus probablement sous l'effet de l'explosion d'une mine sous-marine. À 9 heures pourtant, la dernière pièce de 210 mm de la batterie est neutralisée, provisoirement. Ces tirs de l'artillerie allemande n'entravent en rien l'aménagement de la plage par les unités du génie ni les débarquements d'hommes et de matériel.

À 8 heures, un régiment américain est déjà arrivé au complet en Normandie. La progression américaine est gênée par les zones inondées et les Allemands tentent de les stopper sur les rares sorties de plages, mais les moyens manquent. À Saint-Germain, des canons parviennent à mettre hors de combat deux chars américains Sherman avant d'être détruits à leur tour. La ténacité des parachutistes allemands et des *Ostruppen* ne suffit pas à faire échouer la puissance de l'assaut allié. À aucun moment les Allemands n'ont été en mesure de menacer la tête de pont. En soirée, le 1er bataillon du 6e régiment de parachutistes commandé par le capitaine

Preikschat, qui progresse en direction de Sainte-Marie-du-Mont doit s'établir en « hérisson » pour la nuit. L'unité, esseulée, est en effet au beau milieu de la zone de largage américaine et des GI arrivent de toutes les directions. Les 2e et 3e bataillons du 6e régiment de parachutistes se sont repliés sur Carentan. Le lieutenant Pöppel déplore l'absence de tout appareil de la Luftwaffe. Comment espérer repousser l'assaut sans s'attaquer aux barges de débarquement ? « En dépit de mon état d'épuisement, il m'est difficile de dormir. Tout est encore trop récent, les impressions sont trop fraîches dans mon esprit pour les oublier[5]. » En fin de journée, la 4e division d'infanterie américaine ne compte que 197 pertes. Les unités du génie ont perdu 60 hommes. 22 000 hommes et 1 800 véhicules sont à terre. La jonction n'a cependant pu être établie qu'avec une partie des 13 000 aéroportés.

Si le journal de guerre de la 7e armée indique en date du 6 juin qu'une contre-attaque est en cours dans la Manche, seule la 91e division d'infanterie est mentionnée : on est donc bien loin d'une attaque généralisée et coordonnée alors que trois divisions allemandes sont dans le Cotentin. Mais, à l'est de la Vire, une menace plus grave inquiète le QG de la 7e armée.

L'importance du site de la Pointe-du-Hoc pour la protection de Grandcamp-les-Bains et l'embouchure de la Vire n'échappe pas aux Allemands. Dès le mois de mai 1942, une batterie d'artillerie est transférée depuis Boulogne sur cette nouvelle position. À l'origine, elle compte 146 hommes mais, en juin 1944, il ne reste que 85 artilleurs en poste – en raison de transferts vers le front de l'Est –, dont le commandant, le lieutenant Ebeling, qui a refusé d'attaquer des destroyers britanniques qu'il jugeait à limite de portée : « Je ne peux pas atteindre des moineaux avec ces canons. » Fin mai 1944, venant du futur secteur d'Omaha Beach, quinze soldats d'une unité de lance-roquettes sont arrivés en renfort avec leurs mitrailleuses. La batterie, sous le commandement du lieutenant Brotkorb, aligne six pièces de 155 mm françaises, datant du conflit mondial précédant, mais qui restent très performantes, avec une portée et une puissance de feu satisfaisantes. En comparaison, les deux batteries voisines établies à Maisy sont nettement moins puissantes et ne peuvent mettre en péril le débarquement sur Omaha. La position, naturellement forte, semble même difficile à neutraliser par un assaut mené depuis l'intérieur des terres. La batterie est en effet protégée par un champ de mines encadré par deux réseaux de barbelés. Sept positions de mitrailleuses permettent aux défenseurs de balayer de leurs tirs l'ensemble des fortifications et leurs approches. Deux postes de Flak légères, dont un établi directement au sommet de la falaise, ainsi qu'une pièce de 88 mm défendent également le site. La troupe est à l'abri des bombardements dans de nombreux bunkers. Ces derniers sont reliés aux postes de combat par de nombreuses tranchées et galeries souterraines permettant les déplacements à l'abri des tirs. Un poste de direction de tir, commandé par le lieutenant Ruhl, est occupé en permanence. Il surplombe la falaise, juste en retrait de la pointe. La falaise elle-même est parsemée de pièges, en l'occurrence des obus d'artillerie suspendus par des câbles.

Les concepteurs alliés des plans d'Overlord craignent que ces canons ne puissent interférer sur le bon déroulement des débarquements sur les plages d'Utah et d'Omaha. Il est d'abord envisagé de parachuter un bataillon d'aéroportés sur la Pointe-du-Hoc tandis que deux bataillons de Rangers débarqueraient dans le secteur de Grandcamp pour neutraliser les deux batteries de Maisy. Ces deux dernières s'avérant moins dangereuses que supposé, le plan final se limite à un assaut direct sur la Pointe-du-Hoc par une partie d'un bataillon de Rangers, éventuellement renforcé par la suite. En raison de son importance stratégique, la batterie de la Pointe-du-Hoc retient l'attention de l'aviation alliée. Pas moins de 380 tonnes de bombes sont déversées sur le site avant le 6 juin. Or les pièces étant encore en encuvement* – deux bunkers seulement ont été construits pour les six canons qui ne les occupent pas encore –, elles sont très vulnérables : une est détruite et deux sont endommagées. Dans la nuit du 25 au 26 avril, les artilleurs mettent à l'abri les cinq pièces restantes dans un chemin creux à un kilomètre environ au sud de la batterie. Pour tromper les Alliés, qui resteront dans l'ignorance du subterfuge, des poteaux télégraphiques ainsi que le canon détruit sont disposés sur les encuvements sous des filets de camouflage.

Le Jour J, à 4 h 45 du matin, le ciel s'illumine de bombes éclairantes annonçant un nouveau raid : l'opération Flashlamp. Les soldats allemands en poste à la Pointe-du-Hoc sont éveillés. Les opérations aéroportées ont en effet provoqué la mise en alerte de toute la côte. Un C-47 s'est abîmé en mer à proximité et deux parachutistes américains ont atterri en haut de la falaise. Mais un danger immédiat plus menaçant pour les artilleurs de la Pointe-du-Hoc surgit. En dépit de conditions météorologiques peu satisfaisantes, cent dix-neuf bombardiers frappent la position. Interceptés après le raid au-dessus d'Isigny et de Carentan vers 5 heures du matin par quatre chasseurs Focke-Wulf Fw-190 qui ont décollé d'Évreux sous le commandement de le capitaine Eberspächer, trois bombardiers Lancaster sont abattus. C'est

* Encuvement : position bétonnée pour pièce d'artillerie, dépourvue de toit mais permettant un tir tous azimuts.

néanmoins une avalanche de bombes qui s'est abattue sur la Pointe-du-Hoc : plus de 630 tonnes ont écrasé la batterie en une demi-heure. Le site est dévasté. Les tranchées ont disparu dans un paysage lunaire, constellé de cratères. Les entrées de plusieurs bunkers sont recouvertes de la terre projetée par les explosions. La violence du bruit est telle que certains artilleurs subissent de graves dommages aux tympans. Certains soldats, gardant les pièces d'artillerie repliées à l'intérieur des terres, se soûlent dans le cellier d'une ferme… D'autres, choqués, sont prêts à clouer leur canon* avant de quitter leur poste. À l'aube, quelques dizaines de défenseurs sont encore à la Pointe-du-Hoc. Beaucoup ont fui. D'autres sont morts ou sont ensevelis sous les gravats. Mais l'épreuve n'est pas finie pour les artilleurs. À partir de 5 h 50, il leur faut subir pendant 35 minutes le pilonnage intensif de la flotte alliée, ajoutant à la dévastation, faisant s'écrouler des pans de falaise et détruisant la plupart des bombes piégées qui étaient suspendues dans le vide. Sous la violence du choc, certains bunkers se volatilisent littéralement. À 6 h 30, 16 tonnes de bombes sont encore larguées par neuf bombardiers.

Une fois ce déluge de feu terminé, les défenseurs de la batterie découvrent l'impressionnant spectacle qui s'offre à leurs yeux depuis leur position dominante : l'armada alliée et ses milliers de navires au mouillage ! « En voyant cela, je suis saisi d'épouvante et j'ai froid dans le dos », raconte le mitrailleur Wilhelm Kirchhoff[6]. Les Rangers n'abordent au pied de la falaise qu'à 7 h 09, avec 40 minutes de retard, perdant ainsi le bénéfice d'une synchronisation de l'assaut avec le bombardement préparatoire. Cependant, les Allemands observent avec inquiétude les évolutions du destroyer *USS*

* C'est-à-dire à le rendre inopérant en le sabotant.

Satterlee, qui s'approche du rivage et soutient de ses tirs l'assaut des Rangers. Quelques soldats allemands bravent les tirs d'armes automatiques pour faire feu sur les assaillants escaladant la falaise à l'aide de cordes fixées à des grappins. Les mitrailleurs balayent la plage de leurs tirs, parvenant à toucher plusieurs Américains. Il y a peu de défenseurs actifs en définitive. Ce sera la chance des assaillants. Les péniches de soutien tirent au 20 mm Oerlikon : le plomb tombe dru et il faut s'abriter dans les tranchées. On lance donc les grenades à l'aveugle, causant ainsi bien peu de dommages. Les Rangers, soldats d'élite parfaitement entraînés, rejoints par deux paras dissimulés au pied de la falaise, parviennent rapidement au sommet, s'y établissent puis se faufilent dans le dédale des positions. Les corps à corps sont brefs et violents, les Allemands encore à l'abri des bunkers de cantonnement mettent à profit leurs tobrouks* pour ouvrir le feu sur les Rangers. Comment espérer l'emporter face à de si rudes combattants ? Deux secteurs seulement restent entre les mains des Allemands : le poste de direction de tir ainsi que la position de Flak à l'angle ouest de la batterie, solidement protégée par des mitrailleuses. Les mitrailleuses MG 42 stoppent les Rangers et empêchent toute escalade de la falaise sur le flan ouest. Les soldats isolés dans le bunker d'observation sont cernés et ne peuvent même plus contacter par radio leurs camarades. Un seul espoir : qu'une contre-attaque repousse les assaillants. Cet espoir n'est pas vain et justifie la poursuite du combat. Cependant, au sud de la batterie, les défenseurs allemands sont moins déterminés et il suffit de quelques rafales d'armes automatiques pour les convaincre de baisser les armes. Pis, en dépit des combats qui font rage à quelques centaines de mètres de là,

* Ouvertures circulaires pour armes lourdes.

les artilleurs repliés avec les canons depuis le mois d'avril restent inactifs, témoignant d'une indifférence effarante en ces circonstances. Deux Américains, qui se sont aventurés seuls au-delà de la batterie de la Pointe-du-Hoc, découvrent par hasard et parviennent ainsi à saboter les culasses des canons avec des grenades thermiques au nez et à la barbe des Allemands.

Les combats se poursuivent à la Pointe-du-Hoc, autour du périmètre défensif des Rangers, qui englobe l'importante route côtière. Après avoir pris pour cible la plage d'Utah jusqu'à midi, les deux batteries de la 716e DI de Maisy arrosent la position de leur feu. Les obus de mortiers pleuvent également sur les GI blottis dans leurs trous. C'est la préparation de la contre-attaque qu'organise le lieutenant-colonel Groth, le commandant du 916e régiment de grenadiers de la 352e DI. Groth confie la tâche à un bataillon de la 716e DI qui lui a été subordonné. Peu après 8 heures, une section de réserve d'une des compagnies – à peine trente-cinq hommes – avait été dépêchée vers la Pointe-du-Hoc pour repousser ce qui n'était alors considéré que comme un coup de main de faible envergure. Mais les Allemands estiment que cette section manque de puissance pour mener à bien cette mission. Un rapport erroné parvenu au QG de la 352e DI indique que « les troupes de garnison au point d'appui de la Pointe-du-Hoc sont encerclées par deux compagnies ennemies[7] ». Groth ordonne alors au bataillon de lancer le maximum d'unités dans la contre-attaque. Mais celui-ci ne compte guère dans le secteur que deux compagnies dispersées le long de la côte entre l'embouchure de la Vire et Omaha Beach.

Le premier assaut est lancé en début d'après-midi sur le flanc est du réduit défensif des Rangers. Appuyés par les tirs d'une mitrailleuse, les fantassins allemands affrontent l'ennemi une heure durant avant de renoncer. La riposte américaine a été sérieuse et plusieurs soldats allemands ne sont plus que des corps inertes se détachant à peine sur le vert des prés. Les combats, sporadiques, se poursuivent toute la journée. Les snipers allemands cherchent des cibles et constituent une gêne permanente pour l'ennemi. De leur côté, les infortunés mitrailleurs allemands en poste à l'est des positions américaines ont rendu de précieux services, empêchant par leurs tirs l'arrivée de renforts et de ravitaillement par la mer pour les Rangers assiégés, avant d'être pris à partie par un destroyer qui les pulvérise à bout portant. À l'ouest, les mitrailleurs du régiment de lance-roquettes reçoivent l'ordre de décrocher et montent dans leurs Kübelwagen*. Direction Caen. « Nous avons fait notre devoir, s'exclame leur chef, nous n'avons plus reçu de munition. Ça tourne mal en haut. Nous décrochons[8]. » Les Rangers retranchés sur la route côtière sont plutôt coriaces. Les fantassins allemands échouent également devant ce môle de résistance en y subissant de lourdes pertes : une quarantaine de prisonniers et une cinquantaine de tués. Beaucoup d'entre eux ont été victimes d'un tireur au fusil-mitrailleur BAR embusqué dans les ruines d'une ferme. Les Allemands l'ignorent, mais l'ennemi est à leur portée : en fin d'après-midi, on ne compte guère que soixante-cinq Rangers valides sur le périmètre défensif.

Groth reçoit l'ordre de s'opposer en priorité au débarquement sur Omaha Beach. La responsabilité du secteur de la Pointe-du-Hoc incombe dès lors au lieutenant-colonel Heyna et son bataillon. Or celui-ci affronte depuis la nuit des sticks de parachutistes largués à proximité d'Isigny. Le regroupement de l'unité demande donc du temps, sans compter qu'il

---

* Kübelwagen : voiture tout terrain de l'armée allemande équivalente de la jeep.

va falloir se déplacer sous la menace constante de l'aviation alliée. Dans ces conditions, il n'est pas possible de lancer la nouvelle contre-attaque avant 16 heures. Appuyés par le bunker de la Flak, des éléments de deux compagnies renouvellent donc l'assaut depuis l'ouest mais des tirs bien ajustés d'un mortier américain servi par le sergent Elder stoppent net la tentative. Une avalanche de soixante-quinze obus s'est abattue sur les Allemands.

Heyna attend la tombée de la nuit pour mener la contre-attaque généralisée de son bataillon, conforté en ce sens par les tirs de destroyers sur la zone de concentration d'une de ses compagnies. Il est 23 h 30. Les hommes s'avancent silencieusement, rampant jusqu'aux positions des Rangers. Retentit alors le signal : des coups de sifflet. Un corps à corps s'ensuit, confus, presqu'à l'aveugle. L'explosion d'un dépôt de munitions marque la fin de l'assaut. Les Allemands ont collecté les informations qu'ils cherchaient : ils connaissent à présent la position de la principale ligne de défense américaine. L'assaut reprend à 1 heure du matin, sous les traçantes des mitrailleuses. Les tirs de mortier sont mal ajustés et frappent dans le vide. Les soldats allemands parviennent à emporter une partie des positions adverses. Il faut poursuivre l'effort : à 3 heures, une nouvelle attaque est lancée. On perce la ligne adverse ! Les mitrailleuses sont maintenant en mesure d'effectuer des tirs de flanquement sur les défenses adverses et de prendre en enfilade toute une haie où sont établis les Américains. Vingt Rangers sont capturés. Toutefois, d'autres Américains refusent de se rendre et continuent à combattre, isolés, prenant par surprise des soldats allemands ne soupçonnant pas qu'un adversaire se soit infiltré sur leurs arrières. Certains resteront dissimulés jusqu'au lever du jour. « Pendant la nuit, les Rangers voulurent attaquer et infiltrer nos lignes, quand bien même nous leur étions largement supérieurs en nombre », se souvient le caporal Karl Wegner. L'ennemi s'est désormais replié sur sa dernière redoute*, près de la Pointe-du-Hoc. Quand l'aube point, l'attaque allemande, soumise à nouveau aux tirs de la flotte, doit refluer. Seul le harcèlement des snipers maintient une pression continuelle sur les Rangers.

À quelques encablures de la Pointe-du-Hoc s'étend sur près de sept kilomètres, de Vierville-sur-Mer à Colleville-sur-Mer, la plage des Sables-d'Or. Cette portion du littoral normand est entrée dans l'Histoire sous le nom d'Omaha Beach, là où, dit-on, le Débarquement a failli échouer.

La défense est assurée par des éléments des 352e et 716e DI, soit quelques centaines d'hommes seulement – huit cents en comptant les deux compagnies de réserve, mais retranchés dans des positions solides sur un site naturellement avantageux pour les défenseurs. Le profil escarpé de la côte ne ménage en effet que quelques sorties de plage – cinq en tout – très habilement mises en défense par les Allemands. L'armement lourd consiste en dix-huit canons antichars, trois obusiers, trois pièces légères de Flak, neuf tourelles de chars, quinze mortiers et quatre-vingt-cinq emplacements de mitrailleuses[9]. Obstacles de plage, lance-flammes automatiques, mines et barbelés posés en abondance complètent le dispositif. Un fossé antichars et un mur de béton obstruent les sorties de plage. Toutefois, de nombreuses casemates sont inachevées ou viennent à peine d'être terminées, l'humidité suintant encore des murs. L'ensemble reste néanmoins redoutable. En retrait, à deux kilomètres de la côte, douze pièces de 105 mm des batteries de la 352e DI.

---

* Redoute : position défensive fortifiée.

Douze autres pièces sont positionnées à Étréham et quatre canons de 150 mm à Longueville.

Depuis le 4 juin l'alerte est donnée. Kraiss (le commandant de la 352e DI), qui craint un débarquement suite, notamment, à l'interrogatoire d'un résistant en Bretagne, invoque le prétexte du *Kriegspiel* organisé à Rennes pour mettre ses hommes sur le pied de guerre[10]. Quoi qu'il en soit, dans la nuit du 5 au 6 juin, les soldats espèrent que l'alerte ne durera pas. De toute façon, la nuit devrait être courte puisqu'un exercice d'artillerie est prévu ce matin-là : la *Felkommandantur** a ainsi ordonné à la préfecture du Calvados d'interdire aux pêcheurs de prendre la mer à l'aube[11]. L'écho des bombardements et le vrombissement incessant et soutenu des escadrilles ennemies laissent cependant présager que quelque chose d'important est en cours. À l'est de la plage, au WN 62, le caporal Heinrich Severloh fixe l'horizon et, comme ses camarades, retient son souffle lorsque, malgré le brouillard artificiel répandu par les Alliés, il parvient à distinguer une multitude de silhouettes surmontées de ballons captifs retenus par leurs filins. « La mer semble noire de navires. » À l'ouest de la plage d'Omaha, au WN 73, un autre est impressionné par le spectacle : « La flotte de débarquement était pareille à une grande ville[12]. » À l'extrémité est, du haut du WN 60, le caporal-chef Lützen tire le signal de reconnaissance convenu avec son lance-fusée. D'autres font de même depuis leurs nids de résistance. S'il s'agit de navires de la Kriegsmarine qui croisent au large, la réponse ne devrait pas tarder. Elle ne vient pas… « *Sie Kommen !* » C'est le débarquement : l'immense flotte anglo-américaine est là, devant eux. « Ça va vraiment péter de manière terrible… », observe, soucieux, Lützen en s'adressant à son

* *Felkommandantur* : commandement militaire départemental.

camarade, le caporal Schnichels[13]. En effet, les puissants croiseurs pilonnent déjà la batterie de Longues-sur-Mer, à l'est d'Omaha.

Bientôt, les défenseurs d'Omaha Beach observent une multitude de points orangés émergeant de l'armada qui mouille au large. Puis un grondement terrifiant se fait entendre suivi du fracas des obus de marine qui martèlent les défenses côtières. Il est 5 h 55. Le vacarme est assourdissant. C'est un enfer de feu et d'acier qui se déchaîne. Partout, les soldats s'accroupissent dans leurs tranchées et dans les recoins de leurs bunkers. Comme beaucoup de leurs camarades, Heinrich Severloh et Franz Gockel récitent chacun de leur côté quelques prières pour conjurer la menace. Des masses de terre sont projetées dans l'air et des tourbillons de fumées noires et de poussière envahissent les positions. « Prends ton fusil et vas vers l'arrière dans le trou ! » : au WN 60, Bongard, un soldat allemand, s'est à peine réfugié dans son trou individuel que le nid de mitrailleuse qu'il vient de quitter est pulvérisé par l'explosion fracassante du dépôt à munitions situé à proximité[14].

Simultanément, un autre danger survient. Volant à haute altitude, 448 bombardiers B-24 Liberator soulagent leurs soutes d'une multitude de bombes qui filent en sifflant vers le sol pour semer la mort et la destruction. Les soldats allemands qui défendent Omaha en sont quittes pour cette fois-ci : le largage est trop long et le bombardement frappe à cinq kilomètres à l'intérieur des terres, touchant quelques positions d'artillerie, mais épargnant les défenses côtières. Pas plus de succès pour les milliers de roquettes tirées des barges de débarquement : elles tombent trop court. L'effet est certes impressionnant pour les Allemands et il rassure faussement les GI. À 6 h 27, le feu roulant s'éteint.

Les soldats allemands sont prêts, à leurs postes, les mains rivées sur leurs armes ou leurs jumelles. Les embarcations d'assaut ennemies sont maintenant clairement visibles. Elles se rapprochent. Distinguant les casques des assaillants, Severloh reconnaît ses adversaires : ce ne sont pas des Tommies, mais des Américains… L'angoisse serre le cœur des soldats : leur dernière heure est venue. Comment pourraient-ils survivre à un assaut d'une telle ampleur ? Observant l'impressionnant spectacle que donne l'ennemi, le caporal Severloh et le lieutenant Frerking remarquent un bâtiment plus impressionnant que les autres : un LCI*. 6 h 30 : l'heure est venue ! Les mitrailleurs sont le doigt sur la détente, les artilleurs engagent des obus dans leurs pièces et les servants de mortiers s'apprêtent à lancer une torpille dans leurs tubes. Dès que les rampes s'abaissent et que les GI pataugent dans l'eau, l'enfer se déchaîne. Une grêle de projectiles s'abat sur la première vague américaine sur la presque totalité des sept kilomètres de plage. Severloh lance une première rafale qui manque son but. Il ajuste. Nouvelle rafale : il balaye littéralement une colonne de GI. Apeurés, ceux-ci ne savent comment réagir. Ils ne parviennent pas à riposter efficacement. De leur côté les Allemands tirent sans discontinuer. Franz Gockel n'a pas d'états d'âme : il en va de sa survie. Il pense aussi aux victimes des bombardements en Allemagne : « Ici, nous avons le même adversaire. Mais il ne s'agit pas de civils sans défense face aux bombardements, nous pouvons nous défendre. Et nous voulons survivre[15] ! »

Bientôt, des Sherman amphibies Duplex Drive émergent de l'onde – à peine cinq sur trente-deux car la plupart des

* LCI (*Landing Craft Infantry*) : bateau de débarquement pour l'infanterie.

tanks ont sombré dans les flots – dont certains sont débarqués à même la plage par des LST*. Ils sont immédiatement pris à partie par les antichars dont les feux croisés font de la plage d'Omaha une zone de mort pour tout véhicule qui s'y risque. Des saccades d'armes automatiques se mêlent au pilonnage des mortiers et celui, plus meurtrier encore, des Nebelwerfer et de l'artillerie installés dans l'arrière-pays qui reçoivent les coordonnées de tirs des observateurs sur la ligne de front, tel le lieutenant Frerking.

À l'extrémité ouest de la zone d'Omaha, devant Vierville, la Compagnie A du 116e régiment d'infanterie américain renforcé est fauchée par les feux meurtriers de mitrailleuses qui labourent le terrain de leurs feux. Les servants des pièces antichars détruisent quatre Sherman coup sur coup. Un peu plus à l'ouest, vers la pointe de la Percée, ce sont les Rangers qui doivent débarquer, escalader les falaises et prendre les défenses de plage à revers. Les servants de mortiers allemands du WN 73 repèrent leurs barges, ajustent leurs tirs : une péniche est frappée de plein fouet. On dénombre une douzaine de tués, les autres, maculés de sang, restent tétanisés et en état de choc. Les Allemands renouvellent les tirs : trois coups au but ! La barge, brisée, sombre. Les défenseurs sont parvenus à neutraliser la moitié des Rangers mais les autres sont parvenus à se mettre à l'abri au pied de la falaise. Il faut essayer de les en déloger au moyen de grenades. Les Américains parviennent cependant à escalader la falaise et à nettoyer à son sommet un labyrinthe de tranchées. Après plusieurs heures de combat, 69 défenseurs allemands sont tués par les Rangers, qui accusent la perte de 39 hommes, dont 21 tués.

---

* LST (*Landing Ship Tank*) : péniche de débarquement pouvant transporter des chars.

Aux Moulins, face au WN 66, les défenseurs sèment le chaos dans la compagnie qui débarque juste en face de leurs positions. Les Allemands immobilisent les GI par leurs tirs, rendant ainsi le massacre plus facile. Dans d'autres cas, les rescapés s'éparpillent et les unités perdent toute cohérence. Les Allemands découvrent sans cesse de nouvelles cibles. Des canons de 88 mm prennent en enfilade la plage depuis ses deux extrémités détruisant char après char et frappant les embarcations qu'ils mettent à mal. La tâche est rendue plus aisée encore par la concavité de la côte.

En quelques instants, les artilleurs du WN 72 atteignent deux Sherman et plusieurs LCT. L'un d'eux est touché par neuf obus. Sur la grève, une pluie de balles diluvienne s'abat sur ceux qui cherchent un abri précaire dans l'eau ou derrière les obstacles de plage. Si le carnage est effroyable dans les rangs américains, le stress de la bataille n'épargne pas les quelques centaines de soldats allemands accrochés à leurs positions. Dans la casemate pour 88 mm du WN 61, le jeune Hermann Götsch est contraint de baisser son pantalon pour soulager un besoin naturel urgent mais prend soin de rejeter ses déjections en dehors du bunker avec une pelle[16].

Les vagues suivantes (la seconde débarque à 7 heures) sont tout aussi accablées par les tirs meurtriers des défenseurs. Partout ce ne sont que cadavres, blessés hurlant de détresse, débris d'embarcations, carcasses de véhicules et matériels épars… Les artilleurs ouvrent le feu à une cadence infernale, ne cessant de prendre pour cibles les nombreuses barges qui approchent, toujours plus près avec la marée montante. Le LCI 91 est frappé de plein fouet par le 88 mm du WN 72 puis par les Nebelwerfer du WN 67. C'est l'épouvante : le pont et les rampes sont recouverts de dizaines de cadavres et de malheureux GI se jettent en flammes dans les flots…

Le rythme des tirs doit être soutenu malgré les impacts des obus de marine qui assourdissent les soldats à l'intérieur des bunkers. Au Ruquet, les artilleurs du canon antichars de 50 mm du WN 65 mènent la vie dure aux Américains et il faut attendre 10 h 30 pour que le bunker soit enfin neutralisé sous les coups d'une pièce de DCA montée sur un half-track. Au vu d'un tel carnage, les défenseurs allemands, quoique isolés sur leurs positions, pensent avoir gagné la partie. Ludwig Kwiatkoski se souvient de ses pensées à ce moment de la bataille : « Après avoir abattu les deux premières vagues d'assaut, nous nous sommes vus déjà en pensée avec l'Eisern Kreuz I [la croix de fer de 1re classe] accrochée sur la poitrine et aller en permission. Nous avons réellement cru que l'Invasion était terminée[17]. »

Néanmoins, le poids du nombre joue en la faveur des Américains – près de dix neuf mille hommes seront à terre à 12 h 30 – bénéficiant du soutien des destroyers de la flotte. Les cibles sont désormais trop nombreuses pour des défenseurs allemands qui, pour leur part, se raréfient. Peu à peu, le piège se referme sur eux. Des GI du génie parviennent à faire exploser un camion de TNT à proximité d'un bunker : « En y pénétrant, ils trouvèrent les corps des Allemands tous épargnés par les explosifs, le sang coulant de leur bouche et de leur nez. Ils avaient été tués par l'onde de choc[18]. » Le WN 60, situé au sommet de la falaise à l'extrémité orientale d'Omaha Beach, tombe à 9 h 30. Trente et un Allemands y sont capturés.

La situation est confuse au QG de la 352e DI, comme le révèle son journal téléphonique. À 8 h 46, celui-ci estime la chute de plusieurs points d'appui comme probable. L'information est réitérée à 9 h 15 mais elle est, au contraire, infirmée par un rapport de 10 heures : « Les WN 66 et 68 au nord de Saint-Laurent, contrairement aux rapports précédents, sont toujours fermement entre nos mains. » Les infiltrations américaines se multiplient malgré tout : à 16 h 10, la percée dans le secteur central semble acquise et la prise de Saint-Laurent confirmée. On observe également l'arrivée de renforts ennemis et de matériel lourd, qui ne cessent de débarquer[19].

En fait, les Américains sont parvenus à opérer des pénétrations importantes vers l'intérieur dès 8 h 30 en mettant à profit les espaces vides existant entre les différents points d'appui allemands. Ces espaces sont certes truffés de mines qui causent de nombreuses pertes et les tirs de mortiers et les rafales de mitrailleuses y sont mortifères. Mais six cents GI parviennent ainsi à quitter l'enfer de la plage en atteignant le plateau à l'est de la sortie des Moulins. D'autres parviennent de la même façon à escalader la pente de part et d'autre du Ruquet, dans le secteur de l'actuel cimetière militaire américain. L'avance reste prudente et difficile. À quelques centaines de mètres de la plage, les Allemands se sont retranchés derrière les haies et des snipers retardent les GI. Ces derniers éprouvent bien des difficultés à se rapprocher de Vierville, de Saint-Laurent et de Colleville mais ils infligent des pertes sévères aux défenseurs. Une compagnie entière de la Wehrmacht tient cependant le carrefour contrôlant la sortie des Moulins. Des renforts ont été dépêchés depuis l'arrière, même si parfois l'urgence de la situation n'était pas suffisamment prise en compte. Kurt Keller se souvient ainsi d'un officier prenant le temps de noter avec exactitude les munitions distribuées en remplacement des balles d'exercice[20]. Le 1re classe Eichenseer fait partie de ces combattants chargés d'apporter des munitions à leurs camarades encore en position sur la côte. Chargé comme une mule, il transporte, outre son paquetage de combat et son arme, une caisse de munitions dans chaque main, sept bandes de cartouches de mitrailleuses autour du cou et quarante grenades logées dans ses poches, son ceinturon, ses bottes et son paquetage. Arrivé à destination, il est embrigadé comme mitrailleur[21].

À Vierville, les Allemands bloquent toute progression au sud de la localité. Peu après midi, quelques chasseurs de chars participent à une contre-attaque vite stoppée par les tirs de la flotte alliée. À Colleville, au nord du WN 62, le lieutenant Heinze – un rescapé de Stalingrad – reçoit l'ordre de repousser les Américains à la plage. Le jeune officier est confiant : constatant qu'il n'a pas pris le temps de se raser, il songe qu'il aura tout loisir de le faire le soir, après avoir rejeté l'ennemi à la mer[22]. Les Américains sont d'abord surpris par ces Allemands furieux qui bondissent en hurlant et en jetant des grenades. La réaction ne se fait pas attendre : Heinze est vite stoppé par la violence des tirs qui cloue sur place sa compagnie. Il faut décrocher[23]. Sur la plage, bien que les tirs de l'artillerie allemande deviennent sporadiques – les batteries manquent de munitions dès 10 heures – la tragédie se poursuit.

À midi, Severloh poursuit toujours son œuvre de mort au WN 62 désormais en passe d'être contourné : « Celui qui pouvait échapper au tir de ma MG, je le prenais sous le tir ajusté de mon fusil. Presque personne ne pouvait y échapper[24]... » Il a épuisé ses réserves de munitions classiques : il ne lui reste que des traçantes. Ces balles sont tout aussi meurtrières, mais Severloh dévoile ainsi sa position par la trace lumineuse laissée par chacune de ses rafales... La Navy ne tarde pas à régler ses tirs sur le nid de mitrailleuse : la MG 42 vole dans les airs à plusieurs reprises... La situation est vraiment critique. Les GI sur le plateau peuvent désormais prendre le WN 62 sous leurs tirs depuis l'ouest. Il faut décrocher. À 15 h 30, les soldats qui entourent Frerking bondissent vers l'arrière, remontent le plateau en s'abritant entre les trous d'obus et les tranchées afin de s'extirper de cette nasse. Tâche ardue : il va falloir courir sous les tirs bien ajustés de nombreux GI. Tous ne parviendront pas à en sortir vivants... Frerking est abattu.

Les Allemands restent dangereux et la plage n'est pas encore sécurisée : le premier Sherman à s'engager dans le chemin qui remonte du WN 62 à Colleville est touché par le tir précis de l'antichars du haut de la position allemande. C'est assez ! La tension a été trop forte chez les GI : des dizaines de soldats allemands seront exécutés sommairement ce jour-là[25]...

En fin de journée, le général Kraiss se veut rassurant envers Marcks, son chef de corps : demain, la 352e DI sera en mesure d'offrir une résistance aussi tenace que ce jour. Les pertes sont lourdes cependant, et Kraiss admet qu'il faudra faire parvenir des renforts le surlendemain. En soirée, des combats sont encore en cours dans le secteur d'Omaha Beach. Dans l'esprit de Kraiss, la contre-attaque n'a eu pour but que de gagner du temps pour préparer une seconde ligne de défense, en vue de répliquer la nuit. Mais la Luftwaffe brille par son absence. Seuls quelques chasseurs-bombardiers Focke-Fulf 190 dotés de lance-fusées commandés par le capitaine Wurmheler puis vingt-deux bombardiers Junkers Ju 88 parviennent à Omaha, trois de ces derniers étant abattus par le rideau de feu dressé par la DCA de l'armada[26]. Rien ne peut donc contrecarrer les effets dévastateurs de la flotte alliée. Les destroyers ont fourni aux forces d'assaut un appui déterminant : les tirs de l'*USS McCook* sont si efficaces que des soldats allemands déploient un drapeau blanc au-dessus de la falaise de la pointe de la Percée et expliquent par morse à l'aide d'une lampe qu'ils souhaitent cesser le combat avant de se constituer prisonniers aux Rangers de la pointe du Hoc. La tête de pont américaine d'Omaha fait moins de deux kilomètres de profondeur sur une largeur ne dépassant pas sept kilomètres. 32 000 hommes et 3 200 véhicules sont à terre. Le 5e corps américain débarqué à Omaha compte 4 842 pertes les 6 et 7 juin, la grande majorité étant tombée le Jour J[27].

Les Allemands n'ont engagé au final qu'une poignée d'hommes, guère plus d'un millier, face au déferlement américain. Ne pouvaient-ils faire intervenir davantage de réserves ? Alerté dès 3 h 15, Kraiss dirige le groupe de combat du lieutenant-colonel Meyer – appuyé par des canons automoteurs – vers Carentan, sur ordre de Marcks, pour intervenir contre les aéroportés américains. Si le débarquement a lieu, pense-t-on, ce sera à marée haute : le groupe de combat a donc le temps de neutraliser les parachutistes ennemis avant de se repositionner en vue d'affronter le débarquement. Erreur d'appréciation : l'assaut amphibie aura lieu à mi-marée, soit beaucoup plus tôt qu'escompté... Le groupe de combat Meyer est donc rappelé, avant même d'avoir pu combattre. Pourquoi Kraiss commet-il cette erreur ? À 9 heures, le colonel Goth, qui assume la défense à l'ouest de Vierville, observe le chaos et la destruction sur la plage d'Omaha où s'entasse l'ennemi, en dépit des quelques pénétrations déjà opérées vers l'intérieur. Un sentiment de victoire envahit certains officiers allemands. Le rapport de Goth rassure Kraiss : « Les équipes du génie ont arrêté leurs démolitions. Tout débarquement a cessé. Les navires restent au large. Le feu de notre artillerie est bien ajusté et a déjà infligé de lourdes pertes à l'ennemi[28]. » À 11 h 15, il renchérit, sûr que la défaite de l'adversaire est désormais inévitable : « La tête de pont est maintenant liquidée. L'ennemi a été rejeté à la mer. Il reste seulement à nettoyer des infiltrations américaines que nos forces sont en train de contre-attaquer du côté de Colleville[29]. » En revanche, la situation semble précaire plus à l'est : ce n'est donc pas à Omaha mais face aux Britanniques débarqués sur Gold Beach qu'interviennent la majeure partie des réserves de la 352e DI.

Chapitre VII

LES DÉBARQUEMENTS ANGLO-CANADIENS

À l'est d'Arromanches, entre Asnelles-sur-Mer et Ver-sur-Mer, s'étend la côte basse et sableuse passée sous le nom de code Gold Beach dans la planification d'Overlord. Certes, les défenseurs ne bénéficient pas de la protection de falaises, mais au-delà des dunes l'arrière-pays est souvent marécageux. Quatre compagnies des 352e et 716e DI occupent la première ligne de défense de l'*Atlantikwall*, sur la côte même. En retrait, neuf batteries sont en mesure de battre les plages de leurs feux, certaines établies sous casemates. Outre des éléments de deux bataillons d'infanterie, on compte les canons antichars de 88 mm du bataillon de chasseurs de chars de la 21e division de Panzer. Au soir du 5 juin, juste avant minuit, la RAF largue près de 6 000 tonnes de bombes sur les batteries lourdes allemandes. Puis de nouvelles escadrilles pilonnent la côte au petit matin. À 5 h 10, la flotte ouvre le feu à son tour.

La batterie de Longues-sur-Mer, avantageusement positionnée au sommet d'une falaise s'élevant à plus de 60 mètres d'altitude, est la cible des forces aériennes alliées qui larguent 1 500 bombes sur la position entre le 28 mai et le 3 juin 1944. Bien que touchées de plein fouet, les puissantes casemates résistent à l'épreuve, à l'exception d'une seule, dont le béton a été saboté par les travailleurs requis sur le site. Dans la nuit du 6 juin, quatre-vingt-dix-neuf quadrimoteurs réalisent un dernier raid et larguent 604 tonnes de bombes. Peu avant 6 heures, la batterie ouvre le feu en direction d'Omaha Beach. Un duel s'engage alors avec les grosses unités de l'armada alliée déployées au large, dont les croiseurs *George Leygues* et *USS Arkansas* puis le *Montcalm*. Les Allemands s'avèrent cependant incapables de leur causer de sérieux dégâts. Ils visent ensuite le secteur Gold Beach. À 6 h 20, les tirs de la batterie obligent le HMS *Bulolo**, qui embarque le QG des forces engagées sur Gold, à quitter son mouillage. La batterie, sérieusement prise à partie, cesse ses tirs. Pourtant, à 7 heures, elle ouvre à nouveau le feu, en direction d'Omaha Beach cette fois-ci. Les croiseurs HMS *Ajax* et HMS *Argonaut* réagissent et la réduisent au silence lorsqu'un coup au but détruit une casemate tandis que deux autres pièces sont endommagées. Le dernier canon reste en activité jusqu'en fin d'après-midi.

Les défenseurs de Gold Beach sont éveillés depuis des heures lorsque, à 7 h 35, les premières vagues de la 50e division d'infanterie britannique abordent la plage après un dernier bombardement de roquettes venant de chasseurs Typhoons ou de péniches aménagées à cet effet. Les bombardements semblent avoir été plus dévastateurs qu'à Omaha. Les défenseurs, choqués, sont submergés. Les batteries de l'intérieur des terres sont neutralisées sans difficulté majeure. À La Rivière, près de Ver-sur-Mer, le WN 33 s'avère très meurtrier pour les Britanniques. Les défenseurs sont finalement pris à partie par les destroyers qui croisent au large. La pièce de 88 a le temps de détruire deux Sherman avant d'être neutralisée à son tour. Quarante-cinq soldats alle-

* HMS *Bulolo* : ancien paquebot converti en QG flottant.

mands rendent les armes. Ceux qui échappent à la capture se replient. C'est le cas d'Aloysius Damski, un *Volksdeutsche* polonais, qui envisage un instant de se réfugier dans une maison de Tracy et d'attendre pour s'y constituer prisonnier. Malheureusement pour lui, il croise sur son chemin un adjudant allemand monté sur un cheval qui devine ses intentions : « Tiens, et où vas-tu comme ça, mon bonhomme, tout seul ? Tu ferais mieux de venir avec nous, va[1]. »

Seuls les combattants de la 352e DI retranchés au Hamel offrent une résistance particulièrement pugnace. Accrochés à leur position – le WN 37 organisé autour du sanatorium – ils arrosent la plage sur toute sa longueur de leur pièce 75 mm, comme à Omaha, provoquant des ravages. Protégés par les mines et divers obstacles, les mitrailleurs lâchent rafales sur rafales. Le Jour J coûte cent quatre-vingt-deux morts et de nombreux blessés aux assaillants du 1er régiment Hampshire. Ce n'est que vers 16 heures que le Hamel tombe.

À la même heure, le groupe de combat Meyer, qui n'est finalement intervenu ni contre les aéroportés américains ni sur Omaha, lance sa contre-attaque entre Villiers-le-Sec et Bazenville. Pour cela, il lui faut subir le calvaire d'une montée en ligne en plein jour sous les coups de l'aviation alliée. Divers contrordres ont ralenti le lancement de l'attaque. Les fantassins allemands sont en fait confrontés en premier lieu à l'assaut des Britanniques, surpris de se trouver soudainement confrontés à tant de résistance. Alors que Meyer envisage un repli, le reste du groupe de combat, les canons d'assaut et les chasseurs de chars arrivent enfin et prennent l'assaillant de flanc[2]. Les débuts sont prometteurs : quatre Sherman sont détruits[3]. Mais l'attaque allemande échoue finalement face à un adversaire trop coriace : la ligne britannique ne plie pas. Pis, les unités allemandes sont décimées, de sorte que le groupe de combat est quasiment anéanti. Contraints au repli, ses maigres effectifs – à peine quatre-vingt-dix hommes et six canons d'assaut – se rassemblent à Ducy-Sainte-Marguerite à 22 h 55. Meyer est lui-même tombé à la tête de ses hommes. L'Atlantikwall a donc été percé en profondeur : vingt-cinq mille Britanniques ont débarqué sur Gold (413 pertes sur la plage et 89 péniches perdues). Les objectifs du 6 juin sont presque atteints. Le lieutenant-colonel Werner Fiebig, officier d'artillerie de la 352e DI observe avec un mauvais pressentiment la puissance des Alliés qui déferle sur Gold Beach : « J'ai vu des centaines de chars anglais mais aucun des nôtres[4]. » Les Allemands ne tiennent plus qu'une ligne bien précaire entre Vaux-sur-Aure et Coulombs[5]. Bayeux résiste, mais sur l'aile droite allemande les Britanniques ont opéré la jonction avec les Canadiens débarqués sur Juno Beach.

L'assaut de la 3e division canadienne sur Juno Beach, entre Saint-Aubin et Courseulles, commence à 8 heures. A priori, les Allemands n'ont aucune chance face à leurs adversaires : ils sont à peine quatre cents à tenir la première ligne. La seule première vague canadienne rassemble deux mille quatre cents soldats surentraînés, bien équipés et soutenus par soixante-seize blindés[6]. À Saint-Aubin, les défenses, reliées par des souterrains, sont intactes. Les *Osttruppen* qui tiennent la position voient d'abord émerger de l'onde des Sherman amphibies, qu'ils prennent aussitôt à partie. Comme sur Gold et Sword Beach, des péniches amènent jusqu'à la plage une multitude de chars spéciaux – les Funnies – spécialement mis au point pour Overlord : Sherman « Crab » démineurs munis de fléaux, Churchill « Petard » armés d'un mortier lourd destiné à neutraliser les bunkers, Churchill poseurs de pont… Ces blindés s'avèrent très dangereux pour les défenseurs. Au WN 27, ceux-ci offrent cependant une résistance déterminée en engageant toutes les armes à leur disposition : mitrailleuses, mortiers et canons – par leurs feux concentriques – bloquent les Canadiens qui ne peuvent que s'abriter derrière la digue pendant deux heures. Pris à revers les Allemands s'accrochent à leurs positions. Le 50 mm qui prend la plage en enfilade est protégé sur ses arrières par une barricade qui obstrue la rue : il faudra cinquante charges de 35 kg d'explosifs pour s'y frayer un passage. Abrités dans un point fort constitué d'un labyrinthe de tranchées et de positions pour armes collectives, les Allemands luttent jusqu'à la dernière extrémité, feignant parfois la reddition en agitant un drapeau blanc avant d'ouvrir le feu de nouveau. Sur les 130 défenseurs, on dénombre 79 prisonniers. Les combats ont duré 24 heures.

À l'intérieur des terres, quelques éléments de la 716e DI offrent une résistance parfois acharnée. C'est ainsi qu'en fin de journée le château de Tailleville est âprement défendu. Les Allemands tirent à travers les embrasures pratiquées dans les murs du parc. Mais que peuvent-ils contre les treize tanks qui appuient les fantassins canadiens ? On voit finalement surgir des lance-flammes : la perspective d'une mort horrible anéantit la volonté de résistance des plus résolus. Des dizaines de soldats allemands prennent le chemin de la captivité. Le PC émet son dernier rapport pour le QG divisionnaire : « Lutte au corps à corps autour du poste de commandement[7]. » La 716e DI n'entend pas concéder la hauteur de Sainte-Croix sans combattre. Les hommes du commandant Lehmann ne peuvent cependant espérer l'emporter seuls, sans le soutien de renforts, en particulier les Panzer de réserve. Ils luttent pourtant avec l'énergie du désespoir jusqu'à la tombée de la nuit. Lehmann mort, c'est avec son second que les quelques survivants s'esquivent à la faveur de l'obscurité[8].

La pugnacité d'une poignée de défenseurs est tout aussi remarquable à Bernières. Les Allemands y réservent un accueil résolu aux assaillants. En quelques minutes, ils déciment la première vague, qui cherche la protection du mur brise-lames, un sérieux obstacle en soi pour parvenir à sortir de la plage. Le succès des défenseurs n'est que de courte durée : ils sont délogés à coups de grenades. Les quelques combattants qui offrent une résistance dans la ville ne peuvent rien face aux tanks et à la supériorité numérique de l'adversaire. À 1,5 kilomètre au sud, une pièce de 88 mm détruit à elle seule quatre canons automoteurs mais les artilleurs allemands ne parviennent pas à tenir leur position qui est prise d'assaut par trois Sherman sur lesquels se sont agrippés des fantassins[9].

À Courseulles et à Graye, la défense est encore plus inspirée. Les fantassins et les artilleurs allemands sont retranchés dans leurs points d'appui. Ils peuvent compter sur sept pièces antichars. À droite du WN 29, les défenseurs ont de la chance : les assaillants débarquent à 8 heures sans leur soutien blindé. Les antichars causent de lourdes pertes. Ils ne sont réduits au silence qu'à 9 h 45 suite à l'intervention de chars Churchill « Petard » et de Centaur, armés d'obusiers de 95 mm. Les combats dans Courseulles s'éternisent jusqu'à 13 heures. Il faudra débusquer les Allemands dans chaque position, éliminer chaque sniper et se battre pour chaque maison. Les défenseurs usent également avec habileté de leurs souterrains pour réoccuper des positions que les Canadiens croient sécurisées. Il faut donc prendre la localité de haute lutte. Quatre-vingts soldats allemands sont capturés. Certains sont des *Osttruppen* aux traits asiatiques si accusés que les Anglo-Canadiens les confondent avec des Japonais[10].

C'est sur la plage de Graye-sur-Mer, à l'embouchure de la Seulles, que la défense allemande remporte son plus grand succès. Comme au WN 29, les Allemands qui tiennent le WN 31 affrontent des assaillants qui parviennent sur la plage avant leur soutien blindé. Les servants de mortiers réussissent des coups au but sur les péniches et déciment les rangs adverses avant même que les Canadiens ne mettent pied à terre. Les Allemands mitraillent les survivants qui progressent péniblement sous la mitraille. Le corps à corps qui s'ensuit est très disputé : si les Allemands concèdent finalement la position, ils ont infligé 133 pertes aux 160 assaillants[11].

Les combats pour Juno ont montré le bien-fondé du concept d'obstacles de plages tel que l'a envisagé Rommel : contraints d'attendre une marée montante pour éviter des récifs (d'où un débarquement à 8 heures et non à 6 h 30 comme sur Utah et Omaha), les Canadiens perdent de nombreuses barges de débarquement qui s'éventrent ou explosent sur les obstacles submergés entre lesquels il est difficile de se faufiler. 90 péniches sont perdues ou sérieusement endommagées sur un total de 306, soit une proportion d'un tiers[12]. Les pertes alliées sur Juno Beach se montent à 1 200 hommes, mais 21 500 hommes et 3 000 véhicules ont débarqué. La progression se poursuit vers l'intérieur des terres, toujours avec le concours précieux de l'artillerie de marine, mais non sans difficulté : à Bény-sur-Mer, quelques mitrailleurs déterminés obligent les Canadiens à ramper dans les blés.

Les Allemands ne permettront pas aux Canadiens d'atteindre un de leurs objectifs majeurs du Jour J : le contrôle de l'aérodrome de Carpiquet où, déjà, la panique aidant, on procède à des destructions. Ces dernières sont menées avec une évidente inefficacité due à la précipitation comme le souligne la 12e division SS de Panzer deux jours plus tard :

« Piste de décollage à Carpiquet insuffisamment détruite. Reste de la zone de circulation à peine endommagée. L'essentiel du carburant a pu être sauvé[13]. »

Incapables de tenir les plages, les Allemands ne disposent plus que de quelques unités pour tenir le front et colmater les brèches. La 716e DI n'a plus de division que le nom : cinq de ses bataillons d'infanterie ont été anéantis, le sixième est presque décimé, 80 % de l'artillerie est détruite[14]. Le général Richter perd environ 3 000 hommes le 6 juin (860 tués, 560 blessés et 1 270 disparus), soit presque la moitié de ses forces. Toutefois, si les Canadiens ont opéré leur jonction avec les Britanniques débarqués sur Gold, une solution de continuité subsiste à l'est et aucun contact n'a été établi avec les forces qui ont lancé l'assaut sur Sword Beach.

4 h 35, le 6 juin 1944. La 5e T-Flottille* du capitaine de corvettes Heinrich Hoffmann reçoit l'ordre d'effectuer une reconnaissance vers la flotte alliée. Le contact est pris une heure plus tard, à proximité de Ouistreham. Par chance, évoluant sous le couvert d'un nuage artificiel, les torpilleurs ne sont pas repérés par les Alliés, dont les échos radar sont saturés par les échos de leur propre armada. Quinze torpilles sont lancées avant de s'esquiver. Si elles manquent de peu plusieurs navires, elles frappent la poupe du destroyer norvégien *Svenner* qui sombre instantanément. Cet exploit vaudra à Hoffmann d'être décoré de la prestigieuse croix de chevalier de la croix de fer dès le lendemain[15].

L'aube grise apporte aux défenseurs de la 716e DI en position d'Ouistreham à Langrune-sur-Mer la même vision que leurs camarades en poste jusqu'à Utah Beach : l'apparition quasi fantomatique de l'impressionnante armada

* T-Flottille : unité de vedettes lance-torpilles.

alliée. Comment espérer survivre face à un tel déploiement de puissance ? Vers 5 h 40, après un rugissement effroyable, les puissants obus de marine s'abattent sur les défenses. Les bombardements aériens brisent également le moral des défenseurs pour lesquels cette expérience terrifiante constitue un baptême du feu particulièrement éprouvant. Les hurlements des salves de roquettes et le fracas des tirs des pièces d'artillerie embarquées à bord de LCT – 72 canons à Hermanville – ajoutent à la terreur qui s'empare des infortunés soldats allemands placés en première ligne.

À 7 h 20, devant Hermanville, les Allemands voient de nombreux tanks spéciaux débarqués à même la plage par des LCT, suivis en quelques minutes de trente et un Sherman Duplex Drive amphibies. Des dizaines de chars évoluent sur la plage. Les artilleurs allemands tentent de les prendre à partie mais les bunkers sont directement visés par les Churchill « Petard ». La 3e division britannique va passer à l'assaut sur Sword Beach. Une grêle de balles et d'obus s'abat sur les barges de débarquement. Les troupes côtières, épargnées en dépit de l'intense bombardement auxquelles elles ont été soumises, offrent la résistance du désespoir. À Colleville, devant le point d'appui baptisé « Cod » par les Alliés, les Allemands déclenchent un feu d'enfer : deux cents soldats britanniques sont fauchés en l'espace de quelques minutes. Les pièces antichars allemandes ne sont pas en reste et de nombreux tanks sont touchés. Quelques snipers combattant isolément sèment eux aussi la mort dans les rangs des assaillants. Pour autant, les Allemands ne peuvent empêcher la jonction, à 8 h 45, entre les éléments débarqués sur les deux plages de Sword Beach, Hermanville et Colleville.

De leur côté, les défenseurs de Riva-Bella et de Ouistreham sont assaillis par les soldats d'élite des commandos débarqués à partir de 7 h 31. Ils leur offrent une résistance tenace : une péniche du 1er BFMC* est frappée par un obus à tribord. Les Français vont devoir ensuite batailler dur contre le point fort du casino d'Ouistreham. Des soldats allemands en position dans un encuvement de Flak assistent leurs camarades retranchés au casino en réglant les tirs d'une pièce d'artillerie depuis leur observatoire. Les défenseurs d'Ouistreham, particulièrement dans le secteur des écluses, s'accrochent et résistent farouchement. Il faudra attendre 16 h 30 pour qu'ils rendent les armes après une heure d'assaut en règle mené par dix Churchill « Petard ». Cinquante-trois Allemands seront même découverts à l'intérieur de l'immense poste de direction de tir qui surplombe la plage, mais pas avant le 9 juin…

Comme sur Juno Beach, les plages sont congestionnées par les embouteillages, d'autant que, avec la marée montante, la grève se rétrécit. Les champs sont en effet infestés de mines et des tirs d'artillerie battent les routes. Une belle occasion manquée par les Allemands : on imagine sans peine les dégâts qu'auraient pu infliger la concentration de feu de l'artillerie sur les plages ou encore une attaque massive de la Luftwaffe. Les ballons captifs retenus par des filins au-dessus des navires de l'armada offrent cependant des repères aux observateurs d'artillerie allemands qui mettent à profit cette aubaine, de courte durée cependant car les Alliés ont tôt fait de libérer ces saucisses**.

Mais que fait la Luftwaffe ? Survient alors l'un des épisodes les plus fameux du « Jour le plus long ». À 9 heures, décollant à bord d'un Focke-Wulf 190*** de l'aérodrome de Lille avec son ailier Heinz Wodarczyk, le lieutenant-colonel

* BFMC : commandos français.

** Saucisse : surnom de ces ballons.

*** Focke-Wulf 190 : avion de chasse allemand entré en service en 1942.

Josef Priller ne cache pas à son compagnon qu'ils partent pour une mission sacrifice : « Nous y allons seuls et je ne pense pas que nous en reviendrons. » Piquant à travers les nuages, les deux pilotes découvrent la formidable armada et la multitude de cibles qui s'offrent à eux sur les plages. « Quel cirque ! Non, mais quel spectacle ! Il y a de tout là-dessous, de tout dans tous les coins. Croyez-moi, mon vieux, c'est le Débarquement ! Wodarczyk ! On y va ! Bonne chance, mon vieux ! » Les deux Focke-Wulf piquent sur la plage qu'ils survolent en rase-mottes à une trentaine de mètres d'altitude. Six prisonniers allemands en profitent pour tenter de s'esquiver : ils sont abattus par les commandos français. De façon incroyable, les deux aviateurs ne sont pas atteints par les tirs de DCA et en réchappent miraculeusement[16].

Les troupes du Commonwealth sont parvenues à circonvenir relativement rapidement la défense des plages. Les quelques poches de résistance qui subsistent ne peuvent entraver la ruée britannique vers l'intérieur. Le caporal Josef Häger, qui a mitraillé la plage avant de se replier, se voit contraint de chercher refuge dans une casemate d'où un capitaine ne cesse d'ouvrir le feu avec sa mitrailleuse à travers l'embrasure du blockhaus. Un Sherman vient d'être mis hors de combat par une arme antichars portative et c'est avec horreur que Häger et ses camarades observent un malheureux tankiste mourir carbonisé. Plus de trente hommes sont maintenant entassés dans ce réduit. Soudain, un cri de terreur : « Des lance-flammes ! Ils apportent des lance-flammes ! » La chicane de l'orifice d'aération empêche certes les flammes d'atteindre l'intérieur du bunker mais l'air y devient vite irrespirable, la chaleur suffocante s'ajoutant à la poussière et aux émanations de poudre. La panique s'empare des soldats allemands. Le capitaine n'envisage rien d'autre qu'une tentative de sortie. Finalement, il doit se rendre à la raison : un mouchoir blanc accroché à la crosse d'un fusil est passé à travers la meurtrière. Peu après s'être constitués prisonniers, Häger et ses compagnons s'affairent à déminer des obstacles de plage : « Je parie que quand tu plantais ces trucs-là, tu ne te doutais pas que tu les enlèverais un jour ! », plaisante Ferdi, un des camarades de Häger[17].

L'avance des commandos s'effectue presque sans entrave sur l'aile droite allemande, si ce n'est la présence de quelques snipers dans un arbre ou encore dans le clocher de Bénouville. La jonction est donc établie avec la 6e division aéroportée britannique en début d'après-midi, vers 13 heures (quelques soldats sont arrivés un peu plus tôt dans la journée). En revanche, à la même heure, sur le flanc gauche, une contre-attaque allemande s'esquisse contre les commandos des Royal Marines. Elle est le fait d'une soixantaine de fantassins et d'un canon automoteur qui mènent l'assaut sous le couvert de tirs de mortier. Il n'y a pas de quoi espérer renverser la situation mais cette action énergique de la part d'une poignée de soldats de la Wehrmacht suffit à empêcher toute liaison avec les Canadiens à Langrune. La journée est pourtant loin d'être terminée et on peut légitimement s'étonner du manque de pugnacité de certaines unités d'assaut alliées.

La même timidité s'observe ailleurs sur le front de la 3e division d'infanterie britannique. Les ordres sont pourtant de s'emparer de Caen dès le 6 juin. Dès lors, comment expliquer une telle léthargie ? Celle-ci est à mettre en partie au crédit des défenseurs de l'*Atlantikwall*. Unité statique de second ordre, la 716e DI n'en accomplit pas moins sa tâche, espérant le renfort salvateur des divisions de Panzer de réserve. La remarquable défense menée par les soldats tenant le WN 17 – le site dit « Hillman » pour les Alliés –

tient ici un rôle essentiel. Le WN 17 est le PC du colonel Ludwig Krug, le commandant du 736e régiment de grenadiers. Culminant à une quarantaine de mètres d'altitude, la place fortifiée jouit d'un panorama exceptionnel. Champs de mines, barbelés, tranchées, bunkers : la position est puissante. À 15 heures, les mitrailleuses du WN 17 ouvrent le feu sur le 1er bataillon du régiment du Norfolk, qui évolue imprudemment dans les champs à l'ouest de la position, sous-estimant la vulnérabilité de sa situation. Cent soixante hommes tombent. La position aurait dû être neutralisée à 13 heures par le 1er bataillon du régiment du Suffolk mais les Allemands entendent résister jusqu'au bout : attaqués par des chars, ce n'est qu'à 22 heures qu'ils opèrent leur reddition[18].

Le retard occasionné par les défenseurs d'« Hillman » et quelques autres positions, la décision du 1er corps britannique d'envoyer une brigade en soutien de la 6e division aéroportée et la congestion des plages ne permettent qu'à trop peu de forces de progresser vers Caen. Dans le camp allemand, la situation est pourtant préoccupante : la 716e DI a été sérieusement malmenée et il n'y a plus de réserves. Le front n'est tenu que par quelques faibles éléments, d'autant plus qu'une partie de la 21e division de Panzer est engagée contre les parachutistes britanniques tandis qu'une partie de ses moyens antichars affronte les Canadiens. Que reste-t-il donc pour assurer la crête de Périers-sur-le-Dan et le bois de Lébisey, au nord de Caen ? Peu de chose en réalité : quelques compagnies de fantassins et quelques chasseurs de chars. À 5 h 20, le général Feuchtinger est enfin à son QG de Saint-Pierre-sur-Dives. Alors que les Panzer de sa division s'ébranlent enfin pour affronter les aéroportés, à 10 h 15, un contrordre du général d'artillerie Marcks leur enjoint de faire face au débarquement sur Sword, désormais jugé plus préoccupant. Devant la menace qui se précise, la Gestapo de Caen procède à l'exécution de quatre-vingt-sept résistants détenus à la maison d'arrêt de Caen. Une gardienne allemande, d'habitude plutôt cruelle à l'égard des prisonniers, apparut « blême et terrifiée »[19]. Pendant que se déroule ce drame, et que les premiers parachutistes anglais capturés traversent l'entrée du château – transformé en caserne – des Feldgendarmes, seaux de colle à la main, sillonnent les rues de la ville pour placarder des affiches proclamant la loi martiale[20]. À 13 h 30, la ville est durement frappée par un bombardement massif.

Les Panzer et les panzergrenadiers de Feuchtinger doivent traverser l'Orne à Colombelles et à Caen. Le colonel von Oppeln-Bronikowski, commandant du régiment de chars de la 21e Panzer, parvient au pont de Vaucelles seulement à 11 h 45. Dans le quartier de la gare, bien des rues sont envahies de décombres et demeurent infranchissables. Les colonnes sont prises dans le bombardement de 13 h 30. Les pertes restent légères et ne dépassent pas la vingtaine d'hommes. On profite d'une accalmie pour franchir la rue puis le pont de Vaucelles. Des Feldgendarmes assurent la circulation, interrompant les colonnes de la 21e division de Panzer cinq minutes tous les quarts d'heure afin de permettre aux civils de traverser le fleuve.

Les retards sont toutefois considérables et ce n'est qu'à 15 heures que la contre-attaque commence. La 21e division de Panzer s'articule en trois groupes de combat, celui de Luck étant demeuré face aux paras britanniques. La contre-attaque qui se veut décisive n'implique donc que les groupes de von Oppeln et Rauch. Le général Marcks s'est déplacé en personne depuis Saint-Lô et, aux côtés de Feuchtinger, qu'il tance vertement. Il observe lui-même l'armada de l'Invasion et le développement de la contre-attaque depuis les hauteurs de Périers-sur-le-Dan. S'adressant au colonel von Oppeln-Bronikowski, il affirme : « Si vous ne réussissez pas à rejeter les Anglais à la mer, je crois bien que nous aurons perdu la guerre[21]. » Oppeln-Bronikowski ne dispose que d'une centaine de Panzer IV et des automoteurs. Richter vient vers lui, les larmes aux yeux, accablé par le désastre que vient de subir sa division. Il se montre incapable d'indiquer les positions tenues par les rescapés. L'enthousiasme semble au contraire animer certains des combattants de la 21e Panzer. Fonçant à toute allure sur sa motocyclette, le panzergrenadier Walter Hermes sent qu'il vit un moment glorieux : il va participer à la contre-attaque qui va rejeter l'Invasion à la mer[22].

La contre-attaque allemande est attendue de pied ferme. Les préparatifs et les mouvements de la 21e division de Panzer ne passent en effet pas inaperçus aux yeux des appareils de reconnaissance alliés. Les défenses britanniques de Périers-sur-le Dan à Beuville sont étoffées avec des Sherman et de nombreuses pièces antichars. Déployés dans la plaine, les Panzer offrent des cibles idéales. Émergeant de Lébisey, les chars allemands sont pris à partie et quatorze d'entre eux sont touchés. Le groupe de combat Oppeln atteint Douvres-la-Délivrande et, à 20 heures, ce ne sont que six Panzer escortés par des panzergrenadiers qui parviennent sur la côte, à Luc-sur-Mer. Le ciel s'est dégagé et le temps est bien meilleur qu'à l'aube de ce jour décisif. Cette poignée de soldats allemands ne peut guère profiter du succès limité qu'ils viennent de remporter : l'ennemi n'a pas été repoussé à la mer et le ciel s'emplit des vrombissements d'une multitude d'appareils. Des planeurs et des containers destinés à la 6e division aéroportée britannique atterrissent à Saint-Aubin-d'Arquenay. Craignant d'être pris à revers, les éléments les plus avancés de la 21e division de

Panzer effectuent une volte-face, rentrant vers Caen dont le halo rouge émanant des incendies qui la ravage indique sans erreur possible la direction à suivre. La ville subit en effet de nouveaux bombardements destructeurs[23]. Mettant en défense les approches de Caen, les Allemands enterrent leurs chars jusqu'à la tourelle, les transformant en casemates. Pourquoi les Britanniques ne poursuivent-ils par leur avantage ? Voyant passer le désolant spectacle d'un adjudant et de deux auxiliaires féminines titubant sous l'effet de l'alcool sur l'air de « Deutschland Über Alles », l'hymne national allemand, Oppeln-Bronikowski ne peut s'empêcher de déclarer : « La guerre est perdue[24]. »

Chapitre VIII

LES PANZER DE RÉSERVE OU L'ÉCHEC DU HAUT COMMANDEMENT LE 6 JUIN

La grande contre-attaque que Rommel considérait comme décisive pour vaincre les Alliés entre Gold Beach et Sword Beach s'est soldée par une attaque des plus modeste lancée dix heures trop tard par tout au plus cent cinquante Panzer et canons automoteurs. Les chances de succès étaient nulles : près de 78 000 Anglo-Canadiens appuyés par 900 chars et blindés, plus de 500 pièces d'artillerie, les canons de la flotte et une aviation omniprésente les attendaient. Les Alliés ont attaqué avec un rapport de cinq contre un en faveur de leur infanterie dans le secteur de débarquement anglo-canadien – Gold, Juno et Sword. La seule 716ᵉ DI – soit à peine 7 800 hommes – épaulée par quelques milliers de combattants, notamment de la 21ᵉ Panzer, a dû affronter des adversaires dix fois plus nombreux et bénéficiant d'une large supériorité matérielle. Compte tenu de ces circonstances, la tenue au feu des divisions d'infanterie allemandes défendant la côte normande a été somme toute honorable.

En revanche, le constat est nettement plus défavorable en ce qui concerne le haut commandement, y compris au niveau divisionnaire. Le général Schlieben ne s'est pas donné les moyens de reprendre l'important nœud de Sainte-Mère-Église, se limitant à lancer des contre-attaques tardives et de faible ampleur. Kraiss aurait été bien inspiré de s'assurer de la situation sur Omaha Beach au lieu de sacrifier son unique réserve dans une contre-attaque désastreuse sur Gold, qui n'a eu le mérite que d'empêcher les Alliés de prendre Bayeux dès le 6 juin. Le cas le plus lourd de conséquence reste la mauvaise utilisation de la 21e Panzer. Après la guerre, Geyr von Schweppenburg – faisant preuve d'une mauvaise foi évidente – imputera cet échec aux conceptions stratégiques de Rommel et à la dispersion des forces, ajoutant que des unités de Panzer ont été placées sous les ordres d'officiers – ceux des divisions d'infanterie – qui ne connaissaient rien à l'arme blindée[1].

Bien que constituant la réserve du groupe d'armées B de Rommel, la plupart de ces unités restent l'arme au pied pendant la plus grande partie de la nuit alors que la 6e division aéroportée britannique demeure dans une situation précaire. Feuchtinger – qui rejoint le QG de Richter sans radio et reste donc hors d'atteinte de ses troupes si ce n'est par estafette ! – n'a pas été à la hauteur de sa mission, pas plus que Marcks, pourtant acquis aux conceptions de Rommel et persuadé dès les premiers parachutages de l'importance de l'opération en cours. À sa décharge, il n'a eu de cesse de réclamer l'intervention sur la côte des fameuses divisions de Panzer de réserve, dont l'emploi en cas d'invasion avait donné lieu à tant de controverses avant le Jour J. Alerté dans la nuit, Speidel ne croit pas qu'il s'agit de l'Invasion. Il ne prend même pas sur lui d'avertir Rommel des opérations en cours. C'est donc lui qui fait office de commandant du groupe d'armées B en ce jour décisif. Visiblement dépassé par les événements comme le sont Rundstedt et Blumentritt, il n'est pas en mesure de prendre les décisions qui s'imposent. Rundstedt se montre quelque peu plus réactif en ordonnant, à 5 heures du matin, à la « Hitlerjugend » de monter sur la côte en soutien de la 711e DI alors aux prises avec les paras britanniques. Dans le même temps, il ordonne à la Panzer Lehr de se tenir prête à faire mouvement. Speidel est donc persuadé que ces renforts sont en route. Demandant la permission de ses supérieurs, Rundstedt reçoit une fin de non-recevoir de l'OKW. Alors que les débarquements amphibies ont commencé, Rundstedt fulmine de rage. Mais le baron Horst von Buttlar-Brandenfels, du service opérations de l'OKW, est formel et confirme les instructions de Jodl, qui n'a pas compris non plus l'urgence de libérer les réserves de Panzer : « Vous n'avez pas le droit de les mettre en alerte sans notre accord préalable. Vous devez arrêter les Panzer immédiatement. Rien ne doit être fait avant que le Führer ne prenne sa décision[2]. » Warlimont est plus circonspect et se range à l'avis de Rundstedt : même s'il s'agit d'une diversion, ne faut-il pas la résorber avant que débute l'assaut principal des Alliés ?

Entre-temps, conformément aux souhaits de Rundstedt, le groupe de panzers Ouest donne l'ordre à la « Hitlerjugend » de dépêcher son unité de reconnaissance vers la côte « en direction de la 711e DI sans tenir compte du fait qu'elle est une réserve de l'OKW ». À 2 h 30, prévenu de l'alerte par un subordonné, le lieutenant Hansmann, qui commande une unité d'automitrailleuses, saute de son véhicule sous le grondement sinistre des escadres de bombardiers. Le chef du bataillon, le commandant Bremer, lui a donné trente minutes pour préparer dix autoblindés et deux groupes de motocyclistes. « Je suis à la tourelle du premier blindé à huit roues et je donne l'ordre "Panzermarsch, 40 km/h". La nuit est agréablement fraîche et assez claire, la lune apparaît blafarde à travers la brume et les nuages. » La « Hitlerjugend » a un besoin urgent de connaître la situation avec exactitude. Pour cela, Hansmann organise quatre patrouilles qui doivent se déployer de Honfleur à Courseulles. Il parvient rapidement à Bayeux, puis, à 7 h 45, oblique vers la côte à proximité d'Arromanches :

> Dans mes jumelles, je reconnais maintenant les structures des navires. Jusqu'à l'horizon, des navires, des mâts, des passerelles de commandement. En arrière, des éclairs lumineux : l'artillerie de marine ! Mer gris foncé entre la plage et la sombre armada de navires devant nous. Dans la mer grise, des petits traits blancs ; des bateaux de débarquement qui arrivent rapidement vers la côte. Ils amènent des soldats et déversent leur masse brunâtre. De blanches colonnes d'eau devant eux. Probablement les impacts de nos batteries côtières. J'entends distinctement les tirs de nos MG 42. Ainsi, notre défense côtière n'a pas été totalement submergée. Le sergent Dahmann me montre des silhouettes brunâtres qui escaladent les dunes et avancent dans notre direction[3].

C'est le moment de la contre-attaque ! Pourtant, Hansmann est désespérément seul : le gros de la « Hitlerjugend » est encore l'arme au pied dans ses cantonnements. Les premières heures seront décisives a pourtant prédit Rommel : il faut interdire à l'ennemi toute possibilité d'établir une solide tête de pont et le frapper en force au moment où il est le plus vulnérable…

Bien que l'amiral Ruge ne soit pas de cet avis[4], Rommel présent, nul doute qu'il aurait insisté pour que les divisions de Panzer de réserve soient activées et que, fort de la confiance que lui accorde Hitler, son insistance aurait prévalu*. Il écrit

---

* Dans la nuit du Jour J, Rommel aurait, à mes yeux, été écouté par Hitler (même si celui-ci a tergiversé lors du partage des divisions de Panzer mais c'était bien avant et après avoir pourtant donné raison à Rommel dans un premier temps).

à sa femme deux semaines plus tard : « Si on m'avait écouté, nous aurions contre-attaqué la première nuit avec trois divisions de Panzer et probablement repoussé l'ennemi[5]. » Mais le destin a voulu que le héros de l'Afrikakorps ne soit pas à son poste au moment crucial. Il est 10 heures passées lorsque Rommel est informé par Speidel – qui s'est enfin décidé à téléphoner à son supérieur – des événements en court. L'assaut amphibie a débuté depuis trois heures... Rommel est bouleversé. « Suis-je bête ! Suis-je bête[6] ! » En route vers La Roche-Guyon pour rejoindre son QG, le maréchal s'enquiert de la situation : quid de la contre-attaque de la 21e Panzer ? Et la Luftwaffe ? Quelle est la situation générale ? À 22 heures, il est de retour à son quartier général. Il marque sa satisfaction pour toutes les initiatives prises par ses subordonnés. De l'avis de son état-major, un second débarquement est à craindre dans le Pas-de-Calais, ce qui est conforme à son opinion. Il téléphone au Berghof le soir même, se plaignant du manque de soutien – pourtant prévisible – de la Luftwaffe et de la Kriegsmarine.

Il songe, sans doute amer, au refus du Führer d'accéder à sa demande de déplacer une division de Panzer dans le secteur de Saint-Lô dès le mois de mai... Une intervention des divisions blindées dès les premières heures aurait été décisive. Certes, l'artillerie navale aurait causé de sérieux dommages, comme à Salerne, mais elle n'aurait pu stopper à elle seule des forces terrestres. À Anzio, les Alliés – débarqués en janvier 1944 – ne se sont extirpés de la tête de pont qu'à la faveur de la victoire remportée à Monte Cassino en mai 1944. À Salerne, en septembre 1943, l'échec final s'explique grandement par la position précaire des unités allemandes alors que la 8e armée britannique remontait de Calabre et que l'Italie avait fait défection. Si la Panzer Lehr ou la 12e Panzer SS avait pu intervenir dès le 6 juin à Omaha

Beach, la situation aurait été intenable pour le 5e corps américain : le pilonnage de quarante-huit pièces d'artillerie et le colmatage des brèches par les panzergrenadiers auraient sonné l'échec de la tentative de débarquement. De surcroît, les Panzer auraient fait peser une menace bien plus grande sur Gold Beach que le malheureux groupe de combat Meyer qui s'est fait étriller lors de sa contre-attaque. Supposons que, parallèlement, la 21e Panzer ait contre-attaqué la 6e division aéroportée britannique dès les premiers largages ; on entrevoit clairement le caractère critique de la situation pour les Alliés. Ils n'auraient disposé au soir du 6 juin que de deux fragiles têtes de pont, une à Utah Beach, la seconde de Gold à Sword. Une telle éventualité aurait abouti au mieux, avec le soutien de la flotte et de l'aviation, à une situation semblable à celle d'Anzio, soit un échec stratégique pour Eisenhower et les Alliés.

La réalité est tout autre en ce 6 juin 1944. Si la tête de pont alliée est étroite, elle ne doit pas faire oublier que le front allemand n'est alors en maints endroits qu'une simple ligne sans profondeur stratégique. Blumentritt informe la 7e armée que sur ordre du Führer la tête de pont doit être résorbée dans la journée, au plus tard à minuit. Rundstedt semble avoir fait sienne cette exigence. Repousser l'ennemi dans les vingt-quatre heures : c'était bien la stratégie de Rommel, mais rien n'a été fait pour la mettre en œuvre ni avant le Jour J, ni le jour même de l'Invasion ! Les divisions de Panzer de réserve vont désormais arriver trop tard, constate Rommel à son retour à La Roche-Guyon, mais il faut néanmoins les faire intervenir au plus tôt. Curieusement, il ne met pour autant pas beaucoup d'empressement à faire monter en ligne des formations d'infanterie, de toute façon indispensables pour tenir la ligne de front et dont l'appui sera toujours le bienvenu. Le journal de la 7e armée indique qu'à 23 h 40, il est demandé au groupe d'armées B de mettre sur le pied de guerre la 77ᵉ DI et le groupe de combat de la 266ᵉ DI, tous deux en Bretagne. Rommel se borne donc à les maintenir en état d'alerte, alors que selon lui toutes les forces devraient être immédiatement engagées contre les débarquements aéroportés et amphibies.

La « Hitlerjugend » et la Panzer Lehr sont pourtant mises en alerte très tôt dans la nuit : à 2 h 30 pour la première et à 4 h 15 pour la seconde. Les commandants respectifs de ces deux puissantes unités, le général Fritz Witt et le général Fritz Bayerlein, rongent leur frein et attendent avec impatience l'ordre de se mettre en route vers la côte. Bayerlein prend l'initiative de stopper le transfert du bataillon de Panther rattaché à sa division, mais les premiers trains sont déjà parvenus à Magdebourg, de sorte que ces puissants blindés ne seront en Normandie que le 15 juin... À la réception du nom de code *Blücher*, la Panzer Lehr se prépare à monter au front. Bayerlein doit se rendre auprès de Dollmann, au Mans, avant de rejoindre son unité : débloquée à 14 h 30, celle-ci ne reçoit ses ordres de départ qu'à 17 heures. C'est tardif. Cela lui impose de se déplacer en plein jour en s'exposant aux attaques aériennes. Bayerlein plaide pour un mouvement au crépuscule, à la faveur de l'obscurité.

> Dans un bruit de ferraille, les chars font route vers le nord. Sans relâche, les équipages fouillent le ciel des yeux. Soudain, « ils » sont là. Personne ne sait d'où ils sont venus. Les Jabos* s'approchent en faisant hurler leurs moteurs et filent en rase-mottes au-dessus des bosquets et des lignes de haies. Une pièce de Flak quadruple de l'escorte commence à tirer et, grâce à son feu concentré, les avions qui s'appro-

* Jabos : chasseurs bombardiers.

chaient se retirent. En avant de la colonne, retentit une première explosion[7].

Trois soldats allemands sont morts : ce sont les premières pertes de la division. Bayerlein, qui a reçu l'ordre de ne pas se servir de la radio alors que l'ennemi observe ses colonnes en mouvement depuis le ciel à des lieues alentour, ne peut se faire une idée de l'évolution de ses unités que par estafettes : « Ça mettait le commandement de la division dans l'impossibilité de se faire une idée d'ensemble de la marche d'approche. Est-ce que “ça roulait” partout ? Y avait-il des bouchons ? Des pertes ? Où étaient arrivés les éléments de tête ? » À 2 heures du matin, la Panzer Lehr n'est qu'à Argentan, transformée en brasier, et dont le pont sur l'Orne, endommagé, doit être renforcé par les pionniers avant de pouvoir reprendre l'avance[8].

La Panzer Lehr arrivera donc trop tard. Qu'en-est-il de la « Hitlerjugend » ? État d'alerte officiellement donné ou pas, les Waffen SS sont prêts. Le lieutenant Hans Siegel affirme que chaque nuit « les équipages sont prêts au combat, à proximité de leurs Panzer. C'est pratiquement l'état d'alerte, chacun est à son poste ou à proximité. Cela quatre semaines avant l'Invasion[9] ». Le PC de la Luftwaffe d'Évreux a signalé le largage de poupées parachutées et de véritables aéroportés. Confirmation est donnée par la 711e DI, alors aux prises avec les paras anglais. Comme pour la 21e Panzer, des contrordres ralentissent le déploiement de la division alors que le facteur temps est essentiel et joue contre les Allemands. Il s'avère très difficile de regrouper l'ensemble des unités, l'ordre de déblocage ne survenant de toute façon qu'à 14 h 30. Si la mission qui lui est initialement assignée est d'assister la 21e Panzer contre les débarquements à l'ouest de l'Orne, elle reçoit finalement l'ordre de rejoindre Caen.

Le soldat Otto Funck, qui se trouve au Sap près de Vimoutiers, croit qu'il s'agit encore d'un exercice d'alerte. Le bruit de la canonnade au lointain annonce au contraire que l'heure du combat a sonné. « La 15e companie est prête à partir en quinze minutes. Nous avions enterré nos Schwimmwagen [Volkswagen amphibies] dans un verger et attendons [de voir] comment les choses vont se passer. À 7 h 30, un agent de liaison arrive et avertit la compagnie que le débarquement sur la côte normande est en cours. »

Le départ s'effectue à 14 heures seulement et le régiment de Funck parvient à Caen en soirée « au moment où notre roulante est incendiée par les tirs d'un chasseur-bombardier ». L'unité mène immédiatement « une patrouille vers l'aérodrome de Carpiquet afin d'établir la position de l'ennemi, mais nous ne prenons aucun contact avec lui[10] ». Les Canadiens sont pourtant très proches. De toute façon, il est désormais trop tard pour intervenir et repousser l'ennemi à la mer selon les souhaits du Führer. Toute la stratégie du « jour le plus long » de Rommel s'est avérée impossible à mettre en œuvre.

Troisième partie

LA SEMAINE LA PLUS LONGUE

Chapitre IX

UNE DIFFICILE MOBILISATION DES FORCES CONTRE L'INVASION

Jour J+1. En Allemagne, les rapports de la Gestapo indiquent que le peuple a confiance en Rommel : il devrait parvenir à repousser l'Invasion[1]. Les actualités filmées se veulent rassurantes. Elles montrent aux Allemands des images tournées avant l'assaut dans le nord de la France mettant en scène les batteries lourdes de l'*Atlantikwall*. On revendique la destruction de mille trois cents planeurs, chiffre extravagant qui dépasse le total mis en œuvre par les Alliés les 6-7 juin. Les *Deutsche Wochenschauen* n'hésitent pas à annoncer un duel sans merci entre la RAF et la Luftwaffe, pure affabulation car celle-ci n'a été en mesure d'effectuer que trois cents sorties le 6 juin contre plus de dix mille pour les forces aériennes alliées. Les pertes des assaillants seraient très lourdes selon le journal nazi *Völkischer Beobachter*. On ne manque pas de montrer quelques péniches échouées à l'est de l'Orne, non loin de Sallenelles, comme preuve que l'assaut a pu être repoussé dans certains secteurs. Les actualités osent même affirmer sur un ton péremptoire qu'Eisenhower n'a pas surpris l'armée allemande !

Le 7 juin, quand point l'aube, les forces armées des deux camps s'apprêtent à reprendre les opérations. La veille au soir, les soldats alliés se sont effondrés dans leurs trous, épuisés par une journée particulièrement éprouvante. L'*Atlantikwall* a été percé au prix de pertes dépassant les dix mille hommes mais le pire est à venir : il faut vaincre la Wehrmacht. Pour les troupes d'Eisenhower, le plan consiste simplement à viser les objectifs du Jour J qui n'ont pas encore été atteints, à commencer par la prise de Caen et la jonction entre les différentes têtes de pont. Il faut également se préparer à affronter la contre-attaque de Rommel qui semble inévitable. Rundstedt se veut optimiste dans le rapport qu'il adresse à Hitler. Sur le front néanmoins, notamment au QG du 1er corps SS de Panzer, des rumeurs erronées – colportées par des fuyards venant de la côte – font état de la prise de Caen par les Britanniques et d'une percée en direction de Falaise. Rommel s'en va trouver Geyr von Schweppenburg : le chef de l'arme blindée à l'Ouest lui est enfin – bien tardivement – subordonné. Ce dernier fulmine à l'idée que son plan soit abandonné dès le premier jour de l'Invasion. Malgré leur différend, Rommel reconnaît le professionnalisme de Geyr von Schweppenburg. Pour mener la contre-offensive, il le préfère à Dietrich, le chef du 1er corps SS de Panzer. Celle-ci doit être lancée rapidement. L'ennemi a établi quatre têtes de pont : à l'ouest de la Vire sur Utah, à Omaha dans le Bessin, à Gold et Juno autour de Courseulles et, de part et d'autre de l'Orne, sur Sword. Il faut toutes les résorber au plus vite et empêcher la constitution d'une unique tête de pont qui serait trop difficile à anéantir. Rommel doit faire face à diverses et réelles menaces dans tous les secteurs du front : à l'est de l'Orne où sont établis les aéroportés britanniques, devant Caen qui monopolise toutes les attentions, dans le secteur Tilly/Bayeux, entre cette dernière et Isigny où les restes de la 352e DI sont seuls à affronter un ennemi considérablement supérieur en nombre et en matériel. À Carentan enfin, où les paras allemands s'efforcent d'empêcher l'unification des têtes de pont américaines d'Utah et d'Omaha et un peu plus au nord dans le Cotentin où l'armée allemande s'acharne à bloquer l'adversaire dans sa progression vers Cherbourg et son port. La semaine du 7 au 13 juin sera décisive : le haut commandement allemand doit élaborer la stratégie adéquate pour conjurer toutes ces menaces simultanément et repousser les Alliés à la mer. Parviendra-t-il à relever ce défi ?

D'apès le journal de guerre de la 7e armée, Rommel est persuadé que la victoire sera remportée si ses forces, appuyées par des renforts, sont en mesure de lancer une contre-attaque massive. Le journal de Goebbels se fait l'écho de cet optimisme. Il note le 7 juin :

> Nos réserves opérationnelles vont être rapidement mobilisées contre elles [les forces alliées] : deux divisions blindées de premier ordre qui sont stationnées à 150 km ont été mises en route. Elles pourront être engagées immédiatement à leur arrivée vers 6 heures de l'après-midi. Le Führer est fermement convaincu que l'on réussira à rejeter à la mer les unités ennemies qui ont déjà débarqué et avant tout à anéantir les troupes aéroportées[2].

Depuis le 6 juin au soir, environ 150 000 soldats et 1 400 chars alliés sont établis en Normandie. Plus de 80 000 soldats allemands et environ 200 Panzer modernes, canons d'assaut et chasseurs de chars leur font face. De son côté, ce 7 juin, Montgomery reste inquiet : la consolidation de la tête de pont sera-t-elle être plus rapide que l'arrivée des renforts allemands ?

Une partie des Waffen SS est déjà en ligne, tandis que la Panzer Lehr et la « Hitlerjugend » sont en route depuis la veille. D'autres unités encore doivent rejoindre le front[3]. La 346e DI commence à se diriger vers l'ouest pour renforcer la 711e DI alors aux prises avec les paras anglais. Le 7 juin, en début de journée, et avec l'assentiment de Rundstedt, Rommel ordonne à la 77e DI (en Bretagne) et à la 17e division SS de panzergrenadiers « Götz von Berlichingen » (en Vendée, en réserve de l'OKW) de rejoindre la Normandie. Plus tard dans la journée, Rommel obtient de l'OKW le déblocage de la 3e division de parachutistes. Des groupes de combat mobiles (soit sept mille hommes et des dizaines de canons) quittent également la Bretagne. La 2e Panzer (dans la Somme), réserve du groupe d'armées B, est alertée dès le 6 juin, mais ne se met en route que le 9[4]. Rundstedt exige de pouvoir disposer de plus unités. D'autres formations d'infanterie et des régiments d'artillerie et de Flak sont dépêchés en Normandie. Trois unités indépendantes de Panzer sont également envoyées contrer l'Invasion, soit une centaine de Panzer dont 45 Tiger. Si l'OKW refuse de céder la 1re division SS de Panzer « Leibstandarte Adolf Hitler », qui doit demeurer en Belgique, la 2e division SS de Panzer « Das Reich » est accordée le 12 juin et se met en route depuis le sud-ouest de la France (se rendant coupable en chemin d'atrocités commises sur des civils, plus particulièrement à Oradour-sur-Glane et à Tulle). Ce même jour le 2e corps SS de Panzer, de même que les 9e et 10e divisions SS de Panzer, alors aux prises avec les Soviétiques, reçoit l'ordre de quitter la Pologne pour rejoindre le front de l'Invasion. Ainsi, à J+3 (le 9 juin), les renforts totalisent 125 000 hommes et 750 Panzer. À J+6 (le 12 juin), leur nombre atteint 200 000 hommes et 1 200 Panzer[5]. Pour impressionnants qu'ils soient, ces chiffres ne doivent pas faire illusion : l'armée allemande compte 1,4 million d'hommes à l'Ouest (dont la moitié endivisionnés) ainsi que 2 000 Panzer. Le haut commandement allemand est donc loin de jeter toutes ses forces dans la bataille.

Encore faut-il que cette montée en ligne des réserves s'effectue rapidement. Assistera-t-on à une concentration des forces ou bien à une arrivée échelonnée qui pourrait s'avérer désastreuse ? Lors de chacun de ses mouvements diurnes, l'armée allemande à l'Ouest fait l'amère expérience des effets de la maîtrise absolue du ciel par l'adversaire. Le 3e corps dc Flak du général Pickert subit de continuelles attaques menées à basse altitude. Un temps précieux est perdu dès qu'il faut contourner un village, un carrefour ou une route ravagé par les bombes. Conscient de l'urgence de la situation, d'autant qu'il rencontre Rommel en personne à Vimoutiers le 7 juin, Pickert active ses troupes. Mais son unité, pourtant apte à se prémunir des attaques aériennes, perd environ trois cents tués et blessés ainsi qu'une centaine de véhicules avant d'arriver en Normandie[6]. Le 12 juin, contre toute évidence et à la grande colère des membres de l'état-major du groupe d'armées B, Goering a l'outrecuidance de prétendre que le 3e corps de Flak a parcouru six cents kilomètres sans subir aucune interférence, ou presque, de la part de l'aviation alliée.

La Panzer Lehr souffre également lors de sa montée en ligne – bien qu'un rapport en date du 10 juin soutienne que les pertes ont été négligeables[7] – le nombre de véhicules détruits par l'aviation alliée oscillant entre 170 et 200 véhicules, pour moitié blindés. Moins sévèrement touchée, la « Götz von Berlichingen » effectue quant à elle trois cents kilomètres entre le 6 et le 14 juin, et comptabilise la perte d'un canon d'assaut, de quelques véhicules et d'une cinquantaine d'hommes. La « Hitlerjugend » n'a perdu que quatre-vingts hommes environ, dont une vingtaine de tués, ses pertes en véhicules étant insignifiantes.

Le soldat Rudolf Jackl, de la 3e division de parachutistes, entrevoit rapidement ce qui deviendra le lot quotidien des troupes allemandes prises sous le feu de l'aviation alliée. Les premiers camions de son bataillon arrivent à Saint-Hilaire-du-Harcouët le 7 juin. Il n'y a pas d'alternative : il faut passer la journée dissimulé dans les bois et reprendre la route qu'à la tombée de la nuit. Près de Torigni-sur-Vire, c'est l'attaque :

> Une chance que les routes de France aient beaucoup d'arbres. Pourtant, notre partie du convoi fut repérée. Nous subîmes la première attaque de chasseurs bombardiers. Ils balayaient la route de leur feu. Des véhicules furent atteints, il y eut les premières pertes. Nous avions couru vers les vergers, au bord de la route. Je me jetai derrière un gros pommier. On tirait comme des fous derrière les Mustangs, sans visiblement les toucher.

Des mesures sont aussitôt prises par les cadres du bataillon : désormais, il est interdit de tirer sur les avions ennemis (Jackl a consommé la moitié de sa dotation de cartouches dans ce seul combat) et il importe d'apporter le plus grand soin au camouflage[8]. Dès que les premières unités de la 3e division de parachutistes sont arrivées à Torigni-sur-Vire, le général Schimpf, qui commande la division, s'empresse de renvoyer les véhicules vers l'arrière pour prendre en charge les régiments qui montent en ligne à pied[9].

La « Götz von Berlichingen » découvre elle aussi les effets de la suprématie aérienne de l'ennemi. Bien que ralenties par la destruction des ponts sur la Loire, les colonnes motorisées avancent avec confiance : le moral des Waffen SS est gonflé à bloc. Soudain, des rafales de mitrailleuses frappent la chaussée et transpercent les véhicules, dont certains sont incendiés.

Tout le monde bondit hors des engins, se souvient un des soldats. Les jeunes Waffen SS reprennent ensuite la marche, abasourdis par cette soudaine irruption de violence et ce retour au calme tout aussi étrange. Puis l'enfer se déchaîne à nouveau. Lorsque survient l'ordre d'arrêt, tous les équipages s'empressent de trouver un abri à couvert et plus personne ne se risque en terrain dégagé. Est-ce donc ainsi, la guerre contre les Américains ? Monté à bord d'un train, un autre soldat de la même unité observe avec consternation les cheminots qui sautent de la locomotive : des avions alliés sont en vue ! Tout le monde imite les Français et s'égaille dans les bois, excepté les équipages de Panzer qui répliquent à l'attaque avec leurs mitrailleuses de bord[10].

Le 6 juin 1944, l'alarme est donnée à 4 h 15 au sein de la 2e compagnie du bataillon de reconnaissance de la Panzer Lehr. Otto Henning se souvient de l'épisode. Direction : le Nord, vers la côte ! Avec l'aube point la menace des chasseurs-bombardiers ennemis. L'unité de reconnaissance essuie plusieurs attaques. La première semble dénoter un certain amateurisme : les pilotes ennemis ne parviennent qu'à transpercer quelques bâches. Mais la plupart ne sont pas des débutants et, très vite, Henning et ses camarades sont témoins de la puissance aérienne adverse : les engins en flammes ou criblés de balles sur les bas-côtés jalonnent le parcours. Plus la colonne se rapproche de la côte, plus les essaims d'appareils alliés sont nombreux. L'unité de reconnaissance fait donc halte dans une forêt pour camoufler ses engins sous des branchages avant de gagner la région de Tilly-sur-Seulles. Henning a les yeux rougis d'avoir scruté le ciel des heures durant dans la poussière levée par son véhicule se déplaçant à vive allure sur les routes. Le lendemain, l'unité patrouille entre Caen et Bayeux sans parvenir à localiser l'ennemi. Dans la nuit du 8 juin, Henning et ses camarades rencontrent quelques rescapés des garnisons de l'*Atlantikwall*. Le récit qu'ils donnent des événements n'est pas pour le rassurer. Quelques heures auparavant, Henning a reconnu le bruit caractéristique des moteurs de bombardiers Junker JU-88, devenu familier depuis la campagne d'Afrique du Nord. Enfin la Luftwaffe ! Le soulagement cède bientôt la place à l'effarement et à la colère lorsque sifflent les bombes allemandes qui tombent à proximité de sa propre position[11].

Dans ces conditions, il n'est nullement surprenant que la longueur des trajets ne coïncide guère avec les distances réelles. Les détours contraints sont nombreux : tous les ponts sur la Seine sont détruits, mis à part ceux de Paris. La Loire est tout aussi difficile à franchir : il faut descendre des trains (généralement à 150 ou 200 km du front), traverser de nuit sur des bacs et poursuivre le trajet par voie ferrée si possible, ou, le plus souvent par la route. Le 13 juin, les éléments motorisés de la « Das Reich » sont au nord-ouest de Tours tandis que ceux de la 2e Panzer sont arrivés au front près de Caumont-l'Éventé, mais les éléments mécanisés de la division (dont les Panzer) ont été débarqués des trains à Paris et sont encore en phase d'approche. Parti le 6 juin de Bretagne, le groupe de combat de la 265e DI n'arrive au front que le 11 juin, soit cinq jours plus tard. La 7e armée se plaint que certaines unités « doivent descendre des trains après avoir parcouru à peine un quart de la distance totale[12] ».

Ces retards dans l'acheminement des renforts s'expliquent aussi par des défaillances inhérentes à l'armée allemande. Sa faible motorisation et les impératifs de défense de l'*Atlantikwall* compliquent la tâche. La 77e DI, pourtant déployée près de Saint-Malo, voit ses éléments entrer en lice peu à peu, sur une dizaine de jours, pour permettre à la 5e division de parachutistes de prendre sa relève sur les défenses côtières – précaution qui s'impose : le 15 juillet, les Alliés annulent l'opération Beneficiary qui prévoyait la prise de Saint-Malo, finalement jugé trop défendu, par un largage de la 1re division aéroportée britannique[13]. Début juin, les éléments motorisés des divisions allemandes stationnées en Bretagne parcourent une moyenne de trente kilomètres par jour. Arrivés en ligne, ces groupes de combat de divisions d'infanterie ne renvoient généralement pas leurs véhicules aux autres unités qui montent en ligne à marche forcée[14]. La 7e armée réclame en urgence des moyens de locomotion au groupe d'armées B et à l'OB West et même à la Lutfwaffe et à la Kriegsmarine, pour pouvoir transporter les 3e et 5e divisions de parachutistes[15].

Enfin, le manque de carburant, problème endémique à l'armée allemande, n'arrange pas les choses. Le 10 juin, les unités avancées de la 17e division SS de panzergrenadiers sont ainsi contraintes de faire halte près de Saint-Lô. La Luftwaffe promet de transporter 20 000 litres à bord de vingt-deux appareils, puis se ravise et expédie finalement des camions dont la capacité de transport atteint 60 tonnes[16].

Les unités de la logistique, qui ont la lourde tâche de maintenir opérationnelle l'armée chargée de repousser l'Invasion, rencontrent elles aussi de sérieuses difficultés. En juin 1944, la 7e armée ne réceptionne que 37 % des munitions qui lui sont envoyées. Au 1er juin 1944, tandis qu'un minimum de 40 000 tonnes de capacité de fret est nécessaire pour mener la bataille, les unités de l'Ouest n'ont été en mesure de mettre sur pied qu'une flotte de camions de 5 850 tonnes. Le rail s'avère indispensable[17]. Des efforts sont pourtant entrepris : le nombre de camions et de tracteurs passe ainsi de 3 172 à 10 423. Mais on est loin du compte. La Kriegsmarine dispose bien de 13 000 tonnes de capacité de fret par camions mais les rivalités entre services font qu'au 11 juin seules 180 des 1 000 tonnes de capacité promises par la Kriegsmarine ont été mises à disposition de la 7e armée, qui ne possède organiquement que de 248 camions totalisant une capacité de 500 tonnes[18].

Les *Kriegspiel* menés avant le Débarquement – comme celui du 21 janvier 1944 – n'auront été que de peu d'utilité, si ce n'est pour mettre en exergue l'importance de la voie ferrée dans le maintien opérationnel des unités en cas d'engagement. Hippomobile en majorité, l'armée allemande voit son ravitaillement dépendre essentiellement du fret ferroviaire. Le 11 juin, Rommel se rend à l'OB West pour s'entretenir de la logistique avec Rundstedt : les transports ferroviaires sont alors complètement arrêtés[19]. Ce même jour, le journal de la 7e armée indique que la coupure des voies ferrées contraint d'effectuer le ravitaillement par la route, ce qui est au-delà de ses capacités, sans compter les dommages subis par les attaques aériennes. Au cours de cette première semaine si fatidique, pas un seul train de fret n'a franchi la Seine ou la Loire[20]. Pour améliorer l'approvisionnement des divisions de la Heer, l'amiral Ruge organise ainsi le ravitaillement par la Seine dont les ponts sont détruits, sauf à Paris[21]. De surcroît, le parc de véhicules affectés à la logistique, qui entre en concurrence avec les besoins des troupes montant au front, ne cesse de décroître[22]. Villes, villages, ponts, tunnels, voies ferrées, carrefours routiers sont systématiquement pilonnés, bombardés, mitraillés et pris pour cible par la Résistance. Surmonter ces destructions permanentes s'apparente à un travail de Sisyphe pour la Wehrmacht. Seuls sept trains sur les trente-neuf dont la 7e armée a besoin peuvent circuler quotidiennement en Normandie[23].

En juin 1944, une voie double standard a une capacité journalière théorique de trente trains dans chaque direction, chiffre limité à dix trains s'il n'y a qu'une seule ligne. Les trains de munitions sont constitués d'environ vingt wagons et ceux qui convoyent les rations d'une quarantaine. Le nombre de trains nécessaire au transport d'une seule division est conséquent : de trente à quarante trains pour une division d'infanterie, le double (au minimum) pour une division de Panzer. Le seul groupe de combat de la 275e DI, soit 4 700 hommes, nécessite l'affrètement de quatorze trains. Or le chargement d'un seul train demande entre deux et douze heures[24]. Déplacer dès le 6 juin l'intégralité des divisions engagées en Normandie par les Allemands de juin à août aurait été tout simplement impossible, sans même tenir compte de l'impact de l'aviation alliée.

Si le mouvement s'effectue par la route, ce qui est nécessaire pour une partie du trajet à partir de la Seine et de la Loire, l'encombrement résultant du mouvement d'une seule division est impressionnant : de l'ordre de 55 kilomètres pour une division d'infanterie et 125 kilomètres pour une division de Panzer[25]. Les mouvements des renforts s'ajoutent à ceux des convois de la logistique et des divers services (la Lutfwaffe déployant des aérodromes vers l'Ouest) et contribuent à la congestion d'un réseau routier dont les grands axes et les carrefours sont pilonnés par l'aviation alliée.

Au-delà des difficultés de transport, les stocks sont-ils suffisants ? La demande des autres fronts et le programme de réentraînement mené à l'Ouest au cours de l'hiver 43-44 ainsi qu'au printemps 1944 ont largement ponctionné les réserves. Au 1er juin, l'armée allemande disposerait en théorie de 18 000 tonnes de munitions dans le nord-ouest de la France, mais les besoins sont immenses et, si les stocks existent, ils ont été dispersés au cours du printemps en raison de la menace de frappes aériennes alliées. De plus, certaines munitions, qui ne sont plus fabriquées, sont particulièrement difficiles à fournir. Au 9 juin, deux batteries lourdes sont en mesure de faire feu sur la flotte alliée mais elles ne disposent que de 400 coups. Il faut compter huit jours pour que des colonnes de ravitaillement aillent chercher ces munitions jusqu'en Allemagne, à Worms ou à Mayence[26] ! Contraintes au rationnement, les unités ne montent en ligne qu'avec le strict nécessaire. Ainsi la Panzer Lehr est-elle partie vers la Normandie avec seulement 500 obus de mortiers.

Comme nous l'avons déjà évoqué, la question du carburant se pose également avec acuité. Avant le Jour J, la Wehrmacht à l'Ouest peut compter sur des stocks suffisants pour sept à dix jours de combat. 81 millions de litres de carburant sont en réserve. Mais au 13 juin, une semaine après le Débarquement, la réserve stratégique à l'Ouest est consommée. D'autant que le déplacement des divisions par la route occasionne une surconsommation, dont les Panzer sont plus particulièrement responsables[27]. Le dépôt le plus proche du front est situé à Domfront et contient 960 m^3 de carburant. Sachant que les cinq réservoirs d'un unique Panther peuvent accueillir 0,73 m^3 de carburant, on comprend immédiatement les difficultés qui se profilent à l'horizon pour l'armée allemande[28]. Incapable d'assurer l'approvisionnement en essence de ses unités de Panzer, de plus en plus nombreuses sur la ligne de front, la 7e armée conjure le groupe d'armées B de lui allouer au minimum 1 500 tonnes de capacité de fret[29]. Arrivé en Normandie, le ravitaillement doit être stocké puis distribué avec le risque, toujours présent, d'être réduit à néant à tout instant par une attaque aérienne.

En ces premiers jours d'offensive alliée, Rommel, qui peine pourtant à y faire face, reste persuadé que la Normandie ne représente qu'une opération de diversion dans le plan d'invasion. « Puis-je vous faire remarquer que l'ennemi n'a engagé ici qu'un seul de ses deux groupes d'armées, et c'est justement pourquoi nous ne pouvons pas nous permettre de prélever des forces du secteur de la 15e armée, et certainement pas de Calais », rétorque Rommel le 8 juin à un Alfred Jodl, persuadé au contraire qu'aucun nouveau débarquement n'est à craindre à l'Ouest. À ce moment-là, Jodl, à Berchtesgaden, et le colonel Roenne, à Berlin, ne semblent pas attendre l'assaut du groupe d'armée de Patton. Les premiers jours, Rommel garde l'espoir d'emporter la décision ; Rundstedt et Zimmermann, un de ses principaux officiers d'état-major, sont plus circonspects, estimant qu'il est nécessaire de disposer de davantage d'unités. L'état-major entourant Rundstedt à l'OB West semble d'ailleurs un temps plus conscient de la réalité que les officiers du groupe d'armées B de Rommel. Le colonel Meyer-Detring, chef du renseignement de Rundstedt, observe que les Alliés ont déjà fait entrer en lice leurs meilleures unités, les plus expérimentées. De façon fort judicieuse, il en déduit que la Normandie représentera donc bien l'effort principal d'Eisenhower : en un mot c'est l'Invasion, la vraie. Staubwasser, son homologue auprès de Rommel, s'insurge contre cette idée[30]. Persuadé du risque qui menace les côtes plus au nord, Rommel inspecte en personne la 116e division de Panzer qui se trouve de part et d'autre de la Somme, où il craint un nouveau débarquement. Partout, sur le front de la 15e armée, les travaux de retranchement du mur de l'Atlantique – bien plus important qu'en Normandie – se poursuivent en tenant compte des enseignements du Débarquement du 6 juin.

Chapitre X

LES ALLEMANDS EN DIFFICULTÉ SUR TOUTE L'ÉTENDUE DU FRONT

Les 7 et 8 juin, Sepp Dietrich, le chef du 1er corps SS de Panzer qui regroupe les divisions de Panzer en ligne en Normandie, se montre hésitant. Rommel lui ordonne de lancer sans délai la contre-offensive, mais Dietrich juge ses moyens insuffisants : il faut attendre les renforts et concentrer les forces[1]. Or l'activité aérienne ennemie freine le processus. Par ailleurs, les blindés de la « Hitlerjugend » et de la Panzer Lehr doivent être ravitaillés en carburant et recevoir la maintenance nécessaire après leur long trajet jusqu'au front. La faiblesse du dispositif défensif devant les secteurs Caen-Bayeux et Carentan-Isigny est source d'inquiétude tandis que la 21e Panzer s'étale sur un large front au nord de Caen où nombre de ses unités sont contraintes d'assurer la défense du secteur[2]. Geyr von Schweppenburg, qui n'admettra jamais avoir commis d'erreur, estime que diriger la Panzer Lehr vers Bayeux au lieu de concentrer les trois divisions disponibles dans une frappe plein nord a dispersé l'effort contre la tête de pont[3].

Le 9 juin, Dollmann propose que la contre-attaque soit repoussée jusqu'à ce que le 2e corps de parachutistes soit en ligne et en mesure de soutenir le flanc du 1er corps

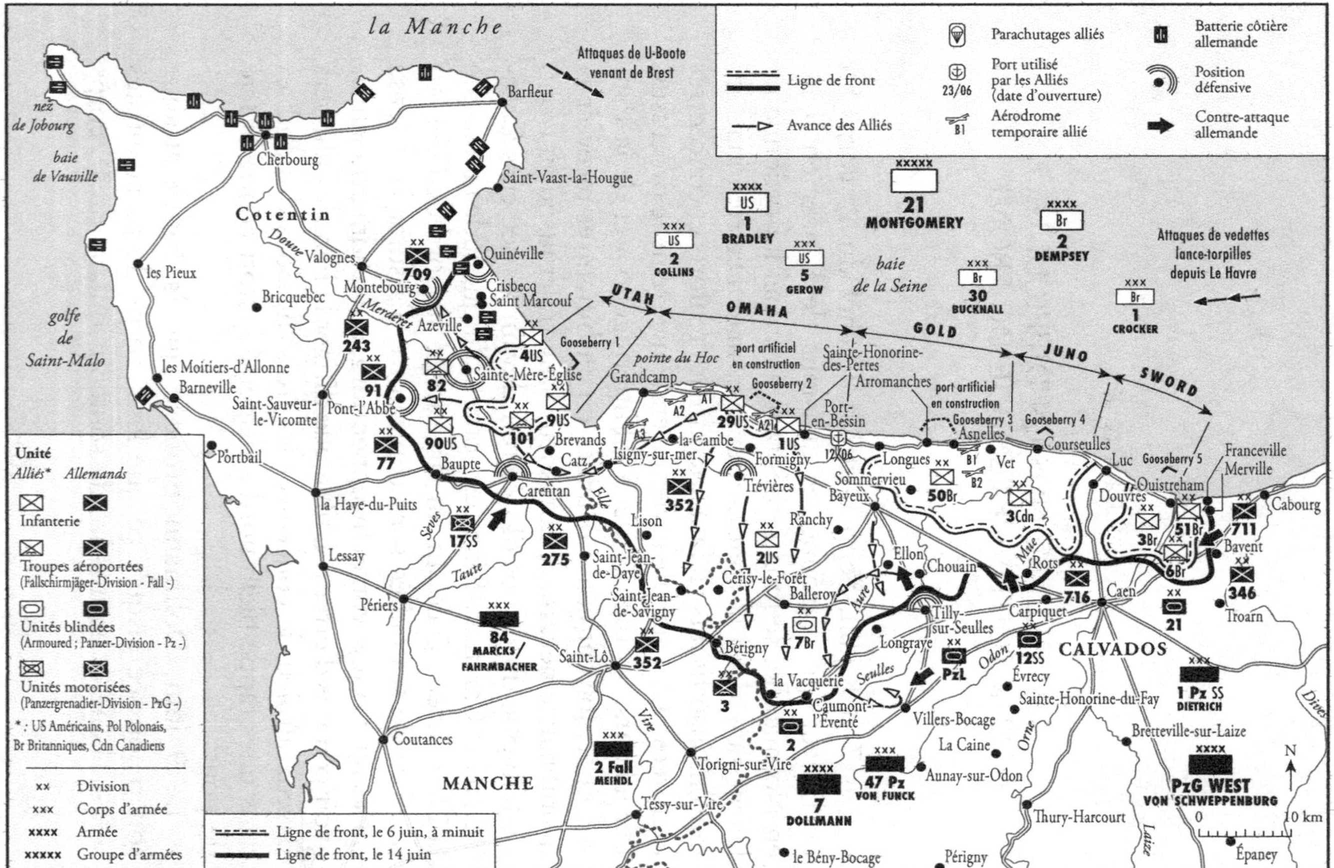

3. Le front de l'*Invasion*, 14 juin 1944

SS de Panzer[4]. Rommel, qui a pourtant longuement insisté sur l'importance cruciale d'une réaction immédiate de leurs troupes, acquiesce. Des combats ont bien eu lieu, mettant aux prises les Panzer et les forces débarquées, mais rien qui ne ressemble à la vaste contre-offensive préconisée avant l'Invasion. Durant ces journées décisives, les difficultés dues aux liaisons téléphoniques et radios entre les différents QG d'armées, de corps, voire de divisions, constituent un embarras supplémentaire pour la mise au point de la contre-attaque[5]. Depuis le QG de la 21e division de Panzer, le 1er corps SS de Panzer dépêche à la division de Bayerlein, supposée alors avoir atteint Thury-Harcourt, un officier des transmissions (le blackout radio est à ce moment-là de rigueur pour éviter toute détection). L'estafette n'atteindra jamais la Panzer Lehr, percutée en pleine nuit dans son side-car par un camion. Et le pire est à venir.

Geyr von Schweppenburg préconise une attaque nocturne concentrée des divisions Panzer Lehr, « Hitlerjugend » et du régiment de chars de la 21e Panzer, depuis Caen vers Luc-sur-Mer. Une région qu'il connaît bien pour y avoir entraîné un corps d'armée à l'invasion de l'Angleterre en 1940[6]. En cas de poussée britannique vers Bény-Bocage, Geyr von Schweppenburg lancerait ses forces dans la direction de Balleroy[7], hors de portée de l'artillerie navale alliée, bien que cela ne soit en aucune manière un gage de succès, le chef du groupe de panzers Ouest sous-estimant la pugnacité des forces terrestres alliées et la puissance de leur appui aérien.

Le 10 juin, le groupe de panzers Ouest se trouve enfin en position autour de Caen pour lancer la contre-attaque tant attendue. Ce même jour, son QG, établi à la Caine, est l'objet d'une attaque aérienne ciblée de 61 bombardiers B-25 Mitchell ainsi que de 40 chasseurs bombardiers Typhoon de la RAF[8]. Les effets du bombardement sont dévastateurs. Si

Geyr von Schweppenburg est miraculeusement épargné, son état-major est décimé : une trentaine de tués, dont le chef d'état-major[9]. Rommel, qui s'est rendu auprès de Geyr von Schweppenburg plus tôt dans la journée, a bien failli être lui-même victime de cette attaque. Dans ces conditions, toute contre-offensive cohérente est inenvisageable dans l'immédiat, faute de disposer d'un état-major pour coordonner l'ensemble. Ce délai a des conséquences stratégiques dramatiques pour l'armée allemande : en renonçant à contre-attaquer rapidement, elle court le risque de ne plus être en mesure de résorber la tête de pont alliée. Par une ironie dont l'Histoire est friande, Geyr von Schweppenburg est frappé de plein fouet par la toute-puissance aérienne alliée dont il n'a cessé de négliger l'impact sur les opérations.

« On attend avec crainte et appréhension la grande contre-offensive de Rommel », écrit Goebbels[10]. Mais la contre-attaque décisive attendue de tous tarde à se concrétiser. Dans son rapport en date de ce même 10 juin[11], Rommel dresse un tableau réaliste de la situation. La capture opportune des plans détaillés des opérations prévues pour les 5e et 7e corps américains a certainement clarifié la situation[12]. Il discerne clairement les intentions de l'adversaire :

> Le déroulement de la bataille de Normandie, actuellement en cours, indique clairement la nature des intentions de l'ennemi. Il veut s'assurer entre l'Orne et la Vire une tête de pont profonde, qui lui servira ensuite de tremplin pour lancer une puissante attaque en direction du centre de la France, vers Paris vraisemblablement. Il cherche à isoler la presqu'île du Cotentin et à s'emparer le plus rapidement possible de Cherbourg, de manière à disposer d'un port en eau profonde offrant de vastes possibilités de déchargement.

Le secteur de Caen est donc crucial pour les deux camps : la ville est la porte qui ouvre sur la vaste plaine de l'arrière-pays qui s'étend jusqu'à Paris, terrain propice à la guerre de mouvement. Rommel sait que les Alliés ont besoin d'un port. Mais il sous-estime les capacités de ravitaillement par les plages. Il n'a pas encore réalisé que les Alliés construisent deux ports artificiels en Normandie. Néanmoins, Eisenhower et Montgomery restent persuadés que la conquête de Cherbourg représente un impératif logistique majeur, les autres lignes de ravitaillement n'étant que des solutions temporaires. Les lignes que Rommel écrit expriment clairement son espoir de contrecarrer les Américains dans ce projet. La suite de son rapport précise que « le groupe d'armées envisage de reporter, au cours des prochains jours, le centre de gravité de ses opérations dans le secteur Carentan-Montebourg, afin d'anéantir l'adversaire dans cette région et le détourner de Cherbourg ». Priorité doit donc être accordée à la lutte dans le Cotentin, condition *sine qua non* selon Rommel pour envisager une vaste contre-attaque de Panzer dans le secteur de Caen-Bayeux. Pour cela, il faut préalablement relever les divisions blindées sur la ligne de front par des formations d'infanterie. De toute façon, les renforts, considérablement gênés par l'activité aérienne adverse, n'ont pas été en mesure de parvenir sur le front à temps pour lancer une contre-attaque : « Pour l'instant, le groupe d'armées se voit dans l'obligation de reculer sur un front continu entre l'Orne et la Vire, soutenu par les unités qui arrivent peu à peu, et de permettre à l'ennemi d'approcher. » Le but du groupe d'armées B se borne donc désormais à empêcher une percée mais les forces dont il dispose suffisent tout au plus à former un front défensif cohérent. L'état-major de Rommel a compris que le Débarquement avait réussi. Montgomery tient solidement la tête de pont et reçoit des renforts qui débarquent maintenant hors de la portée de l'artillerie allemande. La tête de pont devient assez profonde pour qu'y soient aménagés les premiers aérodromes, renforçant encore la supériorité aérienne anglo-américaine en Normandie. La victoire est-elle encore possible ? Le général Marcks n'y croit plus. Avant de transmettre le rapport de Rommel à l'OKW, Rundstedt ajoute son propre mémorandum, soulignant la bravoure des troupes mais le risque sur le long terme que fait peser sur leur moral la supériorité matérielle ennemie tout en affirmant : « Nous tirerons avantage de toute opportunité pour remporter un succès en attaquant sur un point favorable[13]. »

Le journal de guerre de la 7e armée du 11 juin entérine le constat formulé par Rommel :

> L'ennemi a débarqué des forces d'une plus grande puissance que ce à quoi le groupe de panzers Ouest peut faire face. Au vu de la complète suprématie aérienne et de la puissance de l'artillerie de l'ennemi, ainsi que notre manque de munitions et de carburant, seule peut être envisagée une contre-attaque nocturne. Par ailleurs, le groupe de panzers Ouest n'est plus en mesure de diviser la tête de pont. Dans ces conditions, la 7e armée informe le groupe d'armées B de son intention de mettre en réserve un certain nombre d'unités mobiles, particulièrement des formations blindées, pour être engagées dans de futures opérations offensives[14].

Pourtant, les unités d'infanterie en ligne depuis le 6 juin et celles parvenues en renfort manquent de moyens. Aussi la 7e armée ordonne-t-elle de réquisitionner 65 % des Panzerfaust et des Panzerschreck des divisions postées en Bretagne. Les Panzer ne sont en effet pas la seule ressource face aux blindés alliés.

Rommel souligne la considérable gêne occasionnée par la suprématie aérienne absolue des Alliés qui montre ses effets « jusqu'à une centaine de kilomètres à l'arrière des lignes ». Les mouvements de troupes sont presque totalement impossibles de jour. Tout se déroule donc comme en Afrique, exactement comme il l'avait prédit. L'incidence n'est pas uniquement stratégique et ne concerne pas seulement renforts et approvisionnements : « Même les déplacements d'unités peu importantes sur le champ de bataille – mise en place de batteries, regroupement de chars, etc. – sont immédiatement pris à partie par les formations aériennes et nous subissons des pertes terribles. »

Le chef du groupe d'armées B souligne également dans son rapport les effets de l'artillerie de marine : « Toute action entreprise par l'infanterie ou par les chars dans la région battue est nécessairement vouée à l'échec. » La puissance des moyens dont disposent les Américains l'impressionne : leur équipement est abondant et de qualité, et ils disposent et usent de munitions avec profusion.

Objectif du Jour J pour les Britanniques, Caen est le pivot du front de Normandie. Les Allemands en reconnaissent l'importance et entendent en interdire le contrôle à leurs adversaires. La prise de Caen impliquerait le risque d'une percée vers l'est, sur un terrain favorable aux formations de blindés – la plaine de Caen –, et menacerait Paris. Les unités allemandes affrontant alors au même moment les Américains risqueraient d'être isolées, d'autant que la percée en profondeur des Britanniques serait – selon Rommel – probablement concomitante avec un second débarquement toujours attendu entre la Somme et le Pas-de-Calais.

La 21e division de Panzer fait écran au nord de la ville avec les rescapés de la 716e DI. Soutenu par des Panzer IV enterrés et quelques canons de 88 antichars, le 192e régiment de panzergrenadiers tient cinq kilomètres de front avec à peine deux compagnies de fantassins, renforcées par une compagnie du génie et une compagnie lourde[15]. Le 7 juin, à l'aube, la 185e brigade d'infanterie britannique, pourtant soutenue par trois régiments d'artillerie et les tirs d'un croiseur, ne parvient pas à entamer les lignes défensives allemandes. La 9e brigade quant à elle n'atteint Cambe qu'au cours de l'après-midi. Habilement retranchés dans le bois de Lébisey, protégés par des champs de mines et des barbelés, les panzergrenadiers criblent de balles les assaillants qui sont terrassés par un déluge d'obus de mortiers. Une section entière est fauchée dans les blés à 15 mètres à peine des lignes allemandes. Les Panzer IV opèrent des ravages en incendiant coup sur coup cinq attelages de chenillettes Bren Carriers et de canons antichars de 6 livres. Une colonne entière est décimée. Sur un kilomètre gisent les carcasses noircies des engins détruits et les véhicules abandonnés, tous fouillés avec attention par des panzergrenadiers en quête de butin[16]. L'assaut est un échec. Feuchtinger rapporte que les Britanniques engagent un certain nombre de tanks spéciaux, les « Funnies », dont dix-huit auraient été détruits par ses troupes[17]. Au 13 juin, la 3e division d'infanterie britannique n'a pas dépassé les bois de Lébisey, à quatre kilomètres de la capitale bas-normande, tandis que la 3e division canadienne subit de fortes pertes dans sa confrontation avec la « Hitlerjugend » dans le secteur de Carpiquet.

Dès le 7 juin, les Waffen SS, surmotivés, font preuve d'une pugnacité hors normes. Leur fanatisme sera cause de lourdes pertes dans leurs rangs mais aussi de déplorables exactions. Ce 7 juin, trop confiants et accordant trop d'importance à la chance et au courage, les Canadiens subissent un premier revers sérieux. Kurt Meyer, le commandant du 25e régiment SS de panzergrenadiers, a reçu ses ordres : il doit attaquer de concert avec la 21e division de Panzer pour repousser l'ennemi à la mer. Les deux camps envisageant de lancer une attaque qui se veut décisive, les efforts allemands et anglo-canadiens dans le secteur de Caen vont se télescoper ce jour-là. En début d'après-midi, observant le terrain à la jumelle du haut de l'abbaye d'Ardennes, à l'ouest de Caen, Meyer a la stupeur de voir évoluer devant lui – comme à la parade – le régiment d'infanterie canadien North Nova Scotia Highlanders accompagné de Sherman. Habilement dissimulés dans les blés, les bois et les villages environnants, les Waffen SS vont prendre l'ennemi de flanc. Attendant de lancer leur propre contre-attaque à 16 heures, ils reçoivent la consigne de retenir leurs tirs. « Ouverture du feu uniquement sur mon ordre exprès », ordonne Kurt Meyer[18]. Mais quelques Panzer menés par Karl-Hein Porsch, partis en reconnaissance sur la route Franqueville-Authie, se heurtent à des Sherman. Cette escarmouche dévoile prématurément aux Canadiens la présence des SS. Le groupe de combat Meyer est contraint de répliquer en force et soumet la colonne canadienne à un impressionnant déferlement de feu et d'acier. L'avant-garde canadienne est anéantie. Les SS traversent Authie et se dirigent maintenant sur Buron mais ils sont refoulés par un tir de barrage bien ajusté. Un peu plus à l'est, l'attaque menée vers Cambes ne débouche pas faute du soutien de la 21e Panzer. Quarante-trois tanks canadiens ont cependant été incendiés. Mais, de son côté, la « Hitlerjugend » a perdu dix-sept Panzer, pour partie récupérables, et trois cent quatre-vingt six hommes[19]. Carell, toujours dithyrambique envers l'armée allemande, loue les exploits des SS et rapporte un crime de guerre perpétré par des Canadiens à l'encontre d'un groupe de soldats de la Panzer Lehr :

« La sauvagerie et le fanatisme qui, des deux côtés, se donnèrent malheureusement parfois libre cours pendant la bataille de l'Invasion, aboutirent dans ce cas particulier à un déplorable excès[20]. » Il ne fait en revanche aucune allusion au massacre de vingt-sept prisonniers canadiens survenus à l'abbaye d'Ardenne les 7 et 8 juin.

Deux jours après le Jour J, les premiers chars Panther arrivent enfin en Normandie. Dans la nuit du 8 juin, le groupe de combat Meyer mène un assaut sur Rots, préalable à une attaque lancée en direction de la station radar de Douvres-la-Délivrande avec pour objectif Bretteville l'Orgueilleuse, Norrey-en-Bessin puis la côte à Courseulles. À Douvres, la station radar encerclée tient encore (elle offre une résistance tenace jusqu'au 17 juin). L'ambitieuse attaque est le cadre du premier engagement du char Panther en Normandie. L'assaut nocturne fait long feu. Après la prise de Rots, à la merci des antichars, les Panther ne peuvent espérer s'emparer de villages transformés en véritables forteresses par l'ennemi. Cinq des précieux Panzer sont perdus… Dans la journée du 9 juin lors d'une contre-attaque mal préparée sur Norrey, sept autres Panther sont détruits en quatre minutes par des Sherman. Un des chefs de chars, plein de désinvolture, le sergent Eismann est coupé en deux par un projectile. Les jeunes SS, bien que fanatisés, sont choqués par la scène. L'un d'eux, Otto Funk, rapporte : « L'un de nos camarades a eu la jambe gauche arrachée par un éclat d'obus. Nous l'avons pansé, allongé sur une Schwimmwagen et ramené. Il y a d'autres camarades sur la Schwimmwagen, principalement des tankistes qui ont surtout des brûlures à la tête et aux bras[21]. » L'entrée en lice du meilleur char allemand est pour le moins désastreuse…

Les combats se poursuivent pendant des jours. Funk se souvient de l'exploit rarissime de la mise hors de combat d'un tank par une mitrailleuse qui parvient à l'incendier par quelques rafales :

> Nous voyons deux des membres de l'équipage sortir de notre côté ; l'un d'eux s'écroule sous les balles de MG, tué ou blessé ? Mais le deuxième réussit à décrocher. Au même moment, les munitions qui se trouvaient à bord, se mettent à exploser. Nous-mêmes, et tous ceux qui sont alors en position dans ce chemin creux, nous nous mettons à exulter devant le résultat du tir du MG 42[22].

Au Mesnil-Patry, les blindés britanniques subissent un revers cuisant face aux SS. Trente-sept tanks sont incendiés[23].

À Bretteville, quelques Waffen SS sont restés isolés dans l'église et le cimetière, faisant preuve d'une indéniable combativité :

> Nous avons tenu 5 jours et 6 nuits, rapporte l'*Uscha* Fuss, dans cette situation où il a fallu désarmer l'un d'entre nous qui allait se suicider et qu'il a fallu surveiller en plus des quarts de garde obligés [...]. La nuit, on entendait les sentinelles boire, manger, plaisanter, éructer bruyamment en signe de satisfaction, à notre intention.

Parvenant à creuser un trou sous le mur, les SS isolés parviennent à fausser compagnie aux Canadiens et à rejoindre leurs lignes, mis à part deux soldats trop affaiblis[24].

Les deux camps fortifient leurs positions. On multiplie les retranchements, la pose de mines et de barbelés. Les champs de blé mûr sont constamment surveillés par des patrouilles qui les sillonnent jour et nuit. Dans la plaine, les carcasses de blindés deviennent des postes d'observation pour les SS. Le moindre buisson suspect est copieusement bombardé et mitraillé. Les effectifs sont clairsemés.

Au 11 juin, la 3e DI canadienne accuse déjà la perte de 2 831 hommes[25]. Au 16 juin, les pertes à la « Hitlerjugend » se montent à 1 417 hommes et on dénombre 1 864 tués, blessés et disparus à la 21e Panzer[26]. Là encore, le front se stabilise sans qu'aucun camp prenne l'avantage sur l'autre. Après une semaine de combats acharnés, les Alliés sont encore à plusieurs kilomètres du centre-ville de Caen.

Les premières divisions allemandes qui arrivent en Normandie en renfort sont donc des divisions blindées, jetées à la hâte sur la ligne de front devant Caen pour colmater les brèches, un rôle plutôt dévolu à des unités d'infanterie. Pour autant, la défense menée par la 21e Panzer et la « Hitlerjugend », couplée à l'action menée par la Panzer Lehr sur leur gauche, a eu un impact décisif en interdisant la prise de Caen par l'ennemi, qui se voit en outre circonscrit dans une tête de pont très étroite.

Bayeux tombe dès le 7 juin. Une auxiliaire féminine encore en poste dans la ville aurait alerté du passage de blindés anglais, sans qu'il soit possible de s'assurer de la véracité de l'anecdote[27]. Il reste que la prise de contrôle de la ville par les Alliés prive les Allemands de l'usage de la nationale 13 ainsi que d'une position pouvant faire office de pivot pour la défense. Le maître de la propagande du Reich ne cache pas sa déception lorsqu'il apprend la nouvelle :

> Nous avons perdu Bayeux, ce qui n'est pas d'une importance considérable, mais cela pourrait n'en constituer pas moins un fâcheux présage. Le fait de penser à une évolution de la situation en ces termes me laisse un goût amer. Les chars britanniques, qui sont déjà présents en nombre considérable dans la tête de pont, vont de l'avant et gagnent un

> peu de terrain, ce qui en soit n'est pas encore très grave, mais qui a tout de même son importance[28].

Montgomery se montrant dans l'incapacité de s'emparer de Caen par une attaque frontale, les opérations menées sur son aile droite, à Bayeux, revêtent donc un caractère crucial. Dès le 8 juin, il envisage de s'emparer de Caen par une attaque en pince depuis Bayeux et la tête de pont à l'est de l'Orne. Pour s'assurer de l'encerclement des divisions de Panzer, cette attaque serait couplée à un largage bien téméraire de la 1re division aéroportée britannique sur Évrecy, effectué en plein jour selon les vœux du général de l'aviation Leigh-Mallory pour éviter les tirs fratricides[29]. Mais les manœuvres de flanquement de « Monty » vont se heurter à la division d'élite de l'arme blindée de la Wehrmacht : la Panzer Lehr.

Les panzergrenadiers sont, après les éléments de reconnaissance et de la Flak, les premières unités de la Panzer Lehr à pied d'œuvre en Normandie. Le 901e régiment de panzergrenadiers ne parvient toutefois à Condé-Sainte-Marie qu'en fin d'après-midi le 8 juin. La 9e compagnie a été durement frappée pendant le trajet puisque le capitaine Hennecke déplore la perte d'une centaine d'obus stockés à bord de deux remorques tractées par des Opel-Maultier, des semi-chenillés spécialement mis au point pour affronter la boue du front russe. Coincé dans la cabine tordue d'un engin touché par les Jabos, l'infortuné caporal-chef Griethe meurt brûlé vif. La cruauté de la guerre est désormais entrée dans le quotidien des jeunes recrues de la division. Au 902e régiment de panzergrenadiers, également malmené au cours de sa montée en ligne, c'est la protection d'un bois à proximité de Brouay qui fournit un répit salvateur. Illusion trompeuse car le colonel Gutmann, chef du régiment, est copieusement bombardé avec ses troupes par l'artillerie navale alliée, qui révèle d'emblée toute sa puissance et sa capacité destructrice. Encore des pertes sans avoir pu même affronter l'ennemi ! Le 7 juin, Bayerlein, touché par un schrapnel, échappe lui-même miraculeusement à une attaque aérienne qui coûte la vie à son chauffeur. Le véhicule n'est plus qu'une carcasse fumante qui se consume. Encore tremblant d'émotion, Bayerlein se demande comment il pourra rejoindre son PC. Par chance, le général peut monter à bord d'une Kübelwagen qui l'emmène à Proussy, où l'attend Kaufmann, son chef d'état-major, alors très inquiet. Le bilan est lourd : la Panzer Lehr a perdu cinq chars, quarante camions-citernes, quatre-vingt-quatre SPW et canons automoteurs ainsi que quatre-vingt-dix autres véhicules[30].

La Panzer Lehr doit pourtant s'engager en force dès le 8 juin. Mais l'attaque ne sera menée que par un seul groupe de combat, faute de disposer de suffisamment de carburant pour engager toutes les unités[31]. De plus, les panzergrenadiers doivent batailler pour occuper certaines positions de départ, notamment à Brouay. Il faudra compter par ailleurs sans les Panther, le meilleur char de l'arsenal allemand, puisque les engins, déjà en route pour le front de l'Est le 6 juin, ont pris du retard pour rejoindre la Normandie. Les Panther de la « Hitlerjugend » ne sont pas non plus en ligne et la 21e Panzer n'en compte aucun : il n'y a donc aucun Panther – ni aucun Tiger – pour faire face à l'Invasion pendant les premiers jours, si décisifs, de la campagne. Rommel se présente en personne au QG de Bayerlein, au Mesnil-Patry. La Panzer Lehr doit se déployer aux alentours de Tilly-sur-Seulles et reprendre Bayeux aux Anglais. L'attaque, lancée le 9, semble débuter sous de bons auspices. Ellon est pris. Encore cinq kilomètres et Bayeux est repris. Mais les Panzer et les panzergrenadiers d'accompagnement sont attaqués par un adversaire tenace, soutenu par une artillerie alliant le nombre à l'efficacité, une donnée qui sera constante en Normandie. Le capitaine Hauck, qui dirige les transmissions de la Panzer Lehr, notifie à toutes les unités de stopper l'avance vers Bayeux. Il faut dépêcher de toute urgence des forces pour contrer les Canadiens qui se sont infiltrés sur le flanc gauche de la « Hitlerjugend ». Entre Audrieu et Chouain, dans un goulot de 300 mètres de large impossible à éviter, les Panzer IV sont surpris en terrain ouvert devant une zone boisée. Un déluge d'acier s'abat sur les tankistes. Une pièce antichars britannique frappe et transperce de face la tourelle du Panzer du chef du bataillon, le commandant Schönburg-Waldenburg, qui est tué sur le coup[32].

Les combats se concentrent autour du secteur Tilly-sur-Seulles/Villers-Bocage. Étirée sur un front de dix-sept kilomètres, la Panzer Lehr est contrainte de passer – temporairement pense-t-on – sur la défensive. Dempsey, le chef de la 2e armée britannique, l'ignore : ayant repéré les zones de concentration de la Panzer Lehr, il s'attend au contraire à subir une attaque d'envergure. Le 10 juin, le vacarme de la bataille reprend avec intensité. « C'était une attaque britannique typique, rapporte Bayerlein. Cela commençait, toujours, avec une préparation d'artillerie puissante et concentrée et relativement peu de soutien aérien[33]. » Deux compagnies du 902e régiment de panzergrenadiers sont surprises par un barrage au nord de Tilly alors qu'elles n'ont pas encore eu le temps de creuser des trous individuels. La panique éclate. On court chercher refuge vers l'arrière. Le lieutenant Ritter réagit prestement en stoppant les fuyards. Heureusement, les Britanniques n'ont pas attaqué dans le secteur, sans quoi le front aurait été enfoncé.

Des combats acharnés mettent aux prises la Panzer Lehr et les Britanniques pendant plusieurs jours. Le capitaine

Philipps et sa compagnie du 901e régiment de panzergrenadiers offrent une résistance inspirée à Tilly même. Le sol est constellé de cratères, les murs des bâtiments s'effondrent avec fracas. Partout, la végétation est criblée de plomb et d'acier et de nombreux arbres perdent leur verte ramure. On repère des antichars ennemis à la ferme Cheval-Rouge : les coordonnées sont immédiatement transmises à l'artillerie qui tonne aussitôt et frappe les Britanniques. Soudain, cinq chars s'approchent du PC du 1er bataillon du 902e régiment de panzergrenadiers. Des Panzer, apparemment… Erreur ! Ce sont des tanks britanniques qui se sont infiltrés dans les lignes allemandes. Par chance, les chasseurs de chars IV du bataillon antichars sont à proximité et neutralisent rapidement les intrus. L'alerte a été chaude. Bayerlein subodore quelque chose de plus important. « Tanks, Herr General ! », lui annonce son chauffeur. Bayerlein déploie immédiatement quelques Panzer et des pièces de 88 en haut d'une crête. L'embuscade fait son effet : des gerbes de flammes jaillissent des blindés de l'unité anglaise. La réplique est sérieuse. Les Allemands ont juste le temps de se replier avant que leurs positions ne soient pulvérisées par les terrifiants impacts des obus de très gros calibre de la flotte alliée[34].

Le 11, Bayerlein est informé par la garnison isolée de la station radar de Douvres-la-Délivrande que quatre-vingts blindés anglo-canadiens se dirigent vers ses positions[35]. Il se retrouve confronté à de vieux adversaires du désert : la 7e division blindée et la 50e division d'infanterie britannique. La Panzer Lehr tient le choc à Tilly mais l'ennemi perce par Verrières et quelques blindés de reconnaissance poussent vers Lingèvres. L'heure est grave. Il faut faire donner les réserves. Le lieutenant Ernst participe à la contre-attaque à bord de son Panzer, baptisé « Zitrone ». Son char sort de Lingèvres et se dirige vers un petit bois. « Attention, char ennemi à 11 heures. Feu ! [...] L'ennemi disparaît derrière la haie. C'est alors que j'essuie un feu sur ma gauche. J'ordonne "À gauche !" » Le Panzer IV vire en tressautant. L'œil rivé sur la lunette de tir, Ernst attend le moment fatidique. « Feuer ! » L'obus frappe l'engin ennemi aussitôt incendié. Le plus rapide survit au combat. La bataille se poursuit, sans répit, pendant plusieurs jours d'affilée. La Panzer Lehr consume sa puissance dans un combat acharné pour quelques haies et pour de simples petites bourgades comme Tilly ou Lingèvres. Comme devant Caen, le soldat allemand fait montre de toutes ses capacités combatives, mais cette première semaine de bataille voit la puissante Panzer Lehr réduite à un rôle essentiellement défensif : l'espoir de la contre-attaque s'est-il définitivement envolé ? La situation qui prévaut entre Bayeux et Isigny témoigne des difficultés auxquelles sont confrontés les généraux allemands. La prestigieuse division de Bayerlein est passée très près du désastre. Il s'en est fallu de l'intervention des Tiger... En effet, sans leur intervention, la Panzer Lehr eût pu être encerclée, voire détruite.

Le fait d'armes attribué à Michael Wittmann à Villers-Bocage appartient à la légende de la bataille de Normandie. Des années plus tard, Paul Carell ne manque pas de grossir le trait : « Ce combat de Villers-Bocage, le 13 juin, est à coup sûr un des plus extraordinaires épisodes de toute la bataille de Normandie : une douzaine de Tiger engagés contre toute une brigade anglaise, contre l'élite des "rats du désert de Montgomery". » Dès le 11 juin, le QG de la 7e armée a bien compris que l'ennemi prévoit d'introduire la 7e division blindée britannique à la jonction des 352e DI et Panzer Lehr[36]. Que s'est-il réellement passé ?

Le 13 juin, alors que la Panzer Lehr, qui défend le secteur de Lingèvres et de Tilly, est fixée par les 49e et 50e divisions britanniques, la 2e armée britannique de Dempsey lance l'opération Perch, qui constitue la première tentative d'enveloppement en vue de prendre Caen. La percée américaine jusqu'à Caumont – pris le 13 juin par la 1re division d'infanterie – permet au chef du 30e corps britannique, le général Bucknall, d'envisager une opération pour contourner la Panzer Lehr, fermement installée autour de Tilly-sur-Seulles. La 7e division blindée britannique, les fameux « rats du désert », mène l'audacieuse offensive et traverse Villers-Bocage. L'exploitation est alors possible vers Caen – plus rien ne s'oppose à l'avancée de Monty sur Caen, la Panzer Lehr est contournée, le front enfoncé. Ce faisant, la Panzer Lehr, isolée, risque l'anéantissement. Mais c'est compter sans les Tiger du 101e bataillon SS de chars lourds du commandant SS von Westernhagen. Michael Wittmann, un as des Panzer, alors chef d'une compagnie de Tiger, est informé de l'avance britannique et saute immédiatement dans un char, suivi aussitôt par deux autres blindés. Il est 9 h 05. À la faveur du bocage qui le dissimule à la vue de l'adversaire, Wittmann s'approche d'un ennemi, imprudemment arrêté sur la route et qui ne soupçonne rien du danger qui le menace. Le Tiger ouvre alors le tir et, soutenu par un second engin, remonte la colonne en faisant feu de toutes ses armes. Rien ne peut l'arrêter, pas même un obus de 75 mm de char Cromwell tiré à bout portant, qui aurait simplement ricoché sur son épais blindage. Pendant ce temps, un peu plus à l'est de cette même route, d'autres Tiger anéantissent les chars Cromwell britanniques qui tiennent la cote 213. L'infortunée colonne britannique n'est plus qu'une longue traînée de carcasses calcinées… Les combats vont se poursuivre toute la journée, mais le plan de Montgomery est mis à l'échec. Confiants, les Allemands poursuivent leur avantage dans Villers-Bocage. Wittmann fait alors montre d'un singulier manque de jugement tactique en exposant dangereusement ses Tiger dans un combat urbain sans soutien d'infanterie. Son propre Tiger tombe sous les coups bien ajustés d'un antichars britannique. Le célèbre officier SS a donc l'honneur controversé d'avoir été le premier chef de char à perdre son Tiger en Normandie... Le piège qui s'est refermé sur les Allemands leur coûte cher : six Tiger sont incendiés et deux Panzer IV sont détruits au cours de combats de rues particulièrement acharnés. Ces pertes ne seront jamais compensées. Les Alliés, pour leur part, ont perdu un peu plus de trente chars, qu'ils pourront aisément remplacer.

La 2e division de Panzer, en route pour le front, participe aussi au combat depuis le sud de la localité. Au nord, c'est un groupe de combat de la Panzer Lehr – commandé par le capitaine Ritgen – qui tente de sécuriser les sorties de la ville. Bayerlein, durement éprouvé par ailleurs sur l'étendue du front de sa division, n'a pu envoyer que quinze Panzer IV, sans soutien d'infanterie ni d'artillerie.

Malgré leur sursaut offensif, les Allemands sont tenus en échec et le front se stabilise, au prix de 500 pertes britanniques contre 800 à 1 000 soldats allemands et des dizaines de Panzer, dont une vingtaine mis hors de combat le 14 juin sous les coups conjugués de l'artillerie de marine et des effets dévastateurs des bombardements aériens. Le succès remporté par les Allemands à Villers-Bocage n'est cependant pas négligeable car la Panzer Lehr risquait fort de se retrouver isolée. Mais que serait-il advenu de Wittmann et de ses Tiger s'ils avaient dû affronter les deux cents chars de la 7e division blindée britannique et non les quelques dizaines d'engins de l'avant-garde ? L'offensive alliée marque le pas sur l'intégralité du front de la Panzer Lehr, notamment à La Belle

Épine où s'illustre néanmoins le bataillon de reconnaissance commandé par le commandant von Born-Fallois, qui n'hésite pas à donner de sa personne et à montrer l'exemple au feu.

L'échec d'une contre-attaque rapide et efficace s'explique également par la nécessité de colmater au préalable de nombreuses brèches, à commencer par le gouffre béant à l'ouest de Bayeux, en direction de Caumont, face au débarquement américain sur Omaha Beach.

Le 7 juin, le front de la 352e DI s'étire sur une cinquantaine de kilomètres. Contrainte de passer sur la défensive dans l'attente de l'arrivée d'hypothétiques renforts, la division de Kraiss fait montre d'une capacité de résilience peu commune. Quelques troupes de l'échelon arrière, renforcées par une poignée d'égarés, sont ainsi en mesure de retarder l'avance des Américains suffisamment longtemps pour permettre l'évacuation des dépôts de ravitaillement de la division à La Forêt sans procéder à la moindre destruction ni à l'abandon de matériel[37]. Certains villages (comme Saint-Jean-de-Savigny) sont âprement disputés et donnent lieu à de terribles combats de rues. Le manque d'expérience des GI et le fait que le bataillon de transmission de la 352e DI soit en mesure d'écouter les messages radio américains, tout en assurant les transmissions au sein de leur unité, donnent un léger avantage à Kraiss. C'est bien le seul dont il dispose. Du fait de l'intense activité aérienne ennemie, Ziegelmann (l'officier de l'état-major de la 352e DI responsable du bureau « opérations ») met cinq heures pour effectuer un trajet en Kübelwagen qui ne demande que trente minutes d'accoutumée[38].

Le rapport de force, particulièrement défavorable – 1 contre 20 en blindés et au mieux 1 contre 3 en fantassins –, l'empêche d'espérer pouvoir repousser l'ennemi à la mer.

Les Alliés vont pourtant laisser passer une incroyable opportunité de percer le front adverse entre Isigny et Bayeux. Ceci pose la question de l'efficacité du service de renseignement allié, de son service d'écoute et des informations fournies par une aviation omniprésente. Les forces débarquées sur Omaha et Gold temporisent-elles comme les Britanniques devant Caen ? Trop de temps et d'énergie sont consacrés à la consolidation de tête de pont et au nettoyage des poches de résistance encore actives. Le front entre Balleroy et Tilly ne résisterait pas à une attaque résolue. Il manque alors aux Américains la fougue d'un cavalier comme Patton... L'aile droite de la 352e DI n'est en effet tenue que par de faibles éléments : à l'ouest de Sommervieu, ce sont des artilleurs combattants comme fantassins – faute de pièces d'artillerie – qui tiennent la ligne. Il n'y a guère qu'une poignée de pionniers et des unités d'alerte entre Tilly et Bayeux pour assurer la liaison avec la 716e DI[39].

Sous-équipés, les Landser creusent leurs retranchements au pied des haies, fortifient les villages et tentent de freiner la progression alliée. On ne compte plus que six canons d'assaut, qui revendiquent cependant la destruction de quarante véhicules. L'unité de Kraiss est renforcée par la 30e Schnelle Brigade [brigade mobile], soit trois bataillons montés sur bicyclettes. C'est tout ce que Marcks peut accorder en renfort dans l'immédiat. Ils compensent les pertes. Cela signifie un peu de repos et de ravitaillement pour ceux qui sont sur la brèche depuis plus de vingt-quatre heures. Mais comment espérer contenir la tête de pont d'Omaha tout en s'efforçant d'assurer la liaison avec la 716e DI puis la Panzer Lehr ? À proximité de la côte, la puissance de l'artillerie navale rend la tâche encore plus improbable. Le caporal Seidl est l'unique survivant d'un groupe de soldats projetés dans les airs par un tir naval. Les tympans crevés, il n'en demeure pas moins sur la ligne de front[40]. La 352e DI accuse la perte de mille soldats le 7 juin et trois cents prisonniers alliés sont évacués vers l'arrière[41].

« Le 8 juin a apporté une nouvelle nuit sans sommeil, se souvient le caporal Simeth encore dans un bunker à proximité d'Omaha. Avec le matin, la situation devint à nouveau “chaude”. Les Amis [sobriquet pour désigner les soldats américains] étaient en train de nous encercler, nous avons donc dû nous replier[42]. » Ce jour-là, les Allemands doivent définitivement renoncer à reprendre la pointe du Hoc aux Rangers, trop coriaces pour eux. Sur le flanc droit, les contre-attaques face aux Britanniques échouent. Mais, au moins, ceux-ci sont-ils provisoirement maintenus dans l'incapacité de déboucher de Bayeux.

Il faut mettre à profit le terrain : la végétation dense (le bocage), la topographie (la moindre éminence) et s'appuyer sur les coupures humides, à commencer par l'Aure et ses marais. Ce 8 juin, les Américains attaquent dans toutes les directions : vers l'ouest (la pointe du Hoc et Grandcamp), au sud (Formigny et Trévières) et vers l'est (Port-en-Bessin). Kraiss n'est pas en mesure de s'opposer à la jonction entre les Américains débarqués sur Omaha et les Britanniques débarqués sur Gold. À Longues-sur-Mer, les artilleurs de la batterie de la Kriegsmarine offrent une résistance sérieuse mais vaine. Prévenue à temps par le groupe de panzers Ouest de l'imminence d'un raid aérien allié sur le PC de la logistique installé dans la forêt de Cerisy, la 352e DI le déménage avant de subir la moindre perte[43].

Lorsque point l'aube du 9 juin, les forces de la 352e DI sont sérieusement entamées. Le lieutenant-colonel von Aufsess a certes réussi à rassembler 500 égarés et à les remettre en ligne près de Ranchy mais on ne dénombre plus que 800 hommes au 916e régiment de grenadiers, qui tient le centre du dispositif de Kraiss[44]. Le risque de percée ennemie dans le secteur reste cependant sérieux. Il en va de même sur l'aile droite, près de Bayeux.

Les soldats de la 352e DI savent faire preuve de mordant à l'occasion, particulièrement face à un adversaire novice. La tragédie qui frappe un bataillon commandé par le lieutenant-colonel Warfield de la 29e DI américaine dans la nuit du 9 au 10 juin en est l'illustration. Le bataillon bivouaque pour la nuit à proximité du carrefour de la Vigne-au-Gendre, près de Lison. Épuisés, les GI s'écroulent dans la nuit noire, sans prendre les précautions d'usage à proximité de l'ennemi. Soudain, un convoi allemand surgit de l'arrière et surprend la colonne endormie[45]. Wegner, chef du 914e régiment de grenadiers de la 352e DI fait partie de ce convoi précédé par deux automoteurs :

> Au début de la soirée nous avions rejoint d'autres traînards de notre division. [...] Nos pieds nous faisaient mal, nos estomacs étaient vides et nous espérions atteindre notre ligne assez vite. Quelque peu après minuit, nous nous arrêtâmes brusquement et nous reçûmes l'ordre de nous embusquer. Kalb partit dans le noir pour voir ce qu'il se passait. Il revint précipitamment et nous dit qu'une colonne américaine était en bivouac devant nous et qu'elle nous a barré la route. Les officiers décidèrent de rentrer dans le tas et d'attaquer [...]. J'entendis les Américains parler et plaisanter entre eux en chuchotant [...]. Je pressai la détente et tirai une longue rafale. Des fusées éclairantes jaillissaient ici et là et pendant les instants de clarté, je pouvais distinguer des hommes morts, blessés, et les vivants qui couraient dans tous les sens [...]. Inutile de dire que les prisonniers n'étaient pas très contents à l'idée de rejoindre nos lignes et ils avançaient lentement.

> Mais ils avaient l'air aussi fatigués que nous et je pense que cela jouait aussi.

Un lieutenant lui ordonne ainsi qu'à Kalb de se débarrasser des prisonniers : « Tuez-les ! » Kalb rassemble les prisonniers dans un fossé et arme sa mitrailleuse. Affolés, ces derniers cherchent du regard un moyen de s'enfuir. Mais la peur cède au soulagement quand ils le voient tirer dans le fossé vide. « Ils comprirent ce que nous étions en train de faire. On avait désobéi à l'officier. On aurait pu être tués sur-le-champ[46]. » Au final, si les deux canons automoteurs allemands sont incendiés par des tirs de bazooka, les Américains accusent la perte de cent cinquante hommes.

Ce 10 juin, le front entre Bérigny et Longraye (quelques kilomètres à l'ouest de Tilly-sur-Seulles) n'est guère tenu que par quelques « bouchons » établis par le bataillon de reconnaissance de la « Götz von Berlichingen ».

L'arrivée tant attendue de la Panzer Lehr soulage enfin ce flanc droit si exposé, bien que les liaisons restent difficiles. Ainsi, la 352e DI comprend-elle que le combat est engagé dans le secteur de Bayeux uniquement au son du canon. Dans la nuit du 9 au 10 juin, la compagnie du sergent Brasche occupe le flanc gauche de la Panzer Lehr, alors étirée sur un secteur défensif de dix-sept kilomètres. Brasche est un des servants d'une équipe de « casseurs de chars », dotée d'un Panzerschreck. La section fait halte à l'approche d'une route particulièrement boisée. Soudain, le caporal Langemann s'écrie : « Des tanks sur la gauche, Rudi ! » Brasche prend immédiatement position au pied du talus. Le ronronnement caractéristique des moteurs des Sherman ne tarde pas à se faire entendre. Martelant le sol de ses chenilles, le premier engin apparaît, puis deux, puis trois, puis quatre… Brasche s'enfonce dans le fossé à droite du défilé d'où vont émerger les monstres d'acier. Le premier engin est désormais très proche ! Le panzergrenadiers le frappe à la tourelle avec son lance-roquette. Celle-ci vole dans les airs et retombe avec fracas sur le deuxième Sherman tandis que le troisième tire, déclenchant un feu d'enfer sur tout le secteur. « Suivez-moi ! », hurle Brasche. Hannes Keck, Hill et Langemann lui emboîtent le pas avec d'autres roquettes. Le sergent entend bloquer toute la colonne adverse dans le défilé en frappant le dernier Sherman. Ils parviennent à localiser ce dernier par la lumière des coups de départ de ses tirs. Le Panzerschreck claque une nouvelle fois. Mouche ! Frappé dans ses râteliers de munitions, le Sherman s'embrase dans un tonnerre d'explosions. De leur côté, les mortiers prennent à partie l'infanterie britannique, mais celle-ci s'est vite mise à l'abri. S'avançant vers un autre tank, Brasche disperse des fantassins ennemis avec son MP 40 puis grimpe sur le Sherman, ouvre l'écoutille laissée imprudemment non verrouillée et y jette un explosif. Peu après, camouflé sous des noisetiers, il fixe quatre grenades ensemble et rampe vers un autre Sherman distant d'à peine cinq mètres, couvert par ses camarades. Il parvient à placer ses grenades à l'arrière de la tourelle, et fonce se mettre à couvert avant qu'un jet de flamme jaillisse du compartiment moteur du char. Les combats menés cette nuit-là furent le baptême du feu de l'unité. Son entrée en lice a été fracassante. Le 11 juin, l'exploit de Brasche est cité à l'ordre de la division[47].

Malgré l'arrivée de la Panzer Lehr, la pression exercée sur la 352e DI sur le reste du front reste toutefois préoccupante. Au soir du 9 juin, toutes les unités reçoivent leurs ordres de repli : le décrochage devra être terminé et les nouvelles positions occupées au plus tard à 6 heures le 10 juin. Le mouvement devra s'accompagner de la destruction de tous les ponts sur la Vire et l'Elle ou, à défaut, du minage de leurs approches. Près des ponts, les différents éléments encore à disposition de Kraiss sont tous renforcés par des pièces de Flak. La situation est inquiétante car les Allemands ont la déconvenue de voir les Américains progresser plus facilement que prévu dans les marais de l'Aure. Il faut pourtant tenir jusqu'à l'arrivée des premiers éléments de la 3e division de parachutistes. Le 10 juin, Kraiss ne dispose plus que de 2 500 fantassins répartis sur un front de trente-cinq kilomètres[48], et la prise de Trévières par les Américains prive les Allemands d'un point d'appui pour assurer la solidité du front entre Isigny et Bayeux.

La 3e division de parachutistes se rapproche. Le 9 juin, son commandant, le général Schimpf est à Avranches. Il reçoit l'ordre de tenir la lisière nord de la forêt de Cerisy. Déployant enfin ses forces sur la ligne de front, Schimpf déplore que le secteur alloué à sa division soit trop étendu pour pouvoir disposer de réserves suffisantes. Un seul régiment est arrivé et il faut prendre en charge une partie de la ligne de front de la 352e DI afin de soulager celle-ci. Des opportunités sont ainsi perdues faute d'unités assez nombreuses pour contre-attaquer efficacement[49]. Ce 9 juin, un premier détachement de parachutistes dirigé par le commandant Becker entre au contact de l'ennemi. Quelques escarmouches éclatent dans la forêt de Cerisy. La confrontation donne tout de suite aux paras la mesure de leur adversaire. Rudolf Jack se souvient :

> Le 9 juin, le sergent-chef Heineman, chef de section, constitua une équipe antichars avec moi-même, le caporal-chef et deux hommes. Enterrés au coin sud, à l'angle du chemin creux et de la grande route, nous devions guetter les chars qui passeraient. À l'aide de charges explosives, il

> fallait aborder les tanks Sherman en quelques bonds, puis, à nouveau, se mettre à couvert. C'était la seule méthode possible de combat rapproché car nous n'étions pas encore équipés de Panzerfaust. Les Américains avaient déjà occupé la forêt de Balleroy. À environ 1 200 mètres de distance, nous les vîmes par groupes, arrêtés à l'orée de la Forêt. [...]. Soudain, nous observâmes en l'air des nuages dus à des détonations. [...] Nos abris non recouverts furent submergés d'une pluie d'éclats. [...] La zone fut évacuée en grande vitesse. Ce n'est que dans la soirée que les tirs de fusants cessèrent. Pendant la nuit, on se mit à ramasser les morts et les blessés. Chez nous, l'incident déclencha des mesures de protection. Nos trous furent complétés par ce qu'on appela un « coin fusant », une partie solidement recouverte... Petit à petit, apparurent à nouveau les « Gustave de fer » dans l'argot du front, appelés aussi les « Corneilles » [petits avions d'observation]. La zone à gauche et à droite de la route de Bayeux-Saint-Lô était particulièrement surveillée. Ça ne pouvait que mal se passer. Le triangle de routes, près de Bérigny, parut suspect à l'un des aviateurs. Il tournait autour de nous à très basse altitude. On distinguait nettement la tête du pilote. Nous nous cachions dans le buisson ; tout mouvement cessa. Soudain, le sourd grondement des départs d'artillerie, et voilà que les coups approchent en hurlant, salve après salve. En un instant, tout fut couvert de saleté et de poussière ; les branches tourbillonnaient alentour.

Ils se dispersent. Couchés sur l'aile gauche du tracteur du 88 mm, cramponnés aux phares, ils fuient cet enfer. Une évacuation si précipitée occasionne la perte d'armes et de matériel : il y aura donc une revue de détail au bataillon... À Torigni-sur-Vire, d'autres parachutistes rencontrent des camions transportant des blessés de la 716e DI et leur donnent du schnaps, de la tisane et de la nourriture. Ces rescapés racontent aux paras l'épreuve de la bataille : bombardements sur le mur de l'Atlantique et salves des navires de guerre. Un sergent-chef décoré de la croix de fer leur dit : « Voyez-vous, les parachutistes, j'ai été devant Moscou et j'ai connu l'hiver. J'étais à Stalingrad et j'ai fait la retraite, mais j'aimerais mieux retourner en Russie que de revoir ce Débarquement[50] ! »

Toutefois, Schimpf se voit interdire de s'emparer de la forêt de Balleroy, dont la possession est pourtant cruciale. Les liaisons avec les unités voisines restent ténues et précaires puisqu'elles ne sont assurées que par des patrouilles. Pourtant, les parachutistes, comme leurs camarades de la 352e DI, sont en mesure d'empêcher la prise de Saint-Lô et la rupture du front. Le manque de pugnacité des Américains – ils attaquent souvent avec un seul bataillon et se replient avant même de demander le soutien de l'artillerie – favorise les desseins des Allemands. Ceux-ci se montrent au contraire plein de ressources : un bataillon de paras parvient ainsi à briser son encerclement et à ramener avec lui tous ses blessés. Partout, les comportements s'ajustent à la gravité de la situation. Un parachutiste se souvient ainsi de sa première expérience de combattant.

> Nous continuons d'avancer lentement. Devant nous se détache, à l'horizon, une bande argentée. Quelques-uns demandent si c'est déjà le lever du soleil. Nos camarades âgés, qui ont de l'expérience, nous expliquent que c'est la ligne de front et que cette lueur provient des explosions ininterrompues des obus et du feu des bouches de canon, c'est cela qui se détache dans la nuit et se projette vers l'arrière… Au lever du jour, nous atteignons le petit village de Haut-Saint-Germain. Nous prenons quartier, avec nos véhicules de la 1re compagnie, dans une ferme abandonnée.

> Les véhicules sont arrivés et rangés réglementairement. Puis on place des sentinelles et des mitrailleuses et on constitue une sorte de « hérisson ». Il faut que chacun creuse à la pelle son premier trou individuel en Normandie. Les positions sont soigneusement dissimulées au regard de l'aviation. Il y en a même quelques-uns qui avancent en balayant, avec des branches, les traces laissées dans la poussière sur le chemin qui mène à la ferme... Partout, le moindre déplacement, même à pied, est interdit. Ceux qui ne sont pas de garde doivent dormir. Seuls les chefs de section surveillent la relève des sentinelles. Nous sommes stupéfaits de constater que le ton de commandement sonore a disparu. Tout le monde s'adresse avec calme, voire presque paternellement, aux jeunes parachutistes[51].

Jusqu'au 12 juin, la situation reste critique. Le journal de la 7e armée indique : « Par ordre de l'OB West, la brèche entre la Panzer Lehr et la 352e DI doit être colmatée aussi vite que possible avec toutes les unités à disposition[52]. » Alors que le reste de la division arrive sur le front, celui-ci est solidement verrouillé par l'introduction de la « Götz von Berlichingen » jusque dans le secteur de Cerisy-la-Forêt et, sur la droite, de la 2e division de Panzer qui comble enfin la trouée.

Le 13 juin, alors que la 1re DI américaine s'empare de Caumont-L'Éventé et que la 2e DI américaine s'approche de Saint-George-d'Elle[53], la 2e division de Panzer – sans les chars, qui sont alors débarqués des trains à l'est de Paris[54] – est montée en ligne dans la région de Villers-Bocage et verrouille solidement le secteur au sud de Caumont-L'Éventé, établissant la jonction avec la 3e division de parachutistes sur le flanc droit de celle-ci. L'armée allemande a conjuré la menace. Saint-Lô est solidement tenu. Mais, une fois encore, de puissantes formations, parachutistes et blindés, sont contraintes d'adopter une posture défensive. Arrivés avant l'armement lourd – Panzer, antichars automoteurs et artillerie automotrice –, les panzergrenadiers de la 2e division subissent des pertes anormalement élevées[55].

Une part non négligeable de ce qui est malgré tout un succès est à mettre au crédit de plusieurs bataillons de reconnaissance (*Aufklärung*). L'unité de reconnaissance de la « Götz von Berlichingen » a fait écran dans le secteur de Balleroy-Cerisy, trompant les Américains sur les forces réelles qui leur font face. Le 11 juin, selon les ordres donnés par le groupe d'armées B[56], la liaison entre le 1er corps SS de Panzer qui défend Caen et le 84e corps déployé entre Bayeux et Montebourg n'est assuré que par le bataillon de reconnaissance de la Panzer Lehr. Le 12 juin, c'est aussi le bataillon de reconnaissance de la 2e division de Panzer, qui mène des patrouilles entre Tilly et Bérigny tout en contrôlant le plus de terrain possible en direction de la mer. Toutefois, ayant dû procéder à un changement de commandement à la tête de l'unité, le général von Lüttwitz, commandant la 2e division de Panzer, a confié la reconnaissance à un subordonné qui n'est pas, selon lui, à la hauteur de la situation. L'unité se déplace trop lentement et, envoyant des éléments avancés dans toutes les directions, le commandant du bataillon, trop timoré, perd un temps précieux à attendre les rapports de ses patrouilles. Aiguillonnant lui-même son subordonné par radio, Lüttwitz ne parviendra finalement à faire progresser son unité de reconnaissance qu'en envoyant à l'avant un officier de son état-major. Dans la soirée du 12 juin, l'unité de reconnaissance rapporte à Lüttwitz que le contact a été établi avec l'ennemi à La Vacquerie, à trois kilomètres à l'ouest de Caumont[57].

Que se passe-t-il au même moment à l'extrémité est du front ? Le 6 juin, la 21e division de Panzer n'a pas été en mesure de reprendre le terrain concédé aux aéroportés britanniques, un adversaire pourtant à sa portée. C'est le 81ᵉ corps du général Kuntzen – nous sommes dans le secteur de la 15ᵉ armée – qui reçoit pour mission d'annihiler toute présence alliée alentour. À cette fin, Kuntzen dispose des 711ᵉ et 346ᵉ DI (en provenance du Havre), de quelques éléments de la 716ᵉ DI et, surtout, du groupe de combat Luck de la 21ᵉ division de Panzer. Les combats font rage pendant plusieurs jours.

La 346ᵉ DI du général Diestel se montre particulièrement agressive. Les officiers supérieurs sont bien formés, mais il n'en va pas de même des échelons inférieurs constitués d'hommes jeunes et inexpérimentés. Certes, la division est relativement bien équipée et bien entraînée mais le tiers des hommes sont des soldats âgés. Ses pièces d'artillerie, françaises ou russes, recourent à la traction hippomobile. Certaines unités reçoivent cependant un semblant de mobilité par réquisition de bus ou se voient dotées de bicyclettes. Le 7 juin, les paras canadiens sont attaqués par des fantassins du groupe de combat Hartmann de la 346ᵉ DI appuyés de Panzer IV et de canons automoteurs. L'objectif est le carrefour du Mesnil. Toutefois, la résistance des commandos a raison de l'attaque, stoppée vers Bavent et Bréville. Les troupes allemandes, parvenues à reprendre Bréville, ne peuvent déboucher et sont repoussées à Amfreville par un ennemi qui s'y est barricadé, soutenu par une artillerie alliée efficace. Une partie du commando n° 45 britannique, un temps isolée à Merville et Franceville, pourtant conquise, doit être abandonnée à nouveau aux Allemands – notamment au bataillon de réserve de la 711ᵉ DI qui fait une centaine de prisonniers le 7 juin – tandis que le reste du secteur contrôlé par les Alliés demeure soumis aux tirs de harcèlement des mortiers. Sallenelles, reprise par la 711ᵉ DI, passe de nouveau sous le contrôle des Anglais. Le 8 juin, l'importance stratégique du secteur le rend prioritaire. Avant d'envisager la contre-attaque du groupe de panzers Ouest, « la 7e armée prévoit d'abord de détruire l'opposition à l'ouest de l'Orne pour ensuite attaquer la tête de pont de Bayeux avec toutes les forces disponibles[58] ». Craignant une jonction entre les forces alliées à l'est de l'Orne et des forces qui débarqueraient entre la Somme et le Pas-de-Calais, le groupe de panzers Ouest prépare de son côté des plans pour une contre-attaque nocturne[59].

Le 9 juin, si la RAF est gênée par le mauvais temps, la Luftwaffe – une fois n'est pas coutume – est en mesure d'intervenir pendant toute la journée[60]. Le groupe de combat Luck est également de la partie et son intervention contribue à empêcher les Britanniques de s'emparer du bois de Bavent. L'attaque lancée ce 9 juin est précédée d'une intense préparation de l'artillerie allemande : l'orage d'acier dure une heure et demi. La résistance qui attend les Panzer est pourtant sérieuse. « Nous avons vu trois chars, dont celui du chef, détruits en quelques secondes… les conducteurs des autres Panzer commencèrent à faire rapidement marche arrière, sous le couvert d'un feu d'enfer de leurs canons et de leurs mitrailleuses de tourelles[61]. » La 21e division de Panzer est donc clouée sur place, son attaque brisée au bout de 100 mètres à peine… L'intervention de l'artillerie navale alliée y contribue pour une large part, selon le colonel Frank, de la 346e DI[62]. Les combats continuent les jours suivants, avec toujours autant d'intensité. Le commandant des canons d'assaut de la 346e DI revendique personnellement la destruction de onze chars alliés, ce qui semble beaucoup[63]. Le 1er corps SS de Panzer – qui engage le groupe de combat Luck – reçoit pour mission de nettoyer le secteur du bois de Bavent et, pour cela, se voit adjoindre les lance-roquettes de la 7e Werfer-Brigade*. Le commandant von Luck se voit assigner Saint-Honorine pour objectif. Le village est pris le 12 juin. « Des centaines de planeurs reposaient au sol. Nous nous enterrâmes immédiatement à la limite nord du village pour nous assurer de la colline. » Toutefois, soutenu par l'aviation et un terrifiant bombardement naval, les Alliés repassent à l'attaque et Luck doit de nouveau concéder le village[64]. Les Allemands n'ont donc pas ménagé leurs efforts pour anéantir les forces britanniques déployées à l'est de l'Orne. Mais rien n'y fait : les Alliés résistent au choc. Rommel suggère un moment de replier les défenses derrière la Dives afin de repositionner la 346e DI au sud de la tête de pont et de contre-attaquer ensuite de concert avec le groupe de combat Luck. Évidemment, Hitler refuse toute idée de repli, même si le bon sens tactique le suggère.

Cette intense activité offensive se solde par des pertes sensibles. Dès le 10 juin, après trois jours de combats, les deux régiments d'infanterie de la 346e DI comptent déjà 916 soldats morts ou blessés et n'alignent plus que 2 200 fantassins le 14 juin. Le groupe de combat Luck n'aligne plus que huit Panzer IV sur une vingtaine dans la compagnie qui lui a été rattachée. L'amiral Ruge, aide de camp de Rommel, souligne, le 13 juin, que les compagnies sont réduites à 35-60 hommes (contre près de deux cents à plein effectif) au sein de la 346e DI et que la 711e DI a engagé ses ultimes réserves (ce qui est inexact). Comme ailleurs sur le front de Normandie, l'échec stratégique est patent : l'ennemi n'a pas été repoussé à la mer. Rommel s'est montré dans l'incapacité de résorber la tête de pont aéroportée à l'embouchure de l'Orne. Toutefois, Montgomery n'a pas pu en sortir et plusieurs unités sont contraintes de mener

---

* Werfer-Brigade : brigade de lance-fusées Nebelwerfer.

une terrible guerre de position. Dans ce secteur, le front – moins de quinze kilomètres – ne bougera guère pendant plus de deux mois...

À l'autre extrémité du front, l'introduction dans la tête de pont d'Utah de forces américaines trop puissantes pour les seuls paras allemands oblige Heydte à se replier sur Carentan, verrou qu'il lui faut consolider et tenir à tout prix. L'opération est délicate. Des parachutistes ont dû nager pour traverser la Douve et échapper à la capture. Le 1er bataillon du capitaine Preikschat, surpris dans les marais, sans possibilité de se mettre à couvert, est entièrement anéanti par les paras américains : les pertes s'élèvent à 150 tués et blessés graves, et 350 prisonniers. Seuls vingt-cinq hommes rejoignent les lignes allemandes... certains GI n'ayant pas hésité à frapper un blessé avant de le noyer s'il faut en croire le témoignage de Volker Griesser. Les Américains quant à eux ne déplorent que quarante-trois pertes[65]. Les parachutistes retranchés aux alentours de Carentan, il importe maintenant de les renforcer, eu égard à l'importance stratégique que revêt cette localité pour la suite des opérations. La 17e division SS de panzergrenadiers « Götz von Berlichingen » pourrait s'intégrer au dispositif, mais, au 7 juin, le haut commandement allemand s'inquiète de la faiblesse des défenses entre Balleroy et Caumont, et craint de nouveaux parachutages, des rapports (non confirmés) faisant état de l'atterrissage de trente planeurs à Coutances[66]. L'OB West, en désaccord sur ce point avec le groupe d'armées B, fixe donc Saint-Lô comme zone de déploiement à la division SS, prête à intervenir à tout moment.

Les Américains sont maintenant devant Carentan et les combats sont âpres. Heydte reçoit pourtant une proposition de reddition le 10 juin. Les difficultés s'accumulent pour le régiment esseulé : il ne dispose que de peu d'artillerie, les munitions manquent et il faut les rationner – d'autant que la destruction de ponts oblige les unités de la logistique à effectuer de longs détours pour assurer l'approvisionnement. Par ailleurs, la pression américaine se fait de plus en plus sensible de part et d'autre de Carentan, y compris à l'est : Isigny est prise le 9 juin, ses ponts intacts. Les éléments de la 352ᵉ DI – dont des artilleurs réduits à l'état de fantassins – et les *Ostruppen* ne sont pas en mesure de contrer l'avance américaine, même si celle-ci reste étonnamment lente au regard du rapport de forces. Kraiss recule derrière l'Elle, mais uniquement dans le secteur de Saint-Jean-de-Daye. Il doit tenir jusqu'à l'entrée en lice de la 275ᵉ DI et de la « Götz von Berlichingen » car il ne peut attendre aucun renfort de la 91ᵉ division d'infanterie, accaparée par les combats au centre du Cotentin et autour de Carentan. La défense de ce carrefour essentiel sur la nationale 13 est compromise par l'échec subi par la 352ᵉ DI à Isigny, d'autant que les paras américains de la 101ᵉ division aéroportée, qui ont traversé la Douve à bord de canots pneumatiques le 10 juin, ont déjà fait la jonction dans le village de Catz avec la 29ᵉ division d'infanterie débarquée à Omaha Beach. Ce jour là, le quartier général de Rommel rappelle l'importance de Carentan : « La mission première du 2ᵉ corps de parachutistes sera d'empêcher la jonction entre la tête de pont ennemie à l'est de la Vire avec les forces [...] autour de Carentan-Sainte-Mère-Église[67]. »

Dans la nuit du 11 juin, la Luftwaffe tient sa promesse en effectuant un largage de munitions à l'intention du 6ᵉ régiment de parachutistes, au sud de Raids, à quatorze kilomètres du front. Largage effectué de « façon exemplaire » au dire de Heydte. Ceci ne suffit pourtant pas. Le risque d'encerclement et d'annihilation du régiment – qui a déjà perdu un bataillon – est tel que, dans l'après-midi du 10 juin, le commandant von der Heydte, qui a pourtant reçu l'ordre de tenir « jusqu'au dernier homme », prend la décision d'évacuer Carentan. Cette évacuation est réalisée si discrètement le 11 juin qu'elle n'éveille pas l'attention de l'ennemi. Max Pemsel, le chef d'état-major de la 7e armée, s'insurge contre cette décision prise sans considération des informations fournies au chef du 6e régiment de parachutistes, ce dernier ayant été prévenu dès le 10 juin, puis encore le 11, de l'arrivée de la « Götz von Berlichingen »[68]. L'attaque en pince des aéroportés américains tombe donc dans le vide : l'ennemi s'est esquivé. Mais le résultat attendu est obtenu : d'Utah Beach aux positions conquises à l'est de l'Orne, les Alliés sont solidement implantés dans une unique tête de pont longue d'une centaine de kilomètres.

Le général SS Ostendorff, commandant de la « Götz von Berlichingen » aurait envisagé de traduire Heydte en cour martiale, mais ce dernier, fort de ses appuis, parvient à se sortir de ce mauvais pas. En dépit de la gravité de la perte de Carentan et dissimulant suivant son habitude les échecs essuyés par les forces allemandes, le communiqué de la Wehrmacht annonce le 11 juin 1944 : « Au cours de durs combats dans la tête de débarquement ennemie et lors de l'anéantissement des troupes aéroportées et des parachutistes largués dans l'arrière-pays, le 6e régiment de parachutistes, sous les ordres du commandant von der Heydte, s'est particulièrement distingué. » Le général d'artillerie von Choltitz a pour sa part rendu un insigne hommage aux parachutistes de Heydte en les surnommant les « lions de Carentan »[69]. Le 12 juin, inquiet de la tournure que prennent les événements, Marcks part en personne inspecter le front. Comme nombre de ses soldats, il meurt, victime d'une attaque de Jabos, ces chasseurs-bombardiers qui mènent la vie dure aux soldats allemands en Normandie. Incapable, avec sa jambe artificielle, d'enjamber assez vite la portière pour se mettre à l'abri, il meurt criblé de balles... Choltitz le remplace à la tête du 84ᵉ corps.

Le principe d'une attaque pour refouler les Américains de Carentan ne soulève pas d'objections. Dans la nuit du 12 au 13 juin, une atmosphère fiévreuse règne parmi les parachutistes note Martin Pöppel : « Est-ce que nos troupes vont être en mesure de repousser l'ennemi[70] ? » Le 13 juin, en lever de rideau, la préparation d'artillerie devance la contre-attaque avec un nombre d'effectifs bien faible au regard de l'importance stratégique. L'avance s'effectue haie après haie en terrain connu. Les limites de la ville sont atteintes mais le baptême du feu des Waffen SS est rude. Sévèrement repoussés par les parachutistes et les tanks américains, les Allemands perdent environ cinq cents hommes. La discipline confine à la cruauté lorsqu'un officier, vétéran de la « Das Reich », abat ses propres soldats fuyant devant les blindés américains. « Maintenant tout est calme sur le champ de bataille. Ici et là des hommes remettent de l'ordre. Les camions se déplacent sans cesse pour évacuer les blessés, les munitions sont complétées et, le plus important de tout, les unités sont réorganisées. » Pöppel se lamente sur les restes de sa compagnie de parachutistes, encore « si fière et si forte » il y a peu[71].

L'échec de la contre-attaque sur Carentan est cuisant. Le lieutenant-colonel Criegern, chef d'état-major du 84ᵉ corps, ne cache pas son amertume devant le manque de combativité des *Osttruppen* et l'absence de la Luftwaffe, qui avait pourtant promis d'apporter son concours à cette opération d'une importance cruciale. Rommel entend faire de Carentan sa priorité mais, on l'a vu, Hitler impose sa volonté : les Panzer doivent être affectés à la défense de Caen.

La perte de Carentan pose à Rommel un autre problème. Il est impératif de s'opposer à l'extension de la tête de pont américaine en direction du sud, ce qui suppose d'allouer à la défense du secteur des renforts qui vont manquer dans le Cotentin où la pression américaine est également sensible.

Quelle est la situation dans le secteur de Cherbourg ? Les stratèges allemands, à l'instar du Führer, n'ont-ils pas insisté sur l'importance primordiale que revêtent les ports pour assurer une logistique efficiente aux armées alliées ? Rommel exprime très vite son souhait de conjurer la menace qui pèse sur Cherbourg en résorbant la tête de pont américaine à l'ouest de la Vire. Celle-ci lui semble en effet relativement fragile et plus faible que les forces débarquées face à Caen. Les Allemands craignent-ils davantage les Britanniques que les Américains, qu'ils tiennent encore pour des amateurs ? Toujours est-il que l'OKW n'adhère pas aux propositions de Rommel. L'effort principal doit s'exercer dans la région de Caen. Il n'y aura donc pas de contre-attaque de Panzer dans le secteur Carentan-Sainte-Mère-Église.

Les combats n'en sont pas moins vifs et acharnés pour autant. Les soldats de la 7e armée se révèlent être particulièrement coriaces. Schlieben organise la défense des approches de Cherbourg. La ligne de résistance principale s'appuie sur Montebourg. Mettant à profit le bocage et les collines environnantes, les Allemands, soutenus par une artillerie nombreuse et efficace, stoppent l'élan du 7e corps américain du général Collins. Au besoin, on a recours à à la ruse : en faisant évoluer les désormais obsolètes chars de prise français, Schlieben remonte le moral de ses hommes – qui se croient soutenus par des Panzer – tout en suscitant la méfiance de son adversaire qui le croit doté de davantage de moyens qu'en réalité. Loin d'être anodine, cette anecdote rappelle que l'aspect psychologique est une donnée essentielle à la guerre. La 4e division d'infanterie américaine se casse les dents sur l'habile défense adverse.

Les combats menés par les hommes de l'enseigne de vaisseau de 1re classe Ohmsen pour la batterie de Crisbecq (ou encore Saint-Marcouf) en sont l'illustration. Pendant plusieurs jours, la batterie représente une menace pour les débarquements sur Utah. Du 7 au 11 juin, les assauts terrestres de la 4e DI américaine sont tous repoussés. Parvenus à l'intérieur du périmètre défensif, les GI sont chassés des superstructures des bunkers par les tirs de la batterie d'Azeville à laquelle Ohmsen n'hésite pas à demander de pilonner sa propre position. La détermination des défenseurs contrecarre donc les plans américains. Dans la nuit du 11 au 12 juin, traversant la zone marécageuse, soixante-dix-neuf survivants parviennent à décrocher au nez et à la barbe des Américains. Leurs camarades de la batterie d'Azeville, distante de quelques kilomètres, ont succombé quelques jours auparavant. Le 9 juin après une préparation d'artillerie nourrie et grâce à l'action héroïque du soldat Ralph G. Riley équipé d'un lance-flammes, la 4e DI américaine emporte enfin la position. Les cent soixante-neuf soldats de la garnison d'Azeville commandés par le capitaine Treiber prennent alors le chemin de la captivité.

Schlieben comprend toutefois que sa position n'est pas assurée pour autant. Les difficultés sont multiples. Mis à part quelques canons d'assaut et de vieux chars français, il ne peut compter sur aucun Panzer, engagés par centaines autour de Caen. La « Götz von Berlichingen » est d'abord destinée à le renforcer puis la gravité de la situation sur d'autres secteurs du front contraint le haut commandement allemand à la détourner vers Carentan et Balleroy. Il est par ailleurs difficile à Schlieben de mobiliser l'ensemble des unités mises à sa disposition pour renforcer la ligne de front. On craint en effet de nouveaux débarquements sur les côtes du Cotentin ainsi que de nouveaux parachutages[72]. Cette dernière éventualité est rejetée par Rommel qui estime que les Alliés vont avoir besoin de toutes leurs forces aéroportées dans le Pas-de-Calais. À ce titre, l'état-major de la 7e armée s'enquiert du désengagement éventuel des aéroportés américains de la ligne de front, car un tel mouvement trahirait la volonté des Alliés de procéder à de nouveaux largages. Impossible également de délester le port de Cherbourg d'une partie de sa garnison : elle doit être préservée en vue des combats futurs. Au contraire, en cas de débarquement sur Cherbourg, tous les éléments disponibles des divisions en ligne doivent se porter sur la forteresse et ne laisser que des arrière-gardes sur le front. Le 13 juin, la 7e armée prévoit que : « puisque un débarquement dans la baie de Vauville se combinera probablement avec des opérations aéroportées autour de Cherbourg [cette hypothèse n'est pas si dénuée de sens qu'il n'y paraît : le 10 juin, les Alliés annulent l'opération "Reinforcement" qui consistait en un largage de la 1re division aéroportée britannique sur Saint-Sauveur-le-Vicomte[73]], le centre de la *Festung* Cherbourg côté terre doit être occupé immédiatement, avec l'effort principal dirigé au sud-ouest. De solides défenses antichars seront construites[74]. » On se prépare néanmoins à un siège en cas d'isolement de la forteresse. L'OKW ordonne ainsi de convoyer du bétail vers le grand port.

Collins est donc contraint de se diriger vers l'ouest, avec l'idée de couper la presqu'île du Cotentin. La 7e armée en a parfaitement conscience, et ce dès le 11 juin. Mais les « bleus » de la 90e DI américaine ne se montrent pas à la hauteur et subissent des pertes très sérieuses. À la faveur d'une contre-attaque allemande, les GI doivent même abandonner Pont-l'Abbé tout juste conquise. La 77e DI du général Stegmann arrive enfin à partir du 10 juin. Décision est prise de l'intégrer dans le dispositif de défense à Montebourg au lieu de l'engager sur le front de Saint-Lô. Marcks avait demandé par ailleurs le renforcement de la 709e DI avec des armes antichars[75]. La situation reste néanmoins très précaire. En cinq jours, depuis l'Invasion, la 91e division d'infanterie accuse la perte de quatre mille hommes, soit près de la moitié des effectifs (si l'on exepte le 6e régiment de parachutistes qui a perdu à lui seul deux mille deux cents hommes au 12 juin). La division a dû remiser un tiers de ses obusiers de montagne faute d'avoir été en mesure de les approvisionner en munitions. Pour compenser, les artilleurs se voient doter de canons d'origine étrangère jusqu'alors en position sur l'*Atlantikwall*, sur la façade ouest du Cotentin. Mais un tel expédient rend impossible toute coordination des tirs, faute de disposer de pièces du même modèle.

Finalement, le 13 juin, pour tenir la ligne Baupte-Les-Moitiers face à l'avance américaine au sud-ouest de Saint-Sauveur-le-Vicomte, la 7e armée déploie le groupe de combat de la 265e DI, nouvellement arrivé, ainsi qu'un bataillon de la 77e DI. Une semaine après le Jour J, les Allemands ont stoppé l'avance alliée sur Cherbourg et le Cotentin n'est pas encore isolé.

Chapitre XI

13 JUIN 1944 : ROMMEL A PERDU L'INITIATIVE

Que dire de l'intervention de la Luftwaffe et de la Kriegsmarine ? La marine allemande, dont les meutes d'U-Boote – les « loups gris » de Dönitz – auraient pu faire basculer le cours de la guerre s'ils avaient été en mesure de couper les lignes de communications maritimes entre l'Amérique et le Royaume-Uni, se trouve impuissante face à la formidable puissance navale déployée par ses adversaires. Les unités qui appareillent dès le 6 juin en direction de la Normandie doivent d'abord déjouer les attaques du *Coastal Command**. Le groupe Holzbein, qui quitte la rade de Brest, ne subit aucune perte mais six U-Boote sont endommagés. Un succès chèrement acquis pour les Britanniques qui accusent la perte de quatre avions, abattus par la Flak embarquée. Le 7 juin, l'U-415**, avarié, ne peut continuer sa mission face à l'Invasion. Son commandant, le lieutenant de vaisseau Kurt Neide écrit dans son journal de bord après avoir été touché par un hydravion anglais Sunderland :

* *Coastal Command* : branche de l'armée de l'air britannique chargée des opérations menées en mer.

** U-415 : l'U-Boote n° 415.

> Notre bitube tire bien et l'avion s'écrase en flammes. Mes radars Wanze et Fliege ont été mis hors service. Quelque temps après, le chef mécanicien vient me prévenir que le navire est prêt à plonger sur un moteur électrique. J'ordonne à tout le monde de rentrer à bord et nous commençons notre voyage de retour en plongée[1].

Le combat est inégal. Le 8 juin, un bombardier Liberator coule deux U-Boote en l'espace d'une demi-heure. Lorsque le contact est pris avec la flotte alliée, aucun succès n'est enregistré au cours de la première semaine de combat... Heinz Sieder, accroché par des destroyers, est contraint de demeurer presque quarante-deux heures en plongée, sans renouvellement d'air, ses hommes commençant à suffoquer[2]. Krancke se voit même contraint de rappeler certains sous-marins – ceux qui n'ont pas le Schnorchel qui permet de recharger les batteries tout en demeurant en immersion – tandis que d'autres équipages, épuisés de lutter dans des circonstances si difficiles, doivent poursuivre leur mission de sacrifice. Les quelques dizaines de vedettes lance-torpilles S-Boote ne peuvent pas non plus grand-chose. Si deux LST sont envoyés par le fond le 9 juin près de Cherbourg tandis que deux caboteurs transportant des munitions sont coulés et un navire de guerre sérieusement avarié les 9 et 10 juin, deux S-Boote sont coulées par des destroyers le 11 juin, au large de Barfleur, où deux autres S-Boote ont sombré quelques jours plus tôt, victimes des mines mouillées par les Alliés. Face à l'impuissance de ses forces, Dönitz affirme sans ambages que « l'Invasion a réussi. Le second front est établi[3] ». Dans un mémorandum rédigé le 3 juillet, Rommel revient sur les carences de la Kriegsmarine au début du mois de juin :

> L'activité des sous-marins contre la flotte de débarquement a été relativement peu de chose. À la suite du bombardement aérien du Havre, le 12 juin, la marine a perdu la majeure partie de ses unités qui pouvaient être utilisées contre les bâtiments de l'ennemi. Enfin, à ce jour, le minage de la baie de Seine, entrepris immédiatement après l'Invasion s'est révélé pratiquement inefficace[4].

Le plan de Goering pour faire face à l'Invasion – « Drohende Gefahr West » – implique mille appareils en provenance du Reich. Pour impressionnant que soit ce chiffre, les pilotes allemands, bien qu'ayant déjà été confrontés à une nette supériorité aérienne de l'adversaire en Russie et en Afrique, doivent maintenant faire face à une maîtrise absolue du ciel par les forces aériennes alliées aux effectifs pléthoriques. Le matin du 7 juin, les Focke-Wulf du 4e escadron d'attaque au sol s'envolent vers la tête de pont. Une seule des quatre vagues d'appareils parvient jusqu'aux plages, les autres avions étant contraint de larguer prématurément leurs bombes et de faire demi-tour, raccompagnés par des nuées de P-51 Mustang. La mise en œuvre d'aérodromes à l'Ouest prévu par le plan « Drohende Gefahr West » se heurte également à des difficultés sans nombre. Comment espérer mettre en place des bases aériennes sous la menace constante de l'aviation alliée ? Les convois de « rampants » de la Luftwaffe amenant matériels et munitions depuis l'Allemagne doivent se frayer un chemin parmi toutes les unités montant vers le front de l'Invasion et sont l'objet de multiples attaques. On ne peut comparer ces pistes de fortunes mises à la disposition des escadrilles allemandes, certes mieux camouflées que les aérodromes « en dur » mais manquant d'infrastructures, avec les terrains d'aviation bâtis par les Alliés quelque temps après le Jour J par des troupes du génie suréquipées et quasiment immunisées contre toute interférence de la Luftwaffe.

Préparant la contre-attaque des Panzer, la 7e armée réclame, dès le 7 juin, le soutien de la Luftwaffe au général Bülowius, commandant le 2e corps aérien. Ce dernier est contraint d'avouer son impuissance : « Le transfert des unités de chasseurs de la Luftwaffe depuis l'Allemagne a été continuellement empêché par les attaques aériennes ennemies[5]. » Les appareils de la Luftwaffe ne sont donc pas en mesure d'appuyer les Panzer. Au sol, le 3e corps antiaérien doit fournir un appui d'artillerie aux Panzer par la concentration de ses tirs, mettre en place un parapluie de Flak pour les protéger de toute attaque aérienne et, au besoin, assister l'armée en ouvrant le feu sur des cibles terrestres. Cette dernière exigence suppose un entraînement qui fait défaut chez les servants de pièces de 88 mm, d'autant plus que les obus adéquats manquent et qu'il est nécessaire de préserver les tubes d'une usure prématurée. Les Allemands considéreront la maîtrise du ciel par les Alliés comme la cause essentielle de l'échec de la contre-attaque sur le front de l'Invasion, omettant toutes les autres carences dont souffre l'armée allemande, notamment sa logistique et la faiblesse de son service de renseignement. Deux jours plus tard, le 9 juin, la 7e armée émet une autre requête sans lendemain : la Lutfwaffe peut-elle intervenir pour neutraliser les navires de la flotte alliée qui opèrent au large de Quinéville dans le Cotentin ? La Luftwaffe, dont les escadrilles de bombardiers ont été inutilement sacrifiées au cours du « Baby Blitz » – les bombardements lancés essentiellement sur Londres au début de l'année 1944 –, n'est pas en mesure de s'opposer efficacement à la toute-puissance aérienne ennemie.

L'ensemble de son personnel apparaît bien hétérogène : quelques as, de nombreux pilotes expérimentés sans pour autant être des *Experten* (des as) et une foule de « bleus » sans expérience avec à peine quelques heures de vol à leur actif. Leur inexpérience ne fait que multiplier les pertes. Pis, un certain nombre d'as sont rapidement perdus : le capitaine Weber (136 victoires) le 7 juin, le capitaine Simsh (54 victoires), le lieutenant Zweigart (69 victoires) et le commandant Huppertz (70 victoires) le 8 juin. Épuisés, les pilotes allemands enchaînent les missions avec peu de chances d'y survivre au final. La 3e flotte aérienne engagée sur le front de l'Invasion accumule les difficultés. Totalement surclassée sur le plan numérique, elle doit compter avec des bases éloignées, situées au mieux en région parisienne. En outre, ULTRA* décrypte tous les messages.

Elle parvient tout de même à atteindre le nombre de mille trois cents appareils. Dans la nuit du 7 au 8, elle est ainsi en mesure d'effectuer deux cents sorties de bombardiers. Le 10 juin, l'activité aérienne s'est accrue depuis le Jour J puisque les seuls monomoteurs totalisent cinq cents sorties. Toutefois, en s'attaquant prioritairement à la flotte alliée, la Luftwaffe n'assure ni la protection des convois de ravitaillement ni l'appui des troupes au sol. Parfois, des aviateurs allemands réussissent un coup d'éclat : dans la nuit du 13 juin, 400 tonnes de munitions sont ainsi détruites par la Luftwaffe sur Sword Beach.

La Luftwaffe dispose pourtant d'un ultime atout : les armes de représailles. Celles-ci entrent en lice le 12 juin, mais leur utilisation et les résultats opérationnels ne seront pas

* ULTRA : système allié de décryptage des messages codés de la machine allemande Enigma.

à la hauteur des espoirs qu'elles suscitent. Les premiers V1 sont lancés, avec retard. Les dix mille bombes volantes ont dû être dispersées tout autant pour être mises à l'abri des bombardements qu'en raison des nombreux dégâts occasionnés sur le réseau ferré. Les Alliés réagissent immédiatement en bombardant les sites de lancement du Pas-de-Calais, ce qui ne fait que renforcer les Allemands dans leur conviction qu'un débarquement imminent va avoir lieu face à la 15e armée.

La première semaine s'est écoulée et les Alliés sont désormais solidement implantés sur le continent. Au 13 juin, 331 600 soldats et 55 600 véhicules alliés ont été débarqués en Normandie. Les Allemands ont engagé 270 000 hommes face à l'Invasion. Les plans de Rommel, de Rundstedt et de Schweppenburg ont échoué. Rommel, toujours obnubilé par la menace que fait planer le faux groupe d'armées de Patton, écrit à sa femme le 13 juin : « Il est temps pour la politique d'entrer en jeu. Nous nous attendons à ce que la prochaine invasion, probablement d'une envergure encore plus grande, se produise ailleurs dans les jours qui viennent[6]. » Persuadé qu'il ne peut plus l'emporter, il est donc d'avis qu'il faut terminer la guerre tant que l'Allemagne tient encore certains atouts entre les mains comme gages pour des négociations[7]. Marcks, tué le 12 juin, ne croyait plus non plus en la victoire.

Ce 13 juin, le lieutenant-général britannique Miles Dempsey prend pourtant la mesure de l'échec qu'il vient de subir : « Il convient de l'admettre, Caen ne pourra plus désormais être enlevée que par une bataille rangée, et nous n'avons ni les hommes ni les munitions qu'elle nécessite[8]. » Mais Rommel a désormais la certitude que l'Invasion ne peut plus être repoussée :

Toutes les réserves qui nous parvinrent arrivèrent trop tard pour désorganiser par des contre-attaques le débarquement allié. Lorsqu'elles furent enfin à pied d'œuvre, l'ennemi avait déjà débarqué des effectifs infiniment plus puissants et il était passé à l'assaut sous le couvert de son artillerie et de son aviation[9].

Quatrième partie

LA GUERRE D'USURE : L'ENFER DES HAIES

Chapitre XII

DÉSASTRE À CHERBOURG, SUCCÈS DEVANT CAEN

C'est au nord de Soissons, à Margival, au Wolfsschlucht II, le QG édifié pour Hitler en 1940 dans l'optique d'une invasion de l'Angleterre, que les maréchaux von Rundstedt et Rommel attendent le Führer le 17 juin au matin. Embarqués dans quatre quadrimoteurs Condor, le Führer et sa suite ont atterri à Metz la veille. « Je me réjouis de ce que le Führer se soit rendu sur le front, écrit Goebbels. Il va certainement en rapporter une quantité considérable d'impressions et il est également bon d'un point de vue psychologique qu'il se trouve parmi ses soldats. » Le Führer ne poursuivra pourtant pas le voyage jusqu'en Normandie. Quant aux impressions qu'il rapportera de cette conférence, elles dépendront du tableau de la situation que vont dresser les responsables du front Ouest.

Moins de deux semaines après le Débarquement, Rommel estime que la situation est sans espoir, d'autant que, à l'instar de Rundstedt, il craint une seconde invasion dans le Pas-de-Calais. Si Hitler accepte la proposition de Rundstedt de replier les troupes méthodiquement en direction de Cherbourg, il aurait certainement écarté sans ambages l'avis de Rommel – pour autant que celui-ci ait osé le formuler –

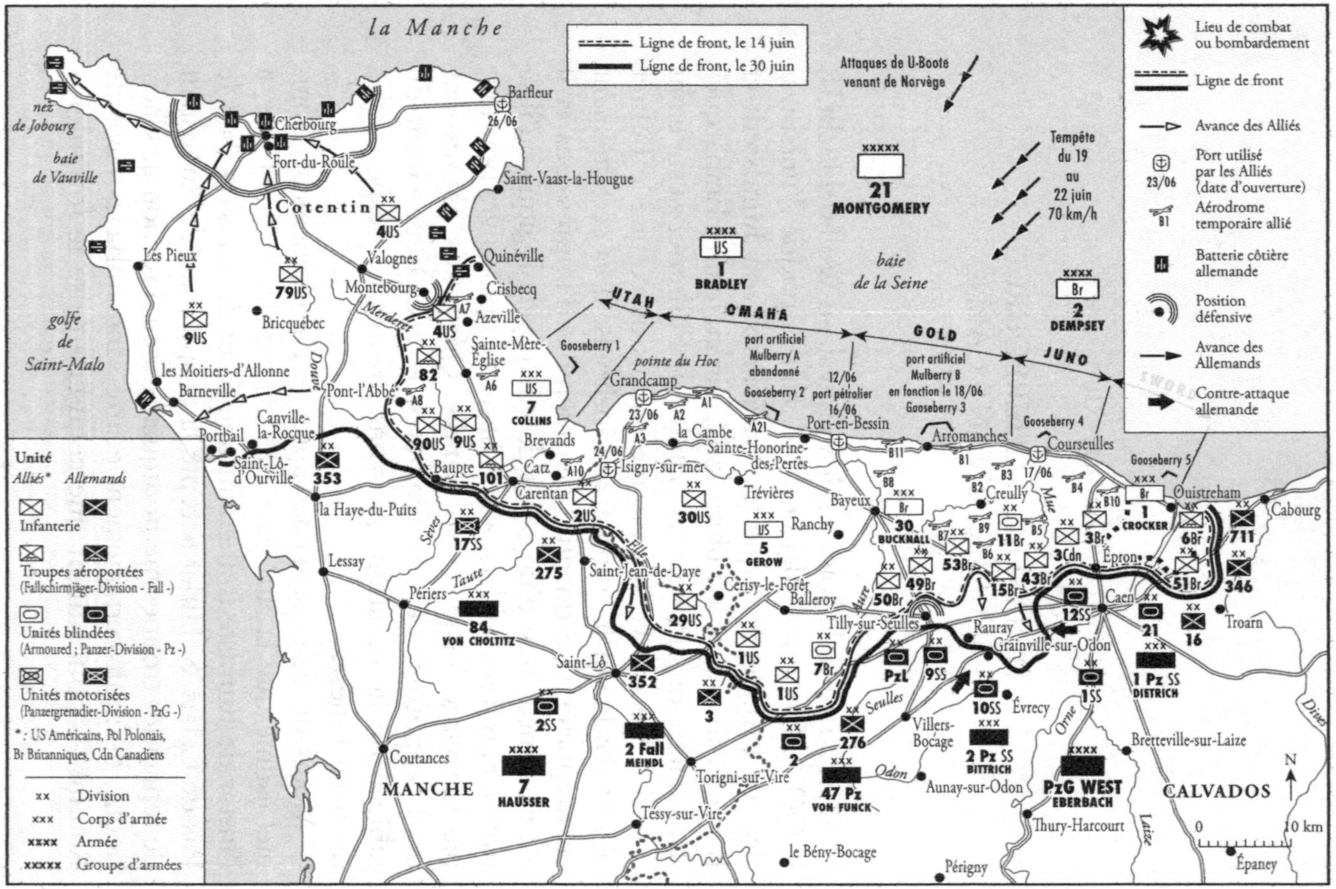

4. Le front de l'*Invasion*, 30 juin 1944

consistant à envisager une solution politique au conflit. Rommel dépeint la difficile situation de la Wehrmacht en Normandie en dressant un tableau sincère des difficultés auxquelles sont confrontées ses troupes. Hitler, certes déçu du pessimisme de son maréchal favori, parvient cependant à lui regonfler le moral en évoquant notamment l'intervention massive des V1 et l'arrivée prochaine de chasseurs à réaction sur le front.

Pour l'heure, la priorité va à la défense de Caen et de Cherbourg, qui est en mesure de tenir jusqu'à la mi-juillet, selon le Führer. Celui-ci ne peut toutefois accepter de rester sur la défensive. Deux jours après la conférence, le groupe d'armées B propose de frapper en force – entre Balleroy et Tilly-sur-Seulles – avec huit divisions de Panzer (les quatre déjà présentes au front et quatre autres en voie d'acheminement, dont les deux divisions du 2e corps SS de Panzer qui quittent la Galicie le 12 juin). Toutefois, la puissance de certaines unités est déjà amoindrie (Panzer Lehr, « Hitlerjugend » et, surtout, 21e division de Panzer). De plus, le terrain favorise les Alliés, qui seront de surcroît appuyés par une aviation et une artillerie (y compris de marine) très puissantes. Le risque de subir un échec faute de coordonner l'assaut est donc réel. Toutefois, rien ne semble écrit à l'avance : à de nombreuses reprises, notamment à l'Est, les Allemands ont été capables de remporter d'éclatants succès face à un adversaire les surclassant en nombre et en matériel. Rommel exige cependant comme condition préalable que soit neutralisée l'artillerie navale alliée, requête utopique sur laquelle néanmoins s'accorde le Führer[1].

Le 14 juin, quelques jours avant la tenue de la conférence de Margival, les Américains relancent l'attaque en direction de la côte ouest du Cotentin. Les fantassins allemands tentent d'enrayer leur progression, en lançant des contre-attaques, celle du 15 juin bénéficiant même de l'appui de seize blindés. Ce jour-là, le journal de la 7e armée note que la *Festung* Cherbourg dispose de 56 jours de ravitaillement, mais ce calcul ne prend en compte que sa seule garnison (14 000 hommes), et non les divisions au contact de l'ennemi. Si celles-ci devaient se replier sur la forteresse, les vivres risqueraient fort de faire défaut[2]. Il faut donc procéder à l'évacuation de la population civile. La valse hésitation qui s'empare du haut commandement allemand quant à la conduite à tenir concernant Cherbourg engendre une déplorable cacophonie : ordres et contrordres se succèdent. Hitler et l'OKW entendent défendre la *Festung* Cherbourg, même isolée. Au contraire, Rommel, Dollmann et Choltitz préconisent un repli des forces sur la ligne des marais entre Carentan et La Haye-du-Puits, où il serait plus aisé alors d'établir un front solide avec des divisions encore relativement préservées. Pour comble de difficulté, les liaisons radio s'avèrent déficientes et les unités assurant la défense du Cotentin doivent s'en remettre à des estafettes. Le 16 juin, Rommel, convaincu qu'il n'est désormais plus possible de s'opposer à l'isolement prochain de Cherbourg, ordonne que les divisions se séparent en deux : une partie des effectifs – le groupe de combat Hellmich – se repliera au sud tandis que le reste – le groupe de combat Cherbourg dirigé par Schlieben – sera affecté à la *Festung* Cherbourg. À la 7e armée, croyant déceler les prémices d'un débarquement allié sur la côte ouest du Cotentin, on souhaite hâter le mouvement. L'OKW revient pourtant sur les dispositions de Rommel et ordonne de tenir les positions.

Or le flanc droit de la 77e DI est déjà sérieusement menacé par les Américains. Stegmann, qui apprend que son unité n'ajouterait que des complications à la logistique de la *Festung* Cherbourg, décide de percer vers le sud. Le 17 juin, parvenu au carrefour de la Vente-aux-Saulniers, il pose sa carte sur le capot de sa voiture, camouflé sous un hêtre, afin d'étudier les itinéraires de repli. Quelques instants plus tard, il est tué net, probablement par un éclat de grenade lancée par des paras américains isolés[3]. Le même jour, un autre général allemand, le général Hellmich, commandant la 243. DI, est victime d'une attaque de Jabos dans le Cotentin, à Canville-la-Roque. Des éléments de la 243e DI et de la 91e division aéroportée parviennent à s'extirper de la nasse. Par contre, les tentatives de percée de la 77e DI vers le sud se heurtent à la résistance résolue de la 9e DI américaine. Au hameau de Jacquin, une colonne allemande est prise à partie à bout portant : mitrailleuses, mortiers et bazookas américains sèment le chaos et la destruction. Le colonel Bacherer, qui a repris les rênes de la 77e DI, ne suit pas les conseils de prudence de ses subordonnés, décidés à remonter vers Cherbourg, et décide de renouveler la tentative de percée. Le 19 juin, à 11 heures, Bacherer lance l'attaque, baïonnette au canon, avec l'appui de deux canons d'assaut. L'assaut est un succès. Bacherer passe, ramenant avec lui une douzaine de jeeps et deux cent cinquante prisonniers américains[4]. Mille quatre cents hommes à peine parviennent à rallier les lignes allemandes, où une partie de la 77e DI se trouve déjà, ayant échappé à la coupure du Cotentin[5].

Celle-ci est effective le 18 juin quand la 9e DI américaine atteint la côte au niveau de Saint-Lô-d'Ourville. Les troupes allemandes sont en plein désarroi. Plusieurs unités de la Wehrmacht sont en effet coupées en deux et voient de ce fait leurs capacités opérationnelles considérablement réduites. La désagrégation rapide du front allemand incite Collins à exploiter rapidement le succès obtenu et à foncer en direction de Cherbourg. Pourtant, l'attaque débute sous de mauvais auspices : une violente tempête s'abat sur la

Manche, détruisant le Mulberry A (port artificiel) devant Omaha et endommageant le Mulberry B d'Arromanches. Trois jours durant, rien ne peut être débarqué. 140 000 tonnes de matériel vont par le fond et près de 800 bateaux sont perdus ou s'échouent. L'approvisionnement s'en trouve considérablement ralenti : à peine 8 % du tonnage prévu a été débarqué. Les pièces d'artillerie ne disposent que de trente coups par jour[6] ! L'urgence de prendre le port du nord du Cotentin se fait durement ressentir. L'offensive américaine débute dès le 19 juin à 5 h 50. Schlieben, commandant toutes les unités allemandes mobilisées pour la défense de Cherbourg, replie ses troupes à l'intérieur de la zone fortifiée. Rommel, par ailleurs visiblement enthousiasmé par les tirs de V1, semble alors plus préoccupé par la 15e armée. Il s'y trouve en tournée d'inspection le 19 juin puis le 22. Près de la Somme, il déclare au général von Schwerin, le commandant de la 116e division de Panzer, qu'il s'attend à ce que l'ennemi attaque dans le secteur.

Le rapport hebdomadaire du groupe d'armées B indique que les Américains parviennent sur la ligne de défense de la *Festung* Cherbourg pratiquement en même temps que les forces de Schlieben. Celles-ci totalisent vingt et un mille hommes, qui sont loin d'être tous des combattants de premier ordre. Le général Sattler, responsable de l'arsenal, remarque avec sarcasme : « La barbe ne pousse pas chez un garçon de trois ans si on lui déclare qu'il est un homme et une ville ne devient pas une forteresse en la déclarant forteresse[7]. » Si l'OKW envisage une contre-attaque en direction de Cherbourg en prenant à revers le 7e corps américain, Rommel repousse cette suggestion qui n'est que chimère : Cherbourg est désormais une cause perdue.

L'assaut final des Américains débute le 22 juin après un intense bombardement aérien. Ce jour-là, le soldat Robert

Wiegel écrit à sa femme : « Je ne crois pas que nous serons relevés. La forteresse est encerclée du côté terre par l'ennemi. [...] Hier, j'avais les larmes aux yeux à la pensée que je verrai plus jamais ma petite Hannelore. » Wiegel sera tué le lendemain[8]... Rommel et von Schlieben savent que la chute de Cherbourg est inéluctable mais le port doit être défendu le plus longtemps possible par les Allemands en raison de son importance pour les Alliés. On envisage un temps de renforcer la garnison par des fantassins ou des parachutistes qui seraient convoyés par Junker 52* ou encore acheminés par bateaux, mais l'idée est rapidement abandonnée. De même, on étudie la possibilité d'assurer l'approvisionnement de la garnison assiégée par voie maritime depuis Saint-Malo ou les îles Anglo-Normandes. Cette alternative se heurte également à de bien trop grandes difficultés. Les pilotes de la Luftwaffe manquent tellement d'entraînement que du ravitaillement destiné à la garnison est largué par erreur au-dessus des îles Anglo-Normandes ! Les défenseurs de la *Festung* Cherbourg sont donc livrés à eux-mêmes. Les points d'appui tombent les uns après les autres. Les combats se poursuivent dans la ville en ruine, réduite à l'état de décombres. Au fort du Roule, la lutte est vaine mais la défense acharnée. Hitler exhorte Schlieben à lutter de toute son énergie dans ce combat : « De lui [le combat] dépendent la conduite et le résultat des opérations destinées à écraser les têtes de pont, ainsi que l'honneur de l'armée allemande et de votre [Schlieben] propre nom[9]. » Rommel enjoint à Schlieben, qui lui demande que faire, de lutter jusqu'à la dernière cartouche.

L'honneur de l'armée allemande ne dicte pas à Schlieben de sacrifier la vie de ses soldats en vain. Retranché dans un

* Junker 52 : avion de transport de la Luftwaffe.

tunnel, où s'entassent de nombreux blessés à l'agonie, il se résigne à la reddition sous la menace d'un tank américain. Le 27 juin, à la grande fureur d'Hitler, toute lutte organisée cesse à Cherbourg, les derniers défenseurs du groupe de combat Kiel retranchés au cap de la Hague déposent les armes le 30 juin. Le port de Cherbourg s'avère pourtant inutilisable en raison des destructions efficaces auxquelles les Allemands ont procédé. Le génie américain réussit un tour de force en parvenant à le rendre opérationnel en trois semaines, les derniers obstacles n'étant cependant dégagés qu'à la fin du mois de septembre. La bataille de Cherbourg a coûté 22 000 pertes aux Américains et 39 000 Allemands ont été capturés. Il s'agit de la première défaite majeure de l'armée allemande en Normandie. Elle provoque un choc au sein de l'opinion publique allemande : le Sicherheitsdienst souligne qu'avec la mainmise des Alliés sur un port en eau profonde, la crainte est désormais grande de voir la supériorité matérielle de l'ennemi devenir vite écrasante. Goebbels, conscient de la gravité de ce revers, comprend qu'il sera désormais difficile de rejeter les Alliés à la mer. Pourtant, il s'aveugle encore sur les performances militaires du soldat allemand :

> Il s'écrit à Cherbourg une page incroyablement héroïque de l'histoire de l'armée allemande. Après cinq années de guerre, le soldat allemand est toujours aussi ferme moralement. Les Américains sont étonnés de constater que nulle part il ne donne le moindre signe de capitulation[10].

Vision idéalisée. Loin d'avoir tous combattu avec fanatisme, les défenseurs de Cherbourg ont au contraire, le plus souvent, chancelé sur le plan moral.

Pendant que les combats font rage dans le Cotentin, la lutte reste toujours aussi acharnée devant Caen, verrou du front allemand en Normandie. Montgomery a échoué une première fois en lançant une attaque frontale, puis une seconde en tentant une manœuvre de contournement, le 13 juin, à Villers-Bocage. Avec Dempsey, il prépare méticuleusement une nouvelle offensive. L'opération prend le nom de code Epsom. Dempsey déclare, non sans raison, que la tête de pont alliée « est maintenant assez solide pour contrer toute attaque que l'ennemi pourrait choisir de lancer contre elle[11] ». Depuis l'échec du 13 juin, loin de chercher la percée, la nouvelle stratégie prévoit d'attirer les divisions allemandes arrivant en renfort pour soulager l'offensive américaine en attendant que Dempsey soit suffisamment puissant pour lancer ses propres troupes. L'heure est arrivée. Toutefois, Montgomery n'avait pas prévu que Rommel masserait les quatre divisions de Panzer présentes en Normandie face à la 2e armée britannique. Par ailleurs, la tempête qui sévit dans la Manche du 19 au 22 juin retarde le déclenchement de l'offensive de trois jours : elle ne sera lancée que le 26 juin. Dans le camp allemand, si Rommel ne profite pas de l'occasion pour lancer une vaste contre-offensive, faute de disposer des quatre divisions de Panzer de la SS encore en route vers le front, ses propres divisions montent en ligne avec davantage de liberté de mouvement qu'à tout autre moment de la campagne. L'armée allemande renforce donc ses positions devant Caen à la faveur des intempéries.

Le plan Epsom prévoit une nouvelle tentative d'encerclement de Caen en établissant une tête de pont sur l'Odon pour se porter à la rencontre des unités de la 6e division aéroportée britannique débouchant de l'est de l'Orne. Des moyens considérables sont rassemblés afin de garantir le succès de l'opération, assurant la supériorité tant en hommes qu'en matériel (plus de 60 000 hommes, près de 600 chars, 736 pièces d'artillerie et le soutien de la marine). La percée décisive sera-t-elle enfin obtenue ?

Le 25 juin, pour disperser l'effort allemand, Dempsey déclenche une opération préliminaire, l'opération Martlet, vers Rauray. La Panzer Lehr est encore en première ligne. Son front est affaibli, mais avec le soutien de la « Hitlerjugend » (Witt, tué le 14 juin, est remplacé par Kurt Meyer, dit « Panzermeyer »), qui contre-attaque, les Allemands stoppent les Britanniques. Sept cents soldats de la « Hitlerjugend » seraient tombés ce jour-là, un massacre dont même Kurt Meyer s'est ému[12]. La seule 49e DI perd cinq cents hommes en l'espace de vingt-quatre heures[13]. Mais les Britanniques s'emparent de Fontenay-le-Pesnel puis de Rauray le 27 juin. La division de Bayerlein souffre au cours de ces combats défensifs : 2 972 hommes et 50 Panzer sont perdus en juin. La situation de la division est jugée comme sérieuse par Sepp Dietrich qui estime que deux bataillons d'infanterie de renfort sont nécessaires dans le secteur de Juvigny pour rétablir un rapport de forces acceptable. La diversion a été essentielle : Montgomery a été prévenu par ULTRA de l'approche du 2e corps SS de Panzer, en provenance du front de l'Est.

Epsom est déclenchée le 26 juin. L'attaque s'abat sur les dix mille hommes appuyés par une centaine de Panzer du 1er corps SS de Panzer (sur les 344 que compte alors le corps, dont 30 Tiger)[14]. Le secteur d'attaque de la 15e division écossaise est le théâtre de violents combats. La défense énergique des Waffen SS de la « Hitlerjugend » permet de gagner le temps nécessaire à la montée en ligne des renforts. Fanatiques, les jeunes Allemands ne se rendent pas et luttent jusqu'au bout. À Saint-Manvieu, les lance-flammes des chars Churchill « Crocodile » ont été nécessaires pour emporter la décision. L'Odon est atteinte et franchie. La 11ᵉ division blindée britannique entre alors dans la danse et quelques éléments parviennent au sommet de la côte 112. Celle-ci offre un point de vue remarquable sur tout l'arrière du front allemand, notamment le long de la vallée de l'Orne. Un excellent tremplin vers le sud et vers l'ouest, au-delà de l'Orne et vers la plaine de Caen-Falaise ! Avec un peu plus d'audace, les Britanniques pourraient réaliser la percée, mais ils se contentent de mettre en défendre la crête. Aucune unité n'est alors en mesure d'exploiter plus en avant. Au même moment, une autre occasion, cette fois-ci sur le flanc de la Panzer Lehr, est manquée…

Dollmann et Dietrich doivent réagir vite et en force. La « Hitlerjugend » contre-attaque. Le SS Kretzschmar rapporte :

> Nous commençons l'attaque avec une large formation en coin contre cette zone boisée… Nous avançons, chaque Panzer couvrant les autres de son feu. Sans cibles précises, nous tirons des obus perforants et explosifs dans le bois. L'attaque progresse brusquement… À environ 100 mètres nous passons d'un coin à une ligne brisée[15].

Observant le terrain sur sa gauche, Kretschmar ne remarque rien d'anormal.

> « Panzer, en avant ! » Nous avançons d'environ 10 ou 15 mètres lorsque nous sommes soudain secoués. Nous avons été touchés sur notre droite. « Marche arrière. » Le *SS-Mann* Schneider réagit à la vitesse de l'éclair. Nous reculons à toute vitesse pour rejoindre les bois. Juste à temps ! Les Anglais ont failli nous avoir[16] !

La contre-attaque est un échec. Ce n'est que la première. Les combats, féroces, vont s'y poursuivre plusieurs jours.

La 7e armée, en accord avec Rommel, est contrainte de faire intervenir le 2e corps SS de Panzer (168 Panzer et canons d'assaut pour la « Hohenstaufen », 77 pour la « Frunsberg ») de Hausser, arrivé tout juste du front de l'Est, ainsi que des groupes de combat de diverses unités blindées. Craignant un enveloppement des défenses de la « Hitlerjugend » et de la 21e division de Panzer, Rommel engage vers Noyers-Bocage le groupe de combat Weidinger de la « Das Reich », qui subit de lourdes pertes (plus de 600 hommes) au cours de violentes contre-attaques. La « Leibstandarte Adolf Hitler », venant de Belgique, parvient au front de façon dispersée : ses unités, retardées par des difficultés d'approvisionnement en carburant, sont engagées elles aussi dès leur arrivée pour contrer l'offensive sur l'Odon. Enfin, un groupe de combat organisé autour du bataillon de Panther de la 2e division de Panzer participe aux combats. Il s'avère particulièrement efficace puisqu'il revendique, au 1er juillet, la destruction de 89 chars, pour la perte de 20 Panzer. La 21e Panzer, déjà accaparée par les affrontements au nord et à l'est de Caen (où elle stoppe nette la pince gauche du plan de Montgomery), engage elle aussi des éléments dans le secteur de l'offensive Epsom. Le 28 juin, alors que l'amiral Ruge prend du bon temps en visitant le jardin de Monet à Giverny, elle repousse aussi une contre-attaque anglaise devant Matthieu et Cambes. La veille, Feuchtinger a déjà remporté un franc succès à la Londe, près d'Epron, causant sept cents pertes aux Britanniques. Toutes les divisions de Panzer déployées en Normandie sont donc engagées à Caen. Elles sont parfois jetées précipitamment au combat, constituant au besoin des groupes de combat dans l'urgence : à Mouen, le 28 juin, des fantassins de la « Leibstandarte » combattent avec des Panzer IV de la 21e Panzer, des Tiger du 101e bataillon SS de chars lourds ainsi qu'avec le soutien de l'artillerie de la « Hitlerjugend »[17]. Les quarante-cinq Tiger du 102e bataillon SS de chars lourds, qui viennent d'arriver en Normandie, entrent également en lice.

Au cours de la soirée du 28 juin, alors que Cherbourg tombe – provoquant une enquête de l'OKW – et qu'un désastre se profile sur l'Odon, Dollmann, ne pouvant accepter les conséquences d'un nouveau revers, se donne la mort. Hausser est promu au commandement de la 7e armée. Le 2e corps SS de Panzer, désormais sous les ordres de Bittrich, prépare une importante contre-attaque. Elle représente « *Die große Chance* », affirme sans réserve Geyr von Schweppenburg[18]. Rauray et Cheux sont les objectifs de la 9e division SS. La mise en place des unités est retardée par le harcèlement de l'aviation alliée et les tirs de la Royal Navy. Les jeunes tankistes viennent de réceptionner leurs Panther, ces superbes blindés sur lesquels ils ont à peine eu le temps de s'entraîner. La technologie peut-elle pallier le manque d'expérience ? La vue de l'horizon rougeoyant sous l'effet des tirs d'artillerie « nous montre sans aucun doute possible la supériorité matérielle de notre futur ennemi », constate le caporal Fürbringer[19]. Le 29 juin, la « Hohenstaufen » surprend des unités alliées en cours de relève. Grainville-sur-Odon tombe avant d'être repris par les Britanniques. Les équipages des Panzer, leurrés par des canons factices et des carcasses de Sherman, ont été la proie des antichars qui les ont détruits à courte portée. Des Victor Targets – c'est-à-dire des concentrations de tir de toute l'artillerie d'un corps d'armée britannique – et les pilonnages des mortiers achèvent de briser définitivement tout espoir de succès des Allemands. Une unité de Panzer d'élite, pourtant appuyée par d'autres formations, a donc échoué dans sa confrontation avec une division d'infanterie. La grande contre-attaque souhaitée par le haut commandement allemand depuis le 6 juin a-t-elle jamais eu la moindre chance d'être couronnée de succès ?

Parallèlement, disposant seulement du tiers de ses fantassins, la 10e division SS du général Harmel contre-attaque sur Baron mais, après un bref succès remporté par les canons d'assaut partis seuls à l'assaut faute d'avoir reçu l'ordre de report de l'attaque, son intervention est un échec. Les actes d'héroïsme ne débouchent sur aucun résultat tangible. Cinq cent soixante et onze hommes et quelques Panzer définitivement détruits sont perdus au cours de l'opération. Comme dans la division sœur du corps SS, les soldats, tel le capitaine Klapdor, sont abasourdis par l'enfer du champ de bataille et la démonstration de puissance matérielle de l'adversaire[20]. Le 2e corps SS de Panzer fait savoir, dès le 29 juin, que trois kilomètres de terrain bocager ont été gagnés pour des pertes jugées lourdes. Dans le même temps, l'aggravation de la situation sur le front de Saint-Lô, face aux Américains, oblige d'y transférer le groupe de combat Weidinger de la « Das Reich ».

Dès lors, la « Hohenstaufen », loin de constituer le fer de lance de la contre-attaque décisive, s'enlise dans une guerre de position très dispendieuse en hommes et en matériel. Au 1er juillet, on compte déjà 1 168 hommes et 32 Panzer et canons d'assaut hors de combat. Les pertes dans les rangs de l'infanterie sont telles que les deux régiments de panzergrenadiers doivent être amalgamés pour n'en former plus qu'un. Dempsey, inquiet pour le secteur de Rauray et conscient que les défenseurs de la cote 112 risquent d'être isolés, décide d'abandonner cette dernière. Kurt Meyer reconquiert la hauteur abandonnée avec la « Hitlerjugend ». S'offre alors à ses yeux un terrain désolé, retourné par les bombes et les obus, parsemé de carcasses de blindés des deux camps. Les SS des 1er et 2e corps de Panzer ont stoppé les Britanniques mais la guerre à l'Ouest est déconcertante : la puissance de l'artillerie alliée et l'omniprésence de l'aviation sont deux nouvelles données qui obligent à reconsidérer toute l'expérience acquise à l'Est.

Epsom a coûté 4 020 hommes au seul 8e corps britannique. Montgomery affirmera plus tard que son objectif était précisément d'attirer en secteur britannique l'ensemble des formations blindées ennemies afin de faciliter la progression de la 1re armée américaine. Il n'en est rien. En fait, le plan Overlord prévoit une action agressive à la fois des Américains, qui doivent s'emparer de Cherbourg puis se lancer vers la Bretagne (pour s'emparer de ses ports), et des Britanniques qui doivent prendre Caen puis progresser au-delà de l'Orne. Il est entendu que les troupes alliées doivent pousser rapidement vers la ligne Vire-Falaise. On pourrait même estimer que c'est au contraire Montgomery qui danse sur la musique de Rommel : ce dernier, en massant ses divisions blindées à Caen (environ 700 blindés contre 140 face aux Américains), empêche « Monty » de progresser. L'infanterie gagne également le secteur. Le 28 juin, les premiers éléments de la 276e DI du général Badinski parviennent à Villers Bocage après avoir quitté le Pays basque le 14 juin. Ils se positionnent sur le flanc droit de la Panzer Lehr qui affronte les Britanniques dans le secteur de Tilly.

Les divisions de Panzer auraient été de toute façon concentrées à proximité de Caen dans l'optique de la contre-attaque projetée contre la tête de pont le 19 juin et devant l'impérieuse nécessité de bloquer toute progression en direction de Paris. Le 2e corps SS de Panzer n'a pas remporté une victoire pour autant, contrairement à ce que claironne la propagande allemande : il ne pourra pas contre-attaquer sur

Bayeux. L'armée allemande a définitivement perdu l'initiative sur le front de l'Invasion. De mauvaise fois, Warlimont attribue l'échec du projet de contre-attaque au seul Hitler, éternel bouc émissaire de toutes les erreurs commises par le haut commandement allemand pendant le conflit[21]...

Le 29 juin 1944, Hitler rencontre pour la seconde fois les deux maréchaux en charge du front de Normandie, où se joue le sort de la guerre. Deux jours plus tôt, le Führer, jugeant les Américains moins solides que les Britanniques, fait savoir qu'il préconise une offensive massive des Panzer dans le Cotentin. Il revient donc sur sa décision prise au cours de la première semaine de la campagne. Rommel rétorque que les délais nécessaires au transfert des unités de blindés (toutes les unités de la Waffen SS sauf la « Hitlerjugend ») et d'artillerie du front de Caen au sud de la Manche supposent qu'aucune offensive ne pourra être lancée avant le 10 juillet, au plus tôt. En tout état de cause, Rommel n'entend pas dégarnir le front de Caen, alors en pleine bataille, d'autant plus qu'il craint, en dirigeant ses formations de Panzer vers le Cotentin, de les éloigner de la future zone de débarquement allié, attendu plus à l'est.

Rommel et Rundstedt, absents donc du front qui vacille à Caen avec l'opération Epsom, sont décidés à présenter au Führer un tableau exact de la situation dramatique qui prévaut à l'Ouest. Hitler commence par présenter à l'assistance une série de photographies témoignant des destructions opérées par les V1 sur Londres. Dès qu'il est invité à s'exprimer, Rommel tente, apparemment comme à Margival le 17 juin, d'aborder à nouveau la question politique. Hitler enjoint fermement son maréchal de ne s'en tenir qu'à la situation militaire, avant de déplorer l'absence de contre-attaque d'envergure de la Wehrmacht dans le Cotentin ou vers Caen alors que les Alliés sont, d'après lui, vulnérables logistiquement en raison de la nécessité pour eux d'acheminer tout leur ravitaillement par voie maritime. Invité une nouvelle fois à prendre la parole, Rommel aurait demandé aux autres participants de la conférence d'exprimer clairement leurs vues sur la situation de l'Allemagne. Une telle franchise est-elle possible, même pour Rommel ? Quoiqu'il en soit, c'en est trop pour Hitler qui le somme de quitter la salle. Le maréchal s'exécute puis, profondément déprimé, quitte Berchtesgaden dans la soirée. Goebbels ne cache pas sa déception ni son inquiétude : « Je suis de plus en plus persuadé que la nomination de Rommel au commandement dans un secteur aussi critique n'a pas été une bonne chose[22]. »

Pourtant, discipliné, Rommel met tout en œuvre pour poursuivre la lutte en Normandie selon les instructions du Führer. Rien de concret n'est véritablement sorti de cette conférence. L'attente d'un débarquement entre la Somme et le Pas-de-Calais reste plus que jamais d'actualité : le 1er juillet, le QG du groupe d'armées B dresse une carte de l'*Atlantikwall* pour l'OKW[23]. La situation en Normandie est des plus préoccupante. Les Alliés disposent sur le continent de 850 000 hommes, soit trois fois les effectifs de Rommel et sont en passe de gagner la bataille de la consolidation. Leurs pertes du mois de juin se montent à 61 700 hommes. Les Allemands, de leur côté, accusent la perte de 4 000 véhicules et de 62 200 hommes, y compris une quinzaine de milliers appartenant à la *Festung* Cherbourg[24]. Les pertes en hommes semblent donc s'équilibrer. Dans les airs, en cette fin de mois de juin, la Luftwaffe, qui a réalisé 14 000 sorties aériennes contre plus de 120 000 pour la RAF* et l'USAAF**,

* RAF : Royal Air Force.

** USAAF : United States Army Air Forces.

revendique 1 305 victoires aériennes (dont 672 par la Flak) pour la destruction de 819 de ses appareils[25].

Une valse de limogeages survient alors en Normandie. Si Rommel conserve son poste, Rundstedt est relevé de son commandement. « Faites la paix, pauvres imbéciles ! Que pouvez-vous faire d'autre ? » lâche-t-il par téléphone à un Keitel décontenancé. Prenant congé de Rommel, il ne cache pas sa satisfaction : il ne sera plus en responsabilité quand la catastrophe s'abattra sur l'armée allemande à l'Ouest. Le maréchal von Kluge le remplace. Sûr de lui-même, l'ancien commandant du groupe d'armées centre en Russie entend suivre les directives du Führer et en imposer à Rommel à qui il rappelle son devoir d'obéissance. La première rencontre entre les deux hommes est plutôt glaciale. Que devient Geyr von Schweppenburg ? Contrairement au Führer, il est partisan d'une défense élastique. Dans un rapport avalisé par Rundstedt et Rommel, il ose suggérer un repli hors de portée de la flotte alliée et une évacuation du saillant de Caen. Cette franchise lui coûte son poste : il est également congédié. Son successeur, Eberbach, est, comme lui, un spécialiste des blindés.

Chapitre XIII

LE SOLDAT ALLEMAND FACE À L'INVASION

Quel est le quotidien d'un soldat allemand en Normandie ? Que signifie donc combattre en Normandie ?

Une des clés de l'efficience de l'armée allemande est la discipline de fer qui la caractérise. Outre les tactiques, l'entraînement et la qualité des armes et de l'équipement, la discipline est une des bases des succès remportés par les Allemands. Celle-ci est d'une dureté inconcevable dans les armées des nations démocratiques que sont les forces anglo-américaines. Le risque de la peine de mort est bien réel dans un nombre très varié de cas. Un combattant de la 91e division d'infanterie écrit à sa famille le 15 juillet : « Krammer, un gars courageux, a commis la bêtise de se tirer une balle dans la main. Maintenant, il va être fusillé[1]. » Pendant toute la durée du conflit, quinze mille soldats allemands seront passés par les armes pour mesures disciplinaires.

Supériorité sur l'adversaire et fanatisme seront les ressorts de la victoire. Lammerding, qui commande la « Das Reich », en est convaincu :

> Ici, sur le front du débarquement, nous faisons face à un ennemi supérieur à nous en équipement, mais pas en volonté de combattre. Aussi, nous sortirons vainqueurs de

> cette lutte car la combativité est le facteur décisif dans une bataille. Je veux que ceci soit expliqué continuellement aux hommes lors de discussions et de cours. J'attends de mes commandants de compagnie qu'ils soient capables d'élever les hommes, de les remplir d'un élan fanatique[2].

De fait, Waffen SS et parachutistes feront montre de fanatisme au cours de cette âpre et sanglante campagne. Guderian est également convaincu de la supériorité du soldat allemand : l'infanterie britannique manque de combativité et, face à des équipages de Panzer très bien entraînés, selon lui (il est l'inspecteur général des troupes blindées), « la supériorité de l'ennemi ne découle que du nombre de ses chars[3] ». Obéissants, les soldats allemands, comme leurs adversaires, nouent des liens de solidarité au niveau du groupe de combat ou de la section. Leur motivation première : survivre et ne pas abandonner les « copains », les venger au besoin. L'idée de remporter la bataille décisive pour le Reich est bien entendu très présente. On se bat pour la patrie (*Vaterland*) et la famille. On se bat aussi pour le Führer, plus souvent que certains auteurs ne voudraient le laisser entendre. Pourtant, l'examen fait par les services de renseignement américains du courrier pris sur les prisonniers et sur les cadavres semble suggérer une baisse du moral après la chute de Cherbourg[4]. À l'instar des commandants Kuhle et von Saldern, certains prisonniers pensent désormais que la guerre ne peut plus être gagnée. Déçus par le Führer qui n'a pas su tenir ses promesses, sensibles à la puissance de leurs adversaires américains, ils ne cachent pas non plus leur mépris pour leurs officiers, jettant dans la même opprobre Rommel et Rundstedt[5]. Début juillet, un soldat de la 91e division d'infanterie écrit : « Difficile de continuer à croire en la victoire puisque les États-Unis prennent de plus en plus pied[6]. »

L'absence de succès tangible affecte le moral. Le caporal Hohenstein de la 276ᵉ DI rapporte que de nombreux soldats disent qu'ils ne quitteront jamais vivants la Normandie. Les Waffen SS ne sont pas exempts de périodes de doutes. Heinz Harmel, qui commande la 10ᵉ division SS de Panzer, observe ainsi un relâchement de la discipline, notamment dans les services arrière[7]. Mais une telle constatation ne peut en aucun cas être généralisée. A contrario, la propagande orchestrée par Goebbels porte ses fruits. Plus le mensonge est gros, plus il semble être admis. L'impact réel des effets dévastateurs des bombes volantes V1 sur l'Angleterre est surestimé. Un soldat allemand capturé au début du mois de juillet rapporte que d'après son commandant de compagnie la population du sud de l'Angleterre est affamée et que les victimes se montent à 12 millions[8] !

On compte beaucoup de fanatiques, de nazis convaincus au sein de la Wehrmacht et, bien entendu, au sein des formations de la Waffen SS. Faut-il en être surpris ? Endoctrinés depuis leur plus jeune âge, nombre de soldats allemands – beaucoup ont moins de 20 ans – ont été bercés par le national-socialisme. Les autres simples soldats, largement avancés dans la vingtaine ou même trentenaires, pourtant déjà adolescents au moment de l'accession d'Hitler au pouvoir, n'ont pas été pour autant imperméables à la rhétorique nazie, loin s'en faut. La dureté du régime, son caractère raciste et antidémocratique se reflètent donc au sein de l'armée qui le sert avec zèle. La propagande, notamment par le biais des officiers nationaux-socialistes, rappelle aux soldats les effets terribles des bombardements qui frappent les populations civiles en Allemagne, et ce pour attiser leur haine des Anglo-Saxons. Pour autant, les Alliés ne sont pas exempts de crimes de guerre à l'occasion. Surgissant d'une haie avec un mouchoir blanc à la main, interpellant un GI avec un *Kamerad* qu'il espère salvateur, un soldat allemand est ainsi froidement abattu : il a fait l'erreur de garder des grenades qui dépassent de sa tenue… « C'était traîtrise et compagnie, s'explique le GI, et il fallait les traiter comme des bêtes sauvages. » Ce même GI, John Sam Allsup, transperce de sa baïonnette un autre Allemand allongé et ouvre le feu : l'homme, qui feignait la mort, sursaute, découvrant ainsi la mitraillette qu'il cachait sous son corps[9]… Il faut dire que certains allemands n'hésitent pas à piéger des cadavres de soldats américains.

À Graignes, les Waffen SS témoignent de la brutalité qu'on leur sait coutumière : tous les parachutistes américains capturés sont froidement assassinés. Michel Folliot témoigne : « En signe de vengeance, des éléments de la 17e division SS de panzergrenadiers fusillèrent les abbés Leblastier et Lebarbanchon[10]. » Denise Boursier-Lereculey se souvient elle aussi du drame :

> Ils les mirent, pendant deux heures, les mains sur la tête en leur défendant de bouger. Un de ces malheureux, pour avoir bougé, reçut un coup de botte de la part de ces brutes. Puis un autre officier américain fut amené dans une charrette à traire escortée de deux officiers qui le flattaient par pitié. Ces autres bandits se mirent à lui tirer sur la jambe pour le faire crier puis ils achevèrent ce malheureux dans l'église ainsi que ses deux camarades[11].

Perfidie aussi que le forfait commis par ces SS qui, avançant avec de larges drapeaux blancs, les jettent soudainement alors que des Canadiens, trop confiants, se portent vers eux et tombent, criblés de balles. Un de ces SS, blessé, chute dans une rivière avant d'être sauvé de la noyade par un Canadien.

Loin d'en être reconnaissant, le SS n'hésite pas à abattre son sauveur dans le dos[12]. Les parachutistes, aussi fanatisés que les Waffen SS, se laissent aller à des excès également : un certain Büsing rapporte le massacre de civils normands (quelque part entre Lisieux et Bayeux) après qu'un para de 1re classe a été abattu par un coup de feu, vraisemblablement tiré par des résistants. Blessé, le sous-officier enjoint à ses hommes de tout détruire et de ne laisser personne en vie… Sortis de leur sommeil, les pauvres villageois sont tous passés par les armes[13].

La Croix-Rouge n'est pas toujours respectée. Un chirurgien américain rapporte que des infirmiers et des médecins ont été assassinés par l'ennemi. « Un infirmier, déshabillé, avait été suspendu à une poutre et tué à coups de baïonnette dans l'estomac[14]. » En plus d'une occasion, les chasseurs alliés ont ouvert le feu sur les ambulances ennemies. Il semblerait, selon des rapports de pilotes alliés, que les Allemands aient toutefois utilisé des ambulances pour le transport de pièces antichars, de munitions et d'officiers[15]. Lorsqu'il est évacué du front après avoir été blessé, le lieutenant Heinze constate que le toit de l'ambulance qui l'emmène est constellé d'une multitude de trous résultant d'attaques aériennes[16].

Cependant, preuve du respect mutuel sur ce théâtre des opérations, les prisonniers et les blessés sont, dans la majorité des cas, traités avec les plus grands égards. Le 29 juin, au cours des combats pour Saint-Lô, un médecin et des infirmiers américains capturés par les Allemands prodiguent des soins à des parachutistes allemands blessés[17]. À Éterville, le 10 juillet, le poste sanitaire britannique est débordé par l'afflux de blessés des deux camps. Un aumônier britannique s'en va donc quérir des membres du service médical des Waffen SS qui acceptent de soigner les blessés dans l'église d'Éterville auprès de leurs homologues britanniques[18]. Dans un autre cas, huit soldats allemands découvrent, dans une maison, un Américain, le lieutenant Watson, du service médical, occupé à soigner un enfant. Ils le laissent finir ses soins avant de le renvoyer vers les lignes américaines[19]. Parfois, c'est au cours d'une trêve dûment organisée que les brancardiers des deux camps relèvent côte à côte les blessés et les morts demeurés dans le no man's land. Ainsi les Allemands demandent-ils aux Américains de stopper le combat, le 9 juillet, vers le bois de Bretel, sur la route de Saint-Lô, le temps de permettre au service médical d'agir. La tâche sitôt achevée, le concert de l'artillerie reprend ses droits. Connus à juste titre pour leur brutalité et leur propension à commettre des crimes, les Waffen SS ne sont pas sans faire preuve de gestes d'humanité, à l'occasion. Le 16 juin, près de Caen, les soldats de la « Hitlerjugend » laissent les Canadiens relever leurs blessés avant de les imiter eux-mêmes. On se salue mutuellement avant de reprendre le combat[20]. Le 9 juillet, les Américains organisent une trêve pour renvoyer dans les lignes allemandes des infirmières capturées à Cherbourg. Le général von Lüttwitz, commandant la 2e division de Panzer, rapporte : « Ce second transfert, et le traitement chevaleresque de ces infirmières, fit alors forte impression sur toute la division[21]. » Parfois, une situation inattendue conduit à une réaction empreinte de bon sens. Le parachutiste Borner se retrouve ainsi nez à nez avec un GI : « Que se passa-t-il ? Je n'en sais absolument rien. Nous nous sommes fixés des yeux. Puis, lentement, nos armes se sont abaissées vers le sol. Nous avons prononcé simultanément un mot qui, peut-être, était "ami". Puis nous sommes repartis chacun vers nos lignes[22]. »

Le quotidien d'un soldat allemand, rythmé par les combats et les périodes d'accalmies relatives, est avant tout celui qui s'organise autour de son cagna ou de son trou individuel (le *foxhole* chez les Alliés). Creuser son abri et organiser sa défense sont des tâches essentielles. Même éreinté, après chaque déplacement ou changement de position, il faut prendre sa pelle et creuser. Il en va de sa survie. Aussi s'applique-t-on à établir les retranchements avec art et intelligence. Martin Pöppel se rappelle du travail de ses parachutistes le 22 juin : « Un excellent progrès est réalisé dans la consolidation de nos positions. Les trous individuels sont maintenant connectés par des tranchées afin de créer une ligne unifiée et de postes d'observations bien dissimulés ont été creusés à travers les murs de terre. Les routes ont déjà été minées et, chaque nuit, nos sapeurs travaillent à miner le terrain en face de nos positions. Des barbelés, préparés par nos hommes du ravitaillement, sont également mis en place. »

Pöppel fait également construire un bunker : un trou de 2,5 mètres de profondeur qui donne ensuite sur deux passages, plus profonds. Les tranchées, creusées à hauteur d'homme, ne sont ouvertes que sur de petites entrées, le tout étant recouvert d'au moins un mètre de bois et de terre[23]. On renforce l'ensemble avec des sacs de sable et des poutres ou des troncs. Souvent on les recouvre de terre sur une trentaine de centimètres avant de mettre en place une seconde rangée de rondins, le tout étant dissimulé sous des branchages à des fins de camouflage. Ces abris s'avèrent efficaces contre les obus allant jusqu'au calibre de 155 mm[24]. Au besoin, on agrémente la position avec quelques meubles, des caisses, des boîtes, de la tôle, des portes, voire de la paille… Il faut ensuite rester terré dans son trou : les tireurs embusqués (les snipers) et les observateurs d'artillerie ennemis guettent en permanence.

Le quotidien en première ligne signifie aussi une vie en plein air, sans commodités. Le soldat de 1re classe Martin

Eichenseer se souvient de l'odeur des hommes sur le front : « Nous étions toujours sales pour avoir rampé et creusé, et en sueur à cause de la chaleur et de l'effort physiques[25]. » Ce n'est que le 28 juin, après trois semaines de combats, que Martin Pöppel peut enfin se laver à l'eau chaude, dans un poste médical avancé[26]. Même désagrément pour les besoins naturels. Blotti toute la journée dans son trou, le fantassin en est réduit à faire ses besoins dans une douille ou une gamelle… Bien qu'étant moins éloigné de sa famille qu'un GI, le soldat allemand subit davantage les difficultés d'acheminement du courrier et les raisons de s'inquiéter pour les siens sont bien réelles : bombardements sur les villes, avancée des Soviétiques… Le sommeil est rare. On vit avec le stress et l'état d'alerte permanent. La fatigue s'accumule. Le ravitaillement en vivres et l'approvisionnement en munitions ne peuvent s'effectuer que de nuit, ce qui est de nature à diminuer encore les trop rares heures de sommeil de soldats fourbus. Le soldat de 1re classe Karl Wegner de la 352e DI est réquisitionné pour prendre part à une corvée de ravitaillement : les soldats portent, boutonnées à leurs vareuses, de petites lampes éclairant de façon assez discrète, ce qui laisse les deux mains libres. Après avoir transporté l'approvisionnement dans des petites carrioles à bras, Wegner et ses compagnons prennent des caisses dans les mains et passent des bandes de cartouches autour du cou, pour faciliter leur transport. « J'ai atteint mon trou aux alentours de l'aube en possession de 1 500 coups et 10 grenades. Ma nourriture, ce qu'il y en avait, était froide. » Son supérieur comprend que cette nuit sans sommeil a été éreintante : Wegner ne portera donc pas la mitrailleuse aujourd'hui. En attendant, il peut bénéficier d'une heure de repos, un vrai luxe pour un homme épuisé[27]… On bivouaque donc dans son trou, à l'abri de rondins ou de sa toile de tente camouflée, la *Zeltbahn*. La boue et la pluie rendent la vie misérable. Les vêtements ne sèchent pas… Le matin, on se réveille transi, les membres ankylosés. Un parachutiste se souvient : « Il fait très froid au lever du jour ici. Tout est couvert de rosée et nous gelons joliment dans nos combinaisons de paras. Heureusement que nous avons tous de gros gants de laine italienne, au moins on peut garder au chaud ses doigts engourdis[28]… »

Quand il fait chaud, le soleil peut au contraire se faire ardent en cet été 1944. Face à la tête de pont à l'est de l'Orne, il faut faire face aux assauts répétés des moustiques. Il faut constamment rester aux aguets, les sens en éveil. La nuit, les bruits des combats se font entendre. Les trous étant espacés, une impression d'isolement peut s'emparer de certains combattants. Un certain nombre craquent nerveusement. C'est la psychose de guerre. Si l'armée américaine prend en compte cette réalité, la Wehrmacht – qui manque de toute façon d'hommes pour tenir le front – n'y est guère encline. Mais certains cas nécessitent une évacuation : le colonel Groth, de la 352e DI, au combat depuis Omaha Beach le 6 juin, est ainsi transféré vers un hôpital psychiatrique. La guerre use de tous les moyens. Des tracts sont envoyés sur les lignes américaines pour décourager les GI et saper leur moral : ils présentent le visage d'une femme américaine en pleurs à l'annonce de la mort de son mari survenue sur le front de Normandie. Les Allemands sont eux aussi soumis à la guerre psychologique par leurs adversaires : pas moins de 86 millions de tracts sont expédiés dans leurs lignes. Un journal écrit en allemand – *Nachrichten für die Truppe*, « Les nouvelles pour la troupe » – est également largué chaque nuit par avion afin de devancer la propagande de Goebbels : compte rendu assez exact de la situation sur les différents fronts, détails sur les bombardements et, pour retenir l'attention, résultats sportifs et pin-up. L'effet de cette guerre psychologique, difficilement quantifiable, a peut-être été plus efficace sur les *Volksdeutsche* et les *Osttruppen*.

Une armée marche sur son estomac… Une division nécessite un approvisionnement quotidien conséquent : 20 000 litres d'eau, trois tonnes de saucisses et suffisamment de farine pour plus de 10 000 pains. Un approvisionnement régulier en vivres est essentiel au maintien du moral du combattant en première ligne. Dès le début de la campagne, certaines unités partent au combat sans avoir avalé de repas depuis vingt-quatre heures. Il faut bien souvent se contenter d'un seul repas par jour, pris le soir, la nuit tombée. Le 27 juin, le 84e corps fait savoir à la 7e armée que la ration de pain quotidienne a dû être diminuée en raison de difficultés de ravitaillement à mettre sur le compte de l'activité aérienne alliée[29]. Il ne faut dès lors même plus s'attendre un traitement ordinaire. Le caporal Peter Simeth se souvient du repas qu'il découvre dans sa gamelle : « La vue de son contenu combinée avec la fumée de tabac m'a rendu plus malade que je ne l'ai jamais été de ma vie[30]. » La réalité reste néanmoins différente selon les situations. Un combattant de la 91e division d'infanterie écrit dans une lettre : « Je ne peux m'habituer à cette confusion et à cette guerre cruelle. À l'Est, j'en étais moins affecté, mais ici, en France, je ne parviens pas à m'y faire. La seule bonne chose ici, c'est qu'il y a assez à manger et à boire[31]. »

En cas de manque, on n'hésite pas à découper des quartiers de viande sur les bêtes qui ont été fauchées par la mitraille, victimes, elles aussi, de la guerre. Un autre expédient est l'achat de vivres auprès de fermiers : les œufs et le lait, par exemple, améliorent l'ordinaire de façon notable. Parfois, comme à Loges-Saulces, des soldats allemands n'hésitent pas à troquer de l'essence, pourtant si rare, contre des rasades de calva bien réconfortantes[32]. Un jour, Peter Simeth découvre des animaux abandonnés dans une ferme : une mule, un chien et des vaches. Suivi par ce convoi inhabituel pour un soldat de la Wehrmacht, il connaît alors la peur de sa vie lorsqu'il est survolé à plusieurs reprises par un chasseur allié. Impossible de se mettre à couvert. Pourtant, l'aviateur, pensant sans doute avoir surpris un paysan, n'ouvre pas le feu. À son arrivée à son poste, Simeth est acclamé par ses compagnons : du lait et de la viande fraîche pour plusieurs jours ! Et puis, on sait pertinemment que les Américains ne pensent pas qu'il puisse y avoir des soldats à proximité de vaches qui broutent de l'herbe : cela pourrait leur épargner quelques volées d'obus[33] ! Les civils normands peuvent aussi être témoins de scènes plus atypiques : à la faveur d'une fusée éclairante qui illumine soudainement un champ, Michel Rondeau découvre un soldat allemand – pistolet au poing – courant derrière une vache, avec l'intention évidente d'abattre l'animal. Par ailleurs, bien des surprises attendent les Allemands dans les fermes, comme le rapporte le parachutiste Rudolf Jackl :

> On a découvert un certain nombre de choses : de grosses quantités d'épaisses tranches de lard salé, de la crème salée, conservées dans des récipients en grès. Puis, dans des barriques, le redoutable calvados. On a trouvé également les grands tonneaux au délicieux cidre. Quand nous avalons les premiers quarts remplis de calvados, les larmes nous partent des yeux et tous se mettent à tousser longtemps. Certains hurlent qu'ils vont se brûler la gorge[34].

Piller dans l'espoir de se procurer de la nourriture reste périlleux car cette pratique formellement interdite au sein de la Wehrmacht – sur le front Ouest – peut aboutir au peloton d'exécution. Pourtant, le 15 juin, à Caen, des soldats allemands – essentiellement des SS – s'adonnent au pillage, parfois en expulsant des civils de leurs demeures, sans que la Feldgendarmerie s'interpose[35]. L'armée allemande a aussi ses propres animaux. Au-delà des unités cynophiles de la Feldgendarmerie, il s'agit avant tout des nombreux chevaux – on en dénombre des dizaines de milliers – qui composent les attelages des pièces d'artillerie et des charrettes des divisions hippomobiles, bien plus nombreuses que les divisions de Panzer. Outre le temps accordé au soin de ces bêtes, ce qui mobilise des effectifs faisant défaut ailleurs, il faut disposer de foin en quantité pour les nourrir.

Les difficultés de ravitaillement des soldats allemands en première ligne s'expliquent par les obstacles que rencontre la logistique alors même que les Alliés sont en mesure de faire parvenir en Normandie des troupes et du matériel en quantité sans aucune interférence de la part de leur adversaire. Dans le camp allemand, la logistique doit être en partie assurée par les divisions elles-mêmes. Cela est particulièrement problématique pour les unités hippomobiles – la majorité de la Heer – car les convois sont lents, ce qui influe d'ailleurs sur la congestion qui s'empare de certaines voies de communication. La « Hohenstaufen », positionnée à l'ouest de Caen, est ainsi contrainte d'aller quérir son carburant à Tours, par un long détour nocturne via Le Mans. Son unité sœur, la « Frunsberg », doit, pour sa part, envoyer ses camions citernes jusqu'à Sens, au sud-est de Paris[36]. La situation observée précédemment pour la première semaine de l'Invasion est toujours valable en juin et en juillet. Craignant toujours un débarquement au nord de la Somme, les Allemands ne consacrent pas toutes leurs ressources à la bataille de Normandie, et cela reste vrai dans le domaine du ravitaillement. Ainsi, au 18 juin, la capacité de transport des camions de la logistique de la 7e armée n'excède pas 300 tonnes alors qu'elle atteint 10 000 tonnes à la 15e armée[37] ! Trois jours plus tard, Dollmann propose à Rommel que soit organisé un grand pool de camions de transport à l'intention du front de la Normandie en mettant à disposition de la 7e armée tous les camions présents en Bretagne ainsi que tous les véhicules à roues du nord-ouest de la France. Certes, des améliorations sont constatées suite à des efforts constants. Le groupe de panzers Ouest met sur pied son propre échelon logistique, après que la 7e armée lui a transféré des camions et qu'un régiment est affecté à l'entretien des routes et au contrôle du trafic. Il est confié au lieutenant-colonel Colsmann grâce aux efforts duquel la situation s'améliore grandement, sans devenir satisfaisante pour autant[38]. Fin juin, si la 7e armée compte 1 300 tonnes de ravitaillement et 800 tonnes en transit, il lui en faut 3 200 pour assurer une défense convenable et 4 500 tonnes en cas de passage à l'offensive[39]. La Kriegsmarine se démène également. Le 19 juillet, l'amiral Ruge assiste ainsi à la mise en chantier et à la construction de vingt bacs sur la Seine[40]. Quinze jours plus tôt, il avait été témoin d'une scène navrante : après être passé à côté d'un parc à munitions « à peine gardé » près d'Elbeuf, il atteint la Seine où « on décharge un chaland de munitions qui a une voie d'eau, au moyen d'un treuil à bras, manœuvré par deux hommes. Douze autres les regardent faire. Résultat : 90 tonnes déchargées en seize heures, ce qui est vraiment trop peu. Pas d'abris antiaériens, ni de camouflage quelconque[41] ». Ces problèmes logistiques ne sont pas sans répercussions évidentes sur le confort du combattant allemand : puisque la place disponible au sein des unités de transport de la logistique est en priorité allouée aux articles les plus importants – vivres, matériel médical, munitions –, cela signifie que le remplacement de l'équipement personnel ou des uniformes usagés est des plus difficile. Des dépôts pourvus de ces équipements individuels existent bien en France, pour autant que les unités puissent y avoir accès ou parviennent à se procurer cet équipement avant sa destruction en cas de repli. Dans ces conditions, on n'hésite pas à rechercher des effets (chemises, sous-vêtements) dans les fermes abandonnées ou à retirer aux blessés et aux morts ce qui peut être réutilisé. Comme tant d'autres, le caporal-chef Brass en est réduit à improviser sur le terrain : bien que peu habile à la couture, il façonne donc des chaussettes à partir d'une serviette[42].

Un des écueils de l'armée allemande est celui du renseignement. Les services d'écoute allemands ont parfois obtenus des succès mais restent insuffisants. Il y a aussi les bataillons de reconnaissance. La mission de ces unités est d'assurer la découverte lointaine et d'apporter des renseignements sur le dispositif adverse. Une fois au contact, engluées dans l'enfer de la bataille de Normandie, les divisions doivent procéder autrement. Si la Luftwaffe fait également défaut pour collecter une moisson de renseignements, la reconnaissance du terrain – de toute façon très difficile en terrain bocager – à pied ou à bord de véhicules demeure indispensable avant de mener une opération. Ces missions sont le fait de patrouilles ou de coups de mains menés dans l'intention de ramener des prisonniers. Ce genre de mission peut s'avérer très risqué, mais, pour des combattants motivés, c'est l'occasion d'un peu d'action. Le parachutiste Pöppel rapporte un événement survenu le 24 juin : « Pendant trois jours, trois hommes de la 11e compagnie sont restés allongés juste en face des lignes ennemies, essayant de saisir de bonnes opportunités pour une patrouille de combat nocturne. Inutile de dire qu'ils en ont tiré beaucoup d'amusement. » Le bataillon voisin a pour sa part envoyé une patrouille de douze hommes qui fait des envieux : elle a en effet été en mesure de réduire au silence six mortiers américains sans subir aucune perte en contrepartie[43].

Dans un rapport destiné au général von Drabisch-Waetcher, son homologue de la 326e DI qui relève sa 2e Panzer, le général von Lüttwitz ne cache pas sa surprise quant aux effets dévastateurs de l'artillerie adverse.

> L'incroyable feu d'artillerie lourde et de mortiers de l'ennemi est quelque chose de nouveau, à la fois pour les vétérans éprouvés du front de l'Est comme pour les nouvelles recrues arrivant en détachement de renforts. [...] La moyenne des coups tirés contre nous dans le secteur de la division est de 4 000 pour l'artillerie et de 5 000 pour les mortiers en un seul jour. [...] Les Alliés font la guerre sans regarder à la dépense[44].

Comment, dans ces conditions, redonner courage à des soldats paralysés par un sentiment d'impuissance ? Un Waffen SS va jusqu'à citer Dante dans un de ses rapports : « Abandonnez tout espoir, vous qui entrez ici. » Lüttwitz préconise, lui, le recours aux vieilles recettes : les officiers subalternes doivent mener les assauts à la tête de leurs hommes, en criant des « hourra » dont l'effet serait des plus stimulant, tout en remettant à l'honneur l'ancienne pratique de l'attaque menée au son du clairon.

Les Alliés se montrent particulièrement efficients dans les tirs de contre-batteries : c'est ainsi qu'une batterie de six automoteurs Wespe de la « Hohenstaufen » est rapidement neutralisée et réduite à une seule pièce, dont les servants restent blottis à l'abri toute une journée pour éviter les tirs[45]. Si l'armement des troupes allemandes est généralement considéré de qualité supérieure à celui de leurs adversaires, cela semble discutable dans le domaine de l'artillerie. Les pièces d'artillerie alliées – standardisées au contraire des pièces allemandes – sont très performanantes et, surtout, leur mobilité est nettement supérieure en raison d'une motorisation généralisée (un grand nombre de batteries allemandes sont hippomobiles). Elles sont en outre servies par un personnel compétent capable de mettre en œuvre des méthodes de concentration de tirs terriblement efficaces. La puissance de l'artillerie alliée est proprement stupéfiante : la 1re armée américaine tire 70 000 coups par jour en moyenne du 9 au 15 juillet[46]. Devant les récriminations concernant la supériorité de l'artillerie britannique, le général Eberbach organise un tir de barrage méticuleusement préparé – 2 500 obus sont stockés – afin de prendre par surprise l'ennemi dans le secteur du 2e corps SS de Panzer. La réplique est foudroyante : les Britanniques réagissent immédiatement en expédiant 22 000 obus sur les lignes allemandes[47]... Dans ces conditions, la moindre tâche effectuée sous ce déluge d'acier devient extrêmement périlleuse. Tenter de réparer des câbles de téléphone coupés par les tirs ennemis s'avère ainsi souvent suicidaire. Devant Saint-Lô, un parachutiste rapporte que « le commandant du régiment, le commandant Kurt Stephani, n'autorise pas l'envoi d'agents de liaison. Il sait, depuis l'Italie, ce qu'il en adviendrait : une course à la mort[48] ».

La qualité des transmissions est aussi un écueil pour la Wehrmacht en Normandie. Nul équivalent des fameux « talkie-walkie » américains (en fait des « handie-talkie »). Si les téléphonistes ne peuvent être repérés, leurs câbles sont régulièrement coupés. Les postes d'émission radio, quant à eux, peuvent être détectés et copieusement bombardés par les Alliés. Un rapport de Guderian basé sur l'expérience du front de l'Invasion est édifiant à cet égard : « Dans tous les cas, interdire l'usage de la radio, même pour l'écoute. C'est également vrai pour les zones de rassemblement. Plusieurs fois, des unités derrière le front ont été recouvertes par un tapis de bombes pour avoir envoyé seulement quelques messages[49]. »

Les observateurs disséminés sur le terrain, les estafettes et les soldats des transmissions chargés de poser les câbles, souvent à découvert, sont particulièrement exposés. Les sabotages opérés par la Résistance sur les arrières ajoutent aux difficultés et à la confusion. Les liaisons radio entre la Heer et la Luftwaffe laissent également à désirer : ici encore, rien d'équivalent avec la mécanique relativement bien huilée des Alliés qui permet – avec tout un système d'officiers de liaison – de réclamer et d'obtenir un soutien aérien. La cellule de liaison de la 3e flotte aérienne rattachée à la 7e armée manque d'hommes et de moyens pour mener à bien sa tâche. Dans ces conditions, elle s'avère incapable de répondre à temps aux demandes émanant des troupes terrestres, allant tout simplement jusqu'à mettre de côté certaines requêtes. À telle enseigne que la moindre apparition d'un avion de la Luftwaffe reste gravée dans les mémoires des soldats des deux camps : à Carpiquet, le 4 juillet un Messerchmitt 109 effectue ainsi un passage en rase-mottes au-dessus des Canadiens ; pour sa part, c'est le 25 juin que Pöppel observe pour la première fois ce type d'avion pendant la campagne[50].

L'absence de couverture aérienne allemande efficiente est une donnée connue. Dans ces conditions, le mauvais temps – que les soldats allemands ont baptisé « Adolf Hitler Wetter » (le temps d'Adolf Hitler), est le bienvenu. Il facilite un quotidien rendu misérable par l'omniprésence des Jabos. Les mouvements de jour sont donc impossibles, sauf en cas d'extrême nécessité. De nombreuses reporters ont conservé sur la pellicule ces images de soldats allemands juchés sur les garde-boue ou les marchepieds et scrutant le ciel avec inquiétude. Les actualités filmées n'ignorent pas cette réalité et la présentent au public. S'il faut se mettre à couvert avant l'aube, cela ne laisse que quelques heures de mouvement pendant ces courtes nuits d'été. Toutefois, rouler la nuit n'est pas sans générer de nombreux inconvénients : il n'est pas aisé de se repérer si l'itinéraire est mal balisé, les risques d'accidents sont sérieux et il convient de rouler avec davantage d'espace. Faute de soutien aérien, le camouflage prend toute son importance. Le commandant de la « Das Reich » rappelle les mesures de base qu'il convient de suivre : « Tous les Panzer seront camouflés. Les surfaces planes devront être couvertes d'un filet sur lequel du feuillage sera appliqué. Les *Schürzen* [plaques de blindage latérales additionnelles] devront être camouflés de la même façon[51]. » Surveiller le camouflage fait partie du service normal de tous les équipages. On se dissimule sous les épaisses ramures d'un arbre, ou encore le long des haies, qui cachent les engins de toute vue latérale. Bayerlein se félicite des soins apportés par ses hommes au camouflage, « domaine dans lequel ils sont passés maîtres. Toutes les superstructures de leurs blindés doivent disparaître sous le feuillage. Celui-ci est changé lorsqu'il commence à faner[52] ». L'art du camouflage atteint un tel niveau que certains engins deviennent méconnaissables et impossibles à identifier : ils prennent l'aspect de buissons ambulants. On use également parfois de filets disposés au-dessus de chemins pour masquer les mouvements que révèlerait la poussière soulevée par des véhicules. Devant ces difficultés sans nombre résultant de l'absence de couverture aérienne, les récriminations de l'armée à l'endroit de la Luftwaffe sont nombreuses. Les soldats allemands pratiquent l'humour noir et sarcastique. Une plaisanterie a cours sur le front de Normandie : « Quand tu vois un avion blanc, c'est un américain ; un noir, c'est un anglais ; si tu ne vois rien, c'est la Luftwaffe. » Une autre : « Quand des avions britanniques apparaissent, nous nous planquons. Quand des avions américains arrivent, tout le monde se planque. Et si la Luftwaffe surgit, personne ne se planque[53]. » À telle enseigne que, parfois, certains ouvrent le feu sur des appareils de la Luftwaffe, les prenant par mégarde pour des avions alliés ! Alors que les combats font rage devant Saint-Lô, la 7e armée recommande une action – au moins une ! – des chasseurs de la Luftwaffe, ne serait-ce que pour raffermir le moral de la troupe[54]. Ne se laissant pas désarçonner par les critiques qui fusent, notamment lorsque la 7e armée déclare que la troupe ne voit jamais d'avions, le général Bülowius, de la Luftwaffe, rétorque qu'il n'est pas simple de distinguer les avions allemands des autres. Bülowius ajoute qu'il serait souhaitable de faire porter à la connaissance des soldats du front les succès remportés par la Luftwaffe, notamment en mouillant des mines. Le 3 juillet, il est décidé que les chasseurs affectés au soutien de la 7e armée seraient chargés de la protection des voies de communication.

Le remplacement des pertes est un autre souci pour Rommel. Pour remédier au manque de personnel, il faut recourir à des expédients et faire monter en première ligne des soldats des services, des cuisiniers, des secrétaires, des chauffeurs, voire des tankistes ou des artilleurs sans Panzer ni canon… Des bataillons de remplaçants sont perçues par les divisions en ligne. Chacun d'eux compte environ 1 000 hommes, souvent de compétences variées : le bataillon d'infanterie de remplacement 372 compte ainsi 735 fantassins, 151 artilleurs (spécialisés soit dans l'artillerie de campagne, l'artillerie antichars ou les obusiers d'infanterie), 64 sapeurs, 21 soldats du personnel médical, etc.[55]. L'équipement arrive avec parcimonie. Cela entraîne des récriminations de la part de la 7e armée. Le 16 juillet, celle-ci fait savoir que « le bataillon de remplacement 361 est arrivé dans le secteur d'Argentan. Cette unité est la plus pauvre de toutes les unités de remplaçants envoyées jusque-là à la 7e armée, en ce qui concerne l'état physique, l'âge, l'équipement et l'entraînement. À peine 30 % du bataillon d'environ 1 000 hommes est constitué de troupes de ligne, alors que 70 % sont des troupes de service limitées qui incluent un certain nombre de personnels physiquement handicapés à la suite de blessures[56] ». Le problème reste endémique. Le rapport du groupe d'armées B de la semaine du 17 au 23 juillet indique que la 165e division de réserve va être dissoute, ce qui permettra de disposer de huit mille hommes pour renforcer les bataillons d'infanterie[57]. Il n'y a guère que le commandant von Luck de la 21e Panzer pour s'extasier devant les supposées prouesses de la logistique. Après les pertes subies le 18 juillet, il écrit :

> À la section de l'Ersatz-Abteilung, un nouveau bataillon, constitué autour des cadres restants et de remplaçants bien entraînés venant du pays, avec des SPW sortant d'usine, est mis à l'état opérationnel en quelques jours. Nous nous émerveillons devant la logistique qui, encore et encore, apporte jusqu'au front remplaçants, munitions et véhicules[58].

Il n'est pourtant guère imaginable de voir arriver de nouveaux effets personnels (uniformes, vêtements), un luxe réservé à l'adversaire, notamment au sein de la très riche armée américaine. Pourtant, du matériel parvient en première ligne : le 23 juin, les paras de Pöppel perçoivent un obusier et deux mortiers[59]. À la 352e DI, un bataillon d'artillerie qui a perdu toutes ses pièces le 6 juin se voit attribuer huit nouveaux canons et des munitions en provenance d'un dépôt situé au sud de Saint-Lô[60]. Mais, globalement, les pertes sont loin d'être couvertes par l'envoi de matériel de remplacement. La situation est particulièrement critique en ce qui concerne les blindés.

Les Tiger sont considérés comme les maîtres du champ de bataille. Les soldats alliés ont une forte propension à déceler des Tiger ou des canons de 88 au moindre engagement. Une véritable phobie du Tiger s'empare des troupes alliées[61]. Pourtant, moins de cent cinquante Tiger combattent en Normandie. Reste que le Panzer IV du dernier modèle ressemble fort – à distance – au Tiger : les plaques additionnelles de blindage – les *Schürzen* –, destinées à provoquer l'explosion prématurée des projectiles à charge creuse avant impact sur le blindage proprement dit, lui confèrent en effet une apparence plus massive. Supposés invulnérables, les Tiger et les Panther ont aussi leurs défauts. Ils sont extrêmement dispendieux en carburant. De surcroît, leur mécanique fragile nécessite des travaux de maintenance répétés : le 11 juillet, 50 Tiger sont opérationnels au sein des trois bataillons de chars lourds engagés en Normandie tandis qu'au moins 57 sont en réparation[62]. Quinze jours plus tard, le nombre de Tiger perdus au combat depuis le 13 juin n'excède pas vingt-cinq engins[63]. Dans un rapport datant de la fin du mois de juin, Guderian déplore que l'usure du moteur du Panther (environ mille cinq cents kilomètres) soit beaucoup plus rapide que durant les essais. Les mécaniciens déploient pourtant des trésors d'ingéniosité pour s'efforcer de remettre en état les engins en panne ou endommagés. Combattre dans un Panzer n'est pas facile. La visibilité est somme toute des plus réduite. Ainsi, si le blindage – frontal en tout cas – des plus puissants Panzer les met à l'abri des tirs opérés à longue portée (sauf dans le cas notable du canon antichars de 17 livres britannique), l'artillerie lourde peut causer de sérieux dégâts, parfois même provoquer l'explosion des râteliers à munitions d'un blindé. Un coup au but sur le flanc peut aussi endommager le train de roulement. En tirant des explosifs sur des Panzer, des tankistes britanniques trompent ainsi parfois leurs adversaires sur le danger auquel ils sont confrontés. Mais si un perforant parvient à rompre le blindage, l'enfer se déchaîne dans l'habitacle du blindé. L'acier est porté au rouge et les vapeurs d'essence peuvent s'enflammer. Il faut vite s'extirper du Panzer avant que celui-ci ne s'embrase. Nombre de tankistes périssent carbonisés, brûlés vifs ou déchiquetés par une explosion interne. Certains, torches humaines vivantes sorties des blindés, se roulent sur le sol dans des contorsions traduisant une agonie atroce...

En cas de duel, tirer le premier est vital : en tout état de cause, un impact, même s'il ne réussit pas à percer le blindage, est cause d'une tension extrême chez un équipage. L'élément humain et psychologique est ici essentiel. Les Allemands ont confiance en leur matériel. Mais les conditions dans lesquelles est menée la bataille de Normandie – supériorité numérique, matérielle et aérienne alliée ; nature du terrain – vont influencer les tactiques mises en œuvre. Novatrices en partie pour les Allemands, qui comptent pourtant de nombreux vétérans, ces tactiques mettent aussi en valeur leur professionnalisme et leur adaptabilité.

Le bocage : paysage de prés verts clos par des haies dont certaines peuvent atteindre plusieurs mètres de haut. Particulièrement dense dans certaines zones, notamment dans le Cotentin, le bocage est également répandu dans le Bessin, la Suisse normande, le pays d'Auge... Ces deux dernières zones sont également très boisées et très vallonnées (à une trentaine de kilomètres au sud de Bayeux s'élève le mont Pinçon, point culminant de la région, haut de 366 mètres). Partout, les cours d'eau donnent l'avantage au défenseur. Comme en Russie, les villages, mis en « hérissons », s'intègrent aussi au dispositif défensif. Loin d'avoir été la caractéristique de la seule zone de combats où s'affrontèrent les armées allemande et américaine, le bocage est le cadre de maints affrontements en secteur anglo-canadien. Le pays d'Auge, lui aussi constellé de haies, représente un obstacle de taille pour Eisenhower et Montgomery. S'il y a d'abord le secteur des marais de la Dives, on observe surtout de la côte du Calvados au département de l'Orne, au-delà de Vimoutiers, un ensemble de collines recouvertes de forêts et de bocage et dont les chemins creux n'ont rien à envier à ceux dans lesquels se font écharper les GI de la 1re armée américaine de Bradley (le bocage est certes particulièrement dense dans certaines zones du Cotentin). Dans ces conditions, on comprend mieux que le secteur soit quelque peu délaissé par « Monty » et reste statique pendant deux mois et demi.

La guerre des haies est devenue un des symboles de la bataille de Normandie. Le bocage offre certes aux Alliés un avantage certain : la distance d'engagement entre chars est si faible qu'elle réduit à néant la supériorité des canons des Panzer (sans oublier que la longueur du tube du Panther devient une gêne considérable dans un chemin creux…). Par ailleurs, la densité de la végétation limite les possibilités d'observation des défenseurs, même en tenant les hauteurs. Ce sont quasiment les seuls avantages dont disposent les Alliés dans un environnement particulièrement cauchemardesque pour les troupes.

Les champs sont cloisonnés par des haies hautes et denses. On ne peut se déplacer que sur des chemins étroits, les fameux chemins creux, où la visibilité est des plus limitée.

Dès qu'un engin est immobilisé, une colonne entière peut aisément être bloquée puis anéantie. L'utilisation de l'artillerie et de l'aviation est plus problématique au niveau de la zone de contact entre les deux armées. Monté en haut d'une tour d'observation, Eisenhower ne voit rien faute de visibilité suffisante. Il décide alors de survoler le secteur en avion mais constate que « malheureusement, il n'y avait pas grand-chose à voir d'intéressant[64] ». Exagérant quelque peu, il estime ainsi que l'artillerie n'est pas d'un grand intérêt dans le bocage[65]. Elle s'avérera au contraire décisive pour les Alliés. Certes, les risques d'erreurs de tirs sont importants. Distinguer l'ennemi depuis le ciel est souvent une gageure. Près de Saint-Lô, les trous d'hommes occupés par les hommes du 9e régiment de parachutistes sur l'importante cote 192 sont ainsi à peine visibles sur les photographies aériennes prises par les Américains.

Dans ces conditions, les armes de prédilections seront les antichars, les mitrailleuses et, surtout, les mortiers, qui feront des ravages. Particulièrement redoutables, leur condition d'emploi requiert cependant de s'en tenir à des pratiques salvatrices, comme préparer des positions alternatives qu'il faut s'empresser d'occuper afin d'éviter toute réplique de l'artillerie adverse. Il faut prendre garde lorsque la cadence de tir est suivie à un rythme effréné : le tube, surchauffé, risque d'éclater en provoquant l'auto-allumage d'un obus.

En outre, il est bien malaisé de connaître la progression des unités voisines de la sienne ou de déterminer sa position avec précision. Les tirs fratricides ne sont donc pas que le fait de l'artillerie. Un GI se souvient d'avoir abattu son propre chef : il n'a vu qu'un casque foncé, lui rappelant le casque allemand… Au cours de la bataille de Saint-Lô, des chasseurs de chars américains détruisent coup sur coup deux blindés qu'ils prennent pour des Panzer : ce sont des Sherman américains[66] ! Le manque de visibilité, l'angoisse, la tension du combat, la prompte et intempestive réaction au moindre bruit peut déboucher sur un désastre.

C'est avant tout une guerre de fantassins, menée par des petits groupes d'hommes. L'importance de l'encadrement prend ici toute sa mesure. Or, globalement et sans que cela soit systématique, les Allemands peuvent compter sur un bon corps d'officiers subalternes et, surtout, de sous-officiers, avec de nombreux vétérans. Dans un rapport destiné à ses subordonnés, Lammerding, le chef de la 2e division SS de Panzer, insiste sur le fait que « le principal fardeau de la lutte dans le bocage sera porté par les panzergrenadiers. La tâche des équipages de Panzer est de les soutenir au maximum et d'exploiter toutes les opportunités pour pousser en avant »[67].

Les Allemands vont mettre remarquablement à profit le terrain pour tenter de vaincre leurs adversaires. Un Américain décrit non sans admiration les défenses adverses :

> Les Allemands étaient les maîtres du camouflage, leur présence se fondait dans la verdure. Leurs positions étaient à l'intérieur des haies comme des termites avec banquettes de tir, postes de guet et abri souterrain pour le repos, le tout soigneusement recouvert de branchages et de terre. Des saignées étroites permettaient de se glisser rapidement d'un champ à l'autre où le même labyrinthe souterrain reprenait. [...] Réduire ces positions par une attaque frontale était impossible ; seule l'artillerie et les mortiers pouvaient être utilisés, ce qui explique la très grande consommation qui fut faite de ces projectiles. L'aviation, par bombardement et mitraillage, restait la terreur du fantassin allemand car les chasseurs bombardiers prenaient d'enfilade chaque haie avec leurs mitrailleuses.

> Il n'y avait aucune parade possible. Postées aux angles, les armes automatiques avaient leurs champs de tir très dégagés, de manière à intervenir dans deux champs à la fois. Les canons antichars restaient au voisinage des routes et des chemins, comme les mines que les sapeurs posaient de chaque côté la nuit. Comme il était pratiquement impossible, même avec l'artillerie, de venir à bout de ces fortifications, seul le char en accompagnement de l'infanterie au moment de l'attaque était en mesure par son feu de déloger l'ennemi profondément retranché[68].

Si ce GI exagère l'importance qu'il convient d'accorder à l'efficacité des mitraillages aériens dans le bocage, il souligne bien l'importance des tanks. Mais ces derniers ont bien des difficultés à évoluer sur ce terrain.

Les Allemands adoptent une défense en profondeur. Les premières lignes – bien que solidement établies – sont tenues par des effectifs limités et n'ont qu'un rôle de surveillance et de retardement. Les Américains font souvent l'erreur de dissiper l'impact de leur artillerie en frappant en force cette première ligne pourtant légèrement tenue. La ligne de défense principale est située plus en arrière et représente un obstacle de taille. En retrait de celle-ci sont déployées, prêtes à intervenir, les unités de réserves. Parfois, cependant, le manque d'hommes disponibles dans un secteur oblige de limiter la profondeur du dispositif à quelques haies, même si celles-ci sont solidement tenues. Certains officiers aimeraient concentrer davantage de troupes sur la ligne principale de résistance. Le général Eberbach préconise de ne pas consacrer plus du tiers des troupes à la ligne d'avant-postes et la ligne de défense principale et de conserver le plus réserves possible. La nuit, un second tiers se porte en avant pour éviter que des sentinelles ne soient capturées, ce qui peut être le cas si le front est tenu par des effectifs trop ténus[69]. La tactique prévoit le repli vers la ligne de défense principale. L'abandon de toute défense est masqué par l'activité de quelques snipers et l'utilisation de pétards, qui explosent avec retardement afin de leurrer l'adversaire et lui faire croire à la présence de soldats allemands[70].

Les défenses mises en place dans le bocage sont particulièrement redoutables. Bien dissimulés et solidement retranchés (mines, notamment dans les chemins susceptibles d'être empruntés par l'ennemi, barbelés, tranchées), les Allemands mettent en défense les angles des champs clos afin de battre de leurs feu les deux champs mitoyens. Près de La Haye-du-Puits, le sol, miné, est quadrillé de fils disposés en réseau : au moindre choc, c'est l'explosion. Le journal de la 7e armée souligne, le 15 juillet, que les mines disséminées dans le no man's land causent de lourdes pertes aux Américains[71]. La tactique allemande insiste sur l'effet de surprise : on édifie donc de fausses positions et, surtout, on n'ouvre le feu qu'au dernier instant, ce qui suppose une discipline de tir. Si une patrouille adverse pénètre dans un village, on retient ses tirs de façon à causer plus de pertes quand davantage de troupes s'avanceront sur la foi de renseignements erronés. L'idéal est de paralyser l'ennemi. Quand les GI arrivent au milieu des champs, les mitrailleuses les clouent au sol avant que les mortiers et l'artillerie ne les déciment. Parfois, un seul tir suffit pour prendre à ce piège tout un groupe de combat. La nuit, les Allemands usent d'un stratagème diaboliquement efficace : ouvrant d'abord le feu avec des traçantes de mitrailleuses volontairement orientées au-dessus des têtes des GI qui mènent l'assaut, les Allemands encouragent ainsi l'ennemi à rester debout et balayent alors le terrain de rafales tirées par d'autres mitrailleuses mais plus bas, fauchant ainsi l'adversaire ayant manqué de prudence.

Le bocage se transforme donc en un véritable piège. La doctrine allemande préconise une contre-attaque immédiate pour reprendre le terrain perdu alors que l'ennemi est dans une situation délicate, occupant des positions qu'il ne connaît pas encore. Chaque haie représente donc une ligne défensive préparée à l'avance. Elle freine l'élan des GI. Le temps aux Allemands de se replier sur la haie suivante et tout est à recommencer. Au final, bien que disposant d'une puissance de feu considérable et d'une incontestable supériorité numérique, les Alliés sont à la peine dans le bocage face à un adversaire plein de ressources. Les Panzerfaust et les autres antichars sont de véritables cauchemars pour les tankistes alliés. La progression le long des chemins étroits et sinueux est dangereuse. Mais, quand un tank se risque à franchir un talus, il expose son bas de caisse faiblement blindé à une frappe mortelle. Cela étant, manier le Panzerfaust ou le Panzerschreck requiert de la part du soldat allemand un courage certain : il faut s'approcher du « monstre » d'acier au mieux à quelques dizaines de mètres, risquant d'être fauché par une rafale de la mitrailleuse de bord ou encore d'être déchiqueté par un obus si le tir de l'antichars manque sa cible. De même, franchir une haie à l'aide d'explosifs n'est guère plus sécurisant pour les tanks qui attirent immanquablement les tirs des antichars tandis que l'infanterie est neutralisée par les tirs de mitrailleuses et de mortiers, parfois suffisants pour empêcher les GI de placer leurs charges explosives dans les talus.

Lorsque dans le bocage les Allemands deviennent les assaillants, ils en subissent à leur tour tous les désagréments. Les Panzer s'embourbent eux aussi. Leurs plaques additionnelles de blindage mal arrimées s'accrochent aux branchages et tombent parfois. Si le canon d'assaut, bien armé et de silhouette assez discrète, semble remporter bien des suffrages, il est précisément trop bas pour ouvrir le feu au-dessus des chemins creux et, de surcroît, l'absence de tourelle restreint sévèrement son emploi. Les panzergrenadiers doivent combattre le plus souvent à pied, délaissant leurs véhicules. À La Belle Lande, au cours de la bataille de Saint-Lô, trois Panzer IV sont pourtant enterrés jusqu'à la tourelle car la configuration du terrain s'y prêtait[72]. Les Américains observent ainsi que les Allemands n'hésitent pas à sacrifier la mobilité de leurs blindés au profit de leur protection, que ce soit dans un fossé ou à l'abri d'un mur[73]. Quant aux Panzer, il est impensable de les engager en masse, en raison de la maîtrise du ciel par les Alliés et de la menace des bazookas, bien réelle dans ce labyrinthe de haies. Ils sont donc disséminés sur la ligne de front. Pour les vétérans du front de l'Est ou d'Afrique du Nord, il s'agit d'un changement radical de tactique avec lequel il faut composer.

Dans la plaine de Caen, en direction de Falaise, les Allemands se sont battus dans un tout autre environnement : celui de vastes *openfields*. Si on a souvent parlé de l'enfer des haies, combattre dans la plaine – celle de Caen notamment – n'a rien d'une sinécure, bien au contraire. Parsemé de bois et taillis et constellé de villages, qui constituent autant de points d'appui pour organiser une ligne de défense en profondeur (une donnée essentielle dans la doctrine allemande), la plaine est propice pour contrecarrer toute attaque ennemie. En effet, dans un tel environnement, le champ de bataille semble favoriser celui dont la portée utile des armes est la plus longue, à savoir le camp allemand. La qualité de l'optique des canons allemands, alliée à une trajectoire généralement plus plate de leurs tirs, leur assure un avantage considérable. Dans ces conditions, nul ne doit être surpris des lourdes pertes encaissées par les régiments blindés britanniques au cours des opérations menées sur des arènes si propices à l'embuscade à très grande distance. En revanche, la dissimulation aux regards des Alliés, et en particulier de leur aviation, est plus problématique pour les Allemands qu'en forêt ou dans le bocage. Contrairement à l'idée communément répandue, un *openfield* n'offre pas pour autant systématiquement l'opportunité d'un vaste compartiment de combat. Ainsi, durant les opérations menées près de Caen, les tankistes mettent à profit les quelques haies qui parsèment le champ de bataille pour s'y dissimuler un temps[74]. De même, ces haies, les vergers, les fermes, les villages et les talus des voies ferrées sont autant d'obstacles qui limitent le champ d'observation et les lignes de tir des canons et des blindés. En juillet, puis en août, plus encore qu'en juin, les blés, devenus hauts (à cette époque, les variétés de blés arrivent à hauteur d'épaules[75]), gênent considérablement la vision des conducteurs de blindés, à la merci d'un cratère de bombe non visible ou d'une position ennemie qui ne se dévoile qu'au dernier instant. La fumée des explosions ou émanant des carcasses en flammes, la poussière, les fumigènes sont également de nature à réduire l'acquisition d'une cible. Les Britanniques utilisent à dessein ce stratagème. Harmel, le chef de la « Frunsberg », préconise, en guise de contre-mesure, d'utiliser des périscopes de tranchées et des télescopes[76]. La moindre déclivité, même de quelques mètres, peut prendre de l'importance. C'est donc une possibilité, pour les tankistes britanniques, d'adopter une de leurs positions favorites, dite *hull down*, c'est-à-dire à l'abri d'une élévation en ne laissant apparaître que la tourelle. Les Allemands n'hésitent pas, quant à eux, à enterrer leurs chars, comme c'est le cas d'une compagnie de Panzer IV de la 21e division de Panzer à Lébisey, interdisant ainsi l'accès à Caen depuis le nord.

Sur ce terrain, a priori pourtant plus favorable que le bocage, les Panzer, du fait de l'aviation alliée, ne peuvent pas non plus se déployer en masse. Qu'ils se risquent à découvert en plein jour, et les pertes peuvent s'élever rapidement. Ces attaques restent rares et de portée limitée : si en Russie, les Allemands sont en mesure de tenir le front avec un minimum de soldats en raison de la qualité de leurs armes, et reprendre le terrain perdu à la faveur d'une contre-attaque mettant en œuvre des tactiques de flanquement et d'infiltration, cela n'est plus possible en Normandie face à des adversaires solidement retranchés avec de nombreux antichars, disposant de la maîtrise aérienne et soutenus par une artillerie puissante et très réactive.

Chapitre XIV

UNE TERRIBLE GUERRE D'ATTRITION

Le 19 juin, après la coupure du Cotentin et au moment où s'opèrent les combats pour Cherbourg, on ne dénombre en première ligne que trois mille cinq cents Allemands désorganisés au sud de la péninsule. La chance sourit à Dollmann et Choltitz puisque les Américains manquent l'occasion d'opérer une avancée en profondeur, voire une rupture du front allemand. Les ressources de la 1re armée américaine – limitées en raison de la tempête qui se déchaîne dans la Manche – sont en effet allouées en priorité à Cherbourg, et non à la conquête de Lessay, Saint-Lô ou Caumont. Rommel met à profit ce répit inespéré pour étoffer le dispositif en faisant monter en ligne des renforts venus de Bretagne. En revanche, aucune contre-attaque n'est lancée face aux Américains depuis l'échec essuyé à Carentan le 13 juin. Douze divisions allemandes (84e corps et 2e corps de parachutistes) font face à la 1re armée américaine sur un front de quatre-vingts kilomètres.

La défense est d'abord assurée par les rescapés des combats menés dans le Cotentin au cours de la première quinzaine de juin. Ces débris d'unités forment divers groupes de combat, ne représentant guère plus chacun qu'un gros régiment. Le groupe du colonel Koenig de la 91e division d'infanterie – division qui a perdu 85 % de ses fantassins au 24 juin – aligne trois mille cinq cents hommes. Renforcé, il compte toutefois 78 canons antichars et blindés, et 62 pièces d'artillerie[1]. On lui a assigné la brigade d'*Osttruppen* de Bunyachenko[2]. Il est également épaulé par des éléments de la 265e DI. Il est chargé de tenir une ligne d'avant-postes dans la zone marécageuse au sud de Saint-Sauveur-le-Vicomte. Sa mission n'est que retardatrice puisque la ligne de défense principale allemande est établie de part et d'autre du mont Castre. Formé à partir des restes de la 243e DI, un autre groupe de combat, celui du colonel Klosterkemper, est en position au sud du Cotentin, dans le secteur de La Haye-du Puits. Le groupe du colonel Bacherer, quant à lui, est issu de la 77e DI, qui a subi de lourdes pertes pendant les combats ayant mené à l'isolement de Cherbourg. Il aligne les mille quatre cents fantassins rescapés de l'encerclement amalgamés aux unités qui parviennent en Normandie, soit plusieurs milliers d'hommes. Il n'est pas concevable pour Dollmann d'espérer tenir le front avec ces seules unités. En dépit des demandes répétées de la 7e armée, l'OKW refuse de transférer sur le front de l'Invasion la 319e DI du général Schmettow, qui constitue la garnison des îles anglo-normandes, soit trente cinq mille hommes. En dépit du bon sens, cette division de très bonne qualité, à effectifs pleins, reste donc l'arme au pied, isolée. Le Führer entend tenir jusqu'au bout cette parcelle de Royaume-Uni tombée en son pouvoir !

Des renforts conséquents sont toutefois arrivés, à savoir la 353e DI, commandée par le général Mahlmann. Bien équipée en artillerie et en armes antichars, elle aligne quatorze mille cents hommes dans ses rangs, un effectif bien rare à cette date au sein de la Wehrmacht. Le 22 juin, toutes les unités sont arrivées en Normandie, hormis le bataillon de remplacement. La montée au front depuis la Bretagne ne s'opère pourtant pas sans difficultés. Les déplacements ne s'effectuent que de nuit et les isolés sont assaillis par la Résistance, assez active en Bretagne. La progression est de surcroît ralentie par le fait que les renforts venant de Bretagne vers la Normandie ne disposent que de deux itinéraires routiers : il faut d'abord attendre que s'achève le passage de la 3e division de parachutistes qui les emprunte aussi. La 353e DI prend en charge la défense de la région de La Haye-du-Puits, dont la ligne principale prend précisément le nom de « ligne Mahlmann » et s'articule de part et d'autre du mont Castre. D'autres unités sont en route pour le front du Cotentin : 5e division de parachutistes et 2e division SS de Panzer « Das Reich ». Contrairement à ce qu'il a été souvent écrit, les gains tactiques obtenus par les Américains poussent les Allemands à engager des formations d'élite – dont des Panzer – face à la 1re armée américaine. L'armée allemande ne concentre donc pas toutes ses forces face aux Britanniques.

Le terrain se prête particulièrement bien à la défense en raison de la présence de nombreuses collines, dont le mont Castre qui culmine à 122 mètres, observatoire d'artillerie idéal et position de défense essentielle. Pour tenir ces positions, le 84e corps de Choltitz a établi une ligne d'avant-postes à partir des groupes de combat destinés à freiner l'ennemi. Elle précède la ligne de résistance principale établie en partie sur les hauteurs. Une troisième ligne est établie au niveau de Lessay, le long de l'Ay et la Sèves. La pluie est une mauvaise surprise pour les Américains quand l'attaque se déclenche le 3 juillet. Ils sous-estiment par ailleurs le moral et la qualité des défenses des forces allemandes qui leur font face. Des combats d'une rare violence vont embraser le secteur jusqu'au 9 juillet. Helmut Hörner, alors artilleur à la 77e DI, découvre le spectacle horrible de la guerre : « Un nid de mitrailleuse avec ses morts, ici gît un soldat frappé par un éclat alors qu'il se repliait déjà. Deux tanks américains sont maintenant des carcasses fumantes dans le paysage. Un cadavre américain penche hors de la tourelle. » Certains ne supportent plus ces visions dantesques, à l'instar d'un caporal qui écrit une lettre à sa famille :

> Cela m'affecte profondément à l'intérieur et cela devient de plus en plus dur pour moi psychologiquement lorsque vous avez parlé avec un cher camarade et que, une demi-heure plus tard, tout ce que vous pouvez voir de lui ce ne sont que des lambeaux de chair[3].

La 353e DI et les restes de la 77e DI offrent une résistance tenace aux Américains sur le mont Castre. Le 5 juillet, une contre-attaque nocturne allemande repousse un régiment de la 79e DI américaine sur plusieurs kilomètres dans la confusion. Les combats sur le mont Castre font rage toute la journée et, le soir, les Allemands sont obligés de concéder le terrain malgré l'entrée en ligne du 15e régiment de parachutistes du colonel Gröschke. En dépit de sa criante impréparation, la 5e division de parachutistes est capable de faire preuve de mordant. Les tirs de mortier et de lance-roquettes Nebelwerfer ainsi que les rafales de mitrailleuses fauchent les Américains. Coups de mains nocturnes, infiltrations, cloisonnement du terrain bocager : tout est mis à profit par les parachutistes. Rommel, informé de la situation critique que connaît Choltitz, insiste pour que les éléments clés du terrain ne soient pas abandonnés sauf en cas d'extrême nécessité. Le 6 juillet, par un temps maussade, les GI de la 90e DI américaine sont parvenus à conquérir les pentes nord du mont Castre. Les Américains pénètrent dans le hameau du

Beaucoudray, mais les paras s'accrochent et dominent les positions adverses, notamment depuis le point d'appui situé dans les ruines d'un château médiéval. Une contre-attaque du 15e régiment de parachutistes isole et contraint à la reddition deux compagnies. Ce régiment accuse cependant la perte des deux tiers de ses effectifs. Le 8 juillet, Choltitz n'arrive toujours pas à reprendre le mont Castre mais près de 900 Américains sont prisonniers et 135 tanks ont été détruits en une dizaine de jours[4]. La nuit du 8 au 9, les Américains arrivent en vue de La Haye-du-Puits, dont le nettoyage est achevé le 9 juillet. Lessay est atteinte le 14 juillet. En dix jours, Middleton a avancé de onze kilomètres et perdu dix mille hommes[5]. Ces combats empêchent cependant la réorganisation des 77e DI et 91e division d'infanterie, pourtant désignées, le 29 juin, comme prioritaires avec la 352e DI pour amalgamer les bataillons de remplacement. Au 10 juillet, les effectifs en première ligne sont ténus : à titre d'exemple, la 77e DI tient 10 km de front avec à peine 1 840 hommes[6]. Ayant dû céder son unité d'observation d'artillerie spécialisée dans la localisation des canons adverses (procédant selon la méthode du repérage par les sons et les lueurs émis des batteries ouvrant le feu), Dollmann se plaint de sa faible capacité en tirs de contre-batterie, d'autant plus que la multiplication de pièces d'origine et de calibres de toutes sortes accentuent les difficultés, aggravées par l'aviation adverse. Le 20 juillet, la 7e armée indique que le manque de munitions va bientôt toucher les mortiers, diverses pièces d'artillerie ainsi que les pièces de Flak de tous calibres. Si aucun approvisionnement n'arrive, on prévoit une crise dans les trois ou quatre jours à venir[7].

Les forces allemandes faisant face au 7e corps américain de Collins subissent des assauts tout aussi furieux. Il est en effet indispensable aux Américains de donner de l'air à la tête de pont car, dans ce secteur, la situation est délicate : la nationale 13 qui relie Cherbourg à Bayeux, vitale pour les Alliés, n'est qu'à 3,5 kilomètres des lignes allemandes qui la prennent sous ses feux. Choltitz déploie face à Collins le 6e régiment de parachutistes et la « Götz von Berlichingen ». Les paras sont des adversaires coriaces mais ils n'hésitent pourtant pas à plaisanter à l'occasion avec leurs ennemis. Le 2 juillet, une invitation pour un spectacle est donnée à l'état-major américain sous la forme d'un papier fixé sur un poteau avec des photographies de femmes françaises dévêtues[8]... La défense efficace des parachutistes allemands provoque des pertes sensibles dans les deux camps.

> Une attaque de mortiers nous oblige à nous mettre à couvert pour quelques minutes. Puis nous atteignons un vieux chemin creux, juste en face de notre ancienne ligne de défense. Des cadavres d'Américains jonchent le sol partout, des pièces d'équipements sont partout sur le sol. [...] Je me lève rapidement pour avoir un meilleur champ de tir, juste à temps pour voir un autre Américain à travers la brèche. Je me retourne comme l'éclair et lève mon pistolet-mitrailleur. Puis nous ouvrons le feu l'un sur l'autre. Je suis touché dans le bras : il m'a eu[9].

Début juillet 1944, la 17e division SS – épaulée par le groupe de combat Heintz de la 275e DI – verrouille le secteur s'étirant de Carentan à Sainteny. Le 4, elle subit le choc de l'assaut de l'inexpérimentée 83e DI amériaine. 150 SS et 300 parachutistes tombent pour 1 450 Américains[10]. Le bilan de plusieurs jours d'affrontements acharnés sera toutefois très lourd pour les SS. S'ils n'hésitent pas à mener des contre-attaques audacieuses, les pertes, notamment en cadres, sont sérieuses. Un chef de bataillon, devant rendre compte de ses pertes dispendieuses, ira même jusqu'à préférer le suicide à la cour martiale. Ailleurs, un soldat allemand choisit de survivre : il se constitue prisonnier, montrant des photographies de sa femme et de ses enfants dans l'espoir d'être épargné[11]. Le 6 juillet, un audacieux coup de main réussi par une cinquantaine d'hommes et quatre canons d'assaut contre un pont situé dix kilomètres à l'intérieur des lignes américaines ne change rien. Devant la tournure des événements, la 7e armée dépêche dans le secteur tous les renforts possibles, y compris la 2e division SS de Panzer depuis l'ouest du front, bien que cela signifie un affaiblissement des défenses dans le secteur du mont Castre. Le 9 juillet, au prix de cinq mille hommes, le 7e corps américain de Collins s'empare enfin de Sainteny. Les Allemands ont encore une fois freiné l'avance américaine, mais à quel prix ! Le 6e régiment de parachutistes ne compte plus guère que 20 % de ses armes lourdes. La 17e division SS, exsangue, n'aligne plus que mille fantassins (au lieu de cinq à six mille). Le 23 juillet, la division est jugée très affaiblie par le haut commandement allemand.

Le 7 juillet, le 19e corps américain de Corlett passe également à l'offensive. La 30e DI traverse la Vire à bord de canots d'assaut et établit une tête de pont, vite consolidée. La 3e division blindée tente d'exploiter la situation sur ce terrain difficile. La menace d'effondrement du front du 84e corps n'échappe pas à Rommel qui convint un Kluge réticent d'utiliser les réserves de la « Das Reich » et le transfert de la Panzer Lehr depuis le front britannique. Celle-ci doit effectuer le trajet de nuit. Ordre est donné le 4 juillet d'abandonner tout véhicule endommagé afin de ne pas être ralenti. À l'aube, les observateurs aériens se mettent en position. Un soldat de la Panzer Lehr raconte : « En cas d'attaque aérienne, ouvrir le feu avec toutes les armes disponibles. Ne pas hésiter à employer contre les Jabos même les canons des Panzer. À vos postes ! Panzer Marsch ! [...] Mais le Panzer 812 eut de la chance ce jour-là. Les obus du Jabo labourèrent le remblai de la route tout autour de lui sans l'atteindre[12]. »

Face à la 30e DI américaine, la situation est des plus confuses. Les unités du groupe de combat Heintz, isolées, faute de pouvoir établir des communications avec leur QG, combattent chacune de leur côté, non sans faire preuve de ténacité. Le 8 juillet, le groupe de combat Wisliceny de la « Das Reich » contre-attaque depuis Le Dézert et dans le secteur de Sainteny. Le dédale de chemins bordés de haies ne facilite pas la tâche des assaillants. La contre-attaque fait long feu. Menacés d'encerclement, les Waffen SS sont contraints au repli. Ils abandonnent cinq Panzer sur le terrain. Dans le secteur du bois du Hommet, une simple compagnie sème le chaos dans les rangs de la 9e DI américaine. Certains Waffen SS fanatisés montent à l'assaut en hurlant « *O Deutschland hoch in Ehren** » (célèbre chanson militaire)[13]. Au 12 juillet, bien que revendiquant la destruction de cent trente tanks américains, les SS ont beaucoup souffert : certains bataillons sont réduits à 120-150 hommes (comptant 800 à 1 000 à effectifs pleins). La 7e armée réclame donc l'envoi en Normandie des éléments de la « Das Reich » encore stationnés dans le sud de la France.

Une nouvelle contre-attaque est déclenchée le 11 juillet, cette fois-ci par la Panzer Lehr. Mais la division est trop faible pour résorber la tête de pont entre la Taute et la Vire. Bayerlein sait pertinemment que sa prestigieuse unité n'est plus que l'ombre de ce qu'elle était un mois plus tôt. Choltitz

---

* « Ô Allemagne tant adorée ».

n'en a cure : Bayerlein n'est qu'un menteur comme tous ses semblables de l'arme blindée et l'attaque aura bien lieu. Si le temps est nuageux le matin, le ciel se découvre dans la journée et les chasseurs bombardiers entrent dans la danse. Après des débuts prometteurs, les différents groupes de combat subissent un fiasco. C'est la guerre des haies, dans toute sa confusion. « Les soldats disparaissent derrière une haie, raconte un ancien de la Panzer Lehr en parlant des Américains. Quand ils apparaissent au bout, ils sont accueillis par le tir d'une MG 42 qui contraint ceux qui ne sont pas touchés à se replier rapidement. Sur la droite, nous pouvons entendre d'autres bruits de combats[14]. » Les panzergrenadiers juchés sur leurs half-tracks ou sur les plages arrière des Panzer sont particulièrement vulnérables et subissent de lourdes pertes. Dans cet environnement cloisonné, les Panzer sont pris à partie dans des duels à bout portant. Les chemins creux, les obligeant à évoluer en file indienne, se transforment en véritables traquenards. Certains engins, embourbés, deviennent des proies faciles pour les GI. Bayerlein a perdu entre 500 et 700 fantassins et une trentaine de chars, soit le tiers des effectifs humains et matériels encore opérationnels après les combats dans le secteur anglais[15]. Le groupe de combat Philipps doit rendre les armes : seuls douze hommes réussiront à regagner les lignes allemandes... La « Das Reich » et les paras n'ont pas eu plus de succès. Le bocage, l'intervention de l'aviation et les combats menés avec habileté par les équipages de chasseurs de chars américains ont repoussé sèchement cette division de Panzer qui se voulait une formation d'élite. Les volutes de fumées s'échappant d'un engin en flammes sont autant de signaux pour l'aviation alliée que des Allemands sont à proximité. Si les Panzer sont rarement détruits par des avions, les difficultés de déplacement en plein jour et de ravitaillement en carburant suite à la destruction des camions citernes sont à mettre au crédit de l'aviation alliée, qui est donc responsable – indirectement – de la perte de nombreux blindés. Depuis les premières attaques du 3 juillet, toutes les réserves de la 7e armée et du 84e corps ont dû être engagé face aux Américains entre la Vire et la Manche, alors même que les combats font également rage devant Saint-Lô, face au 5e corps américain.

Toutefois, les affrontements menés contre les Américains en ce début de mois de juillet semblent enfermer les Alliés dans une impasse similaire à celle qui avait prévalu pendant la Première Guerre mondiale, comme l'écrira Bradley. Les Allemands sont-ils en mesure de remporter cette bataille d'attrition ? Avec des renforts et l'intervention des V1, ne peuvent-ils pas espérer tenir jusqu'à l'automne ? À l'approche de l'hiver, la logistique alliée à travers la Manche serait mise à mal et, de surcroît, l'activité de leurs forces aériennes serait grandement réduite, et ce au grand bénéfice de l'armée allemande. Espoir chimérique qui ne repose sur rien de tangible : de toute façon, le débarquement en Provence et la retraite sur le front de l'Est, où les pertes sont immenses, auraient contraint de transférer des forces vers ces zones de combats alors que la Wehrmacht s'attend toujours à un second débarquement dans le nord de la France.

La pression exercée par les Américains dans le Cotentin se conjugue avec la bataille de Caen, aux violents combats pour Saint-Lô et au désastre qui vient de survenir face aux Soviétiques, à Minsk, en Biélorussie. Pour autant, si le soldat allemand, toujours assuré de sa supériorité sur l'adversaire, résiste farouchement et inflige des pertes sévères aux Américains, le haut commandement allemand à l'Ouest nourrit quelques inquiétudes. Rommel ne croit plus possible de rejeter l'ennemi à la mer. Quant à Choltitz, il résume la situation d'une formule célèbre : la bataille des haies n'est qu'un monstrueux bain de sang.

Un mois après le Jour J, le front s'étend sur 170 kilomètres (71 en secteur anglo-canadien et 99 en secteur américain)[16]. Si les Panzer restent massés face aux Britanniques, ces derniers bénéficient tout de même d'un rapport de quatre contre un en leur faveur dans ce domaine. Du 4 au 10 juillet, pendant l'offensive américaine qui embrase le front de La Haye-du-Puits à Sainteny, Rommel doit également faire face à une nouvelle attaque sur Caen. Son armée en interdit l'accès depuis un mois, repoussant l'ennemi à plusieurs reprises : le 6 juin, le 13 juin, le 26 juin… Retranchées sur une ligne de front s'étirant sur une quinzaine de kilomètres, la 12e division SS de Panzer et la 21e division de Panzer constituent les piliers de la défense de la capitale bas-normande. À Carpiquet, les Allemands ont opéré un formidable travail de fortification et de terrassement pour les abris et postes de tirs des fantassins, les fosses pour les antichars et les blindés qui sont enterrés, les réserves de munitions et les postes de secours.

Le 4 juillet, au moment même où commence la bataille de La Haye-du-Puits et du mont Castre, débute l'opération Windsor : les Canadiens doivent s'emparer de l'aérodrome de Carpiquet en chassant les éléments de la « Hitlerjugend » (à peine deux cent cinquante hommes et cinq Panzer)[17], qui s'accrochent fanatiquement à leurs positions. L'assaut est précédé par un tir de barrage fourni par vingt régiments d'artillerie et par les pièces de 406 mm du croiseur *HMS Rodney.* « L'adversaire nous a matraqué avec tous ses tubes », se rappelle le caporal Kalke.

> Des fantassins ennemis sont à proximité et ils dépassent mon poste d'observation sans m'avoir vu. Ils sont accompagnés de quelques tanks. On a l'impression qu'ils sont à la chasse car ils marchent de manière décontractée, croyant apparemment que le feu de l'artillerie a oblitéré toute forme de vie[18].

Les SS vont rapidement redonner le sens des réalités à ces Canadiens bien imprudents... Les pertes occasionnées par les rafales de mitrailleuses et les canons antichars embusqués sont sévères mais le village est atteint à 6 heures. Les combats s'intensifient alors et c'est au corps à corps que les Canadiens doivent s'emparer des maisons, dans un difficile et coûteux combat de rues. Vers 10 heures, les hangars de l'aérodrome sont atteints mais devant le raidissement de la défense ennemie et la densité des tirs qui bloquent toute progression, les Canadiens se replient provisoirement vers 13 heures. Les 5 et 6 juillet, les Waffen SS contre-attaquent. On ne fait pas de quartier. Des Canadiens, entendant tirer vengeance des crimes perpétrés par les SS depuis le mois de juin, égorgent leurs adversaires, « blessés ou morts », selon un rapport canadien de l'époque[19]. Certains scalpent les cadavres... À Buron, des SS voulant se rendre sont abattus[20]. Un homme est capturé sans ménagement après avoir échappé à une mort horrible : « Les chenilles du Sherman m'obligent à me recroqueviller au fond de mon trou. Le conducteur fait craquer ses vitesses, moteur hurlant, juste sur moi, marche avant, marche arrière, plusieurs fois, pour être sûr de m'avoir écrabouillé ! Et il m'enterre vivant. Je me dégage jusqu'à la taille[21]. »

Pendant ce temps, à Caen, on prépare une retraite de plus en plus probable : les pionniers commencent à détruire les installations portuaires. Les unités de service se sont, quant à elles, repliées depuis plusieurs jours.

Tandis que les Waffen SS de la 12e division SS de Panzer s'accrochent à l'est de la ville, au nord de Caen les approches de la cité sont défendues par une partie de la 16e division de campagne de la Luftwaffe du général Sievers, constituée à partir d'unités de « rampants » de la Luftwaffe. Le 7 juillet, l'opération Charnwood – 115 000 hommes du 1er corps britannique, appuyés par 632 pièces d'artillerie, 78 grosses pièces de la Royal Navy et 500 chars – débute par un bombardement massif de 460 bombardiers qui s'achève à 23 heures. Mais les troupes britanniques ne partent à l'assaut qu'à 4 h 20 le lendemain, 8 juillet. Ce délai est bien sûr mis à profit par les Allemands. Si le bombardement ne touche pas les premières lignes, la 16e division de campagne de la Luftwaffe doit céder la rive gauche de Caen pour établir une nouvelle ligne de défense entre le bois de Bavent et l'aciérie de Colombelles. Des unités d'arrière-garde, notamment des snipers, contribuent à mener une action retardatrice au nord de Caen. La division décimée n'a pas perdu pour autant toute combativité. Le 8 juillet, à Lébisey, la tâche des Tommies est ardue devant la défense des rampants de la Luftwaffe appuyés par quelques Panzer IV de la 21e division de Panzer. La situation est à l'avenant sur l'ensemble du front. Toutefois, un groupe de 87 hommes se rend dès l'instant que surgissent des Churchill « Crocodile » armés de lance-flammes et leur promesse d'une mort dans d'atroces souffrances[22]. Malmenée par deux jours de pilonnage d'artillerie intensif, la 16e division d'infanterie cède. 75 % des effectifs engagés par la division sont perdus, mais le gros de l'unité n'est pas encore entré en lice.

De leur côté, les Waffen SS font toujours preuve d'autant de mordant. Le 9 juillet, le brigadier canadien Kingsmill témoigne de leur fanatisme à un correspondant de guerre : « Nos hommes ont été témoins du sacrifice insensé des jeunesses hitlériennes [...]. Là-bas, un autre jeune s'est tiré une balle dans la bouche, le P38 s'y trouve toujours ! Le *Major* Wilson [...] a vu le gosse se suicider alors qu'il s'apprêtait à le capturer[23]. » Autre témoignage de fanatisme, avant de mourir dans un hôpital britannique, un jeune SS murmure « Heil Hitler ! »[24].

Dans la nuit du 9 juillet, Kurt Meyer décide, en dépit des ordres de l'OKW, de replier sa 12e Panzer SS sur la rive droite de l'Orne, abandonnant Caen aux Britanniques, mais sauvant sa division de l'encerclement qui se profile. Cette décision est avalisée par Dietrich et Eberbach. Ce dernier pense qu'il sera possible de justifier cet abandon de la rive gauche par l'impossibilité de ravitailler les unités en munitions[25]. Des centaines de SS passent sur les gravats du pont de Vaucelles avec l'aide d'une corde tendue ente les deux rives. Fourbus, les soldats traversent la ville en ruine en quémandant de l'eau à des civils trop heureux de les voir fuir[26]. Au même moment, les Canadiens se rendent enfin maîtres du terrain d'aviation de Carpiquet. La rive droite de l'Orne et les faubourgs de Vaucelles sont cependant toujours tenus fermement par les Allemands, dont les positions dominent celles des Alliés établis sur la rive gauche de la ville. Les SS sont décimés. Le 9 juillet, les pertes de la « Hitlerjugend » atteignent peut-être cinq mille quatre cents hommes. Quatre-vingt-trois Panzer ont été définitivement détruits depuis le 6 juin. La division est enfin retirée du front après un mois de lutte. Le 11 juillet 1944, en effet, la relève arrive : la 272e DI, commandée par le général Schack parvient sur le front de

Normandie après avoir été harcelée par l'aviation alliée sur son trajet depuis Perpignan. Schack établit ses positions au sud de Caen, dans les faubourgs de Vaucelles et dans plusieurs villages fortifiés entre May-sur-Orne et Cormelles-le-Royal jusqu'à Bourguébus, autant de points d'appui devant retarder toute poussée ennemie vers Falaise.

Rommel ne connaît aucun répit sur le front de Caen. Le 10 juillet, « Monty » lance l'opération Jupiter avec pour objectif la reprise de la cote 112 et l'Orne, afin d'aligner le front sur le fleuve. Les combats sont féroces pendant plusieurs jours sur la cote 112 et dans les villages environnants. Le capitaine Klapdor, de la « Frunsberg », subit la terrifiante préparation d'artillerie. Les communications avec l'avant sont coupées.

> Nous voilà tous isolés. Alors que nous essayons de nous imaginer ce qui se passe en première ligne, c'est soudain notre tour. L'ennemi bombarde toute la région, visant notamment les bois, les carrefours et les positions connues. Des centaines d'explosions illuminent la nuit[27].

Les SS s'accrochent à Éterville, soumettant les assaillants à un feu d'enfer, notamment avec l'appui de l'artillerie. Ils ne cèdent qu'à la dernière extrémité. August Bauer raconte :

> Nous tirons sur les chars ennemis avec tout ce qui nous tombe sous la main. Soudain, un grand nuage de fumée noire jaillit d'un char lance-flammes et touche le canon du caporal-chef Theophil Haupt qui est situé à notre droite. Le canon est mis hors d'action, le commandant et les servants sont tués ou blessés. Nous démolissons plusieurs chars ennemis avant d'être contraints de nous replier dans le village[28].

Les combats pour le château sont particulièrement acharnés. Le capitaine SS Richter en témoigne : « Nous laissons l'infanterie anglaise avancer jusqu'à trente mètres. Alors qu'ils approchent dans les herbes hautes, nous ouvrons le feu. Nous les avons tous abattus sans exception[29]. »

L'offensive frappe également de plein fouet des troupes fraîchement arrivées en Normandie. Appuyant d'abord la 2e division de Panzer, la 277e DI du général des troupes de communications Praun relève ensuite la « Hohenstaufen » dans le secteur des cotes 112 et 113. Elle demande et obtient le soutien de la 9e division SS de Panzer (78 blindés opérationnels) et de Tiger du 102e bataillon SS de chars lourds (25 engins opérationnels), dont ce sera le premier engagement en Normandie. Eberbach sait pertinemment que la chute de la cote 112 risque de compromettre l'ensemble du front de Normandie. Le SS Fürbringer assiste à la scène : les Tiger, surgissant de la brume qui recouvrent le champ de bataille le 11 juillet, opèrent des coupes sombres au sein des régiments blindés britanniques et mettent au silence tous les antichars en ouvrant le feu à bout portant[30] tandis que les tirs précis et meurtriers des mortiers s'ajoutent aux effets dévastateurs des roquettes des Nebelwerfer, semant le chaos dans l'infanterie ennemie. Partout règne l'odeur nauséabonde des cadavres, coupant l'appétit des SS, incapables de manger autre chose que de la soupe à la pêche bien chaude se souvient Erich Werkmeister, de la « Frunsberg »[31]. Le 2e corps SS de Panzer a donc repoussé la 2e armée britannique, mais il est affaibli et ne peut être désengagé pour soutenir la 7e armée qui subit la pression de la 1re armée américaine sur le flanc gauche allemand. La Panzer Lehr – unique division à être transférée vers l'ouest – attaquera donc seule les Américains le 11 juillet.

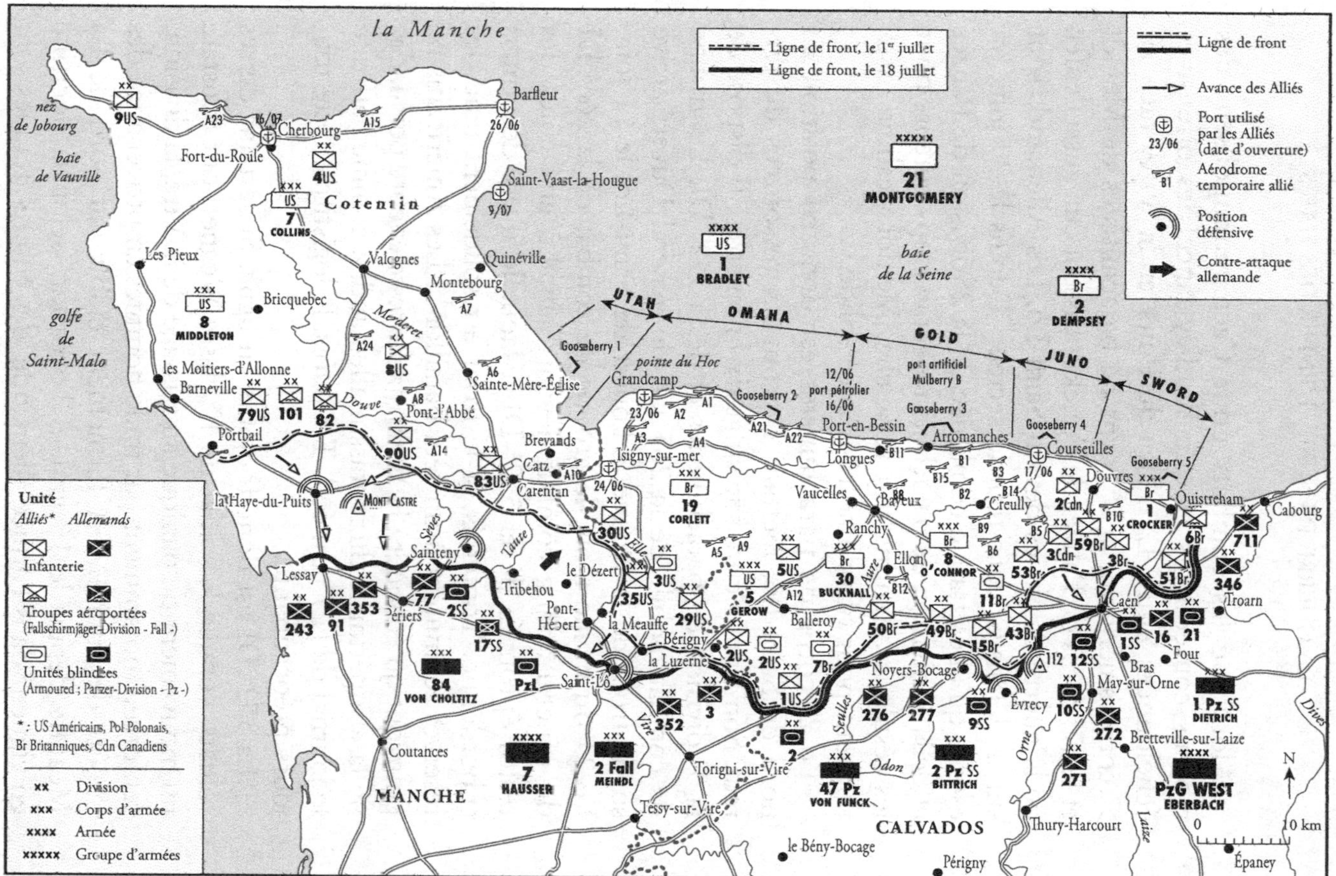

5. Le front de l'*Invasion*, 18 juillet 1944

Alors que les combats pour Caen monopolisent des moyens conséquents et que Bradley lance des offensives échelonnées entre La Haye-du-Puits et la Vire, face au 5e corps américain, le 2e corps de parachutistes de Meindl et le 47e corps de Panzer de Funck subissent eux aussi l'enfer de la guerre des haies devant Saint-Lô. Les Allemands sont sur la défensive dans tout le secteur. Depuis le 20 juin, on estime qu'une attaque combinée de la 2e division de Panzer et de la 3e division de parachutistes serait trop coûteuse pour les résultats attendus. En revanche, Meindl s'estime assez puissant pour offrir une résistance solide.

Le 2e corps de parachutistes est donc en position au nord de Saint-Lô, mettant à profit les ressources du terrain. Son front s'étire sur vingt-six kilomètres. Il dispose de la 3e division de parachutistes et de la 352e DI. Le groupe de combat mobile de la 265e DI du général Düvert arrive sur le front de la Douve, à l'ouest de Saint-Lô, le 11 juin. Le 23 du même mois, le groupe de combat de la 266e DI du général Spang combat devant Saint-Lô aux côtés des restes éprouvés de la 352e DI à laquelle il est désormais subordonné. Toutefois, si le front est solidement tenu, les réserves se limitent à un seul bataillon[32]. Les Américains ne pourront qu'échouer : la Wehrmacht reste encore persuadée de la « supériorité du fantassin allemand », comme l'affirme le journal de la 7e armée[33]. Toutefois, la logistique reste toujours préoccupante.

La 352e DI est donc toujours en ligne. Si certains de ses soldats, comme le soldat de 1re classe Wegner, ont constaté un mouvement de panique au passage de la Vire, la division, renforcée (notamment par mille hommes en provenance des dépôts de l'unité), est fermement établie au nord de La Meauffe depuis le 16 juin. À l'occasion, selon la doctrine en vigueur dans l'armée allemande, des contre-attaques sont même lancées, parfois avec le soutien inespéré de chasseurs de la Luftwaffe. C'est ainsi que des grenadiers, bien surpris par cette intervention trop rare, sont en mesure de reprendre Villiers-Fossard. Le front stabilisé et les revers infligés aux GI remontent le moral des soldats allemands. Toutefois, certains vieux « briscards » ne sont pas dupes : la supériorité matérielle de l'ennemi est conséquente et, sitôt les réserves accumulées et l'approvisionnement assuré, l'armée américaine reprendra l'offensive. Le répit accordé par la tempête du 19 au 21 juin est salvateur mais il ne durera pas. Kraiss aurait voulu que la 7e armée profite de l'occasion pour contre-attaquer dans son secteur avec la 2e division de Panzer et la 3e division de parachutistes. Meindl acquiesce dans un premier temps, mais il n'en sera rien. Les soldats de la Wehrmacht appartenant à la 352e DI vont se battre comme des lions. Un jour, de jeunes Waffen SS de la « Götz von Berlichingen » les toisent fièrement en passant devant leurs trous d'hommes. Les observant avec le même sentiment de mépris, le caporal-chef Kalb se dresse alors de façon à montrer à ces jeunes recrues sa vareuse qui témoigne de sa valeur militaire : croix de fer de première et seconde classe, médaille du front de l'Est, insigne d'assaut d'infanterie[34]... Être un bon soldat n'est pas l'apanage des formations d'élite. L'avance sur Saint-Lô est donc pratiquement au point mort pendant des semaines. Symbole du prix à payer pour les Américains dans leur progression, la cote 108, prise le 18 juin par les GI, reçoit le surnom bien révélateur de « Colline sanglante ».

La tâche de prendre Saint-Lô afin d'assurer à la 1re armée américaine une solide base de départ pour les opérations futures vers la base du Cotentin est assignée au 19e corps de Corlett et au 5e corps de Gerow. L'offensive finale débute le 11 juillet, le jour même de la contre-attaque de la Panzer

Lehr sur Le Dézert. Les débuts sont prometteurs mais dès le lendemain l'avance est quasi insignifiante. Pourtant, les effets de l'artillerie américaine sont durement ressentis par les soldats allemands. Le journal de la 7e armée se fait l'écho de l'impact décisif de celle-ci sur le déroulement des combats : le 12 juillet, la contre-attaque du 13e régiment de parachutistes sur Tribehou est brisée mais, de la même manière, la 29e DI américaine est stoppée au sud de la cote 192 et dans le secteur de La Luzerne, perdant cinq cents hommes, pour la plupart victimes des mortiers ou de l'artillerie[35]. Le 13 juillet, un barrage d'artillerie dévastateur aurait causé des pertes très sensibles à la 352e DI : 137 tués et 840 blessés, pour la plupart des artilleurs frappés par des tirs de contre-batterie ou des hommes des services arrière ne bénéficiant pas des abris des troupes de première ligne[36]. Les Allemands cherchent des parades. Le soldat de 1re classe Paul du 12e bataillon parachutiste de reconnaissance raconte : « Nous, les tireurs d'élite, jouons un rôle important. Nous devons éliminer les observateurs d'artillerie puis disparaître aussitôt[37]. » Une tâche loin d'être aisée. Les Américains disposent par ailleurs de petits appareils d'observation surnommés « Gustav de fer » par les Allemands. Dès qu'ils apparaissent, il faut immédiatement se mettre à l'abri et rester immobile.

Le 13 juillet, comme la veille, les Allemands stoppent toute progression ennemie. Un opérateur radio allemand, trompant l'ennemi sur ses propres ondes, parvient à faire replier une unité blindée ennemie[38] ! Les combats pour La Meauffe, Saint-Gilles et Pont-Hébert sont acharnés. À Saint-Gilles, les fantassins du groupe de combat Kentner de la 266e DI surprennent les GI en ouvrant le feu avec des mitrailleuses mises en batterie dans le clocher et depuis le cimetière dans le mur duquel des meurtrières ont été percées. Les défenseurs, qui ne sont ni des SS, ni des paras, luttent jusqu'à la mort : seuls trois d'entre eux se constitueront prisonniers[39]. Il en faut plus pour stopper la 30e DI américaine. Même le fanatisme des SS de la « Das Reich » ne suffit pas, à l'instar de ces adolescents qui n'hésitent pas à braver les tirs des fantassins américains pour monter à l'abordage de deux Sherman[40].

Le 14 juillet, les progrès sont plus sensibles et, le 15 juillet, un régiment parvient au sommet de la colline 122. Onze mille obus écrasent les positions allemandes du 14e régiment de parachutistes. Les îlots de résistance sont impitoyablement neutralisés. Les défenseurs sont décimés et on dénombre seize carcasses de Panzer[41]. Les Allemands réagissent en lançant d'audacieuses et menaçantes contre-attaques mais les GI tiennent fermement leurs positions. Plus à l'est, la 29e DI américaine s'empare de la crête de Martinville, position essentielle qui subit également de violentes contre-attaques. De la colline 101, juste en face de celle de Martinville, le canonier Förster, 17 ans, à peine arrivé au front comme remplaçant, soumet l'ennemi à un feu d'enfer avec son 88. Il observe soudain une silhouette sombre émerger de la fumée. Acquisition de cible. Feu ! Le tank, qui explose sous l'impact, n'est plus qu'une carcasse fumante et rougeoyante de feu… Förster n'a pas le temps de penser aux infortunés soldats qui se consument dans ce brasier. C'est la guerre. Pourtant, lorsque son unité est durement frappée par des bombes de 250 kg, les casques tordus et les restes démembrés de ses camarades sont une vision d'horreur qu'il ne peut oublier[42].

Face à la 29e DI américaine sur la crête de Martinville ou contre la 2e DI sur la cote 192, les paras tiennent chaque haie et chaque chemin creux jusqu'à la dernière extrémité. Un parachutiste se souvient : « Des fantassins sont tués et les blessés appellent les infirmiers. Pas question de les entendre, il faut continuer. Mais, continuer, c'est aller en enfer. Des balles explosives sifflent de tout côté et les obus de mortier font leurs dégâts[43]. »

Les positions en surplomb des paras, leurs infiltrations et leurs contre-attaques audacieuses ne sont pas sans causer de soucis aux GI. Le 11 juillet, le 9e régiment de parachutistes lance une contre-attaque nocturne dans le secteur de la 29e DI américaine[44]. Il faut absolument éliminer les observateurs d'artillerie américains. Après un pilonnage d'artillerie, deux cent cinquante parachutistes se faufilent à travers les brèches opérées dans les barbelés par les pionniers. L'effet de surprise ne suffira pourtant pas pour vaincre les GI, qui parviennent à tuer quatre-vingt-sept paras. Un autre coup de main, impliquant cent cinquante parachutistes, est mené dans le secteur de la 2e DI américaine. Le para Rudi Frühbeisser est de la partie[45] :

> Au signal donné, un cri d'animal, toute la *Stosstrupp* [troupe d'assaut] saute de l'autre côté du mur. Elle découvre un chemin creux où sont établies les positions d'une compagnie américaine. Un terrible corps à corps s'engage. Il est difficile de différencier amis et ennemis. Seuls les cris et les jurons nous guident. Les pelles et autres outils tranchants cliquettent et s'abattent sur les casques des Américains. Tirer n'est pas possible.

Au bout d'un moment, Frübeisser observe les corolles des fusées éclairantes. La clarté devient semblable à celle de la journée : les Américains passent à l'offensive !

L'assaut final bénéficie d'une préparation d'artillerie conséquente – vingt-cinq mille obus – et minutieusement mise au point. Le souffle des explosions plaque les défenseurs au sol. Certains sont pulvérisés ou ensevelis dans leurs trous par un coup direct. Le vacarme est infernal. Aussi intense que soit cette préparation d'artillerie, celle-ci s'avérera insuffisante pour provoquer à elle seule l'effondrement du dispositif des paras allemands. Mais, ce 11 juillet, après un mois de guerre de positions, la 2e DI américiane s'empare enfin de la sanglante cote 192, à l'est de Saint-Lô[46]. La division a perdu mille deux cents hommes au pied de cette éminence, défendue âprement par les parachutistes allemands retranchés sur des positions remarquablement camouflées semblant inexpugnables. Les rafales d'armes automatiques crépitent. Les grenades voltigent en tous sens. D'après Frühbeisser :

> Sans arrêt, chars et chasseurs bombardiers attaquent. Le bruit épouvantable vous rend presque fou, impuissant. Les hommes se terrent dans les trous pour se protéger ou se serrent contre la haie pour attendre la fin. Quelques-uns sont pris de folie. Si seulement les Américains cessaient de tirer des obus au phosphore. Parfois, on prend les armes et les munitions des Américains tués et on poursuit le combat. Car, vu la concentration de feu, il est impossible d'amener la moindre caisse de munitions vers l'avant. Aussi ramasse-t-on tout ce qu'on trouve d'armes et de munitions. Si cela dure, plus aucun soldat n'aura une balle à tirer[47].

À la nuit tombée, après dix heures d'affrontements, un bataillon américain doit renoncer aux trois cents derniers mètres qui le séparent du sommet. Toutefois, manquant de munitions, épuisés, pilonnés par leurs adversaires et accusant des pertes importantes, les parachutistes doivent se replier sur de nouvelles positions sur l'axe de la route Saint-Lô-Bérigny.

Les pertes sont élevées puisqu'elles atteignent 4 064 hommes dans la 3e division de parachutistes le 15 juillet. Jugeant dangereux d'engager d'un coup un régiment inexpérimenté, la 7e armée fait intervenir le 14e régiment de parachutistes de la 5e division, bataillon par bataillon. On juge qu'il se comporte mal au feu[48]. En effet, si le 15e régiment s'est bien battu au mont Castre, les parachutistes des autres unités de la 5e division du général Schmidt engagés devant Saint-Lô ne se montrent pas à la hauteur de leurs camarades de la 3e division. Lors de la montée au front, alors qu'ils sont encore en Bretagne, un groupe de parachutistes accepte ainsi de se rendre à des FFI qui les ont persuadés que des blindés américains sont aux alentours. Cette péripétie en dit long sur le peu de fiabilité à accorder à ces jeunes recrues.

On manque donc d'hommes pour enrayer l'avance ennemie. Deux bataillons américains sont certes tour à tour isolés mais les Allemands, préoccupés par la nécessité de se replier, ne font aucun effort pour les réduire à néant. En effet, le contrôle des hauteurs par les Américains rend impossible le maintien des Allemands dans Saint-Lô qui est atteint le 18 juillet. Le moral des combattants de la 352e DI se délite et Kraiss (dont les 46 canons sont à court de munitions) a commencé le repli au-delà de la Vire, à travers l'unique pont disponible, heureux que les Américains lui accordent – une nouvelle fois – une pause inexpliquée. Parlant des généraux, le caporal-chef Kalb lâche à son camarade Wegner : « N'importe quel imbécile peut voir que nous sommes battus[49]. » Saint-Lô n'est pas défendu en force et seuls quelques combats sporadiques éclatent çà et là. Des hommes doivent pourtant tenir l'ancien PC du général Marcks, au centre-ville. Recevant l'ordre de reprendre et détruire le bunker abandonné, le lieutenant Heinze, de la 352e DI, au combat depuis le Jour J, est blessé par un tank alors qu'il tente de le détruire avec un Panzerfaust. Magnanime, l'équipage américain le laissera ramper pour se mettre à l'abri. Une seule pensée traverse l'esprit de l'officier allemand : comment fera-t-il désormais pour jouer au tennis[50] ? Perdre des hommes pour ce monceau de ruines n'a désormais plus d'utilité stratégique. Le jeune Willi Schüster meurt dans les bras de son camarade, qui a bravé en vain la mort pour le sauver : « Karl, à travers tout cela juste pour mourir dans ces ruines. Cela n'a pas de sens[51]. » En soirée, des GI partageant un repas bien mérité le long d'une haie de la route de Bayeux voient soudainement surgir trente à quarante parachutistes, marchant en file indienne sans plus de précaution. Passée leur surprise, les Américains prennent leurs positions de combat puis les deux groupes se somment mutuellement de se rendre. Refus. Les coups de feu éclatent. La plupart des Allemands sont abattus et les autres s'enfuient, sans demander leur reste.

Paul Carell ose affirmer que l'armée allemande a tenu l'armée américaine en échec du mont Castre à Saint-Lô[52]. Il sera permis d'en douter. La bataille des haies a été un véritable bain de sang. Bradley a perdu 40 000 hommes en 17 jours sur les 200 000 engagés dans les combats, auxquels il convient d'ajouter 10 000 à 15 000 hommes en état de choc ou épuisés[53]. La bataille des haies a bien été l'enfer des GI. Mais la 7e armée est également arrivée à la limite de ses ressources et avec une telle guerre d'attrition, la rupture du front allemand se profile à l'horizon. Le 19 juillet, le journal de la 7e armée indique, avec sans doute une once de fierté, que, si Saint-Lô est définitivement perdu, « nos troupes ont réussi à tenir la ville pendant presque un mois et demi, depuis que l'ennemi a tenté de pénétrer une première fois dans Saint-Lô avec des unités blindées le 9 juin ». Toutefois, le lendemain, l'état-major de Hausser reconnaît que la situation est loin d'être favorable puisque désormais la menace pèse sur le flanc est. Seule la partie occidentale du front, entre Lessay et Périers, s'appuie sur un terrain très favorable. Lorsque Saint-Lô tombe, les regards du groupe d'armées B sont pourtant tournés vers Caen, où l'armée allemande subit le choc d'une autre offensive majeure de l'ennemi.

Le 17 juillet, Rommel, comme tant de ses soldats, est victime d'une attaque aérienne alliée. Grièvement blessé à proximité de Sainte-Foy-de-Montgommery, sur la route de Livarot, il est transporté à Bernay puis sera évacué. Il ne reviendra jamais en Normandie. Son successeur, Kluge, qui cumule donc les fonctions de chef de l'OB West et du groupe d'armées B, fait siennes les conclusions alarmistes exposées sans l'ombre d'une ambiguïté dans le dernier rapport écrit par Rommel à l'attention de l'OKW et du Führer :

> Sur le front de Normandie, la situation ne cesse d'empirer et le dénouement approche [...]. Partout, nos soldats combattent en héros, mais cette lutte inégale approche de sa fin. Il est donc indispensable de tirer les conclusions de cette situation. En ma qualité de commandant du groupe d'armées B, j'estime de mon devoir de vous le dire nettement[54].

Rommel sait que son armée est presque arrivée à la limite de son endurance. Les pertes allemandes totalisent 97 000 hommes le 17 juillet, celles des Alliés se montent à 96 728 hommes (62 028 Américains et 34 700 Britanniques et Canadiens) deux jours plus tard. La défaite semble inéluctable. Rommel attend d'Hitler qu'il en tire les conséquences politiques, à savoir entamer des négociations de paix avec les Alliés, hypothèse selon lui envisageable tant que le front de Normandie ne cède pas.

Bon soldat et tacticien de génie, il s'efforce cependant, avec ses subordonnés, d'établir une défense à même de contrer toute velléité de percée de l'ennemi. Les Britanniques sont estimés meilleurs que les Américains. On s'attend donc à ce que l'offensive majeure des Alliés soit lancée depuis Caen. Par ailleurs, une percée à Caen ouvrirait la route de Paris, isolerait la 7e armée et serait à même de permettre d'établir une jonction avec des forces qui lanceraient un assaut amphibie quelque part entre la Somme et le Pas-de-Calais. Si le front face aux Américains n'est nullement négligé ou oublié, c'est donc dans le secteur de Caen que l'accent est mis sur une défense en profondeur, comme en Russie. Feuchtinger aurait voulu garder plus d'unités de Panzer en réserve, prêtes à contre-attaquer, mais, contrairement à la doctrine allemande qui préconise de laisser une grande latitude aux subordonnés sur le terrain, Rommel impose ses vues et ordonne de renforcer les lignes avancées. Le dispositif est renforcé. Trois lignes de défenses sont établies. La première, s'appuyant sur une série de villages fortifiés, est tenue par quatre mille cinq cents combattants de la 16e division de campagne de la Luftwaffe et par le tiers de la 272e DI[55]. Derrière cette ligne, une formidable position de défense antichars est formée par les restes de la 21e division de Panzer et ses cinq mille combattants[56], les Tiger qui lui sont rattachés, et par les redoutables défenses de la crête de Bourguébus qui disposent de 128 pièces antichars et de 112 canons de Flak (dont de nombreux 88 mm). L'ensemble est soutenu par 272 tubes de lance-fusées Nebelwerfer et par 194 pièces d'artillerie[57]. La réserve mobile est constituée par la 1re division SS de Panzer (entre Ifs et Tilly-la-Campagne) et par les restes de la « Hitlerjugend », retirés du front dans l'optique d'un débarquement allié au nord de la Seine[58]. Rommel dispose dans ce secteur de 40 000 hommes et de 266 Panzer (mais seulement

160 à proximité) ainsi que 65 blindés pour s'opposer aux 61 000 hommes et 1 000 chars que « Monty » va engager au sein du seul 8e corps britannique de O'Connor[59]. Grâce aux observateurs placés sur les cheminées de la SMN, l'aciérie de Colombelles, les préparatifs ne passent pas inaperçus (l'une de ces cheminées est tronquée de son tiers supérieur depuis l'attaque réussie d'un Typhoon le 22 juin[60]). Des photographies prises à la faveur d'un largage de fusées éclairantes lors d'une reconnaissance nocturne effectuée par la Luftwaffe dans la nuit du 16 au 17 juillet confirment bien qu'un flot de véhicules s'écoule de l'ouest vers l'est en direction de la tête de pont située à l'est de l'Orne.

Depuis le 15 juillet, la 277e DI, appuyée par des Panzer, repousse avec succès les vaines diversions engagées par Montgomery à l'ouest du front britannique (3 500 pertes dans le camp allié)[61]. Si cet assaut fixe les réserves d'Eberbach, les Allemands ne se sont pas laissé abuser. Dans la soirée du 17 juillet, Eberbach affirme à Kluge : « Nous attendons pour demain la grande attaque lancée près de Caen dans trois direction[62]. » Mais où sera lancé l'effort principal ? L'opération Goodwood est déclenchée le 18 juillet. L'intense préparation d'artillerie (760 pièces) achève d'ébranler les fantassins de la 16e division de campagne de la Luftwaffe qui, hébétés par le terrifiant bombardement en tapis ou *carpet bombing* (2 100 bombardiers larguent 8 000 tonnes de bombes) qui vient de s'abattre sur leurs lignes, se montrent incapables d'enrayer l'avance ennemie. Les effets du bombardement sont terrifiants. Werner Kortenhaus, de la 21e division de Panzer, témoigne :

> Les hommes s'enferment dans les Panzer et ferment les écoutilles, ou rampent dessous pour chercher une protection. Nous voyons des petits points se détacher des avions ;

> il y en a tant qu'une pensée folle nous frappe : s'agit-il de tracts ? Nous pouvons difficilement imaginer qu'il s'agit tous de bombes. Puis commencent les heures les plus terribles de toute notre vie. C'est un tapis de bombes, qui laboure régulièrement le sol. Au milieu du tonnerre des explosions, nous entendons les cris des blessés et les hurlements des hommes rendus fous[63].

Les hommes sont terriblement secoués. La violence des impacts et du souffle des explosions est telle qu'un Tiger est retourné malgré ses 56 tonnes. Deux Tiger de la compagnie commandée par le lieutenant von Rosen sont détruits, deux autres gravement endommagés et tous les autres sont couverts de terre, tourelles et canons désajustés par l'effet de souffle. On dénombre quinze tués. Deux hommes, ne supportant plus la terrifiante épreuve, ont préféré se suicider. Un autre doit être conduit à l'hôpital psychiatrique[64]. Les équipages qui sont épargnés, à l'instar de ceux des dix Panzer IV en position entre Cuverville et la SMN, sont certes en vie mais leur moral est très affecté par cette démonstration de puissance conjuguée à l'absence visible et efficace de la Flak. De nombreux tankistes sont blessés, sous l'effet du choc enduré, parfois surpris d'avoir survécu. Seuls quelques Panzer IV sur la cinquantaine que compte encore la 21e division de Panzer sont aptes au combat[65]. Les ateliers de maintenance, touchés de plein fouet, vont faire défaut pour la remise en condition des Panzer. Le lieutenant Bandomir subit aussi le terrifiant *carpet bombing* :

> Le bombardement de l'aviation, puis de l'artillerie, durera près de deux heures. Nous sommes alors sans réactions, nous sommes assis et attendons la mort, incapables de faire quoi que ce soit. [...] Grâce à nos tranchées solides, profondes et bien couvertes, les pertes humaines sont alors

> relativement faibles. Cependant, cette démonstration de force de la supériorité aérienne adverse est très forte car elle montre notre faiblesse[66].

Dans le bois de La Hogue, près de Bourguébus, le SS Werner Josupeit survit lui aussi à l'épreuve :

> Quand tout est passé, mes genoux se mettent à trembler ; je ne peux rien faire contre ça. […] Après ce bombardement, je me redresse et je compte. Dans un rayon de 6 à 7 mètres, il y a soixante entonnoirs, assez plats, de 60 à 80 centimètres de diamètres ; un seul aurait suffi[67].

Si les hommes sont hébétés et les Panzer momentanément hors de combat ou pulvérisés, la bonne coordination de la défense est également mise à mal par la mise hors service de nombreuses radios et par la destruction des câbles téléphoniques, cisaillés par la déferlante d'acier venue du ciel.

Des groupes de combat, dotés d'armes collectives et bénéficiant de l'appui de pièces antichars, en particulier des automoteurs de la 21e division de Panzer, vont cependant encore faire preuve d'une grande combativité, ne cédant parfois qu'à l'issue d'une âpre lutte. D'autres semblent perdus. Au Mesnil-Frémentel, le lieutenant Bandomir sait qu'il n'a pas les moyens de s'opposer aux tanks. Comme en Russie, il se dissimule devant les chars pour affronter ensuite l'infanterie. Mais une surprise de taille l'attend ce jour-là : il n'y a pas d'infanterie[68]… Les tanks anglais attaquent quasiment seuls, l'infanterie étant accaparée par les îlots de résistance qu'il faut réduire. De retour de Paris où il était en permission, Luck organise la défense. Les rapports restent fragmentaires, faute de contacts radio. En dépit du nombre de chars détruits ou endommagés, il est en mesure de reprendre en main la division et de constituer, à l'est et au sud-est, un front solide, le temps que la 12e division SS de Panzer arrive à la rescousse. Au sud, sur la crête de Bourguébus, protégés par quelques villages défendus en hérisson (Grentheville, Soliers, Bourguébus…), les antichars de 88 mm doivent tenir avant l'arrivée des renforts de la 1re division SS de Panzer.

Les canons d'assaut du commandant Becker réalisent des prouesses ce jour-là. En attendant que les Panzer de la 21e division de Panzer soient opérationnels, c'est sur eux que repose la défense[69]. Malgré des optiques endommagées par le bombardement du matin, les Tiger contre-attaquent le flanc gauche de la percée britannique. Soudain, c'est la stupéfaction : deux Tiger sont détruits coup sur coup par des tirs de face, situation bien improbable en raison de l'épaisseur du blindage frontal de ces fauves d'acier. Serait-ce dû à un tir fratricide de pièces de Flak de 88 ? Ce jour voit aussi la destruction des deux premiers Tiger II (ou Königstiger) par les Alliés peu après midi. Un troisième sera éperonné le lendemain à Émiéville. Au sud, Dietrich dépêche la « Leibstandarte Adolf Hitler ». Des éléments de la reconnaissance divisionnaire parviennent sur la crête de Bourguébus aux alentours de midi. Les Panther arrivent peu après, bénéficiant de la position dominante et opérant, une fois n'est pas coutume, en compagnie et non en chars isolés comme dans le bocage. Vers Four et Bourguébus, ils se risquent cependant à une avance à découvert et à portée de l'ennemi. Ils revendiquent la destruction d'une quarantaine de tanks[70]. Du côté de Bras et d'Hubert-Folie, les pertes consenties par les SS sont terribles. Un bataillon de panzergrenadiers, dissimulé dans les champs de blé, fauché par les mitrailleuses, est décimé dans le blé incendié par les tirs de Panzerfaust.

Les unités blindées anglaises sont engagées les unes après les autres au lieu de se soutenir mutuellement. Les premiers villages sont vite conquis mais le franchissement des talus des voies ferrées ont retardé les chars anglais, en proie à de nombreux antichars qui opèrent sur la crête de Bourguébus. L'artillerie allemande, qui s'est réorganisée, bombarde le corridor où s'entassent les Britanniques avec une certaine efficacité. Sur l'aile droite d'O'Connor, les Canadiens déclenchent l'opération Atlantic sur Vaucelles. Le passage de l'Orne dans les ruines de Caen, sous les rafales de mitrailleuses et un déluge d'obus de mortiers s'avère très périlleux. Si des fantassins ont pu franchir l'obstacle, des canots pneumatiques et treize sapeurs sont fauchés par les mitrailleuses allemandes avant même d'atteindre le fleuve. La Luftwaffe frappe durement au cours de la nuit, rendant la tâche des pontonniers canadiens particulièrement ardue[71]. Sur le flanc gauche, appuyés par des Tiger, les défenseurs de Troarn résistent aux assauts. La percée attendue par Montgomery n'est pas réalisée. Les Britanniques perdent 220 blindés et 520 hommes ce 18 juillet, contre 50 Panzer et 2 000 prisonniers chez l'ennemi.

Le 19 juillet, Eberbach renonce à mener la contre-attaque ordonnée la veille par Kluge afin de reprendre le terrain perdu. Les pertes ont été trop élevées. Il est préférable de consolider le front en profondeur. La « Hitlerjugend » commence à relever la 21e division de Panzer. Les Canadiens tirent vingt-quatre mille obus sur Vaucelles dans la nuit et s'emparent enfin de la rive droite de Caen. La 272e DI, très pugnace, doit leur concéder le faubourg de la ville, puis Cormelles-le-Royal et Fleury-sur-Orne. L'offensive reprend et se poursuit encore le lendemain. La 11e division blindée britannique s'empare de Bras tandis que la 7e réussit le 20 juillet à s'emparer de Bourguébus après de durs combats.

Ce même jour, les pluies de plus en plus fortes qui s'abattent sur le champ de bataille en font un véritable bourbier. Les opérations s'arrêtent. Il n'y aura pas de percée. La victoire est chèrement acquise pour les Allemands : ils ont perdus 5 500 hommes (soit autant que les Anglo-Canadiens)[72], dont 2 500 prisonniers, et une centaine de blindés. La « Leibstandarte » a subi des pertes sensibles : le 20 juillet, sur 150 blindés, on ne compte plus que 90 engins opérationnels. Les Britanniques accusent la perte d'au moins 315 chars en comptant les opérations menées conjointement par les Canadiens et vers Troarn[73]. Pour une large part, ce résultat est à attribuer aux canons automoteurs de la 21ᵉ division de Panzer et aux pièces antichars.

Eberbach s'attend à de nouvelles attaques au sud de Caen. La « Leibstandarte Adolf Hitler » est mise à nouveau en réserve. Pour compléter les rangs clairsemés des unités combattantes des 1ʳᵉ et 12ᵉ divisions SS de Panzer, on assigne au front des centaines d'hommes appartenant à l'échelon arrière de ces divisions. Montgomery et Dempsey n'ont pas obtenu la percée qu'ils espéraient. Masquant la déception née de folles espérances, le fait essentiel, pour eux, reste que les Allemands ont dû à nouveau engager des réserves face aux Britanniques contre lesquels ils alignent 645 Panzer alors qu'ils n'en disposent que de 190 pour s'opposer aux Américains. Pourtant, le groupe d'armées B n'envisageait aucunement de transférer une division de Panzer à l'ouest, face aux Américains. Manquant de fantassins et de remplaçants, à l'instar des Allemands, les Britanniques ont dû miser sur leurs blindés et subir un nouvel échec cinglant. Face à elle, l'armée allemande s'est au contraire illustrée, y compris à travers l'action des simples formations d'infanterie à l'instar de la 272ᵉ DI et de la 16ᵉ division de campagne de la Luftwaffe. À cette occasion, les Allemands ont prouvé leur génie défensif. Le groupe de panzers Ouest est parvenu à réaliser la mission presque impossible d'enrayer une offensive de très grande envergure avec des moyens très inférieurs aux Anglo-Canadiens. Le front de Normandie serait-il verrouillé devant Lessay et Saint-Lô ? Goodwood a ébranlé l'optimisme de Kluge. Se rangeant aux idées de Rommel, il désespère de la situation : comment tenir sur le long terme ?

Dès le 25 juillet, les Allemands doivent faire face à une nouvelle offensive au sud de Caen : l'opération Spring. Retranchée sur la crête de Bourguébus, notamment dans le bois de La Hogue près de Garcelles-Sequeville, la 1re division SS de Panzer empêche toute progression alliée sur Tilly-la-Campagne. Déployée ensuite sur la rive droite de l'Orne en soutien de la 271e DI, deux groupes de combat de la 2e division de Panzer s'opposent avec succès à l'offensive lancée vers May-sur-Orne par les Canadiens. Fin juillet, la 9e division SS intervient également dans le même secteur. Kluge n'est donc pas en mesure de placer des unités de blindés en réserve pour parer à toute initiative alliée. En faisant monter la division à nouveau en ligne au sud de Caen, il l'éloigne de la zone américaine.

Survenu pendant l'opération Goodwood, le 20 juillet 1944, l'attentat contre Hitler à son QG de la « Tanière du Loup », à Rastenburg, en Prusse-Orientale, est l'aboutissement de plusieurs tentatives pour renverser ou assassiner le dictateur. Beck, l'ancien chef d'état-major de la Heer, espère naïvement conclure une paix séparée avec les Alliés occidentaux avant de retourner l'ensemble des forces de la Wehrmacht face aux Soviétiques. Un tel projet utopique montre bien à quel point les conspirateurs se bercent d'illusion quant à la volonté des Anglo-Saxons d'en finir avec le nazisme et le militarisme allemand. Le colonel Stauffenberg[74], en poste au QG d'Hitler, grand blessé en Tunisie, est l'âme du complot. Aristocrate et officier, il est d'abord loyal à Hitler avant d'être poussé à la trahison devant l'inéluctable défaite de l'Allemagne. Stülpnagel, gouverneur militaire en France, est le chef de la conjuration à l'Ouest. Hans Speidel, le chef d'état-major de Rommel, est un membre actif du complot. Sur les trois mille cinq cents généraux et amiraux de la Wehrmacht, seuls cinq appuient la conjuration tandis qu'une quinzaine d'autres sympathisent avec le mouvement. Hofacker, cousin de Stauffenberg, a échoué dans sa tentative de rallier Rommel à la conspiration le 9 juillet. Si ce dernier rejette l'idée d'un coup d'État et ignore le projet d'attentat, il n'a toutefois jamais caché son souhait de parvenir à une paix séparée avec les Anglo-Saxons.

Le 20 juillet, Stauffenberg parvient à placer la bombe à proximité du Führer. Les résultats de l'explosion sont connus : Hitler échappe miraculeusement à la mort. Persuadés du succès de l'attentat, les conjurés de Paris déclenchent l'opération Walkyrie, un plan avalisé en janvier 1944 par Hitler lui-même et prévoyant l'arrestation dans les grandes villes de tous les officiels nazis en cas de nécessité. Pourtant, Kluge, qui commande alors les forces allemandes engagées à l'Ouest, reste hésitant et n'ose entreprendre les démarches pour négocier un cessez-le-feu. L'incertitude de la mort d'Hitler paralyse le maréchal. À Berlin comme à Paris, le putsch fait long feu. Lorsque le Führer s'exprime enfin à la radio, le doute n'est plus permis et l'échec de la conjuration est patent.

Comment réagissent les soldats au front en Normandie ? Comme la plupart des Allemands, ils sont consternés : c'est une trahison alors que le pays est menacé d'anéantissement. Rommel, officier loyal et discipliné, alors à l'hôpital de Bernay, semble avoir désapprouvé le geste des conjurés. Quant à Dietrich, le fidèle d'Hitler, il aurait simplement demandé : « Qui a fait le coup ? La SS ou l'armée[75] ? » Luck, apprenant la nouvelle par des tracts britanniques, puis par la radio allemande, rapporte que les plus anciens ont des sentiments partagés alors que les plus jeunes ressentent de la colère, l'impression d'un « coup de poignard dans le dos ». Lorsqu'un correspondant lui demande ses impressions, plutôt que d'affirmer sa foi en son Führer, il aurait répondu que tant que la situation au front n'est pas plus calme il n'a pas le temps d'y penser. Carell appuie cette idée que les hommes du front « tant officiers que soldats n'avaient pas le temps de se passionner pour un aspect politique du problème ». Et de citer Bayerlein : « Nous avions les yeux fixés bien davantage sur les Jabos que sur le GQG du Führer[76]. » Il sera permis d'en douter. La possibilité que le général von Schwerin, qui commande la 116e division de Panzer, ait fêté la nouvelle au champagne avec son état-major est tout aussi invraisemblable[77]. De même, affirmer que Rommel aurait gardé par devers lui cette division en réserve n'a aucun sens : le déploiement et l'emploi d'une division de Panzer est du ressort du Führer et, de toute façon, Rommel s'attendait à un débarquement dans la Somme, ce qui explique le positionnement de cette unité. Un certain Eberhard Beck de la 277e DI espérait naïvement que « cette guerre insensée s'achèverait ». Sa déception est donc grande… Blessé quelques jours plus tard par un éclat, un fantassin regrette que ce morceau de métal n'ait pas plutôt frappé la tête du Führer[78]. Warlimont, fidèle de l'OKW, présent lors de l'attentat, est également peu crédible lorsqu'il affirme que, constatant jour après jour le désastre auquel Hitler amenait l'Allemagne, il avait lui-même caressé l'idée du geste perpétré par Stauffenberg[79]… Le plus souvent, l'indignation l'emporte. Les soldats allemands remercient Dieu que le Führer ait survécu. « Vendus et trahis, les braves soldats allemands tiennent au front et mènent un combat sans espoir », écrit Helmut Hörner. Un autre, incapable d'imaginer qu'un tel crime ait pu être perpétré, affirme, parlant des conjurés, qu'« aucune peine n'est trop grande pour eux ». Richard Wolff-Boenisch, de la 116e Panzer, une unité alors en route pour le front, s'insurge contre ce crime et déclare : « Maintenant, plus que jamais, nous devons poursuivre le combat[80]. » Martin Pöppel, blessé depuis le 4 juillet, apprend la nouvelle alors qu'il est toujours en convalescence, à l'hôpital. La présence de Waffen SS n'empêche personne de s'exprimer librement. Si la plupart désapprouvent l'attentat, ils sont nombreux à regretter que les généraux laissent un amateur – le Führer – mener la guerre[81]. Quarante cinq mille lettres de soldats du front examinées par la censure expriment bien souvent une joie réelle au fait que Hitler ait survécu à l'attentat. Quant aux prisonniers de guerre tombés entre les mains des Alliés, on note chez eux une multiplication des signes d'attachement au Führer à la fin du mois de juillet[82].

Aucune ouverture de paix n'est donc formulée à l'égard des Alliés et la bataille de Normandie se poursuit. Hitler, rendu fou de rage par la trahison de ses officiers, est persuadé d'avoir été épargné par la providence. Son emprise sur l'armée (le salut nazi y est imposé) et ses défiances vis-à-vis du défaitisme de ses généraux ne font que se renforcer alors que la situation est sur le point de prendre une tournure désespérée en Normandie avec le lancement de l'opération Cobra par Bradley.

Cinquième partie

LA DÉFAITE

Chapitre XV

LE DÉSASTRE S'ACCOMPLIT

Fin juillet, Hausser s'attend à une nouvelle offensive. Choltitz, particulièrement pessimiste, lui fait savoir qu'à son avis les Américains, visiblement renforcés, ne vont pas tarder à percer le front trop peu étoffé du 84e corps[1]. L'opération Cobra, mise au point par Bradley, vise à obtenir la percée afin de débloquer la situation en Normandie. L'effort déployé par les 7e et 8e corps américains est impressionnant : des batteries d'artillerie approvisionnées à 140 000 coups[2], 150 000 hommes, près de 1 500 chars. L'offensive terrestre sera précédée d'un bombardement aérien massif impliquant 3 000 avions et plus de 5 000 tonnes de bombes[3] visant les positions allemandes afin de neutraliser les batteries d'artillerie, les concentrations de blindés et les réserves ainsi que les voies de communication.

Le 84e corps regroupe des restes d'une dizaine de divisions usées par la terrible guerre des haies, soit environ 30 000 hommes, 300 pièces d'artillerie, 180 antichars et au mieux 180 blindés opérationnels[4]. Les réserves à proximité du front sont très faibles. Le carburant disponible dans les stocks se limite à deux jours de combat. Au cours de la semaine écoulée, l'essence a été en effet allouée en priorité au groupe de panzers Ouest confronté à l'opération Goodwood.

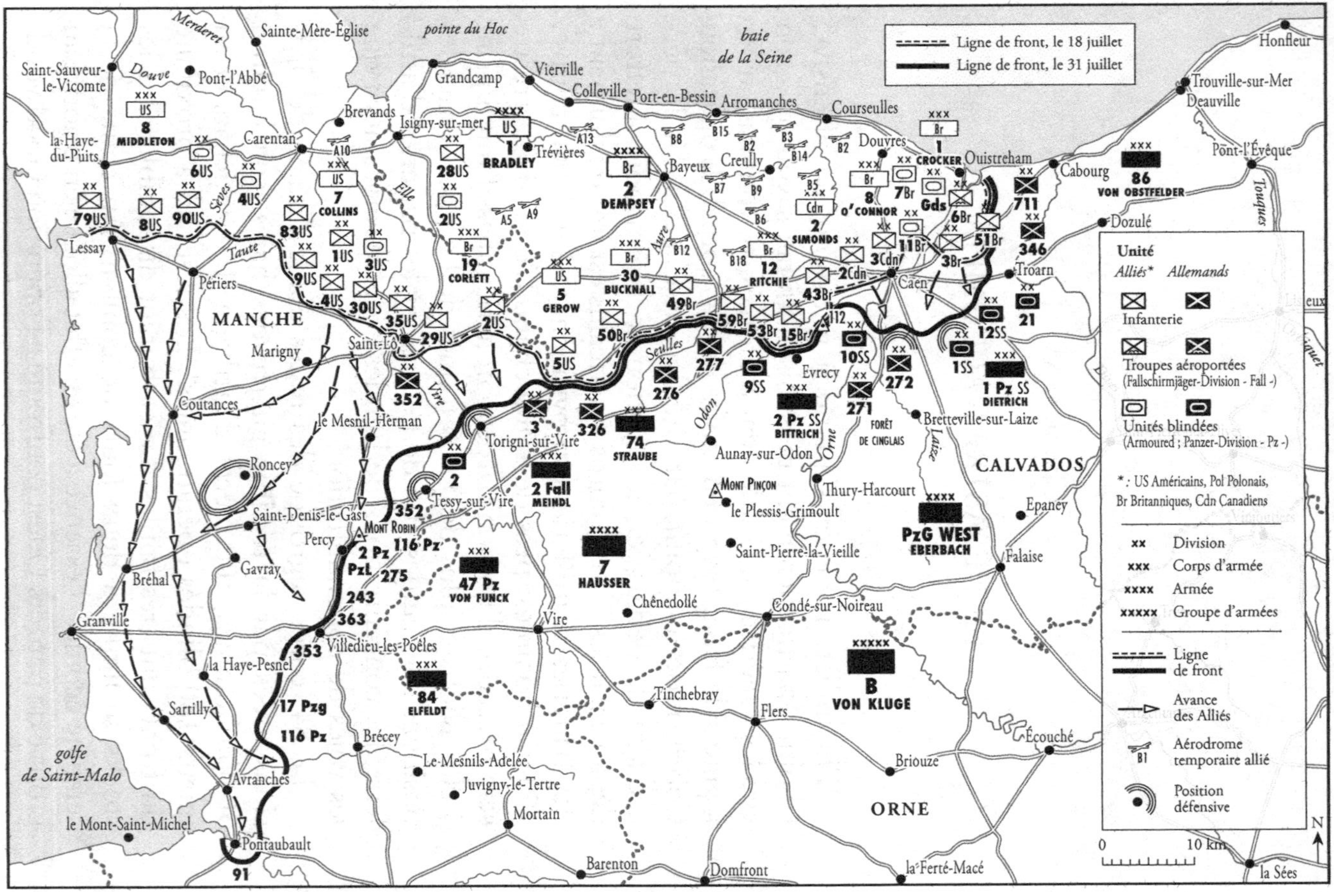

6. La percée du front de Normandie

Entre le 18 et le 25 juillet, un seul convoi de ravitaillement en essence est arrivé dans le secteur de la 7e armée. À la suite des combats menés autour de Saint-Lô (tombé à peine quelques jours auparavant) et en raison de l'éloignement de la nouvelle base logistique (près de Domfront), la situation est à l'avenant pour les munitions. Au groupe de combat Kuske de la « Götz von Berlichingen », on ne dispose que de trente cartouches par homme et de seulement mille coups par mitrailleuse[5]. On envisage une réorganisation du front, à savoir placer les unités de Panzer en réserve et réunifier les composantes dispersées de plusieurs divisions. Mais l'offensive américaine prend les Allemands de court.

Kluge, qui sait l'attaque américaine imminente, fait part de ses inquiétudes à Jodl : seules de faibles forces allemandes pourront s'y opposer. Pourtant, le secteur anglo-canadien le préoccupe davantage. Le 24 juillet, Bradley repousse le déclenchement de Cobra au lendemain en raison du mauvais temps. L'ordre n'atteint pas toutes les formations aériennes et trois cent cinquante bombardiers frappent les lignes allemandes. Bayerlein pense avoir repoussé une attaque ennemie. Au QG de la 7e armée, on estime, avec justesse, que l'assaut principal n'a pas encore été délivré.

Le 25 juillet, le raid aérien (60 000 bombes) qui ouvre l'opération Cobra commence comme prévu à partir de 9 heures du matin. Emil Ebner se trouve au cœur de l'action. Il se terre dans son trou individuel avec son radio, avant de se rendre en première ligne où il est frappé d'une vision d'horreur : « Nous ne pouvions plus voir un seul grenadier en vie[6]. » Les premières lignes allemandes – tenues par la Panzer Lehr – sont anéanties et on compte environ mille morts. Werner Lapska survit à l'enfer qui s'est déchaîné sur la division d'élite. Avec deux de ses camarades, il bondit de *foxhole* en *foxhole*. « Alors que la terre est secouée et tremble, écrit-il, que les bombes explosent avec un bruit infernal, je sens la respiration de mon camarade sur mon oreille. » Craignant d'être enseveli vivant, il se dresse d'un bond en criant. Son compagnon ne le suit pas. Il s'effondre au fond du *foxhole*, touché au dos par plusieurs éclats. Partout, ce ne sont que désolation, arbres tordus, cratères et végétation se consumant… Joachim Barth, lui, a perdu tous ses repères : « Le monde avait changé. Il n'y avait plus de feuilles aux arbres[7]. » Bayerlein témoigne :

> L'effet de choc a été presque aussi fort que l'effet matériel (tués et blessés du bombardement) ; certains hommes sont devenus fous, d'autres sont restés prostrés, incapables de faire quoi que ce soit […]. L'infanterie bien abritée a été écrasée dans ses trous par les bombes, tuée et enterrée par les explosions […]. Les chars et les canons ont été détruits et retournés sans qu'il soit possible de les récupérer car toutes les routes et chemins étaient bloqués. Dès le début du bombardement toutes les liaisons téléphoniques ont été coupées. Comme presque tous les postes de commandement se trouvaient dans la zone bombardée, il n'y avait plus de contact radio non plus. Il n'y avait plus qu'un moyen de communication : l'envoi de messagers à moto, qui rencontraient les pires difficultés en raison des routes défoncées et de la difficulté de circuler sous un bombardement[8].

Malgré les effets dévastateurs du bombardement aérien, le front allemand tient. Pour combien de temps ? Certains combattants ont un sentiment d'abandon. « Ne sais-tu pas que ce n'est plus une bataille, ici, en Normandie ? lance un vétéran de la 5e division de parachutiste à Walter Klein. Nous sommes menés comme des moutons à l'abattoir. Le haut commandement nous a laissés en plan ici[9]. » Les paras s'accrochent pourtant à leurs positions et la Panzer Lehr fait intervenir ses réserves épargnées par le bombardement. Mais les défenses sont désorganisées et la Wehrmacht manque d'effectifs suffisants pour renforcer la ligne de front. Faire monter les réserves en plein jour reste de toute façon une gageure. Partout, des essaims de Jabos sèment la mort et la destruction. Bayerlein, devenu irascible, épuisé après tant d'années de guerre, semble dépassé et, s'il ne peut espérer stopper les Américains à lui seul, il exagère grandement la situation de sa division quand il prétend que seuls les morts tiennent encore leurs positions (le 1er août, la Panzer Lehr compte encore 77 Panzer, sachant qu'un atelier a été abandonné le 30 juillet avec 30 chars et que d'autres engins ont été détruits au combat après le *carpet bombing* depuis le 25 juillet)[10].

Choltitz et Hausser envoient leurs maigres réserves – des éléments de la 353e DI et de la 275e DI – vers La Chapelle-en-Juger. Kluge, qui semble un peu plus lucide, bien que préconisant le retrait de la Panzer Lehr des premières lignes, pense que ces mesures sont insuffisantes et ordonne de contre-attaquer avec la « Das Reich ». Il plaide aussi auprès de l'OKW pour l'envoi en Normandie de la 9e division de Panzer, encore cantonnée dans le sud de la France. Toutefois, c'est au QG du groupe de panzers Ouest (qui devient la 5e armée de Panzer le 6 août[11]), en secteur britannique, où les Canadiens déclenchent l'opération Spring, qu'il se rend : l'attaque américaine serait-elle une manœuvre pour masquer l'offensive principale de l'adversaire qui, d'après lui, devrait être lancée selon toute logique au sud de Caen[12] ? Au QG de la 7e armée, on ne pense toujours pas être confronté à l'effort principal des Américains. À la décharge de Hausser et également de Choltitz, la rupture des systèmes de communication entre le front et les principaux QG explique le « brouillard de guerre » qui maintient un temps ceux-ci dans l'ignorance de la situation réelle en première ligne.

Mais, à 21 h 10, Hausser est informé du sort dramatique de la Panzer Lehr.

Le 26 juillet, le 2e corps de parachutistes de Meindl, déjà menacé sur son flanc gauche par le 19e corps américain, est attaqué à son tour par le 5e corps. Si les GI subissent près de 1 000 pertes, ils capturent 300 paras allemands et les communications sont rompues entre la 3e division de parachutistes et la Panzer Lehr. Toutefois, les parachutistes de la 12e unité de reconnaissance parachutiste du corps de Meindl mettent en défense l'important carrefour du Mesnil-Herman. Ce 26 juillet, estimant que l'ennemi est au bout de ses ressources, Collins décide de faire intervenir ses réserves destinées à la phase d'exploitation. La 1re DI américaine s'empare de Marigny tandis que la 3e division blindée, contournant les défenses ennemies, fonce vers Coutances, menaçant d'encercler l'aile gauche de Hausser. Chargée de protéger le flanc est de la percée, la 2e division blindée américaine perce sur douze kilomètres de profondeur pour des pertes très légères. Ce jour-là, le 84e corps allemand a épuisé ses stocks de munitions pour Flak de 88 mm[13]… Les renforts interviennent en ordre dispersé sur un front bien trop large, sans aucun espoir de coordination ni d'assistance mutuelle[14]. Puisqu'aucun renfort ne peut arriver avant huit jours – mais face à l'avance américaine, c'est en heures qu'il faut compter ! – Hausser et Kluge envisagent un repli qui permettrait de désengager des unités de Panzer pour contre-attaquer. Le journal de la 7e armée ne cache pas l'extrême gravité de la situation : « Les différentes zones de pénétration réalisées par l'ennemi, qui ne peuvent être contenues pour l'instant en raison de notre manque de réserves, résultent en une percée sérieuse de cette partie du front[15]. » Cette percée obtenue par Cobra va-t-elle en fin de compte déboucher sur une rupture du front allemand ?

Choltitz, qui n'a rien pour s'opposer à ces mouvements, comprend l'urgence de la situation et ordonne un repli immédiat au-delà de Coutances afin d'éviter l'encerclement qui se profile. Cette manœuvre de repli délicate ne doit pas se transformer en déroute. Hausser ordonne à Choltitz de diriger ses unités vers le sud-est alors que Kluge, qui a obtenu – chose exceptionnelle – l'aval de l'OKW, souhaite une retraite plein sud, en direction d'Avranches. Faute de communications, Choltitz reste injoignable, au grand dam de Kluge qui voit donc avec horreur se dessiner la perspective d'une percée américaine en Bretagne par la route côtière à l'ouest de la Manche.

Le 27 juillet, sur l'aile gauche allemande, le long de la mer, le 8e corps américain de Middleton attaque à son tour. Les combats sont acharnés mais Hausser ne peut donc pas désengager l'intégralité de la « Das Reich » pour parer à la percée du 7e corps américain comme le requiert Kluge. La Panzer Lehr, sur laquelle il compte également, n'est pas plus en mesure d'offrir la moindre résistance solide et organisée. Les Panzer restent toutefois redoutables. L'équipage du Panther d'Ernst Barkmann se distingue ainsi en incendiant pas moins de quinze Sherman en deux jours. Quelques blindés et des pièces antichars, isolés ou en petits groupes, causent de lourdes pertes mais ne font le plus souvent que retarder l'avance apparemment irrésistible de la 1re armée américaine.

Le 28 juillet, les Américains, balayant devant eux les maigres bouchons établis par les Allemands, sont à Bréhal. Une poche se dessine donc autour de Roncey dans laquelle sont piégées les unités d'élite du 84e corps. C'est l'enfer. « La vallée dans laquelle nous nous trouvons semble tout entière en feu. D'épaisses colonnes de fumées montent des véhicules détruits, rapporte un SS. Parmi eux, les munitions explosent. » Les hommes sont épuisés, affamés. Ils connaissent l'expérience troublante de la défaite et celle, déroutante et angoissante, de l'encerclement. Le lieutenant-colonel Tyschen, qui commande la 2e division SS de Panzer avant d'être mortellement blessé le 28 juillet, comprend la gravité de la situation et cherche à galvaniser ses hommes : « Si l'ennemi réussit sa percée, alors la guerre en France est terminée pour nous[16]. » Il faut trouver une échappatoire. Une colonne de la « Das Reich » est annihilée à proximité de Notre-Dame-de-Cenilly et une autre à Saint-Denis-du-Gast. Les combats restent acharnés. Peu avant minuit, le 29 juillet, un groupe de panzergrenadiers des divisions « Das Reich » et « Götz von Berlichingen » attaque en force les lignes encore ténues de la 2e division blindée américaine. Les SS balayent sur leur passage un PC de bataillon américain. Cette tentative de percée ne sera enrayée qu'avec les plus grandes difficultés. Ce n'est qu'au petit jour que se révèle l'ampleur du désastre : les Allemands déplorent 750 pertes dont 500 prisonniers ainsi que la destruction de 32 engins blindés. Les GI ont tenu le choc et n'ont consenti que 100 pertes et 12 véhicules détruits[17]. Si dans la nuit du 28 au 29 juillet, de petites unités allemandes réussissent à percer et à rejoindre leurs lignes, les pertes dans la poche sont importantes : 7 500 hommes, une centaine de chars, des centaines de véhicules[18]. Un désastre complet est évité au sein des divisions encerclées, notamment de la « Das Reich » sous le commandement d'Otto Baum. Hausser et Bayerlein ont tour à tour failli tomber aux mains de l'ennemi au cours de ces journées dramatiques. Pemsel, le chef d'état-major de la 7e armée, et Choltitz sont destitués de leur commandement. Il faut des boucs émissaires. Le remplacement du second par Elfeldt aurait toutefois été décidé avant la percée, selon Hausser lui-même[19], ce dernier étant d'ailleurs épargné, probablement en sa qualité de général de la Waffen SS, gage de loyauté dans l'esprit du Führer depuis le 20 juillet.

On regroupe les isolés et les fuyards et une stricte discipline de mouvement est observée sur les routes afin de les maintenir ouvertes pour des déplacements tactiques ou pour le ravitaillement. À l'ouest, le front n'est tenu que par de faibles éléments ayant échappé à l'encerclement. Une seule réserve disponible en seconde ligne : le bataillon du génie de la 5e division de parachutistes. Sur le flanc est de la percée américaine, les 29 et 30 juillet, Kluge fait intervenir deux unités du groupe de panzers Ouest intégrées dans le 47e corps de Funck : les 2e et 116e divisions de Panzer. Hitler a entre-temps autorisé le déploiement en Normandie de la 9e division de Panzer (venant d'Avignon) et de trois divisions d'infanterie de la 15e armée, restées l'arme au pied depuis le 6 juin (cinq divisions au 2 août). Toutefois, lorsque Meindl apprend les ordres de Kluge père par l'intermédiaire du fils, Heinz von Kluge, jeune officier d'état-major à l'OB West, il ne peut s'empêcher d'exprimer ses réserves : les Panzer courent à la destruction[20] ! L'ambiance au QG du 2e corps de parachutistes est particulièrement tendue : le fracas de la bataille est tel « qu'il était impossible de s'entendre au téléphone », écrira Meindl. Celui ci devra couvrir le flanc droit du 47e corps de Panzer. Il cherche à plaider sa cause auprès de Funck en personne, bravant tous les dangers à bord de sa Volkswagen. La fin de non-recevoir que lui exprime Funck ne peut l'empêcher de maugréer contre les officiers de Panzer, trop lâches – selon lui – pour sortir de leurs monstres d'acier et trop bornés pour ne pas comprendre que l'heure des chevauchées de Panzer est belle et bien terminée. « Notre propagande avait annoncé l'attentat du 20 juillet et ses conséquences, écrit Meindl. Donc, c'était à nous, les parachutistes, de veiller à ce que notre honneur ne soit pas souillé[21] ! »

Les 2e et 116e divisions de Panzer commandées respectivement par le général von Lüttwitz et le général von Schwerin, sont-elles en mesure de rétablir une situation d'heure en heure plus préoccupante ? La 116e Panzer attaque entre Beaucoudray et Percy. Escortés par les panzergrenadiers juchés à bord de leurs half-tracks couverts de branchages ou évoluant prudemment à pied en longeant les haies, les Panzer de cette nouvelle division entrent en action pour la première fois en Normandie. Le bocage ne facilite pas la progression des groupes de combat, rendue hasardeuse par l'omniprésence de l'aviation alliée. Le général von Schwerin rapporte :

> Sur les cent vingt blindés engagés dans ce secteur, seuls quelques-uns parviennent à constituer un fer de lance le long de la route. La plupart des chars ne peuvent traverser ce terrain infesté de haies et de broussailles. De longues files d'attente se créent à l'arrière. Un temps précieux est perdu. Il s'avère que les Panzer IV n'ont guère plus de chance que les Panther, puisqu'ils sont également trop larges pour les voies empruntées. Ils se retrouvent pris entre les étroits et hauts talus. Tous ceux qui ne peuvent manœuvrer ne peuvent être engagés[22].

La contre-attaque de la 2e Panzer cause des pertes sensibles aux Américains. La confrontation qui a lieu à Tessy-sur-Vire est la plus difficile bataille engagée par les GI depuis le lancement de Cobra. Les Allemands menacent en fait les lignes de communication des Américains qui sont contraints de se mettre sur la défensive. Le 743e bataillon de chars est réduit à 13 engins sur les 54 Sherman théoriques[23]. L'intervention de la 2e Panzer, par ailleurs menacée sur ses arrières par l'évolution de la bataille pour Vire, se mue pourtant rapidement en bataille défensive avant que l'unité soit dirigée dans le secteur de Villedieu-les-Poêles. Quant à la 116e Panzer, unité intacte en pleine possession de ses moyens (elle n'a commencé à franchir la Seine qu'à partir du 20 juillet), si elle est en mesure de reprendre Beaucoudray, sa contre-attaque fait long feu et elle ne peut s'emparer du mont Robin. La faute en revient au chef de corps, Funck, déplore Schwerin.

Pendant que ces vaines contre-attaques frappent de flanc la percée américaine, la retraite se poursuit plus à l'ouest. Granville est abandonnée dans une atmosphère de déroute, avec des pillages et la réquisition du moindre véhicule pour prendre la fuite vers le sud. Ayant engagé les 2e et 116e Panzer, que reste-t-il aux Allemands pour étayer leurs maigres défenses devant Avranches ? Peu de choses en réalité : des formations ad hoc sont dépêchés dans l'urgence depuis la Bretagne. Une compagnie de canons d'assaut constitue l'unique force blindée à disposition. Le 30 juillet au soir, l'avant-garde de la 4e division blindée américaine entre dans Avranches sans combat. La rupture du front allemand est donc réalisée au-delà de l'objectif de percée de l'opération Cobra. Kluge accuse le choc. Le 31 juillet, il échange des paroles désespérées avec Blumentritt, son chef d'état-major :

> Jusqu'à plus ample informé, il apparaît que seuls les éléments d'avant-garde de diverses unités mobiles ont pu aller jusqu'à Avranches. Mais il est évident que tout le reste va suivre. À moins que je puisse obtenir ici de l'infanterie et des armes antichars, l'aile ne peut pas tenir [...]. Il faut que quelqu'un dise au Führer que si les Américains réussissent à passer Avranches, ils sont enfin sortis du bois et pourront faire ce qu'ils veulent [...]. La situation est folle[24].

Le 1er août 1944, les Américains sont à Pontorson et à Dol. La Luftwaffe, qu'on croyait bannie du ciel normand, brave le danger et lance ses bombardiers Dornier Do 217Ms contre le pont de Pontaubault : les missiles HS 293 sont certes d'une technologie avancée pour l'époque, mais l'attaque échoue[25]. Les chasseurs de Goering fournissent eux aussi un effort désespéré en réalisant en moyenne deux cents missions quotidiennes dans le secteur d'Avranches au cours de la première semaine d'août[26]. Au sol, le colonel Bacherer n'est pas plus heureux dans sa vaine tentative pour reprendre le pont. Il faut dire qu'il n'a sous ses ordres qu'un conglomérat d'unités diverses, de surcroît peu nombreuses. Dès lors, un flux impressionnant de troupes américaines fonce vers la Bretagne. Le 2 août, Hausser aperçoit la route côtière depuis les hauteurs de Mortain : « Cent kilomètres de véhicules avançant de nuit et de jour pare-chocs contre pare-chocs[27]. » La rupture décisive est donc enfin réalisée et les Alliés vont pouvoir enfin sortir de l'impasse de la bataille des haies : la défaite des forces allemandes à l'Ouest se profile à l'horizon !

Le 30 juillet, espérant rééditer l'exploit de Bradley avec Cobra, « Monty » lance les 8ᵉ et 30ᵉ corps britanniques en direction du mont Pinçon et de Vire : c'est l'opération Bluecoat. Après un bombardement massif de mille bombardiers et la découverte opportune d'un pont intact et non défendu (les 3ᵉ division de parachutistes et 326ᵉ DI croient toutes deux que le pont se situe dans le secteur de l'autre !)[28], les Britanniques créent une brèche de dix kilomètres entre la 7ᵉ armée, qui fait face aux Américains, et le groupe de panzers Ouest, qui forme l'aile droite du dispositif allemand en Normandie. Après trente-six heures de combats, l'avance atteint douze kilomètres : c'est un succès pour « Monty » ! La 326ᵉ DI, chargée de la défense d'un front de seize kilomètres, est frappée de plein fouet. Son chef, le général von Drabich-Waechter, tombe au combat. La 21ᵉ Panzer, à peine mise en retrait du front, doit intervenir en urgence. Mais les Britanniques restent maîtres de certaines hauteurs stratégiques. Saint-Martin-des-Besaces tombe le 31 juillet. Si une percée en profondeur est évitée, le front allemand est bien ténu. Subissant les coups de l'artillerie et de l'aviation, la 21e division de Panzer souffre de pertes sensibles lors de son intervention, peut-être une trentaine de Panzer[29]. En revanche, les puissants chasseurs de chars Jagdpanther du 654e bataillon de chasseurs de chars lourds commandé par le capitaine Noak réalisent une contre-attaque désastreuse pour les Britanniques. Quatorze Churchill sont incendiés en quelques minutes mais deux Jagdpanther, les chenilles endommagées, sont abandonnés par leur équipage. Dès le 1er août cependant, la défense allemande se durcit, grâce notamment à l'appoint de Tiger I et II du 503e bataillon de chars lourds. La technologie fait-elle la différence ? Les meilleurs Panzer – Jagpanther et Tiger – sont donc jetés contre les Britanniques, avec un sort qui n'est pas toujours heureux : un Tiger II, terreur des équipages de tanks alliés, est surpris en pleine activité de ravitaillement au Plessis-Grimoult et le monstre d'acier est détruit par un simple tir de mortier.

De petits groupes de combat allemands empêchent les Britanniques d'atteindre plusieurs objectifs sur les flancs du mont Pinçon. Les Allemands se préparent à reprendre le terrain perdu. Kluge engage le 2e corps SS de Panzer, ce qui ne laisse plus que la « Hitlerjugend » et les Tiger du 101e bataillon SS de chars lourds pour étayer les défenses de deux divisions d'infanterie devant Falaise. Connaissant la crainte des hauts responsables de l'armée allemande à l'Ouest quant aux conséquences d'une percée ennemie sur Falaise et, de là, vers Paris, on mesure combien le pari est risqué. Trois divisions d'infanterie de renfort sont attendues pour étoffer les défenses entre Caen et Falaise. L'intervention décisive du 2e corps SS de Panzer décidée par Kluge est cependant couronnée de succès : Bluecoat ne sera pas une répétition de Cobra. Le 3 août, alors que Patton fonce en Bretagne, cinquante tanks britanniques sont détruits par la « Hohenstaufen »[30].

Un peu plus à l'ouest, les parachutistes, toujours aussi redoutables, abandonnent Vire aux Américains après d'âpres combats. Les Britanniques, en laissant la ville en secteur américain, ont manqué l'occasion de bloquer tout repli de la 7e armée… Le 6 août, après de farouches combats dans la chaleur estivale, les Allemands, surpris par l'ennemi surgissant du versant ouest pourtant escarpé, doivent concéder le mont Pinçon. Le 7 août, à Chênedollé, le chef de char Fey réussit l'exploit de détruire quinze Sherman britanniques avec son Tiger I. La contre-attaque allemande arrête nette l'offensive britannique et permet de rétablir le front.

Kluge, accaparé par les conséquences dramatiques de la percée d'Avranches, n'en a pourtant pas fini avec les Britanniques. La nuit du 7 au 8 août, après un bombardement aérien massif, les Canadiens lancent l'opération Totalize au sud de Caen, vers Falaise, tandis que les Américains décident d'infléchir les mouvements du 15e corps américain du Mans vers Alençon, visant donc à un encerclement rapide de la 7e armée. Les Canadiens attaquent à 3 contre 1 en infanterie, 7 contre 1 en chars (les Allemands ont 140 Panzer, chasseurs de chars et canons d'assaut) et 10 contre 1 en artillerie[31]. Certains éléments de la « Hitlerjugend » sont occupés à tenter de réduire une tête de pont britannique sur l'Orne, à Grimbosq, de sorte que l'unique division de Panzer encore disponible au sud de Caen n'est pas en mesure de peser de tout son poids face à la puissante offensive alliée. Dans ces conditions, comment espérer stopper la progression ennemie ? Les premières lignes sont tenues par la 89e DI – en provenance de Norvège (elle vient de relever la 1re Panzer SS la nuit précédente) – flanquée des 271e et 272e DI. Le groupe d'armées B jette dans la bataille les premiers éléments de la 85e DI, à peine arrivés au front. Le bataillon de Panther de la 9e division de Panzer, arrivé indépendamment du reste de la division depuis le sud de la France, est affecté à la 5e armée de Panzer et doit être engagé devant Falaise[32]. Apparemment démunis, les Allemands n'hésitent pas à user de stratagèmes : au 1er corps SS de Panzer, une compagnie de propagande diffuse des bruits de chars pour dissuader les Canadiens d'avancer[33] !

Le moral des soldats allemands trouve pourtant un stimulant inattendu à la vue des unités alliées frappées de plein fouet par le *carpet bombing* de leur propre aviation. Le lieutenant-colonel Rossmann de la 89e DI – qui se méprend en croyant assister à un bombardement de la Luftwaffe – témoigne : « Notre aviation, qui a bombardé l'ennemi sur la ligne principale de défense, a produit le meilleur effet. Nos soldats ont quitté leurs trous d'homme pour assister à ce rare spectacle qui les a remplis d'une immense joie[34]... »

En moins d'une heure, soixante mille obus sont tout de même expédiés sur les lignes allemandes. La 89e DI offre aux Canadiens une défense acharnée, en rien inférieure à celle des SS qui l'ont précédée dans le secteur de Rocquancourt et de Garcelles-Secqueville. Toutefois, le *carpet bombing* et la puissance de l'assaut ont vite raison de ses forces puisque la moitié des effectifs est perdue dès le 10 août. Kurt Meyer prétend s'étonner de voir des soldats allemands craquer sous les effets conjugués des bombardements aériens et des tirs d'artillerie alliés :

> À Cintheaux, une colonne de voltigeurs du groupe de combat Waldemüller a pris position. Alors, je n'en crois pas mes yeux : de chaque côté de la route Caen-Falaise, se frayant un chemin dans la masse en désordre, refluent des groupes de soldats. C'est la première fois, depuis le début de cet assassinat entre peuples, que je vois des soldats allemands s'enfuir. Inutile de leur parler : soumis au feu d'enfer de l'artillerie, ils reviennent, en trébuchant devant nous, leurs yeux remplis de terreur. Fasciné, je regarde ces soldats sans chefs[35].

Les Waffen SS de la « Hitlerjugend » et les Tiger contre-attaquent. Cinq d'entre eux, dont celui du fameux capitaine Wittmann, sont mis hors de combat dès la première contre-attaque menée le long de la route Caen-Falaise[36]. « Nous ne pouvions comprendre que notre Michael Wittmann ne soit plus parmi nous », se lamente en Waffen SS[37].

Un impressionnant front antichars soutenu par de l'artillerie et les derniers Panzer disponibles ainsi que l'entrée en lice de la 85e DI de Chill attend de pied ferme les Polonais et les Canadiens qui s'apprêtent à reprendre l'assaut. Cette unité doit relever au sud de Caen la « Hitlerjugend », épuisée par deux mois de combats. Toutefois, la division a souffert des attaques aériennes et les marches forcées à travers champs ont considérablement diminué ses forces. Les premiers éléments de la 85e DI parvenant sur le front sont les cyclistes, dont le concours permet de nettoyer le sommet et les pentes de la cote 140 où sont isolés des tanks et des fantassins canadiens. Ils participent à la curée en soutenant la contre-attaque menée par des Tiger et des Panther. Quarante-sept Sherman sont détruits sur cette cote 140. Vingt-six autres, appartenant à une unité venue à la rescousse, sont incendiés. Ce 9 août, la 271ᵉ DI du général Danhauser alors en position un peu plus à l'ouest, sur l'Orne, reçoit l'autorisation de se retirer de la forêt de Cinglais : elle a perdu la moitié de ses cadres.

Le 11 août, l'attaque des Canadiens marque le pas et le front retrouve une certaine accalmie. Les grenadiers des divisions d'infanterie ont fait preuve de leur qualité. Mais la 89ᵉ DI est réduite à 3 000 hommes sur les 8 500 qu'elle comptait quelques jours plus tôt[38]. Le lendemain, c'est au tour du 74ᵉ corps de subir de lourdes pertes dans les secteurs de Thury-Harcourt et de Saint-Pierre-la-Vieille. Le 2ᵉ corps canadien n'a donc pas percé sur Falaise : il n'a pu venir à bout des défenses allemandes établies sur une profondeur de dix kilomètres et tenues avec acharnement par les troupes de Kluge. Au 10 août, un rapport de la 5ᵉ armée de Panzer indique que cent quatre-vingt-douze tanks ont été détruits par la seule division « Hitlerjugend »[39].

Les Allemands sont donc confrontés à la percée américaine tandis que les Britanniques accentuent leur pression sur l'ensemble du front, de Vire à Caen, soumettant les défenseurs à rude épreuve. Ceux-ci regroupent des éléments de plusieurs unités de Panzer en vue de rétablir la situation. En ont-ils les moyens ? Kluge va-t-il réussir à surmonter la crise et redonner l'initiative à la Wehrmacht ?

Avranches pris, la 3ᵉ armée américaine exploite immédiatement la situation en absence d'opposition allemande. Le 1ᵉʳ août, Patton note pourtant dans ses carnets : « Bradley redoute une attaque venant de l'est, de Mortain vers Avranches. Personnellement je n'y crois pas beaucoup, mais en déplaçant la 90ᵉ DI je puis lui faire couvrir le flanc exposé. Je fais commencer tout de suite le mouvement par camions. » Cela s'avérera bientôt être une sage précaution.

Les Américains du 8e corps s'enfoncent vers la Bretagne et vers le sud en direction de la Loire, tandis que les troupes du 15e corps de Walker s'orientent vers l'est en direction du Mans. Rennes est dépassée le 4 août ; 200 000 hommes de la 3e armée américaine et 40 000 véhicules sont en Bretagne et au sud de la Normandie.

Alors que les Américains exploitent audacieusement le succès complet de Cobra, Hitler ne s'avoue pas encore vaincu en Normandie. Il ordonne aux quelques unités encore en Bretagne de se concentrer dans les ports afin d'en interdire l'accès et leur utilisation par les Alliés. L'entrée en lice de la 3e armée américaine signifie aussi qu'il n'y a plus de débarquement à craindre dans le Pas-de-Calais et que le groupe d'armées B affronte l'essentiel des forces d'Eisenhower. En conséquence, Hitler ordonne le transfert de divisions d'infanterie de la 15e armée vers la Normandie. L'arrivée de ces unités d'infanterie va permettre de désengager des divisions de Panzer pour la contre-attaque que projette le Führer. D'autres unités rejoignent le front de l'Invasion depuis le sud de la France. La réaction allemande se met donc en place pour retourner la situation.

Jodl a évoqué l'éventualité d'un repli jusque sur une ligne s'étirant de la Somme et de la Marne jusqu'aux Vosges, la défense sur la Seine étant jugée impossible. Un retrait sur les Préalpes italiennes est dans le même temps envisagé en Italie, ce qui permettrait de dégager quelques divisions pour le front Ouest. Le Westwall (la « ligne Siegfried » pour les Alliés), édifié sur la frontière occidentale du Reich, serait par ailleurs réarmé et remis en état. Hitler avalise ces considérations stratégiques, de sorte que, fin juillet, en pleine percée américaine, ordre est donné à l'OB West, à l'Ersatzheer, mais également aux responsables du génie et des fortifications, de terminer la préparation de la ligne Somme-Marne-Saône-Jura suisse. Toutefois, afin de ne pas l'inciter à envisager une retraite, Kluge doit rester dans l'ignorance de ces préparatifs. Par ailleurs, Hitler reste très inquiet en raison de la faible motorisation de la Wehrmacht (hippomobile à 80 %) et de la maîtrise du ciel par les Alliés qui pourrait mettre en grand péril tout mouvement d'ampleur des Panzer. La dégradation de la situation sur le front ne fait que mettre en valeur cette carence essentielle. En fait, il apparaît évident que l'armée allemande ne peut espérer tenir un front plus étroit que celui de Normandie. Si Hitler fait étudier l'éventualité d'un repli, il n'entend pas le mettre en œuvre dès à présent, alors que le groupe d'armées G pourrait encore réaliser l'opération sans être sous la pression de forces alliées débarquées dans le Sud (le débarquement en Provence n'a en effet pas encore eu lieu)[40].

Hitler, d'instinct offensif, a clairement identifié le couloir d'Avranches comme le point faible du front adverse : si ses divisions reprennent Avranches, c'en est fini de la 3e armée américaine, pense-t-il. Le Führer voit même plus loin : la 7e armée pourra alors contre-attaquer ensuite vers le nord et balayer de flanc tout le dispositif allié ! Il décide donc d'interdire tout repli. D'ailleurs, sur le front normand, en dehors d'Avranches et de la zone au sud de Mortain, la ligne est solide et aucun signe d'effondrement n'est perceptible. Kluge pense qu'un succès est peut-être possible à condition de réagir rapidement en frappant avec une division de Panzer. Hausser voudrait attaquer dès le 3 août. Hitler n'est pas de cet avis : un succès complet requiert au bas mot quatre divisions de Panzer en première vague[41]. L'assaut est donc fixé au 8 août. À l'insu des Allemands, qui préparent le coup de la dernière chance, indépendamment des précautions d'usage prises par Bradley et Patton pour sécuriser le flanc de la percée, ULTRA informe le haut commandement allié de l'imminence d'une offensive ennemie ayant Avranches pour objectif (les unités en ligne ne seront informées que très peu de temps avant l'assaut), à tout le moins, l'arrivée de trois divisions de Panzer dans le secteur est annoncée, bien que Mortain ne soit pas spécifiquement indiqué comme objectif. Par ailleurs, l'interception de messages de la Luftwaffe confirme que quelque chose de sérieux se prépare dans la zone de Mortain-Avranches[42].

Le Führer accepte finalement quelques replis tactiques – dont l'abandon de la fameuse cote 112 – pour permettre le désengagement des divisions assignées à la contre-attaque. Toutefois, la 11e Panzer est maintenue dans le sud de la France et Hitler refuse toujours catégoriquement d'évacuer les îles Anglo-Normandes où la 319e DI demeure l'arme au pied... Kluge rassemble sous le commandement de Funck les éléments de quatre divisions de Panzer, qui n'engagent dans cette ultime contre-attaque d'envergure que 150 chars sur les 290 que possède pourtant le 47e corps de Panzer[43] (les 2e, 1er SS, 2e SS, 116e divisions de Panzer ainsi que la 17e division SS de panzergrenadiers). L'opération reçoit le nom de code Lüttich. Pour Dietrich, dégarnir une nouvelle fois le front devant Falaise constitue une grande prise de risque[44] : n'y a-t-on pas toujours craint une percée britannique qui ouvrirait la route de Paris aux Alliés ? La 9e division de Panzer – tout au moins son bataillon de Panther – devait y participer, mais elle se déploie, le 6 août, entre Domfront et Montsurs, pour s'opposer à la progression de Patton. Les délais consentis pour la préparation de Lüttich s'accompagnent d'une dégradation notable de la situation : Avranches s'éloigne de plus en plus de la ligne de front. En Bretagne, les quelques unités dont disposent encore les Allemands rallient les forteresses. Le 6 août, entre Mortain et Ambrières, le front allemand n'est tenu que par quelques groupes de combat, soit très peu de chose. Le 7 août, les armées des deux camps se lancent donc conjointement dans des opérations cherchant à obtenir l'encerclement de l'adversaire.

Lüttich démarre le 7 août, en l'absence du soutien promis de la Luftwaffe. « Monty » frappe au même moment à Falaise avec Totalize. Hausser conclut son ordre du jour tinté de national-socialisme par un vibrant appel :

> De l'exécution heureuse de l'opération ordonnée par le Führer dépend la décision de la guerre dans l'Ouest, et peut-être la décision de la guerre elle-même. [...] Il n'y a plus qu'une chose qui compte, l'effort et la volonté résolue de vaincre. Pour le Führer, le peuple et le Reich[45].

Lüttwitz, qui dispose d'encore 75 Panzer mais d'à peine 2 200 panzergrenadiers, décide de surprendre l'adversaire en attaquant sans préparation d'artillerie. La 2e Panzer progresse de quinze kilomètres avant le petit matin, ce qui est en soit remarquable. Mais, si elle parvient à atteindre Le Mesnil-Adelée, son avance bute sur une résistance tenace. Lüttwitz est de surcroît handicapé par le manque de coopération de Schwerin et de sa 116e Panzer. Schwerin, craignant que son flanc droit ne soit pas assez assuré par la 84e DI, est en désaccord avec son chef de corps, Funck. Il retarde donc le déploiement de ses troupes et refuse de transférer un bataillon de chars à la 2e Panzer. C'en est trop pour Funck qui remplace ce subordonné récalcitrant par le colonel Rheinard. Le 7 août, alors que la 2e Panzer progresse quelque peu, la 116e, qui constitue l'aile droite du front d'attaque, au nord de la Sée, piétine donc face aux défenseurs américains. Elle n'a engagé que trois de ses six colonnes de Panzer, une quatrième se mettant en route avec cinq heures de retard. Les éléments de la 1re Panzer SS qui devaient également épauler Lüttwitz arrivent trop tard pour peser sur le cours de la bataille.

Au centre du front d'attaque, à Mortain, l'assaut est mené par la « Das Reich ». Mais sept cents GI parviennent à se maintenir sur la cote 314. Depuis cette hauteur dominant Mortain et les alentours, les observateurs d'artillerie du bataillon isolé permettent aux Américains de jeter le chaos sur les voies de communication ennemies. Incapables de s'emparer de la position, les SS finissent par demander la reddition de l'unité encerclée dans l'après-midi du 9 août. Demande refusée. Sur le flanc gauche, en couverture, l'intervention de la « Götz von Berlichingen » ne débouche sur rien de décisif. Un fantassin de cette unité entre à Mortain dans l'atmosphère des jours heureux de la victoire : « Les Américains ont évacué des parties de la ville en urgence. Partout sont capturés de nombreuses armes, des munitions et des vivres ; les jeeps et le ravitaillement en carburant étaient particulièrement les bienvenus pour nous[46]. »

En second échelon, forte encore de cent trente Panzer et canons d'assaut en état de combattre, la « Leibstandarte Adolf Hitler » représente une force redoutable. Rapidement bloquée devant Juvigny-le-Tertre par un régiment de fantassins américains, elle ne brille pas particulièrement ce jour-là. Pis, ses Panzer seront bloqués sur un chemin par l'épave d'un Jabo… Le 13 août, après l'abandon de Lüttich, elle n'aligne plus que vingt-neuf Panzer opérationnels. Dès le lever du jour, après dissipation de l'obscurité et du brouillard, l'aviation tactique alliée intervient en force.

La contre-offensive voulue par Hitler est un échec. Compte tenu des réserves américaines disponibles ainsi que de la suprématie aérienne alliée, Lüttich ne pouvait réussir. Contrairement à la légende, peu de Panzer ont été touchés par les Jabos. Mais les effets indirects de l'intervention de l'aviation alliée ont été une des causes majeures de l'échec de Lüttich en paralysant des colonnes bloquées par un unique engin détruit ou en semant le chaos au sein des unités de ravitaillement ainsi que dans les rangs des panzergrenadiers, loin de disposer de blindés à l'épreuve des bombes et des roquettes. L'adjudant Steinbüchel, de la 1re SS Panzer, s'extirpe *in extremis* de son semi-chenillé lors du passage d'un Jabo. Son radio, le caporal Hofbauer, moins chanceux, est mortellement blessé. L'attaque passée, il ne reste plus qu'à sauver ce qui peut l'être des engins criblés de balles ou calcinés[47]... En milieu de journée, le 8 août, le colonel Kleinschmitt, chef d'état-major du 47e corps de Panzer, déclare sans ambages à Kluge : « Je ne pense pas être en mesure de poursuivre les opérations avec les troupes dont nous disposons[48]. »

Ce 8 août, Hitler et l'OKW persistent dans l'idée de poursuivre la contre-offensive. L'ordre est donné le 9 à 23 heures[49]. L'OB West, prévenu par le général Bühle, envoyé spécial du Führer, s'exécute, non sans avoir fait part de ses réticences, la partie semblant désormais sans espoir. Lüttich doit donc reprendre dès le 10 août, avec de nouvelles unités : 9e, 9e SS, et 10e division SS de Panzer[50]. C'est un Kluge désespéré qui déclare à Blummentritt en martelant du doigt sa carte des opérations : « Avranches, Avranches. Cet endroit m'a coûté ma réputation de soldat[51]. » Comment d'ailleurs espérer l'emporter en ne changeant pas l'axe d'attaque puisque l'élément de surprise ne joue plus ? La tournure des événements sur les autres secteurs du front en décidera autrement. Le coup de dés d'Hitler à Avranches est un échec lourd de conséquences. Il n'a en aucune manière entravé l'avancée alliée...

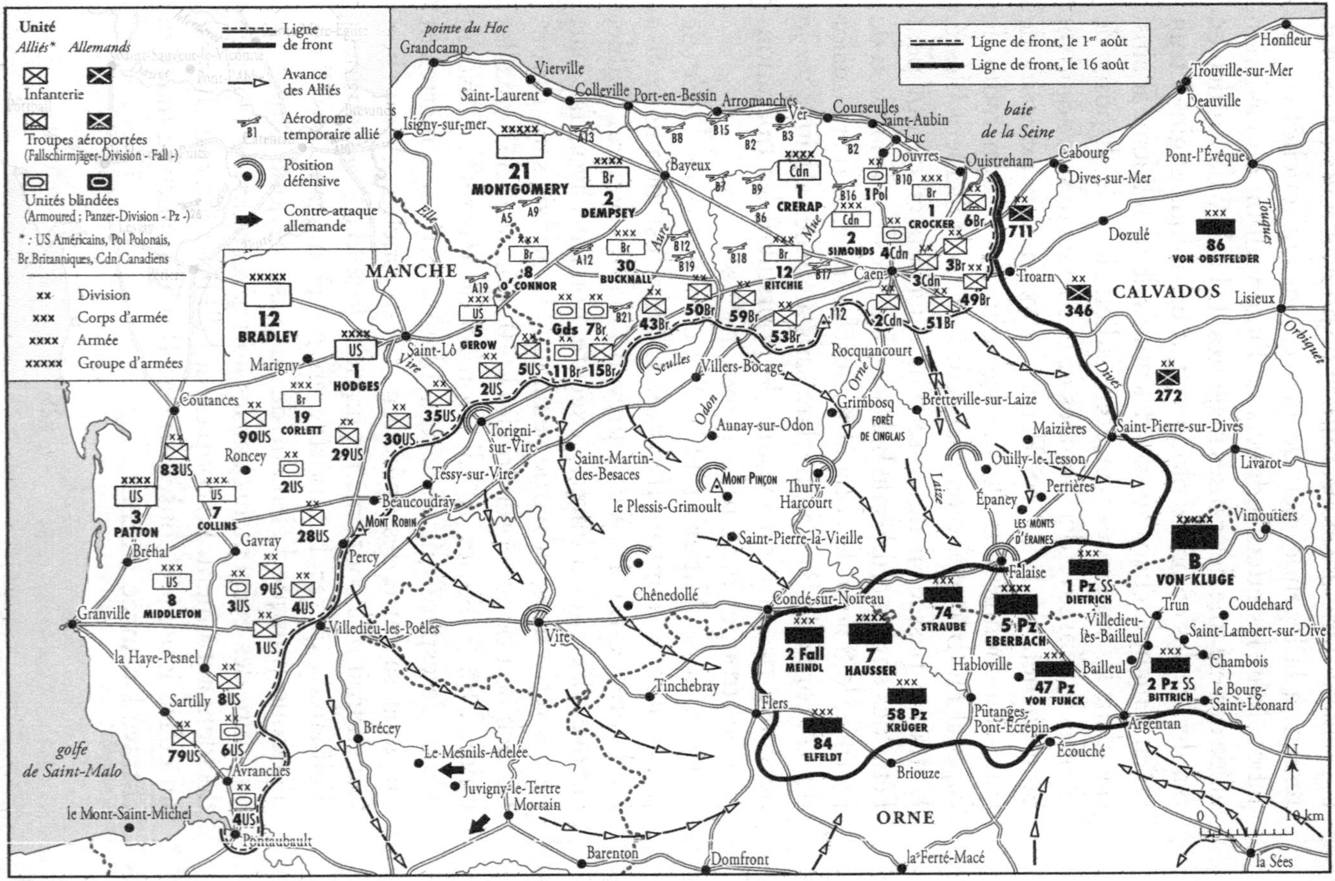

Unité
Alliés* Allemands
Infanterie
Troupes aéroportées (Fallschirmjäger-Division - Fall -)
Unités blindées (Armoured ; Panzer-Division - Pz -)
* : US Américains, Pol Polonais, Br Britanniques, Cdn Canadiens
xx Division
xxx Corps d'armée
xxxx Armée
xxxxx Groupe d'armées
Ligne de front
Avance des Alliés
Aérodrome temporaire allié
Position défensive
Contre-attaque allemande
Ligne de front, le 1er août
Ligne de front, le 16 août
pointe du Hoc
Grandcamp
Vierville
Saint-Laurent
Colleville
Port-en-Bessin
Arromanches
Ver
Courseulles
Saint-Aubin
Luc
Douvres
Ouistreham
baie de la Seine
Cabourg
Dives-sur-Mer
Pont-l'Évêque
Honfleur
Trouville-sur-Mer
Deauville
Isigny-sur-mer
Bayeux
Caen
Troarn
Dozulé
Lisieux
Touques
Orbiquet
CALVADOS
MANCHE
ORNE
21 MONTGOMERY
2 DEMPSEY
1 CRERAP
1 CROCKER
2 SIMONDS
12 RITCHIE
30 BUCKNALL
8 O'CONNOR
5 GEROW
12 BRADLEY
1 HODGES
19 CORLETT
7 COLLINS
3 PATTON
8 MIDDLETON
86 VON OBSTFELDER
711
346
272
B VON KLUGE
1 Pz SS DIETRICH
5 Pz EBERBACH
74 STRAUBE
7 HAUSSER
2 Fall MEINDL
47 Pz VON FUNCK
2 Pz SS BITTRICH
58 Pz KRÜGER
84 ELFELDT
Saint-Lô
Marigny
Coutances
Roncey
Gavray
Bréhal
Granville
la Haye-Pesnel
Sartilly
Avranches
Pontaubault
le Mont-Saint-Michel
golfe de Saint-Malo
Villedieu-les-Poêles
Percy
Mont Robin
Beaucoudray
Tessy-sur-Vire
Torigni-sur-Vire
Saint-Martin-des-Besaces
Villers-Bocage
Aunay-sur-Odon
Mont Pinçon
le Plessis-Grimoult
Thury-Harcourt
Grimbosq
Forêt de Cinglais
Rocquancourt
Bretteville-sur-Laize
Maizières
Ouilly-le-Tesson
Perrières
Épaney
Les Monts d'Éraines
Falaise
Saint-Pierre-sur-Dives
Livarot
Vimoutiers
Trun
Coudehard
Villedieu-lès-Bailleul
Saint-Lambert-sur-Dive
Chambois
Bailleul
le Bourg-Saint-Léonard
Argentan
Écouché
Pûtanges-Pont-Écrépin
Habloville
Briouze
Flers
Condé-sur-Noireau
Saint-Pierre-la-Vieille
Chênedollé
Vire
Tinchebray
Brécey
Le-Mesnils-Adelée
Juvigny-le-Tertre
Mortain
Barenton
Domfront
la Ferté-Macé
la Sées
Seulles
Odon
Orne
Laize
Dives
Vire
Elle
Aure
Mue
0
10 km
N

L'attaque allemande vers Mortain, engageant plusieurs unités de Panzer vers l'ouest au lieu de se porter au-devant de Patton, est à l'origine de la vaste manœuvre d'encerclement qui va aboutir à ce qu'on nomme communément la « poche de Falaise », phase ultime de la bataille de Normandie avant le repli de la Wehrmacht sur la Seine. Kluge parvient à faire admettre à Hitler qu'il importe de conjurer la menace que fait peser Patton sur le flanc sud avant de frapper de nouveau en direction d'Avranches. Il faut assurer le flanc droit de la contre-offensive sur Avranches et sécuriser les axes de ravitaillement[52]. Hitler acquiesce mais, rejetant le plan de son maréchal qui souhaite attaquer de front, il envisage une action qui prendrait de flanc le 15e corps américain[53]. Plus à l'est et au sud, face au 20e corps, c'est la 1re armée qui doit s'assurer de la défense de Chartres et de la Loire. Cette armée, ponctionnée depuis début juin au profit de la 7e armée, manque désormais de moyens. De toute façon, les maigres effectifs affectés à la protection des passages de la Loire sont dans l'incapacité de mener la moindre action offensive.

Le commandement de cette nouvelle opération est assuré par Eberbach, placé à la tête d'une entité créée pour la circonstance : le groupe de Panzer Eberbach. Celui-ci considère d'ailleurs cette affectation comme un limogeage et non comme une marque de reconnaissance de ses compétences en tant que commandant de Panzer[54]. Conséquence probable de l'attentat du 20 juillet, la 5e armée de Panzer passe donc sous le contrôle d'un fidèle à la cause du Führer, le SS Dietrich (la 7e armée est dirigée par le SS Hausser), qu'Eberbach considère comme incompétent pour cette tâche. Celle qui lui incombe ne semble pas aisée non plus, loin sans faut : il ne peut guère compter que sur 80 Panzer opérationnels face à plus de 700 tanks et chasseurs de chars américains[55]. De l'avis même d'Eberbach, le QG de son groupe de Panzer est mal équipé (notamment en moyens de transmission) et de taille trop réduite, de sorte qu'il doit constamment solliciter les états-majors des corps qui lui sont subordonnés ainsi que celui de la 7e armée. La mise sur pied de ce nouveau groupe apparaît donc superflue et complique plus la chaîne de commandement qu'elle ne simplifie la tâche ardue de lancer une contre-attaque.

Le 9 août, les Alliés disposent en Normandie de plus de 6 000 chars et de 12 000 avions contre 600 Panzer (25 Tiger opérationnels au maximum) et 300 appareils de la Luftwaffe[56]. Dans ces conditions, l'issue de la campagne ne semble plus faire de doutes.

La pince sud de la manœuvre d'encerclement est constituée par le 15e corps américain d'Haislip qui contrôle Le Mans dès le 8 août. Il est donc nettement à l'est des Panzer mobilisés dans la vaine contre-attaque Lüttich et c'est donc à ses unités qu'incombe la tâche d'infléchir l'avance vers le nord. Les Allemands ne peuvent opposer que le 81e corps du général de Panzer Kuntzen. Les quelques groupes de combats présents ne sont pas assez puissants et se montrent incapables de contrer la guerre de mouvement que leur imposent les Américains[57]. Les blindés du bataillon de reconnaissance de la 9e Panzer ne sont pas suffisants pour étayer les défenses de la 708e DI. Le 12 août, dans cette zone si peu défendue, le sergent Schultz de la Panzer Lehr doit abandonner son tank, victime d'une panne mécanique. Les tankistes démontés rejoignent un groupe de fantassins, dont des soldats des deux régiments de panzergrenadiers de la division, mêlés avec des combattants d'autres unités. Le petit groupe, isolé dans un bois, ne parvient pas à desserrer l'étau qui se referme autour de lui. Il n'y a pas d'autre issue que la reddition[58].

Eberbach, dont le PC est établi au nord d'Alençon, est lui-même témoin du reflux des services arrière devant la poussée alliée. On pare au plus pressé : une compagnie de boulangers établit des positions défensives à Sées. Une unité de Flak dotée de puissantes pièces de 88 mm prend position aux alentours d'Argentan afin d'en interdire l'accès à l'ennemi. Les Panzer vont-ils arriver à temps ? Le 47e corps de Panzer n'a aucune nouvelle de la 116e Panzer. L'attaque alliée est irrésistible et Leclerc libère Alençon le 12 août au moment même ou la 5e division blindée américaine s'empare de Sées. La route d'Argentan semble ouverte. La 708e DI a été balayée : ses divers groupes combattent isolément, pressés en direction du nord, mais la plupart des soldats sont capturés.

Pis, la 7e armée a perdu sa base logistique. Elle dépend donc désormais de la 5e armée de Panzer. Ravitailler ces deux armées devient une gageure alors même que le trafic est congestionné et que la destruction de véhicules s'accompagne de la perte d'approvisionnements et de la diminution de la capacité de fret. La circulation est d'autant plus malaisée que nombre de carcasses et de déblais obstruent çà et là les voies de communication. Les Américains à Alençon et les Britanniques se rapprochant de Falaise, la largeur du corridor d'accès n'excède pas trente kilomètres.

De son côté, Leclerc s'oppose victorieusement à la 9e division de Panzer dans la forêt d'Écouves. Les restes de l'unité – qui a été anéantie en une semaine – passent sous le commandement de la 116e Panzer qui subit, elle aussi, une sévère correction. Un de ses régiments de panzergrenadiers est anéanti à Sées[59]. La 2e DB de Leclerc emprunte toutefois une route dévolue à la 5e division blindée américaine, ce qui provoque des embouteillages et cause de sérieux retards : six heures précieuses sont ainsi mises à profit par les Allemands pour fortifier Argentan. Les Panther de la 9e Panzer, initialement destinés à renforcer le front tenu par la « Hitlerjugend » devant Falaise, sont détournés au profit d'Eberbach. Argentan résiste donc. Le 13 août, la 1re SS se déploie enfin dans la zone forestière au nord d'Alençon mais les panzergrenadiers se feront attendre quelques jours : la congestion des routes est telle que l'artillerie arrive seule, suivie par les transmissions puis par les Panzer[60]. Pendant ce temps, Eberbach reconstitue tant bien que mal un flanc gauche pour son armée en rameutant des unités disparates. Le front allemand face au 15e corps américain tient le choc et ne cède pas. Bradley commet l'impardonnable erreur de l'arrêter à Argentan, craignant une réaction vigoureuse de l'ennemi qui emporterait les divisions d'Haislip. Cette décision est également fondée sur les limites des secteurs interarmées décidées avec « Monty », qui pense pouvoir atteindre Argentan. Il envoie donc Patton vers l'est et la Seine[61].

Bayerlein, lui, est à Habloville, au nord-est d'Argentan, avec son groupe de combat. Les deux cent cinquante véhicules et pièces d'artillerie de la Panzer Lehr sont pris à partie par des Jabos. Il faut se jeter à couvert le long des haies, dans les vergers ou dans une tranchée. Bayerlein ressent l'impression qu'un des pilotes l'a plus particulièrement repéré. L'épreuve s'éternise pendant plusieurs heures. La Panzer Lehr se met en route vers Fontainebleau, où sont rassemblés les restes de la division, dont certains éléments participeront aux combats pour Paris. Un groupe de combat se positionne cependant entre Le Bourg-Saint-Léonard et Gacé.

Stopper les Américains est insuffisant. Il faut les battre en lançant une contre-attaque décisive. Où trouver les renforts pour épauler le 47e corps de Panzer ? Hitler consent à renoncer au saillant de Flers pour désengager la 9e Panzer SS de Stückler. La 10e SS ne peut être relevée du secteur de Tinchebray sans que le front vacille au sud-ouest de Falaise. Quant à la 21e Panzer, qui vient de concéder Thury-Harcourt, il est impossible de la retirer du front sans s'exposer à une trop grande menace. Eberbach, qui a préconisé en vain un repli, reste amer devant la contre-offensive que lui imposent Hitler et Kluge en dépit du bon sens. Lucide, il déclare : « Attaque impossible avant le 16 août. Succès improbable[62]. » Le groupe de Panzer Eberbach se voit donc assigner le 2e corps SS de Panzer, attendu le 15 août. Ne pouvant différer l'assaut, Eberbach décide que le 47e corps se rassemblera dans la forêt d'Écouves, au nord d'Alençon, sous le couvert de la 9e division de Panzer[63]. L'attaque doit débuter le 14 août. Mais, entre-temps, les événements se précipitent.

Ce 14 août, les soldats de la 1re armée canadienne de Crerar partent à l'assaut des positions allemandes devant Falaise : c'est l'opération Tractable, précédée d'un nouveau bombardement massif. En fin d'après-midi, les premières lignes allemandes des 85e et 272e DI sont enfoncées. La « Hitlerjugend » ne déploie plus qu'un solide groupe de combat de 1 500 hommes, 25 Panzer et 16 pièces de 88 mm[64]. Cette division, déployée sur des points d'appui contrôlant les hauteurs dominant la route Falaise-Saint-Pierre-sur-Dives, et les Tiger du 102e bataillon SS de chars lourds contre-attaquent et stoppent les Canadiens. Cependant, l'offensive de Crerar impose à Kluge l'envoi la 21e Panzer vers Falaise pour empêcher tout effondrement et l'oblige à renoncer à l'envoi d'éléments du 1er corps SS de Panzer contre le 15e corps américain d'Haislip, si menaçant à Argentan.

La 85e DI s'avère particulièrement tenace, n'ayant de fait rien à envier à la combativité des SS. L'adjudant Laser est tout de même surpris d'être confronté à des Polonais. Il ne masque pas l'âpreté de la lutte : « Il y avait une haine réelle des deux côtés et nous ne fîmes aucun prisonnier[65]. » Toutefois, le *carpet bombing* est dévastateur. Au soir du 14 août, la majeure partie des mille prisonniers sont des soldats de la 85e DI. Ce jour-là, cette unité ne doit compter que sur son artillerie et sur quelques faibles détachements de corps d'armée. L'aile gauche canadienne, soit plusieurs centaines de chars appuyés par une artillerie puissante et soutenue par une aviation omniprésente, frappe ses lignes ténues qui sont enfoncées. Toutefois, les artilleurs allemands, dans l'incapacité d'atteler et fuir, tirent à vue sur les chars canadiens jusqu'à épuisement des munitions. Si le succès des Canadiens ne fait pas l'ombre d'un doute, les hauteurs au sud-est de Maizières et de Quilly-le-Tesson sont jonchées de plus de quarante carcasses de tanks.

Le lendemain, 15 août, la pression des Canadiens et des Polonais repousse inexorablement la 85e DI vers le sud, conquérant le terrain sous la chaleur estivale jusqu'à ce que Perrières et Épancy soient prises. Toutefois, sur les monts d'Éraines, l'avancée est stoppée. Le combat est désespéré mais les soldats de Chill repoussent tous les assauts. L'infanterie, épuisée, est remplacée en première ligne par les artilleurs désormais sans canons d'artillerie, mais la perte du dernier canon antichars rend la défense du secteur sans espoir. Les pertes sont importantes, mais Chill échappe avec ses hommes au chaudron de Falaise.

Ce même jour, les Alliés débarquent en Provence. Pour Kluge, Hausser, Dietrich et Eberbach, cela signifie d'emblée la fin de tout espoir de renforts. Hitler comprend, tardivement, que la situation est désespérée à l'Ouest et ordonne en conséquence au groupe d'armées B de se replier vers la Seine et au groupe d'armées G d'abandonner le sud de la France (ordre donné le 16 août mais reçu par Blaskowitz le 18[66] !). Or le groupe d'armées B est en passe d'être encerclé et le groupe d'armées G est engagé dans la bataille au Sud. Kluge a, de sa propre initiative, ordonné la retraite sans même savoir que le Führer l'a acceptée. Reste à savoir si l'ordre sera exécuté avec efficacité.

À la date du 14 août, les Allemands ont perdu 160 000 hommes sur le front de l'Ouest depuis le Jour J. Les Alliés ont encore plus souffert, puisqu'ils accusent la perte de 180 000 hommes. Mais Eisenhower dispose sur le continent d'un total de 1 500 000 hommes pour s'opposer aux 250 000 Allemands encore présents en Normandie. Le 15 août, Kluge a rendez-vous avec Dietrich et Eberbach à Nécy. Mais le maréchal subit les désagréments d'un soldat soumis à la toute-puissance de l'aviation ennemie : sa radio détruite, et donc injoignable, Kluge doit se mettre à l'abri à maintes reprises et reste isolé pendant la plus grande partie de la journée. Il lui faudra six heures pour parcourir quatre-vingts kilomètres. Hitler, soupçonneux à son égard (son nom circulerait parmi ceux des officiers ayant été approchés par les conjurés du 20 juillet), craint qu'il ne soit passé à l'ennemi : il déboute donc Kluge de son commandement et le remplace par le maréchal Model, fidèle parmi les fidèles, nazi convaincu, qui vient juste de rétablir une situation jugée désespérée en Biélorussie. À Briance, Kluge retrouve Hausser, Eberbach et Funck. « Les gens, là-bas, à l'OKW, vivent dans un autre monde, leur déclare-t-il. Ils n'ont aucune idée de la situation ici. Moi, je la connais… pour lire vos rapports… et pour avoir moi-même vécu ce que je viens de vivre depuis vingt-quatre heures[67]. » Quelques jours plus tard, Kluge prend congé de son état-major, à La Roche-Guyon, sous les tirs de l'artillerie américaine. Craignant d'être mis en cause dans l'attentat du 20 juillet, il se suicide en forêt d'Argonne, le 18 août, non sans laisser une lettre à l'attention d'Hitler, dans laquelle il fait preuve une dernière fois de sa loyauté tout en se montrant lucide : « Le peuple allemand a souffert à un tel degré que le moment est venu de mettre un terme à son martyre... Ayez la grandeur d'âme nécessaire pour renoncer à une lutte qui est désormais sans espoir[68]. »

Le 16 août, de terribles combats de rues s'engagent dans Falaise, défendu par le commandant Krause qui ne peut opposer que deux Tiger, deux canons antichars et cent cinquante hommes aux Canadiens. Le SS Bassenauer, en position au premier étage d'une menuiserie, témoigne : « Le premier char canadien apparaît en sortant d'un virage et il est détruit par notre pièce antichars. Ma MG est repérée par l'adversaire et j'effectue un changement de position. Je suis alors frappé d'un éclat d'obus qui a frappé le pignon de la maison. »

Le SS Freund doit se replier dans Falaise avec ses camarades, l'esprit plein d'effroi : il ne cache pas à Krause l'angoisse qui l'a tenaillé à la vue de soi-disant soldats noirs montant à l'assaut, vision qu'il n'a pu supporter. On retrouve bien ici le racisme primaire de l'idéologie national-socialiste inculquée aux Waffen SS. De toute manière, il n'y a pas de Noirs dans l'armée canadienne : il s'agit probablement d'une unité dont les combattants se sont barbouillé le visage de suie ou de toute autre matière à des fins de camouflage[69]. La ville de Falaise tombe finalement le soir du 16 août. Il ne reste plus que quelques défenseurs dans l'école primaire supérieure de filles, qui se battront jusqu'à la fin, non sans que la moitié des Waffen SS ait toutefois mené avec succès une sortie de la dernière chance :

> Nous avons pu échapper à la fusillade en longeant sans être aperçus. Après quelques mètres nous trébuchâmes l'un sur l'autre sous une locomotive qui se trouvait mani-

festement là sur une fosse de réparation. C'est seulement alors que [...] nous avons remarqué que cette fosse avait également été utilisée comme vidange ; nous nous sommes serrés dans les bras, reconnaissants de ne pas être étendus comme cadavres dans l'école supérieure ou sur la route, mais de pouvoir continuer à vivre au milieu de la saleté[70].

Ce jour-là, les Américains arrivent à Chartres et à Dreux. Avec la chute de Falaise, les Américains et les Canadiens ne sont plus séparés que par vingt-trois kilomètres ! Le 2e corps SS de Panzer (disposant de carburant pour à peine 20-30 kilomètres) a enfin rallié le 47e corps et la position d'Argentan est donc renforcée. Eberbach s'est fait également adjoindre deux brigades de Nebelwerfer mais, faute de munitions, les servants en sont réduits à tenir la ligne en tant que fantassins. Le flanc sud paraît donc assuré, provisoirement. Au nord, les Canadiens ont souffert : on ne compte plus que 164 blindés opérationnels (sur plus de 500) au sein des deux brigades blindées[71]. Au même moment, au fond de la poche, les combats sont tout aussi acharnés : les paras allemands défendent âprement la crête du Berjou, au-delà du Noireau. Certains défenseurs usent à cette occasion d'un stratagème pour approcher les Britanniques au plus près en s'affublant des casques de leurs adversaires. Toutefois, en cet endroit comme ailleurs sur le front normand, le repli des troupes allemandes est inexorable.

Le 17 août, Trun et Saint-Lambert sont contrôlés par les Alliés : les deux pinces alliées ne sont plus distantes que de sept kilomètres ! Ordre du groupe d'armées B : le 2e corps SS de Panzer doit se diriger vers Lisieux avec les deux brigades de Nebelwerfer afin de se placer en réserve. La chute de Falaise oblige finalement à orienter le 2e corps – très difficile à joindre puisque son QG a perdu ses radios les plus puissantes – sur Vimoutiers. Un tel mouvement signifie purement et simplement que les forces à disposition de part et d'autre d'Argentan vont être insuffisantes. Les difficultés ne tardent pas : la 116e Panzer informe Eberbach que l'ennemi s'est emparé du Bourg-Saint-Léonard et qu'emprunter la route passant par Chambois devient très périlleux du fait des tirs de l'artillerie adverse[72]. Cette localité, prise par les Américains le 13 août, revêt une importance cruciale, à la fois comme voie de communication mais aussi pour interdire aux Américains l'accès à des hauteurs d'importance comme la cote 129 où des observateurs d'artillerie pourraient s'installer. La « Das Reich » lance donc une contre-attaque énergique le 17 août avec entre 14 et 20 Panzer et peut-être plus d'un millier de panzergrenadiers. Mais les GI tiennent d'abord le choc avant de concéder le village, qui sera pris et repris à plusieurs reprises. Les Américains réinvestissent la place à 23 heures[73].

Informé de la situation au front, Jodl admet que la solution d'une retraite est la seule envisageable. La 7e armée doit commencer son mouvement de repli dans la nuit 16 août tandis que la 5e armée de Panzer maintiendra le corridor ouvert. Le franchissement de l'Orne et l'évacuation seront régulés par l'état-major du 58e corps de Panzer. Des points de ralliement sont établis au-delà de la poche. Les restes malmenés des divisions en retraite y trouveront des pommes de terre et de la viande (le ravitaillement en pain est devenu trop difficile). Plus à l'ouest, on guidera les troupes en retraite vers la Seine où seront à nouveau distribués des rations, mais aussi des vêtements (chose peu courante dans l'armée allemande) ainsi que la solde[74]. Dans le même temps, le 2e corps SS de Panzer se déploie autour de Vimoutiers afin de s'opposer à toute tentative de fermeture de la poche par les Alliés. Ces décisions sont entérinées par Model à son arrivée au front le 18 août. Il comprend d'emblée le caractère critique de la situation et préconise rapidement un repli au-delà de l'Orne, puis au-delà de la Dives. Il est décidé que, sitôt sorties du *Kessel* (le chaudron, la poche), les 1re et 10e divisions SS de Panzer seront dirigées vers L'Aigle puis Mantes. La « Götz von Berlichingen » et la Panzer Lehr doivent se repositionner à l'est de Paris. En effet, les forces américaines progressent déjà sur les deux flancs de la capitale, loin du champ de bataille normand.

Les 17 et 18 août, pour assurer la défense à l'est de Falaise, la Wehrmacht engage de plus en plus d'unités entre le *Kessel* et la Seine, y compris des éléments de la 1re division SS de Panzer pour leur fournir l'indispensable soutien blindé. Si l'ennemi, qui, le 16 août, s'est emparé de Dreux, défendu par des éléments épars (dont quelques restes de la 352e DI sur la brèche depuis Omaha)[75], atteint la Seine, c'en est fini de la 7e armée et de la 5e armée de Panzer. Model renforce les défenses au sud de la Seine avec notamment le groupe de combat Wahl de la 9e SS Panzer, soit trente Panzer en provenance de plusieurs divisions blindées[76]. Sur l'autre rive du fleuve, d'autres unités fraîches de la 15e armée se mettent en position. À part dix Panzer et quelques éléments, le groupe de combat de la Panzer Lehr se retire du secteur de Gacé le 17 août[77]. Le front américain n'est pas encore très étoffé dans le secteur, de sorte que les lignes de communication peuvent, à l'occasion, être soumises aux raids audacieux de certaines unités allemandes. Ainsi, restant dissimulé au passage d'unités combattantes américaines, le capitaine Kaufmann de la 17e division de campagne de la Luftwaffe monte avec succès une embuscade contre des camions de la logistique américaine[78].

Des combats acharnés sont menés à La Heunière (qui ne tombe que le 21 août) par la « Das Reich » et la « Hitlerjugend » appuyées par deux Tiger. C'est le baptême du feu pour la 17e division de campagne de la Luftwaffe, qui s'avère très combative. Comme toujours, l'apprentissage de la guerre et le premier combat suscitent bien des inquiétudes. Le caporal Gierisch témoigne à ce sujet :

> L'idée de notre premier engagement nous procure une sensation de malaise. Un silence lourd règne dans l'atmosphère. Par où l'ennemi arrivera-t-il ? Nous n'en savons rien, excepté que le chaudron de Falaise se rétrécit d'heure en heure. [...] Nous luttons contre l'inquiétude, car de notre position nous apercevons à présent l'ennemi[79].

Alors que la 7e armée lutte pour sa survie dans la poche de Falaise, l'OB West engage quatre-vingt-dix Panzer dans le secteur de la 17e division de campagne de la Luftwaffe dont la mission défensive menée dans l'Eure est absolument cruciale[80]. Par ailleurs, Dietrich est placé face à un dilemme : renforcer les défenses à l'est signifie dégarnir le front de la Touques où la pression adverse est de plus en plus soutenue.

La situation en Normandie est donc devenue dramatique. La 7e armée risque l'annihilation tandis que les moyens dont dispose la 5e armée blindée sont désormais considérablement diminués. Si le principe d'un repli vers l'est est admis par le haut commandement allemand, il faut maintenant le réaliser sous la pression de l'ennemi. La Wehrmacht est-elle en mesure de trouver les ressources pour mettre en œuvre cette manœuvre délicate ?

Chapitre XVI

L'INÉVITABLE RETRAITE

Hitler, qui a tenté d'éviter la retraite de Normandie en lançant ses Panzer sur Mortain se voit maintenant contraint d'ordonner un repli de grande ampleur dans des conditions particulièrement difficiles. De nombreuses divisions sont presque encerclées à l'ouest d'Argentan, où les Américains sont momentanément stoppés. La bataille de la poche de Falaise peut commencer.

Que deviennent les unités encore présentes dans le *Kessel* ? Le retrait progressif des forces allemandes presque encerclées s'effectue dans des conditions bien périlleuses. Les hommes savent qu'ils sont pris dans une nasse qui se referme. Ils connaissent la gravité de la situation générale – les Alliés ont débarqué en Provence et le front de Normandie est enfoncé – bien que la propagande continue de formuler des contre-vérités : les nouveaux chasseurs à réaction allemands auraient abattu quatre cents appareils alliés en une seule journée, écrit un caporal à la date du 16 août[1]. Par ailleurs, les revers subis depuis le mois d'août ont une incidence négative sur le moral de la troupe. À la 272e DI, le général Badinsky s'est senti le devoir de sévir contre ce qu'il considère être des « bobards » défaitistes : « Je condamne ces bavardages d'irresponsables comme du sabotage de la pire espèce. Il est punissable de mort. » Les unités d'élite ne sont pas immunisées contre les on-dit les plus pessimistes. Ainsi, le 14 août, le général Schimpf, commandant de la 3e division de parachutistes, publie un ordre du jour réfutant l'affirmation selon laquelle la division serait encerclée. Il rappelle à cette occasion que, si cela devait survenir, « il n'y aurait pas de raisons pour que les troupes parachutistes, entraînées à sauter au milieu de l'ennemi, perdent courage… ». Et d'ajouter : « Il est certain que nous terminerons victorieusement la guerre. » Comme Badinski, Schimpf stigmatise plus particulièrement les hommes des services arrière, d'où émanent, invariablement, selon les deux généraux, les rumeurs qui affectent le moral des troupes combattantes[2].

Le parachutiste Börner – dont la compagnie est réduite à neuf hommes sur cent vingt début août – subit un terrible tir d'artillerie américaine le 16 août :

> Je vois devant moi mes camarades déchiquetés. Bras, membres, corps voltigent. Le feu n'a duré qu'une minute. Puis, c'est le tour des cris. Mon meilleur ami a perdu la main gauche. Sur le moment, il ne souffre pas. Je lui ligature l'avant-bras avec un fil de laiton. Nous n'avons plus d'infirmiers. Que faire ? Revenir en arrière ? Les Américains sont devant, derrière[3].

Chaque mouvement est offert à la vue de l'adversaire. L'artillerie et l'aviation alliées se déchaînent sur cette armée en retraite, prise dans une nasse. Elles sèment le chaos et la destruction. L'enfer s'abat sur les colonnes allemandes qui offrent des cibles trop faciles. Affamés, sans munitions, en guenilles, les soldats allemands ne cherchent qu'une seule chose : trouver une issue à ce calvaire. « Il n'y a plus de commandement. Je ne désire plus combattre personne.

Dieu nous accorde de sortir vivants de tout cela. Je me demande ce que ma femme fait maintenant », écrit un infirmier allemand enfermé dans le chaudron de Falaise, navré de constater que ses « camarades de l'infanterie tombent comme des mouches[4] ». À deux reprises, des hommes de troupes abattent des officiers refusant la reddition[5]. Certains cherchent un abri sûr dans les bâtiments éventrés des hameaux ou des fermes qui parsèment le champ de bataille. Börner passera la nuit du 19 au 20 août sous un Tiger II abandonné[6].

Bientôt, pour beaucoup, ce sera « chacun pour soi ». Max Mayr parvient à sauver son Panther de la 9e division de Panzer. Mais, affirme-t-il, « nous avons surtout peur de comparaître devant une cour de justice pour couardise devant l'ennemi[7] ». L'artillerie et l'aviation alliées font du *Kessel* un véritable enfer. Les chevaux paniquent, les charrettes versent sur le côté avec leurs cochers. Quelques unités motorisées n'hésitent pas à forcer le passage, ignorant les injonctions des officiers qui tentent d'assurer le trafic routier, parfois même sans prendre garde aux blessés, allongés sur les bas-côtés. Joseph Graf, de la Panzer Lehr, décide d'emprunter une route secondaire en appuyant à fond sur l'accélérateur devant des officiers, pistolets au poing, qui menacent les récalcitrants de la cour martiale[8]. Beaucoup, conscrits ou non, nazis ou non, se battent jusqu'au bout pour leur Führer et le Vaterland. Ils acceptent le sacrifice de leur vie si cela fait sens à leurs yeux. Un caporal écrit aux siens : « Nous combattons pour l'Allemagne et nos enfants, et ce qui arrive de nous n'a aucune importance. Je termine en espérant un miracle qui me permettra de revoir encore ma maison[9]... »

Peu à peu, nombreux sont ceux qui se délestent de leur équipement individuel et de leur matériel, voire de leurs armes, collectives puis individuelles. Les fuyards désarmés sont de plus en plus nombreux, y compris dans les rangs des SS. Certains finissent par saborder leurs véhicules en y mettant le feu[10]. Dans de nombreux cas cependant, la discipline prévaut : on remplira son devoir de soldat jusqu'au bout. Le commandant Hayn ne décèle aucune panique :

> Chaque homme a la conviction d'avoir la dernière occasion d'échapper à la mort ou à la captivité. Dans la nuit, la masse de la colonne a atteint Bailleul en flammes. Si, le 18 août, Eberbach affirme que la troupe subit un effondrement du moral[11], la discipline ne se rompt pas. Les hommes, paralysés dans le flot, sans liaison avec le commandement, parfois dépassent, dans la nuit, le but, et se retrouvent, sans savoir comment, hors du chaudron. Une ligne de front ? Il y a seulement des routes qu'on suit, n'importe où, vers l'est[12].

Alors que la retraite de la 7ᵉ armée est entamée (depuis la nuit du 15 au 16), la menace se précise plus à l'est, entre Dreux et Rouen, alors même que la plupart des unités sont encore engoncées dans le chaudron de Falaise-Argentan. Le lieutenant Scharffetter de la 9ᵉ Panzer participe à cette retraite quand trente Jabos prennent à partie sa colonne :

> Cinq d'entre eux, qui ont beaucoup de cran, nous attaquent en rase-mottes en espérant nous anéantir. Leurs armes de bord crépitent tandis que nos tubes de 2 cm retentissent à une cadence infernale. Nous abattons les cinq appareils mais trois camarades sont tués, dix blessés, un semi-chenillé et un camion de munitions sont détruits[13].

Le *Kessel* ne cesse de se réduire telle une peau de chagrin. Le 18 août, le PC de la 7ᵉ armée doit être abandonné avec précipitation, non sans perte de personnel ainsi que de véhicules et du précieux matériel radio. Un nouveau QG est établi dans une carrière près de Villedieu-lès-Bailleul[14]. Ce même jour, la retraite commence également au nord de la poche, jusqu'à la Manche : les 711e, 346e et 272e DI entament leur repli vers la Dives, la Touques et la Risle, dans le pays d'Auge, après plus de deux mois de guerre de position[15]. Un bataillon de la 711e DI – qui n'a pas encore connu le feu ! – est bousculé : le front de la division est enfoncé mais les Britanniques n'exploitent pas leur succès, de sorte que le général Reichert est en mesure de combler la brèche avec son bataillon du génie rameuté par camions[16].

Entre le 13 et le 18 août, 55 000 soldats allemands évacuent la poche avec des milliers de véhicules. À ce total s'ajoutent les 10 000 hommes de la « Hitlerjugend », alors à Verneuil-sur-Avre. Loin d'avoir été anéanties, la « Das Reich » et la « Hohenstaufen » ont sauvé 23 000 hommes à elles deux. 90 000 Allemands seraient encore à l'ouest de Chambois[17]. Pourront-ils eux aussi poursuivre la retraite comme leurs camarades ? L'entreprise devient plus hasardeuse : les Alliés parviennent enfin à finaliser l'encerclement de la 7e armée le 19 août. La 4e division blindée canadienne s'empare de Trun tandis que la 1re division blindée polonaise atteint Chambois dans la soirée, où la jonction est faite avec les hommes de la 90e DI américaine, et se fortifie sur le mont Ormel. La poche de Falaise est bouclée : elle renferme les restes de dix-neuf divisions de la 7e armée dans un espace de dix kilomètres de long sur onze de large. Le point culminant du mont Ormel domine la poche de Falaise et les routes que doivent emprunter les troupes allemandes en fuite vers l'est. Une colonne allemande, non consciente du danger et loin d'imaginer se trouver confrontée à des Polonais sur ses arrières, est intégralement anéantie à bout portant sur la route sinueuse montant de Chambois au mont Ormel.

Les Alliés soumettent la poche à un intensif pilonnage d'artillerie tandis que les colonnes allemandes sont mitraillées et bombardées par l'aviation tactique alliée plus présente et efficace que jamais. À dix kilomètres à l'est de Vimoutiers, un convoi d'ambulances, sorti de la poche, est intégralement anéanti en dépit des multiples croix rouges clairement identifiables arborées par les véhicules. Les Alliés contrôlent les hauteurs encerclant la plaine où s'entassent les restes de la 7e armée. Dans ces conditions, leur artillerie est assurée de « faire mouche à tous les coups », ainsi que l'observe Kurt Meyer[18]. Le spectacle est dantesque. Les véhicules détruits et les chevaux morts bloquent la plupart des chemins et un grand nombre de véhicules et de Panzer sont abandonnés faute d'essence. Les routes étant réservées à l'évacuation de la poche, plus aucun ravitaillement en munitions et en carburant ne peut en effet rejoindre les unités pressées de toutes parts dans le chaudron de Falaise (un dépôt contenant 27 000 tonnes de munitions est cependant saisi par la 80e DI américaine). Tandis que le 15e corps américain et la 1re armée canadienne bloquent les issues, 1re armée américaine et la 2e armée britannique attaquent depuis le fond de la poche.

Il faut se frayer un chemin à travers la Dives. La poche se réduit de jour en jour, de sorte que la mise au point des derniers préparatifs de percée ne nécessite aucunement des moyens de communication modernes, tels que radio ou téléphone : on dresse les plans *de visu*, sous le feu de l'ennemi. Meyer rencontre ainsi tour à tour Hausser et Meindl en quelques instants : la plupart des ordres sont transmis par voie orale. Au sud, le 47e corps de Panzer doit décrocher de ses positions face au 15e corps américain : la 2e Panzer abandonne Argentan et, suivie de la « Leibstandarte Adolf Hitler », franchit la Dives à Chambois pour emprunter la route de Vimoutiers. Le 2e corps de parachutistes passe le fleuve à Saint-Lambert et s'engage par trois chemins vers les collines surplombant la poche : la 3e division de parachutistes de Schimpf attaquera le mont Ormel par la gauche tandis que la 353e DI de Malhmann attaquera en passant entre Saint-Lambert et Chambois.

L'attaque a lieu le 20 août. Elle durera toute la journée. Mené par le général Meindl en personne, le 2e corps de parachutistes parvient à briser l'encerclement après de terribles corps à corps avec les Polonais isolés sur le mont Ormel et grâce à l'intervention du 2e corps SS de Panzer qui mène des contre-attaques depuis l'extérieur de la poche. La « Hohenstaufen » perd ses derniers chars dans un vain effort pour bousculer les Polonais, qui sont décidément ardus à déloger. Il a fallu ramper, sauter d'abri en abri, combattre à bout portant. À 16 h 30, Meindl mène de nouveau l'attaque après avoir réquisitionné deux Panzer. Mahlmann donne également de sa personne, cherche à faire maintenir un semblant d'ordre et tente – en vain – de trouver un appui blindé pour sortir du « couloir de la mort » qui suit le sinistre gué de Moissy[19]. Les routes convergeant et s'éloignant des points de passage sont congestionnées par l'accumulation de matériel. Les colonnes allemandes offrent des cibles parfaites pour l'artillerie alliée ouvrant le feu de tous les côtés. Les véhicules détruits, encore en feu ou explosant sous la détonation de munitions, et les chevaux morts bloquent la plupart des chemins et un grand nombre de véhicules sont abandonnés faute d'essence. Les routes sont vite obstruées par les débris et carcasses. Passer à travers champ peut s'avérer impossible en raison de la hauteur et de la largeur des haies. Le carnage s'étire donc sur des kilomètres. Où que le regard porte, on voit partout des cadavres, vêtus en *feldgrau* ou camouflés, inertes, dans les prés verts, aux côtés des cadavres gonflés du bétail et des chevaux de la Wehrmacht, victimes eux aussi de la bataille. D'autres ne sont plus que restes difformes, écrasés sous les roues des véhicules. Devant ce spectacle macabre et terrible de la défaite, le SS Weidinger (cadre de la « Das Reich ») affirme que des soldats se laissent aller à une comparaison lourde de signification pour un Allemand : c'est un Stalingrad en Normandie[20].

Le passage de Saint-Lambert-sur-Dives est également particulièrement éprouvant. Plusieurs ponts et passerelles sont empruntés sous les tirs adverses. « Une quantité incroyable de camions, de chars et d'automobiles occupait les champs à l'entrée du village, se souvient Horst Boehmer, un artilleur de la 116e division de Panzer. Cela tirait de partout au milieu d'une fumée lourde sentant le caoutchouc brûlé[21].

Si certains préfèrent se constituer prisonniers, tous les soldats allemands, à l'instar du sergent Korflür, qui a servi au sein de la 21e Panzer, n'entendent pas finir la guerre en Normandie et baisser les armes en optant pour la reddition : « Je ne veux pas me laisser capturer dans le *Kessel*. Le spectacle y est effroyable. L'affaire doit être menée rapidement. Tout dépend des chauffeurs. Je suis à la pointe de la percée[22]. »

Du haut du mont Ormel et de la cote 262, avec une cinquantaine de chars, les Polonais, particulièrement motivés alors que Varsovie insurgée est réduite en cendres, opèrent un véritable massacre parmi les Allemands. Ils auraient ainsi assassiné systématiquement tous les prisonniers dont le livret militaire indiquait leur participation à l'invasion de la Pologne en 1939[23]. De leur côté, les SS se rendent coupable d'un nouveau forfait lorsque des Panther ouvrent le feu à la mitrailleuse sur une antenne médicale polonaise, n'hésitant pas à exécuter un aide-soignant, le caporal Noras, qui tente vainement de stopper le massacre en agitant un drapeau blanc[24]. Les collines tenues par les Polonais et les

Canadiens sont le dernier obstacle à franchir, le plus terrible. À 19 heures, une trêve spontanée survient au mont Ormel : Meindl a constitué un convoi hippomobile, dûment signalé par des croix rouges. « Aucun coup de feu ne fut tiré sur ma colonne, témoigne le général des parachutistes, et je peux franchement exprimer toute ma reconnaissance au comportement chevaleresque de l'ennemi[25]. » Un comportement aux antipodes de celui des SS qui ont assassiné le caporal Noras.

Le 20 août, c'est la bataille générale pour la sortie de la poche dans le triangle Coudehard-Saint-Léonard-Chambois. Près de Chambois, un Panzer de la « Leibstandarte Adolf Hitler » fonce à travers une haie, les tankistes entonnant un chant pour se donner du courage. Le sous-lieutenant Stiller précise : « Le chauffeur ouvre les gaz. Des obus éclatent près de nous. Nous accélérons. En face de notre Panzer, l'infanterie ennemie se disperse. Les deux autres chars sont-ils toujours là[26] ? » À Coudehard, baïonnette au canon, des soldats mènent l'assaut sur les pentes en chantant le *Deutschland über alles*. Des groupes de combat sont formés d'unités de bric et de broc en provenance de toutes les divisions. Comme d'autres unités, la 2e Panzer force le passage à Saint-Lambert, sous les tirs ajustés des Canadiens. Il a fallu procéder au petit jour car, comme le souligne Lüttwitz, « une reconnaissance du terrain avait fait apprendre que la marche des véhicules serait impossible dans l'obscurité complète à cause du grand nombre de voitures détruites gisant partout[27] ». L'entreprise tentée par la 2e division de Panzer est périlleuse. Hans Erich Braun témoigne : « Voici le pont : sous les projectiles, nous nous précipitons à bride abattue. La rivière regorge de débris de la bataille. Un sergent parachutiste auprès de moi tombe, frappé à la tête. Quelqu'un prend sa place, prend sa mitraillette, tire[28]. » Un autre parachutiste, Börner, s'aligne le long de la Dives avec ses camarades et, mené par un officier SS, sans appui des blindés ni de l'artillerie, monte à l'assaut aux cris de « Hourra ! » et « *Sieg Heil !* »[29].

Mais depuis plusieurs jours déjà les redditions se multiplient. À Saint-Lambert, une colonne de deux mille cinq cents hommes prend, sans escorte mais sous la surveillance d'un Sherman placée en position dominante, la route de la captivité en direction de Trun. Dans la confusion, pris à partie par des tireurs, un groupe de soldats allemands lève les bras et se dirige sans le savoir vers… d'autres Allemands qu'ils ont pris pour des Alliés !

Depuis l'extérieur de la poche, les combattants de la « Das Reich » et de la « Hohenstaufen » multiplient les efforts pour soulager leurs camarades qui tentent de sortir du *Kessel*. Un Panther de la « Das Reich » surprend ainsi des tankistes polonais depuis la hauteur de Saint-Léger : « Quand nous atteignons le haut plateau, je suis stupéfait de découvrir une dizaine de chars ennemis de type Sherman. Leurs canons sont orientés en direction de l'ouest, vers la poche, où nos camarades sont encerclés. Ils se trouvent à moins de 1 000 mètres, à découvert, sur le large côté de la cote 262. »

Le capitaine Werner ne laisse pas passer une telle aubaine : cinq Sherman détruits et d'autres endommagés s'ajoutent à son palmarès[30]. La brèche ouverte par les assauts conjugués venant de l'intérieur et de l'extérieur de la poche ont permis de sauver des milliers d'hommes. Un survivant du groupe de combat Paetsch de la « Frunsberg » est de ces soldats sauvés de la captivité. Il brosse le tableau qui s'offre à ses yeux au matin du 20 août :

> Des centaines et des centaines d'hommes se déversent en ce matin par la trouée maintenue ouverte à cet endroit. Malgré les journées passées, ils sont encore, en quelque sorte, gais et courageux. Ce tableau sur la route est indescriptible.

> Soldats et officiers marchant pêle-mêle, sans ordre, tous cependant dans l'heureuse conviction de s'en être sortis[31].

Les restes de la 10e Panzer SS s'échappent dans la nuit du 20 au 21 août, non sans avoir été auparavant galvanisés par Heinz Harmel, leur commandant : « Écoutez-moi tous, vous tous de la "Frunsberg" et les autres, approchez-vous ! Nous attaquons et nous perçons ! Selon le vieux cri de guerre des "Frundsberger" : *dran, drauf und durch* ["près, dessus et à travers")[32]. »

Le groupe Scholz de la 116e division de Panzer, qui interdit l'entrée dans Argentan depuis quatre jours, reçoit l'ordre de décrocher mais seule une compagnie parviendra à sortir du *Kessel*, à pied, en s'orientant à la boussole. Le groupe mené par le commandant Guderian, parvient, sous la pluie, à s'extirper de la nasse au cours de la nuit en arrêtant les moteurs des véhicules tous les cent mètres pour percevoir le moindre bruit. Au final, l'essentiel de la 116e Panzer perce les lignes alliées au prix de pertes relativement légères. Toutefois, il ne reste presque plus de blindés opérationnels, la plupart de ceux que possède encore la division étant en réparation. Le décrochage depuis Argentan n'a pas été chose aisée comme en témoigne Alfred Küpper, alors affecté à une unité de Flak :

> Nos seize semi-chenillés se rassemblent à la sortie nord-est d'Argentan puis partent vers l'inconnu. Aussitôt, nous sommes soumis à un feu terrible d'artillerie. L'équipage et moi-même cherchons désespérément un abri. De chaque côté de la chaussée se trouvent des champs de blé coupés parsemés d'énormes trous de bombes. Sans réfléchir, je saute dans le plus proche de ces trous.

Küpper sera blessé peu de temps après[33]. À 3 heures du matin, Meindl ordonne à l'arrière-garde de retraiter à son tour, Panzerfaust et MG prêts à intervenir. « Ils se mettent en route en masse silencieusement vers l'est, un homme juste derrière l'autre. Au bout de quinze kilomètres, nous établissons la jonction avec la 2e division SS de Panzer et nous sommes pris sous sa protection[34].

Le mouvement d'évacuation s'achève l'après-midi du 21 août quand les Canadiens rejoignent les Polonais, fermant hermétiquement et définitivement la poche de Falaise. Lüttwitz, ordonnant de constituer des petits groupes pour se frayer un passage, et quelques autres sont sortis les derniers. Le général Dettling parvient à s'extirper de la même façon avec 2 500 fantassins de sa 363e DI. Épuisés, abandonnés, 900 hommes de la 277e DI prennent l'initiative de forcer le passage et parviennent à Vimoutiers. Au total, 45 000 hommes ont réussi à percer[35]. L'action énergique du 2e corps SS de Panzer et des forces placées en pointe des colonnes cherchant à se frayer la voie du salut vers l'ouest n'est pas la seule raison de la percée. La défense tenace des arrière-gardes allemandes contribue grandement au succès. Au fond de la poche, les 74e et 84e corps se démènent face aux Britanniques.

Beaucoup d'hommes sortent donc de l'enfer de la poche. Le général Elfeldt n'a pas cette chance : le chef du 84e corps est capturé avec son état-major. Le soir, Model fixe un ordre de repli qui sera exécuté la nuit suivante : le front s'établira à Deauville, le long de la Touques, à Lisieux, le long de l'Orbiquet, à Orbec, Rugles, Pacy-sur-Eure et Bonnières-sur-Seine. Ce même jour, il anticipe également un repli vers la Seine :

> Les restants de la 7e armée [seront] mis sous les ordres de la 5e armée de Panzer. Les unités blindées de la 7e armée, incapables de livrer combat, seront envoyées dans le secteur Beauvais-Senlis pour y être réorganisées sous la direction du 58e corps. Les autres unités de la 7e armée, inaptes au combat, seront envoyées de l'autre côté de la Seine, pour y être réorganisées et pour bâtir des fortifications le long du fleuve, de manière à défendre la ligne de la Seine[36].

Le 1er corps SS de Panzer qui garde le front Livarot-Gacé est relevé par le 2e corps et doit se diriger vers Évreux. Les combats en Normandie ne sont pas terminés.

Le 22 août au matin la bataille de la poche de Falaise est finie. Paradoxalement, c'est dans la nuit du 22 au 23 août que la Luftwaffe mène avec succès une de ses rares missions de ravitaillement en larguant du carburant, cent tonnes de munitions et une tonne de vivres[37] (une demande en ce sens avait été formulée par la 7e armée)[38]. Les Polonais ont subi de lourdes pertes : 1 441 hommes en ces quatre jours d'intense bataille. La 4e division blindée canadienne et la 3e DI canadiennes déplorent 260 pertes à elles deux. Les Américains ont perdu 760 tués et blessés. Les Alliés ont donc subi 2 500 pertes.

Du côté allemand, les pertes sont immenses : 50 000 hommes capturés, et de 6 000 à 10 000 tués. « Les civils nous crachent au visage, nous jettent des pots de fleurs », témoigne Johannes Borner[39]. L'abbé Marcel Launay, curé de Tournai-sur-Dives, a tenu un rôle de premier plan en ces heures tragiques. Le spectacle de la défaite allemande qui s'offre à ses yeux ne le laisse pas indifférent : « Cela fait un drôle d'effet de les voir aussi pitoyables, eux qui ont été les maîtres de l'Europe pendant plusieurs années. Les voir acculés dans un petit patelin comme Tournai est presque surréaliste. On voit bien qu'ils en ont marre[40]. »

Le matériel que la Wehrmacht laisse derrière elle dans la poche témoigne de l'ampleur de sa défaite : 380 Panzer et canons automoteurs, 830 canons, plus de 2 500 véhicules. Cette armée largement hippomobile laisse 1 800 chevaux morts, gonflés par la chaleur estivale, dans les chemins creux encombrés de cadavres et de véhicules détruits, comme au sinistre gué de Moissy. Le bilan de la bataille de la poche de Falaise-Argentan, ou encore de Trun-Chambois, est donc édifiant. Il est dramatique pour l'armée allemande. La bataille de Normandie est perdue. Pourtant, étant donné les circonstances, Model s'estime satisfait dans le rapport qu'il adresse à l'OKW : la percée est un succès puisque peut-être 40 à 50 % des hommes ont été sauvés. Seule une partie des éléments des divisions de Panzer ont combattu dans la poche, les autres unités de ces formations ayant été évacuées vers l'est bien avant. Douze mille soldats de la « Das Reich » et douze mille cinq cents de la « Hitlerjugend » atteindront la Seine.

« Un groupement de la 79e a passé le fleuve à Mantes devant une opposition négligeable[41] », note Patton dans son journal le 20 août. Ainsi, alors même que les combats font rage autour de Saint-Lambert et du mont Ormel, les Américains ont déjà franchi la Seine. Appuyés par des canons d'assaut et des Tiger, les 49e DI et 18e division de campagne de la Luftwaffe tentent aussitôt de circonscrire puis de résorber la tête de pont américaine[42].

Pendant que la bataille fait rage autour de Falaise-Argentan, le front britannique débouche de la tête de pont aéroportée à l'est de l'Orne, secteur statique depuis le 6 juin, et depuis Caen vers le sud-est. Tout en retraitant, trois divisions allemandes doivent freiner la progression de cinq divisions alliées

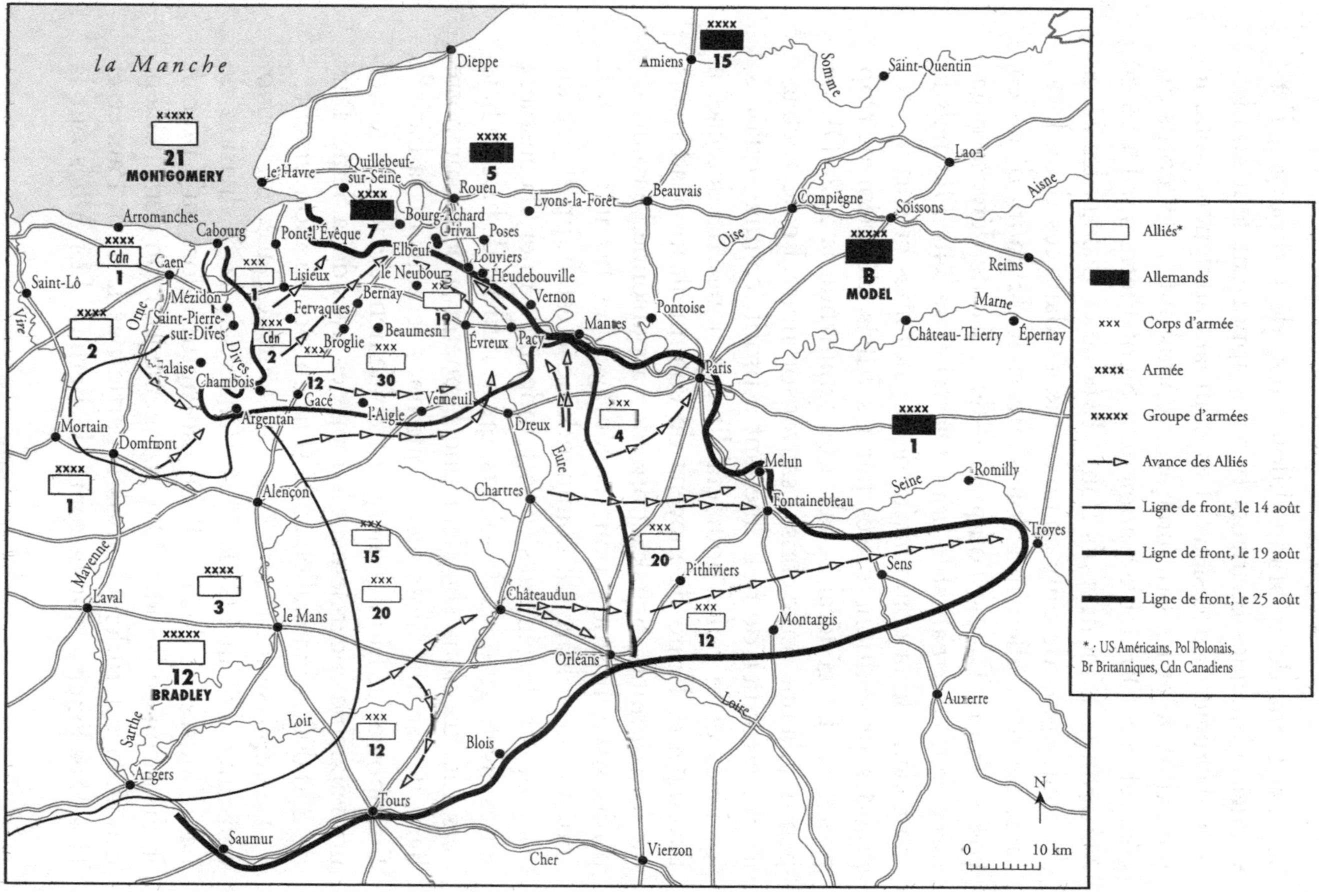

8. Le repli à travers la Seine

sur un front de quarante kilomètres, de Cabourg à Fervaques. Quelques éléments blindés apportent leur soutien dans la région de Lisieux. Les combats atteignent donc le pays d'Auge et les Britanniques, repoussant le 86e corps du général von Obstfelder, atteignent Saint-Pierre-sur-Dives et Mézidon le 15 août, puis Pont-l'Évêque et Lisieux les 21 et 22 août, après de durs combats menés dans ces deux localités. Le repli allemand doit s'effectuer de cours d'eau en cours d'eau : Dives, Touques, Risle... Toute défense organisée semble irréalisable pour Diestel et sa 346e DI, mais le salut vient de la combativité de ses hommes et surtout des grandes précautions prises par les Alliés, décidément trop prudents. Le général Schak, qui commande la 272e DI, ne pense qu'à une seule chose : sauver son unité. Le décrochage a dû s'effectuer de nuit, mettant à profit, comme toujours, les haies et le relief pour établir des lignes de défense, à l'aveuglette. Faute de moyens de communication adéquats ou fonctionnels, Schak donne de sa personne, passant de position en position pour encourager ses hommes quand soudain sa voiture de commandement est frappée par un coup direct : le général s'en sort, indemne. Amer, il constate : « Les divers groupes de soldats, qui se retirent de haie en haie vers Lisieux nous signalent que l'ennemi se jette sur notre ligne de sécurité alors même que nous tentons de la bâtir[43]. Eisenhower et Montgomery ont finalement décidé de tenter un deuxième encerclement le long des rives de la Seine. Plus de 250 000 soldats allemands sont encore en mouvement.

Le repli sera-t-il aisé ? Le 22 août, à Gacé, un convoi constitué d'éléments de la 2e Panzer, de la 5e division de parachutistes et de la 331e DI est capturé alors qu'il prenait la direction de Broglie. Mais, ce même jour, un détachement canadien est rudement pris à partie par la 116e Panzer et la « Das Reich » sur la route de Bernay. Les Alliés ont la déconvenue de constater que l'ennemi, acculé dans la poche de Chambois-Argentan, n'a rien perdu de son mordant et de sa combativité. Pourtant, la ligne de défense principale entre Dreux et Verneuil est percée : à peine sorties du chaudron de Falaise, les divisions de Panzer sont sollicitées pour étayer les défenses ténues. La couverture des ailes du front allemand au sud de la Seine et à l'est de Chambois s'avère très délicate. La 344e DI n'est guère préparée au combat et ses ordres restent vagues, voire impossible à remplir selon son commandant, le général Schwalbe. « En un peu plus d'une semaine, ma division a cessé d'exister en tant qu'unité combattante. J'ai perdu les trois cinquièmes de mes hommes et les deux tiers des armes ont dû être abandonnées[44]. »

Le 23 août, la 15e armée passe sous le commandement du général von Zangen, qui découvre qu'aucun préparatif de repli n'a été esquissé par son prédécesseur, Salmuth. La 5e armée de Panzer prend en charge les opérations au sud du fleuve, mettant au point des plans d'actions de retardement pour permettre le passage de la 7e armée. La défense s'appuie plus particulièrement sur les rivières Touques et Eure. Sur la rive droite de la Seine, la 7e armée, confiée au général Eberbach – qui établit son PC à Lyons-la-Forêt en remplacement de Hausser, blessé –, reçoit pour tâche de remettre en condition les reste de neuf divisions d'infanterie sorties de l'enfer de la bataille de Normandie. Encore faut-il parvenir à franchir le fleuve…

Les combats se poursuivent en Normandie, toujours aussi acharnés. Ce 23 août, près du Neubourg, le bilan des combats menés par deux bataillons de la 2e division blindée américaine se monte à dix Panzer détruits, cent cinq soldats allemands tués et six cent trente autres capturés[45]. Ce jour-là, Model réitère à plusieurs reprises son ordre de contre-attaquer l'ennemi avançant du sud sur Évreux-Pacy.

Mais, les unités de Panzer – dont la 116e Panzer constitue le fer de lance – sont trop faibles, toujours sans appui aérien malgré les promesses faites par Speidel à Schwerin (rappelé par Model). La 116e, selon un rapport de Kuntzen, qui commande le 81e corps, « a temporairement stabilisé la situation le 23. Elle ne peut pourtant, plus longtemps, décider de la situation car les forces blindées affectées à cette poussée portent plus ou moins leur attention sur les bacs de la Seine, dans le but de sauver le meilleur de leur matériel[46].

Comment sauver la situation alors que les divisions de Panzer ne sont plus que l'ombre d'elles-mêmes ? Le 25 août, alors que Paris acclame ses libérateurs, Model ordonne à toutes les unités de franchir la Seine. L'opération doit se faire pour l'essentiel entre Rouen et Vernon. La 116e Panzer doit tenir Elbeuf pendant quarante-huit heures. Obtenant le soutien bienvenu de la « Das Reich », elle retient les Américains pendant trente-six heures avant de concéder la place aux GI qui entrent dans la ville le 26 août à midi. Vers Louviers, les défenseurs allemands opèrent donc une remarquable opération de retardement face à la 5e division blindée américaine (qui possède pourtant environ deux cent cinquante chars).

Les Allemands sont aidés par plusieurs facteurs. Les Alliés souffrent déjà de contraintes logistiques, difficultés qui ne vont cesser de s'accroître au fur et à mesure de leur avancée vers l'Allemagne cet été 1944, et le mauvais temps limite les opérations aériennes. On comptera deux jours et six nuits sans attaques. L'aviation alliée est en effet moins active que dans la poche de Falaise. Elle ne fera que ralentir les opérations, menant trois mille neuf cents sorties sur la Seine ou sur les itinéraires de retraite qui y mènent entre le 21 et le 29 août[47]. Les bacs peuvent donc opérer également de jour. Un terrible bombardement écrase toutefois les quais de la rive gauche de Rouen le 25 août : environ cinq cents véhicules sont pulvérisés avec les premiers éléments d'un pont flottant qui ne sera jamais achevé.

Des dizaines de points de passage vont être utilisés entre Le Petit-Andelys et Quillebeuf-sur-Seine, à l'embouchure du fleuve. Comment effectuer la traversée alors que les ponts en aval de Paris ont tous été détruits ? Le plus souvent par des bateaux ou des bacs plus ou moins improvisés. Certains vont fabriquer des embarcations à l'aide de portes arrachées à des habitations et de fûts d'essence vides… Certains soldats vont utiliser des planches en guise de pagaies. Outre un pont flottant, le pont de chemin de fer de Rouen est toutefois remis en condition de sorte qu'il sera franchi par des milliers de véhicules, hippomobiles et motorisés. En revanche, c'est en vain que le bataillon du génie de la 21e Panzer construit un pont routier du génie.

Les troupes laissées en couverture connaissent l'importance de leur mission : « Nous devons absolument tenir Le Neubourg, annonce le colonel Voigsberger, de la 116e Panzer, car cette ville ouvre la route d'Elbeuf, si vitale pour nos troupes qui peuvent encore passer la Seine[48]. » L'ennemi a précédé la 116e qui connaît des difficultés de déplacement, ainsi que l'explique le général Muller, son nouveau commandant :

> Les quelques routes de la retraite, encore disponibles, sont plus qu'engorgées, et impossibles sous les bombardements de villes qui sont nos centres de triage. Ponts contrôlés par l'aviation. Nos colonnes n'avancent que pas à pas, malgré les mesures de délestage dans la circulation, malgré les expédients auxquels nous recourons[49].

La 331e DI reçoit pour mission de mettre en défense les approches de Rouen, zone essentielle pour le franchissement de la Seine. Cette division d'infanterie relativement puissante commandée par le général Steinmüller, qui a offert une résistance sérieuse entre Gacé et L'Aigle, dispose encore d'effectifs conséquents puisque, hormis un régiment, les pertes sont faibles jusqu'au 22 août. Elle est soutenue par des groupes de combat constitués des restes de divisions de Panzer organisés par Schwerin. Ces forces de couverture remplissent leur mission avec succès. La ligne Bourg-Achard-La Bouille-Orival est solidement tenue : les arrière-gardes allemandes contiennent donc la 2e division canadienne pendant deux jours dans la forêt de La Londe. Pourtant, les groupes de combat qui s'opposent à l'avance alliée sont des formations *ad hoc*, comprenant entre autres des éléments d'une école de parachutistes. La 331e DI s'acquitte donc de sa mission. Elle est la dernière unité à franchir le fleuve. Steinmüller mentionne dans son rapport : « Aucun soldat et aucun véhicule n'est tombé entre les mains de l'ennemi[50]. »

Si les divisions retraitent globalement en bon ordre, le trajet pour atteindre les berges de la Seine prend, à de nombreuses occasions, l'aspect d'une odyssée individuelle, et ce d'autant plus que la pression alliée est continuelle. Le sergent Blendiger, qui servait à bord d'un canon d'assaut de la 331e DI, essaye d'atteindre la Seine à bord d'un camion : « À l'aide de jumelles, nous scrutons les environs avant d'emprunter les chemins boisés pour ne pas être repérés par les Jabos. Arrivés à l'hôpital de campagne de Beaumesnil, nous partons pour celui d'Elbeuf. » Le franchissement du fleuve ne se fait pas sans la permission du *StadtKommandant*, le responsable de la ville.

> Un millier de véhicules avec leurs chauffeurs espèrent une embarcation rapide car une distance de quarante kilomètres les sépare des Américains. Le bac se charge de seulement deux camions à la fois. À droite de l'embarcadère s'étend un immense parking aménagé à la hâte. Les deux jours d'attente semblent durer une éternité, nous attendons désespérément notre tour. Les véhicules s'accumulent. Des files entières de charrettes hippomobiles envahissent les rues d'Elbeuf. Des problèmes se posent pour nourrir les chevaux. De l'autre côté de la Seine la liberté semble nous faire signe. Nous sommes prêts à tout pour y parvenir.

Grâce aux têtes de mort qu'il arbore – c'est un tankiste –, Blendiger peut se joindre à un groupe de Waffen SS qui prétendent bénéficier de la priorité pour le passage[51]. Un Waffen SS aurait même ouvert le feu sur des soldats de la Heer, les stigmatisant comme étant « les hommes du 20 juillet ». Le 654e bataillon de chasseurs de chars lourds se voit ainsi refuser le passage du pont du génie de Poses par des SS. Le bataillon de Jagdpanther est donc contraint de tenter sa chance à Orival où, pour son malheur, le bac sombre avec un Tiger à son bord. À Elbeuf, où les ferries de 60 tonnes ne sont pas plus disponibles, trois Jagdpanther doivent donc être sabordés[52]. Parachutistes et SS provoquent ainsi de multiples incidents[53]. Mahlmann, Bayerlein et Kuntzen signalent également que les Waffen SS s'arrogent effectivement des points de passage[54]. À l'origine, ces derniers sont assignés à des divisions précises, mais cela n'est pas entièrement respecté[55].

L'attente le long des rives de la Seine et la pression exercée par l'ennemi qui se rapproche semblent avoir été une expérience partagée par beaucoup. Max Ayr, de la 9e division de Panzer, arrive avec son Panther à Louviers le 25 août puis se dirige vers Saint-Pierre-du-Vauvray :

> L'encombrement est tel que nous devons rester dans cette ville durant quelques heures. Nous nous trouvons seulement à cinq kilomètres du bac et les Américains nous ont déjà dépassés. Soudain, un officier nous demande de participer à une contre-attaque vers Heudebouville, aux côtés de soldats de la Waffen SS. Le lieutenant Franke s'y refuse catégoriquement, prétextant qu'un de nos chars est en piteux état et qu'un autre ne fonctionne plus[56].

Les témoignages et les photographies d'époque montrent que les points de passage sont engorgés de véhicules et de matériel. Quelle occasion manquée par l'aviation alliée pourtant si active au cours de la campagne ! Pour sa part, le commandant von Luck franchit le fleuve à bord de sa Schwimmwagen, sa Volkswagen amphibie, dûment camouflée sous des branchages, non sans que le courant l'oblige à parcourir ainsi quinze kilomètres avant de trouver un point d'accostage...

Le passage s'effectue parfois d'extrême justesse sous la pression des Alliés. C'est ce qui a sans doute sauvé la soixantaine d'otages de Criquebeuf, rassemblés par des parachutistes pleins de hargne après qu'un de leur compatriote a été blessé par un Français. Rassemblés dans une église puis sur la berge de la Seine, les Allemands s'apprêtent à passer ces innocents par les armes quand Hanna Fleck, une Alsacienne, vient plaider leur cause. Les Alliés sont désormais trop proches : il faut décrocher et laisser les otages, sauvés *in extremis*[57]. À partir du 27 août, les poches sur la Seine ont si peu de profondeur que l'artillerie alliée menace directement les points de rassemblement. Les restes de la 17e division de campagne de la Luftwaffe, heurtés de plein fouet par la 2e division blindée américaine, réussissent à s'extirper de l'étreinte pour prendre position sur la rive est du fleuve[58]. Elle a certes été soutenue par des blindés, dont ceux de la 116e Panzer, mais l'opération s'est avérée délicate. Elle a cependant donné bien du fil à retordre aux assaillants, notamment à Tourville-la-Rivière le 27 août[59].

Otto Althof, de la 116e Panzer, raconte son passage de la Seine :

> À l'aurore, nous mettons la main sur nos canots après avoir repéré notre point de débarquement situé face à un chemin à un kilomètre vers le nord. Subitement, cette zone se fait mitrailler par des chasseurs qui disparaissent peu après. Nous sommes bientôt une dizaine à pagayer comme des misérables dans cette direction sans être inquiétés.

Le lendemain matin, la retraite se poursuit avec tous les moyens tombant sous la main des soldats allemands : vélos, vieilles voitures ou encore engins criblés de balles mais encore fonctionnels[60]. À Petit-Couronne, des sapeurs de la 116e Panzer parviennent à construire un bac de fortune à partir de deux embarcations. Karl Czizek raconte :

> Lors d'une traversée avec nos véhicules, un avion survient pour anéantir nos deux embarcations, mais un Flak-Vierling le prend pour cible. En amont, se trouve un bac des soldats de la Kriegsmarine qui doivent embarquer des véhicules, mais leurs occupants se sont sauvés lors d'une attaque de l'aviation. Nous poursuivons les traversées durant deux jours et deux nuits[61].

On essaye de sauver les chevaux des divisions d'infanterie : les animaux de la 89e DI sont ainsi aidés par des Volkswagen amphibies, « mais, en raison du très fort courant, la moitié des chevaux mis à l'eau, sont perdus et emportés vers la mer[62].

L'armée allemande va finalement réussir l'exploit de faire traverser la Seine à 240 000 hommes et 39 000 véhicules jusqu'au 30 août, mais seulement à peine plus d'une centaine de Panzer opérationnels (peut-être 150)[63]. La presque totalité des soldats et les neuf dixièmes des véhicules ayant atteint le fleuve ont donc été sauvés. L'opération s'est déroulée en l'espace de quelques jours : vingt-cinq mille véhicules passent à Rouen entre le 20 et le 24 août. À Poses se trouve l'un des principaux points de passage : un pont flottant métallique franchissant les deux bras du barrage et des écluses. La traversée ne s'effectue qu'à la faveur de la nuit. De jour, les éléments du pont sont camouflés le long des berges arborées de l'île d'Amfreville. Seize mille véhicules seraient passés durant cinq nuits et trois jours. Tous les engins parvenus sur la Seine n'ont pu être sauvés. À Elbeuf, après la destruction du bac de soixante-dix tonnes permettant le passage des Panther et des Tiger, il n'y a pas d'autre issue que de saborder les Panzer. « Comme il n'y a plus aucune perspective de sauver notre Panther, raconte Rudolf Singer de la 9e Panzer, nous recevons l'ordre de le faire sauter et d'attendre notre tour pour traverser sur un autre bac[64]. »

D'après une étude menée par les Britanniques sur le champ de bataille de la poche de Falaise à la Seine, les Allemands ont perdu 15 000 véhicules, dont 915 Panzer et canons automoteurs et 745 blindés[65]. Comme à Mortain, les pertes en Panzer directement imputables à l'aviation sont minimes : à peine une vingtaine d'engins. Mais les pertes indirectes – manque d'essence faute de logistique ou encore engins bloqués par des routes obstruées – sont nettement plus nombreuses. Parmi elles, on compte beaucoup d'engins abandonnés, voire sabordés. À peine 4 000 des 16 000 véhicules perdus l'ont été sur les rives de la Seine : l'essentiel a donc été laissé dans la poche de Falaise. D'après cette même étude, 80 000 soldats allemands auraient été mis hors de combat depuis le début de la bataille de la poche de Falaise[66].

Les Alliés ont manqué l'opportunité d'obtenir une victoire totale et définitive. L'armée allemande n'en est pas moins battue et ses unités blindées d'élite sont exsangues. Les Allemands se sont repliés avec ordre et discipline, évitant un désastre complet. Les Alliés procèdent pourtant à un véritable *Blitzkrieg* : pendant que Patton caracole vers l'est, 1re armée américaine fonce vers le nord, de concert avec les Britanniques qui prennent Amiens le 30 août, puis atteignent Anvers le 4 septembre. Une nouvelle poche se forme autour de Mons autour des rescapés de l'enfer normand. Si, comme dans la poche de Falaise, la majeure partie des Allemands s'extirpe de la nasse (40 000 hommes), les Américains dénombrent 25 000 prisonniers et 3 000 Allemands tués en l'espace de quatre jours[67].

Chapitre XVII

LE BILAN ET LA MÉMOIRE DE LA BATAILLE DE NORMANDIE

Citant Chester Wilmot, Eddy Florentin écrit que « du point de vue du moral allemand, les conséquences de cette défaite ne furent pas aussi importantes qu'elles auraient pu l'être »[1]. L'historien français n'a pourtant pas hésité à parler d'un « Stalingrad en Normandie » et consacrer un ouvrage éponyme sur le « chaudron » de Falaise. D'autres historiens, à commencer par Georges Bernage, prennent en compte l'incroyable succès que représente le franchissement réussi de la Seine opéré dans des conditions très délicates par l'armée allemande en déroute et évoquent au contraire plutôt un « Dunkerque en Normandie ». La victoire n'en est pas moins retentissante pour Eisenhower. L'armée allemande est vaincue et le moral est affecté aussi bien au sein de la Wehrmacht que dans la population civile. Quel bilan peut-on dresser de son engagement en Normandie ?

Il est un lieu commun de considérer que la Wehrmacht a constamment fait montre d'une indéniable supériorité tactique au cours des divers engagements en Normandie. De fait, bien qu'inférieure en nombre, la résistance acharnée dont elle a fait preuve et son incroyable capacité de résilience militent en ce sens et ne sont pas à remettre absolument en cause. Compte tenu du rapport de forces en leur défaveur et des pertes accusées par les Alliés – qui incluent en fait très peu de prisonniers – force est de constater que les Allemands ont opposé une combativité hors du commun. Une armée moins motivée que celle que commandaient Rundstedt et Rommel aurait succombé bien plus tôt.

Sur le plan tactique, les Allemands ont bénéficié d'un atout majeur : leurs fameux groupes de combat. Ces derniers se sont avérés efficaces jusqu'à la fin. Ainsi, pendant les combats de la poche de Falaise puis lors du repli vers la Seine, ce sont eux qui mènent l'essentiel des actions défensives et offensives, et ce avec succès. Cet élément intervient très tôt puisque la « ligne Mahlmann », dans le secteur du mont Castre, attaquée en force début juillet, s'articule autour d'un certain nombre de groupes de combats constitués pour l'essentiel d'unités sérieusement malmenées. En effet, au contraire des unités alliées, une formation allemande qui compte 40 à 50 % de pertes n'est pas retirée du front.

La supériorité matérielle et numérique alliée ainsi que la logistique ont tenu un rôle essentiel. Il ne s'agit là, toutefois, que d'une partie de l'explication du succès allié. Le courage des soldats, mais également leur ingéniosité, comme l'illustre la mise au point du *hedge-cutter**, sont aussi à considérer. Pendant toute la durée de la bataille, les Alliés ont su tirer des enseignements de leurs erreurs. Ils ont su aussi tirer parti de leurs atouts et du fait d'être confrontés à un adversaire usé jusqu'à la corde. La victoire n'a été possible qu'avec l'amélioration de l'efficacité au combat des troupes alliées. On observe que certains déboires subis par les Allemands

---

* *Hedge-cutter* : dispositif coupe-haies destiné à affranchir les tanks des contraintes du bocage.

au niveau tactique s'expliquent par des fautes d'appréciation, une sous-estimation de l'adversaire voire un certain amateurisme. En revanche, en d'autres occasions, l'explication de l'échec allemand est tout autre. À de nombreuses reprises, en effet, les soldats alliés se montrent tactiquement supérieurs à leurs adversaires. La question de leur indéniable suprématie numérique et aérienne ne rentre pas ici en ligne de cause. Il s'agit bien de la qualité intrinsèque d'unités alliées et de leurs chefs. Dès le 6 juin, sans ignorer le fait que le soutien de la flotte et le rapport de forces ont été finalement décisifs, la pugnacité et l'esprit d'initiative des soldats américains a tenu une grande place dans leur capacité à sortir de l'enfer d'Omaha. Les Alliés ont aussi bénéficié d'un excellent leadership au plus niveau. Sur le plan de la discipline, du moral et de la cohésion, ils ne disposent cependant d'aucun avantage sur leur ennemi. Par contre, si on se penche sur la question du renseignement, de la logistique et du soutien, les forces d'Eisenhower l'emportent largement sur la Wehrmacht, et c'est là une des clés de leur succès. L'autre raison, mainte fois soulignée, réside dans leur faculté – du moins celle des Américains – à supporter des pertes sévères.

La Wehrmacht, qui compte plus de vétérans que les armées alliées, combat sur un front étroit, un terrain favorable à la défense, employant des tactiques efficaces et adaptées et bénéficiant d'un armement de qualité. Pourtant, elle ne peut éviter le désastre. Par trois fois, à Cherbourg, à Roncey et à Falaise-Argentan, elle se laisse encercler. On a coutume d'accorder aux unités de Waffen SS des prouesses guerrières hors du commun. Indubitablement, de nombreuses unités SS ont fait preuve d'indéniables qualités combatives. Les deux bataillons de chars Tiger de la SS, les 101e et 102e, ont causé des ravages terribles au sein des unités de tanks alliées. Les combats menés par la « Hitlerjugend » devant

Caen, notamment face aux Canadiens, du 7 juin au 9 juillet, témoignent de la pugnacité de l'unité. De même, la défense efficace du secteur de l'Odon de la « Hohenstaufen » avec la 10ᵉ division SS de Panzer « Frunsberg », puis son action face au Canadiens entre May-sur-Orne et Verrières fin juillet, et encore face à la déferlante de l'opération Bluecoat quelques jours après, sont la marque d'une formation de qualité. Le bilan est toutefois mitigé pour les SS : de lourdes pertes et des échecs tactiques parfois sans appel ; un fanatisme certes, mais qui n'a rien à envier à celui qui anime les parachutistes ; une efficacité et une combativité certaines, mais en rien supérieures à celles des formations de la Heer, divisions de Panzer et même divisions d'infanterie, également redoutables même si elles ne sont pas aussi bien pourvues en armes.

Alors qu'on célèbre l'ingéniosité tactique de nombre d'officiers et d'unités allemandes, les exemples d'une mauvaise appréciation tactique ne manquent pas non plus. Quelques exemples illustrent parfaitement ce propos. Wittmann, l'as des Tiger du 101ᵉ bataillon SS de chars lourds, remporte bien un succès étonnant le 13 juin devant Villers-Bocage quand il anéantit la tête de colonne de la 7ᵉ division blindée britannique avec le concours d'autres Panzer. Mais les Allemands commettent l'erreur d'engager leurs blindés dans le village même de Villers-Bocage. Ce n'est ni la première ni la dernière fois qu'une telle erreur est commise. Le 8 août, près de Cintheaux, le Sherman Firefly du tireur Ekins fait mouche à trois reprises sur des Tiger qui s'avancent imprudemment vers les lignes alliées. C'est la fin de Wittmann. Dans une autre occasion, pendant l'opération Bluecoat, les 3ᵉ division de parachutistes et 326ᵉ division d'infanterie pensent toutes deux qu'un pont sur la Souleuvre est du ressort de l'autre, le laissant ainsi sans défense. Début juin, à Lingèvres et à Tilly-sur-Seulles, contre la Panzer Lehr, fin juin dans le secteur de Rauray face à la « Hohenstaufen », le 11 juin face à la Panzer Lehr à Saint-Jean-de-Daye, ou encore début août à Mortain, face notamment aux SS de la « Das Reich », des divisions d'infanterie alliées dament le pion à des formations blindées allemandes, l'élite des forces du Reich, dont les offensives ne peuvent aboutir à quoi que ce soit de tangible. Tous ces échecs allemands ne s'expliquent pas seulement par la supériorité aérienne ou numérique alliée.

Les forces alliées sont donc loin d'avoir toujours démérité, aux antipodes de l'impression souvent ressentie et citée par des soldats allemands qui n'ont qu'une piètre opinion des qualités combattantes de leurs adversaires. « *Tommy is no soldier* », aurait dit un soldat allemand, dont l'opprobre se jette tout autant – sinon plus – sur le GI. Ce sont pourtant ces Tommies et ces GI qui vont emmener les vaillants soldats de la Wehrmacht jusqu'à la cage des prisonniers… Rommel, les comparant favorablement aux Soviétiques, ne sous-estime pas l'adversaire :

> Il ne s'agit plus de briser l'assaut de hordes fanatiques, lancées en vagues compactes à l'assaut de nos lignes, sans égard pour les pertes et sans recours au soutien d'armes tactiques. Ici, nous devons faire face à un adversaire qui applique toute son intelligence naturelle à bien employer une infinité de ressources d'ordre technique, qui ne recule devant aucune dépense de matériel, et dont chaque opération se déroule comme si elle avait été précédée d'exercices répétés[2].

Si l'Armée rouge ne l'a toujours emporté qu'à la faveur d'une écrasante supériorité numérique, Rommel se méprend cependant sur les Soviétiques, dont les techniques de combat, plus sophistiquées que longtemps supposé, ont beaucoup évolué depuis 1941. En revanche, il comprend que la supériorité matérielle alliée constitue le handicap le plus difficile à surmonter pour espérer remporter la victoire. La supériorité numérique des Alliés est également conséquente (plus de 3 millions d'Alliés face à 1,5 million d'Allemands en France dont à peine le tiers combattra en Normandie ; plus de 7 millions de Soviétiques face à plus de 2 millions d'Allemands sur le front de l'Est) et reste, quoiqu'on en dise, un élément clé dans les succès remportés par les Alliés (notamment à l'Est).

Les Alliés sont pourtant beaucoup plus coriaces que ne l'ont cru beaucoup d'Allemands, imbus de propagande nazie, persuadés d'être les meilleurs soldats du monde engagés contre des peuples inférieurs et dégénérés. Certains auteurs prétendent que les soldats allemands imprégnés de national-socialisme ne sont plus majoritaires en Normandie et que quelques-uns seulement partagent cette idéologie. Rien ne permet d'étayer un tel point de vue. D'autres banalisent les crimes de guerre des deux camps, pour mieux relativiser ceux commis par les troupes allemandes. On ne peut raisonnablement comparer des méfaits commis dans le feu de l'action par des individus, alliés ou allemands, à des meurtres commis de sang-froid, y compris sur des civils, par des soldats imbus d'une propagande brutale et raciste. La violence de leur expérience de la guerre à l'Est n'excuse en aucune manière les déviances de soldats allemands en Normandie. Si pour beaucoup de combattants allemands comptent avant tout la survie à cette guerre et l'espoir de retrouver en paix sa famille, les fanatiques sont nombreux et l'armée allemande reste l'armée d'Hitler. Ainsi, un juste milieu s'établit entre l'image – popularisée par la propagande et certaines maisons d'édition – de guerriers germains surdoués et vaincus par la seule supériorité matérielle adverse et, au contraire, une tendance chez certains historiens à dévaloriser à l'envi les qualités et l'efficacité de l'armée allemande.

Une des données marquantes de la bataille de Normandie est l'incapacité pour l'armée allemande à prendre l'ascendant sur son adversaire. L'initiative stratégique appartient en permanence aux Alliés. Elle commence dès le premier jour, le 6 juin, quand les Alliés débarquent en Normandie, dans un secteur et à une date inconnus des services de renseignement de leurs adversaires. Les Allemands ne seront jamais en mesure de menacer sérieusement la tête de pont. Ainsi, la contre-attaque massive des Panzer, souhaitée dès les premières vingt-quatre heures par Rommel ou le plus tôt possible par Rundstedt et Geyr von Schweppenburg, n'est qu'un vœu pieux. Arrivées les premières en renforts, et encore de façon fort échelonnée, les divisions de Panzer ne font que colmater les brèches, réagir aux poussées adverses. C'est ici qu'il faut replacer les incidences de l'opération Fortitude, de la supériorité aérienne alliée, de la destruction des voies de communication et de la surcharge du réseau routier et ferroviaire français devant la demande allemande. Il faut se garder d'une vision trop téléologique de la guerre : il est impossible d'affirmer avec certitude que le Débarquement aurait forcément réussi si les Allemands, mieux organisés, avaient connu le jour et le lieu de de son exécution. Potentiellement, compte tenu des forces dont ils disposent à l'Ouest, ils paraissent en mesure de repousser l'Invasion (ce qui ne signifie en aucune manière gagner la guerre). Pourtant, trompée par l'ennemi et sous la coupe d'une chaîne de commandement qui la rend impotente, la Wehrmacht est quasi certaine de subir une défaite dès le 6 juin. Celle-ci est effective au bout d'une semaine.

Les écrits des généraux allemands d'après-guerre incriminent le plus souvent Hitler pour justifier leurs échecs, comme s'il était inconcevable que l'armée allemande eût pu être vaincue sans l'amateurisme du Führer. Stalingrad, Berlin, Koursk... : toutes ces défaites sont imputables à Hitler, selon eux. Le Führer est au contraire loin de porter tout le blâme. Il a d'ailleurs, à l'occasion, fait preuve de perspicacité sur le plan stratégique. Au moment de la percée d'Avranches, Hitler comprend que le front de Normandie reste le front le plus étroit dont peut bénéficier l'armée allemande face aux Alliés. La non-motorisation de la majeure partie de ses troupes ne peut en outre qu'accentuer les difficultés d'un repli. Pourtant, la bataille de Normandie est une campagne où les injonctions du Führer ont influencé de façon désastreuse le cours des événements. Dès le premier jour de l'Invasion, Rundstedt et Rommel restent soumis aux interférences de Berlin. Kluge ne bénéficiera pas davantage d'autonomie. Ces maréchaux partagent toutefois la responsabilité du désastre : Rommel n'a-t-il pas attendu jusqu'au bout un second débarquement allié face à la 15e armée ?

Sur le plan stratégique, le bilan est dramatique pour l'Allemagne. Il faut replacer cette bataille de Normandie dans le contexte global de la guerre. Or, si le désastre qui s'abat sur la Wehrmacht en Biélorussie en juin 1944 est certes spectaculaire, le front reculant de quatre cents kilomètres et les pertes avoisinant les quatre cent mille hommes, les conséquences ne sont pas aussi catastrophiques pour l'Allemagne que la cinglante défaite concomitante qu'elle subit sur le front Ouest. En Normandie, sur un front étroit, la Wehrmacht engage dix divisions de Panzer, une de panzergrenadiers, trois de parachutistes et trois bataillons de chars lourds Tiger, soit une densité jamais égalée sur le front de l'Est. À l'issue de la bataille, les dix divisions de Panzer ne sont plus que l'ombre d'elles-mêmes, ne totalisant qu'à peine plus de cent chars, opérationnels, tandis que l'équivalent de plus de vingt divisions d'infanterie a été mis hors de combat à l'Ouest. Jamais la Wehrmacht n'a perdu un si grand nombre de blindés. Il s'agit donc de la défaite la plus importante infligée à l'armée allemande au cours de la Seconde Guerre mondiale. Avec la libération de la France et de la Belgique, Hitler perd le fruit de ses victoires de 1940. L'appoint économique non négligeable que représentait l'occupation de la France lui fait désormais défaut. Ses espérances d'une reprise de la guerre sous-marine avec des engins de nouvelle génération et l'intensification des bombardements de V1 puis de V2 s'avèrent désormais impossible avec l'occupation par les Alliés des côtes françaises. La Luftwaffe ne dispose plus de ses bases de détection avancées en France lui permettant un préavis indispensable face aux formations de bombardiers alliées. Enfin, cela signifie que les Alliés sont aux portes de l'Allemagne : il n'y a plus de retraite possible et il est désormais impossible d'espérer concentrer la Wehrmacht sur l'unique front de l'Est.

La victoire en Normandie est donc éclatante pour les Alliés, mais elle reste amère car elle est incomplète. L'armée allemande est battue mais pas anéantie. Toutefois, la saignée qu'elle subit en Normandie est telle qu'elle ne retrouvera plus jamais une telle efficacité jusqu'à la fin du conflit. En fin de compte, les armées alliées l'ont emporté sur la Wehrmacht, un des outils de guerre tactiquement les plus performants n'ayant jamais existé.

Sitôt la défaite de Normandie consommée, son ampleur ne passe pas inaperçue au sein de l'opinion publique allemande. Depuis Stalingrad, jamais l'armée allemande n'avait subi autant de morts, de prisonniers et de pertes en matériel aussi importantes en un seul lieu. Comme Stalingrad, la défaite de Normandie marque un tournant et reste gravée dans les esprits – plus que Moscou en 1941, pourtant probablement plus lourde de conséquences pour la Wehrmacht. La catastrophe marque d'autant plus les esprits qu'elle se double de la libération de Paris. Cette donnée psychologique n'est pas secondaire : après la victoire sur la France en 1940, le Reich et le peuple allemand se considéraient comme les maîtres de l'Europe. La popularité d'Hitler était alors à son zénith. La perte, en 1944, des territoires conquis à l'Ouest est donc significative. Que sont donc devenus ces fiers conquérants de 1940 ? L'aspect pitoyable de l'armée allemande en déroute en cet été 1944 n'a pas échappé aux responsables de la Wehrmacht ni aux Français qui regardent avec soulagement, voire avec haine et soif de vengeance, le départ de ceux qui les ont opprimés pendant quatre longues années. Le moral des soldats est très affecté. « Après la Normandie, nous ne nous faisons plus d'illusion », convient Adolf Hohensetin de la 276e DI[3]. La défaite devient une certitude : il n'y a plus aucun espoir de renverser le cours de la guerre. Au début de l'automne, avec le rétablissement d'un front sur les frontières du Reich, les soldats recouvrent la volonté de se battre. Mais la foi en la victoire s'est envolée chez beaucoup d'entre eux…

À l'issue du conflit, le souvenir de la guerre à l'Est, qui a causé 80 % des tués et disparus de l'armée allemande, reste primordial, éclipsant à bien des égards les deux mois de *Blitzkrieg* du printemps 1940. Le souvenir de la guerre mené contre les Anglo-Américains est tout aussi vivace, particulièrement la longue campagne qui s'ouvre le 6 juin 1944 en Normandie et qui s'achève le 8 mai 1945 en Allemagne.

De nombreux ouvrages en langue allemande y ont été consacrés. La bataille de Normandie est en effet un des épisodes marquants du conflit. Cette défaite est plus lourde et plus décisive que celles de Stalingrad, de Tunis, de Koursk et de Biélorussie. Contrairement aux suputations de certains historiens, notamment soviétiques (en raison de la guerre froide) et russes, la contribution des Alliés occidentaux à la victoire sur l'Allemagne a été primordiale, essentielle et indispensable. Loin d'avoir commencé sur les plages normandes en juin 1944, le second front tant attendu par Staline pèse de tout son poids dès 1942[4], dans les airs, sur mer et en Méditerranée. La mise en évidence par des historiens des qualités longtemps ignorées de l'Armée rouge ne démontrent en aucune manière la capacité de celle-ci à vaincre seule l'Allemagne nazie, qui plus est sans un rapport de forces nettement en sa faveur. Il fallait réussir le Débarquement. Attendant avec appréhension l'Invasion, Hitler accorde la priorité à la guerre à l'Ouest, et ce jusqu'en janvier 1945, lorsque s'achève la bataille des Ardennes. Les pertes notables subies face aux Alliés et l'impact décisif de la campagne menée à l'Ouest expliquent sa pérennité dans la mémoire collective allemande. Cette campagne reste mythique. Les combats fameux qui s'y sont déroulés et les unités allemandes qui y ont affronté les forces alliées sont entrés dans la légende de la Seconde Guerre mondiale. Ce fut une grande bataille (plus de deux millions de soldats des deux camps ; plus de dix mille blindés), coûteuse en vie humaines (plus de cent mille morts), longue (deux mois) et décisive.

Il faudra toutefois attendre le 60e anniversaire du Débarquement pour que le président Jacques Chirac invite le chancelier allemand Gerhard Schröder aux commémorations. Les vétérans allemands reprennent alors petit à petit le chemin de la Normandie, non sans susciter quelques réactions enflammées. Nombreux sont ceux qui prennent contact avec leurs anciens adversaires. Les associations des divisions ayant participé aux combats perpétuent la mémoire, à commencer par celle de leurs camarades tombés au feu.

Aujourd'hui, la Normandie compte six cimetières militaires accueillant les dépouilles de soldats allemands tombés au cours du conflit, au cours de l'été 1944 pour la plupart. Avec 21 139 tombes, celui de La Cambe est le plus important de Normandie, toutes nationalités confondues. Les cinq autres cimetières sont ceux de Marigny, d'Orglandes, du Mont-d'Huisnes, de Saint-Désir de Lisieux et de Champigny-Saint-André. De nombreuses tombes allemandes se trouvent également au sein de neuf cimetières britanniques. Ces lieux du souvenir sont l'œuvre de l'association Volksbund Deutsche Kriegsgräberfürsorge, dont la devise est : « Réconciliation par-dessus les tombes, travail pour la paix. »

NOTES

Notes du prologue, p. 13.

1. Ian Kershaw, *Hitler, 1936-1945*, Nemesis, Penguin Books, 2001, p. 623-640.
2. Cornelius Ryan, *Le Jour le plus long*, Robert Laffont, 1960, p. 148.
3. *Ibid.*, p. 218.
4. Horst Möller et Pierre Ayçoberry, *Joseph Goebbels, Journal 1943-1945*, Tallandier, 2005, p. 459.
5. Walter Warlimont, *Cinq ans au GQG d'Hitler*, Elsevier, Séquoia, 1975, p. 247.

Notes du chapitre I, p. 19.

1. Horst Müller et Pierre Ayçoberry, *op. cit.*, p. 323.
2. *Ibid.*, p. 324-328.
3. Mark Reardon, *Defending Fortress Europe, The War Diary of the German 7th Army in Normandy, 6 June to 26 July 1944,* The Aberjona Press, 2012, p. 12.
4. Bob Carruthers, *The German Army in Normandy*, Coda Boobs Ltd, 2012, p. 21.
5. Russell Hart, *Clash of Arms, How the Allies won in Normandy,* University of Oklahoma Press, 2004, p. 220.
6. Bob Carruthers, *op. cit.*, p. 51-53.
7. Russell Weigley, *Eisenhower's Lieutenants, The Campaigns of France and Germany, 1944-1945,* Bloomington, Indiana University Press, 1981, p. 45.

8. Russel Hart, *op. cit.*, p. 241 : NARA T-77, 1421, 000237-38, OKW WFSt/Op.(H)/ West, « Fehlstellen der Divisionen im Bereich Ob. West : Stand 1,4,1944 », Nr.004662/44g. Kdos, F.H.Qu., 3/05/1944.

9. Erwin Rommel, *La Guerre sans haine.* Carnets présentés par Basil Liddell-Hart, avant-propos de Manfred Rommel, traduits par Jacques Mordal, Collin Delavaud, Henri Daussy, René Jouan, Paris, Le Livre contemporain, 1960, p. 415-416.

Notes du chapitre II, p. 25.

1. Milton Shulman, *La Défaite allemande à l'Ouest,* Paris, Payot, 1948, p. 60.

2. Anthony Beevor, *D-Day et la bataille de Normandie*, Calmann-Lévy, 2009, p. 52.

3. Hans von Luck, *Panzer Commander, The Memoirs of Colonel Hans von Luck*, A Dell Books, 1989, p. 169.

4. Richard Hargreaves, *The Germans in Normandy,* Stackpole Books, 2006, p. 1 et 4-5.

5. Georges Bernage, « Débarquement sur Sword, Juno et Gold Beach », dans *Historica* n° 75, Heimdal, 2003, p. 65.

6. Friedrich Ruge, *Rommel face au Débarquement*, Presses de la Cité, 1960, p. 149.

7. Documentaire Arte : « Le mur de l'Atlantique. Bouclier des nazis » de Johan op de Beeck, 2001.

8. Richard Hargreaves, *op. cit.*, p. 7.

9. *Ibid.*, p. 16.

10. Friedrich Ruge, *op. cit.*, p. 78-80.

11. Erwin Rommel, *op. cit.*, p. 411.

12. Friedrich Ruge, *op. cit.*, p. 112, 115 et 119.

13. Mark Reardon, *op. cit.*, p. 15.

14. Bob Carruthers, *op. cit.*, p. 73.

15. Didier Lodieu, « Le Fallschirmjäger-Regiment 6 à la veille du Débarquement en Normandie », dans *Batailles* n° 17, p. 65.

16. Friedrich Ruge, *op. cit.*, p. 169.

17. Édouard Maraid et Claude Paris, *6 Juin, le Choc, Allemands et Américains se souviennent des combats,* Ouest-France, 2004, p. 32-47.

18. Mark Reardon, *op. cit.*, p. 25.

19. Georges Bernage *et alii, Objectif Sainte-Mère-Église,* Heimdal, 1993, p. 9.

20. Édouard Maraid et Claude Paris, *op. cit.*, p. 41.

21. Richard Hargreaves, *op. cit.*, p. 1.

22. *Ibid.*, p. 10-11.

23. Georges Bernage et Stéphane Cazenave, « Otto Funk, 18 ans, un grenadier en enfer », *Normandie 1944 Magazine* n° 1, p. 33.

24. Benoît Lemay, *Erwin Rommel,* Perrin, 2009, p. 366.

25. Richard Hargreaves, *op. cit.*, p. 16.

26. *Ibid.*, p. 17.

27. *Ibid.*, p. 36.

28. Documentaire Arte, déjà cité.

29. Erwin Rommel, *op. cit.*, p. 412.

30. Dwight Eisenhower, *Croisade en Europe,* traduit de l'anglais par Paule de Beaumont, Paris, Robert Laffont, 1949, p. 285.

31. James Wood, *Army of the West, the Weekly Reports of German Army Group B from Normandy to the West Wall,* Stackpole Books, 2007, p. 45.

32. *Ibid.*, p. 31.

33. Mark Reardon, *op. cit.*, p. 16.

34. Prime Christophe, in Quétel Claude (sous la direction de), *Dictionnaire du Débarquement*, Ouest France, 2011, p. 491.

35. Erwin Rommel, *op. cit.*, p. 413.

Notes du chapitre III, p. 39.

1. Friedrich Ruge, *op. cit.*, p. 64. Ruge ne donne pas plus de précisions.

2. *Ibid.*, p. 53.

3. *Ibid.*, p. 45.

4. Richard Hargreaves, *op. cit.*, p. 49 et 51.

5. Samuel Mitcham, *The Desert Fox in Normandy,* Cooper Square Press, 2001 [1997], p 6

6. Mark Reardon, *op. cit.*, p. 19.

7. RW Thompson, *Le Jour J. Ils débarquent,* Marabout, 1970, p. 71.

8. Benoît Lemay, *op. cit.*, p. 359.

9. Rusell Hart, *op. cit.*, p. 225 et 243.

10. Erwin Rommel, *op. cit.*, p. 418.
11. François de Lannoy, *Overlord, Jour J en Normandie*, Heimdal, 1993, in Georges Bernage (sous la direction de), p. 94.
12. Cornelius Ryan, *op. cit.*, p. 30.
13. Benoît Lemay, *op. cit.*, p. 374.
14. James Wood, *op. cit.*, p. 4.
15. Friedrich Ruge, *op. cit.*, p. 83.
16. Yves Buffetaut, « Le plan secret de Rommel », *Batailles* n° 8, p. 20-21.
17. Friedrich Ruge, *op. cit.*, p. 91.
18. Erwin Rommel, *op. cit.*, p. 415.
19. Georges Bernage, *op. cit.*, p. 61 ; Hans von Luck, *op. cit.*, p. 168.
20. James Wood, *op. cit.*, p. 34.
21. *Ibid.*, p. 10.
22. J. de Launay et J. de Schutter, *Arromanches 44, Le Débarquement de Normandie*, J.-M. Collet, 1979, p. 11.
23. Hans Speidel, *Invasion 44*, J'ai Lu, 1964, p. 61.
24. James Wood, *op. cit.*, p. 34.

Notes du chapitre IV, p. 55.

1. Mark Reardon, *op. cit.*, p. 29.
2. Vince Milano et Bruce Conner, *Normandiefront, D-Day to Saint-Lô through German Eyes*, 2011, p. 14-16.
3. Bob Carruthers, *op. cit.*, p. 27.
4. Hans von Luck, *op. cit.*, p. 168.
5. Russell Hart, *op. cit.*, p. 223.
6. Lire à ce propos Omer Bartov, *L'Armée d'Hitler,* Le Grand Livre du Mois, 1999.
7. Horst Müller et Pierre Ayçoberry, *op. cit.*, p. 447.
8. Niklas Zetterling, *Normandy 44, German Military Organisation, Combat Power and Organizational Effectiveness,* Fedorowicz, 2000, p. 350 et 363.
9. Yves Buffetaut, « Omaha la sanglante », dans *Militaria Magazine*, hors-série n° 57, 2005, p. 12.
10. Mark Reardon, *op. cit.*, p. 26.

11. Samuel Mitcham, *The Desert Fox in Normandy,* Cooper Square Press, 2001 [1997], p. 17.

12. Friedrich Ruge, *op. cit.*, p. 67 et 83.

13. *Ibid.*, p. 115.

14. Georges Bernage, « Les Panzers face au Débarquement », dans *Normandie 1944 Magazine*, hors-série n° 6, 2012, p. 37.

15. Hans von Luck, *op. cit.*, p. 167 et 169.

16. Pour tous ces chiffres, voir Niklas Zetterling, *op. cit.*, p. 304-392.

17. Mark Reardon, *op. cit.*, p. 31.

18. Richard Hargreaves, *op. cit.*, p. 29-30.

19. *Ibid.* p. 28.

20. Friedrich Ruge, *op. cit.*, p. 115.

21. François de Lannoy, in Georges Bernage (sous la direction de), *Overlord*, *op. cit.*, 1993, p. 98.

22. Russell Weigley, *op. cit.*, p. 45.

23. Horst Möller et Pierre Ayçoberry, *op. cit.*, p. 420-421.

Notes du chapitre V, p. 73.

1. Simon Rigge, *War in the Outposts*, Time Life, 1981, p. 24-47.

2. Cornelius Ryan, *op. cit.*, p. 77.

3. *Ibid.*, p. 21.

4. Hans von Luck, *op. cit.*, p. 169 ; Friedrich Ruge, *op. cit.*, p. 201.

5. Édouard Maraid et Claude Paris, *op. cit.*, p. 73.

6. David Stafford, *Ten Days to D-Day, Coutdown to the Liberation of Europe*, Abacus, 2004, p. 132.

7. Cornelius Ryan, *op. cit.*, p. 141.

8. Mark Reardon, *op. cit.*, p. 36.

9. *Ibid.*, p. 37.

10. Paul Carell, *Ils arrivent !*, Robert Laffont, 1961, p. 43.

11. Richard Hargreaves, *op. cit.*, p. 30 ; Cornelius Ryan, *op. cit.*, p. 111.

12. Will Fowler, *Pegasus Bridge, Raid n° 11*, Osprey Publishing, 2010, p. 30.

13. George Bernage, « La nuit des paras », *Historica* n° 70, Heimdal, 2002, p. 76.

14. Will Fowler, *op. cit.*, p. 49.

15. Site officiel de la batterie de Merville. http://www.batterie-merville.com

16. Hans von Luck, *op. cit.*, p. 172.

17. Georges Bernage, « Les paras du Jour J », *Historica* n° 71, Heimdal, 2002, p. 119.

18. Paul Carell, *op. cit.*, p. 33-35 et p 44.

19. Georges Bernage, « Les paras du Jour J », art. cité, p. 120-121 ; Jean-Claude Perrigault, « *Leutnant* Höller, vétéran du Panzergrenadier-Regiment 192 », *Normandie 44 Magazine* n° 1, 2011, p. 85-88.

20. Georges Bernage, « Les paras du Jour J », art. cité, p. 124.

21. Jean-Claude Perrigault, *op. cit.*, p. 87.

22. Paul Carell, *op. cit.*, p. 137.

23. Georges Bernage, « Les paras du Jour J », art. cité, p. 120.

24. Paul Carell, *op. cit.*, p. 138-139.

25. Richard Hargreaves, *op. cit.*, p. 44.

26. Georges Bernage *et alii, Objectif Sainte-Mère-Église,* Heimdal, 1993, p. 26-27.

27. Georges Bernage, *Objectif Carentan,* Heimdal, 2010, p. 19.

28. Denis van den Brink, « Deux ponts trop loin », *Normandie Magazine* n° 2, p. 28.

29. Antony Beevor, *D-Day et la bataille de Normandie*, Calmann-Lévy, 2009, p. 81-82.

30. Jean Bouchery et Christophe Deschodt, « Les paras US de Normandie », *Militaria Magazine* n° 22/23, 1987, p. 24.

31. Antony Beevor, *op. cit.*, p. 133.

32. Paul Carell, *op. cit.*, p. 38-39.

33. Cornelius Ryan, *op. cit.*, p. 104.

34. *Ibid.*, p. 135.

35. Eugen Griesser, *Les Lions de Carentan,* Heimdal, 2006, p. 37.

36. Richard Hargreaves, *op. cit.*, p. 41-42.

37. Martin Pöppel, *Heaven and Hell : The War Diary of a German Paratrooper*, The History Press Ltd, 2010, p 174-175

38. Eugen Griesser, *op. cit.*, p. 35.

39. Martin Pöppel, *op. cit.*, p. 175.

40. Antony Beevor, *op. cit.*, p. 83.

41. Georges Bernage *et alii, op. cit.*, p. 17-26.

42. Georges Bernage et Dominique François, *Utah Beach, Sainte-Mère-Église*, Heimdal, 2004, p. 86.
43. Georges Bernage *et alii, op. cit.*, p. 44-45.
44. Georges Bernage et Dominique François, *op. cit.*, p. 88-91.
45. Paul Carell, *op. cit.*, p. 48-51 et p 56-59.

Notes du chapitre VI, p. 99.

1. Georges Bernage, *Objectif Carentan, op. cit.*, p. 21-22.
2. Paul Carell, *op. cit.*, p. 73-74.
3. *Ibid.*, p. 81.
4. *Ibid.*, p. 94.
5. Martin Pöppel, *op. cit.*, p. 179.
6. Konrad von Keusgen, *Pointe du Hoc*, Heimdal, 2006, p. 91.
7. Bob Carruthers, *The German Army in Normandy*, Coda Boobs Ltd, 2012, p. 301.
8. Konrad von Keusgen, *op. cit.*, p. 115.
9. Christophe Prime, *Omaha Beach, 6 juin 1944*, Tallandier, 2011, p. 28 ; Albert Pipet, *D'Omaha à Saint-Lô, la bataille des Haies, Heimdal,* 1980, p. 7.
10. Vince Milano et Bruce Conner, *op. cit.*, p. 63.
11. Antony Beevor, *Stalingrad en Normandie*, Presses de la Cité, 1965, p. 108.
12. *Ibid.*, p. 108.
13. Konrad von Keusgen, *Point d'appui WN 62*, Heimdal, 2004, p. 80-81.
14. *Ibid.*, p. 83-84.
15. Georges Bernage, « Omaha la sanglante », dans *Historica* n° 69, Heimdal, 2001, p. 89.
16. Konrad von Keusgen, *op. cit.*, p. 95.
17. Konrad von Keusgen, *Omaha Beach, La Tragédie du 6 juin 1944,* Heimdal, 2007, p. 150.
18. Antony Beevor, *D-Day et la bataille de Normandie*, *op. cit.*, p. 122.
19. Bob Carruthers, *op. cit.*, p. 294-303.
20. Konrad von Keusgen, *Omaha Beach, La Tragédie du 6 juin 1944*, *op. cit.*, p. 152.
21. Vince Milano et Bruce Conner, *op. cit.*, p. 109-110.
22. *Ibid.*, p. 84.

23. Georges Bernage, « Omaha la sanglante », *op. cit.*, p. 140-143.
24. Konrad von Keusgen, *Point d'appui WN 62*, *op. cit.*, p. 101-102.
25. Antony Beevor, *op. cit.*, p. 123.
26. Albert Pipet, *op. cit.*, p. 27 ; Konrad von Keusgen, *Omaha Beach, La Tragédie du 6 juin 1944*, *op. cit.*, p. 167.
27. Philippe Trombetta, « Un bilan sur les pertes US du Jour J à Omaha Beach », *Normandie 1944 Magazine* n° 1, p. 77-81.
28. Albert Pipet, *op. cit.*, p. 16.
29. *Ibid.*, p. 22.

Notes du chapitre VII, p. 123.

1. Cornelius Ryan, *op. cit.*, p. 228.
2. Vince Milano et Bruce Conner, *op. cit.*, p. 103-104.
3. Yann Magdelaine, *Gold Beach*, OREP Éditions, 2012, p. 24.
4. Richard Hargreaves, *op. cit.*, p. 62.
5. Laurent Mari, *Overlord*, *op. cit.*, in Georges Bernage (sous la direction de), p. 322 ; Georges Bernage, « Débarquement sur Sword, Juno et Gold Beach », *op. cit.*, p. 184-192.
6. Samuel Mitcham, *op. cit.*, p. 80.
7. Georges Bernage, « Débarquement sur Sword, Juno et Gold Beach », art. cité, p. 164-166 ; Paul Carell, *op. cit.*, p. 127.
8. Paul Carell, *op. cit.*, p. 127.
9. Georges Bernage, « Débarquement sur Sword, Juno et Gold Beach », art. cité, p. 170-174.
10. Jean-Pierre Benamou, *Album mémorial : Bataille de Caen*, Heimdal, 1988, p. 52.
11. Georges Bernage, « Débarquement sur Sword, Juno et Gold Beach », art. cité, p. 174-176.
12. Yves Buffetaut, « 6 juin 1944, La première vague », hors-série *Militaria Magazine* n° 12, p. 71.
13. Antony Beevor, *D-Day et la bataille de Normandie*, *op. cit.*, p. 151-152.
14. Samuel Mitcham, *op. cit.*, p. 82.
15. Georges Bernage, « Débarquement sur Sword, Juno et Gold Beach », art. cité, p. 108-109.
16. Cornelius Ryan, *op. cit.*, p. 233-235.
17. *Ibid.*, p. 223-227.

18. Georges Bernage, « Débarquement sur Sword, Juno et Gold Beach », art. cité, p. 150.
19. Antony Beevor, *op. cit.*, p. 164-165.
20. Jean-Pierre Benamou, *op. cit.*, p. 19.
21. Paul Carell, *op. cit.*, p. 141 ; Cornelius Ryan, *op. cit.*, p. 260.
22. Cornelius Ryan, *op. cit.*, p. 258.
23. Georges Bernage, « Les Panzers face au Débarquement », art. cité, p. 54-55 et Jean-Pierre Benamou, *op. cit.*, p. 52-53.
24. Cornelius Ryan, *op. cit.* p. 262.

Notes du chapitre VIII, p. 139.

1. Bob Carruthers, *op. cit.*, p. 311-312.
2. Cornelius Ryan, *op. cit.*, p. 220.
3. Stephan Cazenave, « Premières patrouilles de reconnaissance de la 12. SS Panzer-Division HJ », *Normandie 1944 Magazine* n° 3, p. 20-28.
4. Friedrich Ruge, *op. cit.*, p. 213.
5. Benoît Lemay, *op. cit.*, p. 388.
6. Cornelius Ryan, *op. cit.*, p. 248.
7. Franz Kurowski, *Elite Panzer Strike Force, German Panzer-Lehr Division in World War II,* Stackpole Books, 2011, p. 35-36.
8. Paul Carell, *op. cit.*, p. 145-148.
9. Georges Bernage, « Les Panzers face au Débarquement », art. cité., p. 55.
10. Stephan Cazenave et Georges Bernage, « Otto Funk, 18 ans, un grenadier en enfer », *Normandie 1944 Magazine* n° 1, p. 24-25.

Notes du chapitre IX, p. 151.

1. Benoît Lemay, *op. cit.*, p. 390.
2. Horst Müller et Pierre Ayçoberry, *op. cit.*, p. 460-461.
3. Mark Reardon, *op. cit.*, p. 97.
4. Éric Lefebvre, *Les Panzers, Normandie 1944*, Heimdal, 1978, p. 126.
5. Benoît Rondeau, notices sur les divisions in *Dictionnaire du Débarquement* (sous la direction de Claude Quétel), Éditions Ouest-

France, 2011, p. 224-290 ; Niklas Zetterling, *op. cit.*, notamment p. 28-29 et 413-414.

6. David Isby, *Fighting in Normandy, The German Army from D-Day to Villers-Bocage,* Greenhill Books, 2001, p. 49.

7. Niklas Zetterling, *op. cit.*, p. 46.

8. Claude Paris, *Paroles de Braves,* Charles Corlet, 2007, p. 108-109.

9. David Isby, *op. cit.*, p. 89.

10. Richard Hargreaves, *op. cit.*, p. 68-69.

11. Otto Henning, *Als Panzer und Spähtruppführer in der Panzer-Lehr Division, 1943-1945,* Fleschig Verlag, 2006, p. 46-48.

12. Mark Reardon, *op. cit.*, p. 57.

13. Karel Margry, *Operation Market-Garden, Then and Now,* After the Battle, 2002, p. 16-18.

14. Mark Reardon, *op. cit.*, p. 287-289.

15. *Ibid.*, p. 47 et 58.

16. Friedrich Ruge, *op. cit.*, p. 228.

17. Russell Hart, *op. cit.*, p. 226 et 243.

18. Mark Reardon, *op. cit.*, p. 58 ; Niklas Zetterling, *op. cit.*, p. 47.

19. Friedrich Ruge, *op. cit.*, p. 225.

20. Russell Hart, *op. cit.*, p. 388.

21. Friedrich Ruge, *op. cit.*, p. 224.

22. Mark Reardon, *op. cit.*, p. 57.

23. *Ibid.*, p. 286.

24. Niklas Zetterling, *op. cit.*, p. 257.

25. Bob Carruthers, *op. cit.*, p. 252-272.

26. David Isby, *op. cit.*, p. 93.

27. Pour tous ces chiffres : Russell Hart, *op. cit.*, p. 226-227, 243, 388 et 402-403.

28. Niklas Zetterling, *op. cit.*, p. 47.

29. Mark Reardon, *op. cit.*, p. 74.

30. Benoît Lemay, *op. cit.*, p. 391-395.

Notes du chapitre X, p. 165.

1. Benoît Lemay, *op. cit.*, p. 390-391.

2. David Isby, *Fighting in Normandy, The German Army from D-Day to Villers-Bocage,* Greenhill Books, 2001, p. 45.

3. David Isby, *op. cit.*, p. 47.

4. Mark Readon, *op. cit.*, p. 51.
5. *Ibid.*, p. 43, 66 et 87.
6. David Isby, *op. cit.*, p. 92.
7. *Ibid.*, p. 70-71.
8. Jean-Pierre Benamou, *op. cit.*, p. 103.
9. Mark Readon, *op. cit.*, p. 312.
10. Horst Müller et Pierre Ayçoberry, *op. cit.*, p. 473.
11. Erwin Rommel, *op. cit.*, p. 425-427.
12. Mark Reardon, *op. cit.*, p. 45 et 311 ; David Isby, *op. cit.*, p 30 ; Vince Milano et Bruce Conner, *op. cit.*, p. 139-140.
13. Richard Hardgreaves, *op. cit.*, p. 77.
14. Mark Reardon, *op. cit.*, p. 56.
15. David Isby, *op. cit.*, p. 33.
16. Jean-Pierre Benamou, *op. cit.*, p. 57-59.
17. David Isby, *op. cit.*, p. 36.
18. Paul Carell, *op. cit.*, p. 161.
19. Georges Bernage, « Les Panzers face au Débarquement », art. cité, p. 63 ; Jean-Pierre Benamou, *op. cit.*, p. 61.
20. Paul Carell, *op. cit.*, p. 207.
21. Stephan Cazenave et Georges Bernage, « Otto Funk, 18 ans, un grenadier en enfer », art. cité, p. 27.
22. *Ibid.*, p. 30.
23. Samuel Mitcham, *op. cit.*, p. 115 ; Jean-Pierre Benamou, *op. cit.*, p. 105-106.
24. Jean-Pierre Benamou, *op. cit.*, p. 101-102.
25. Russell Hart, *op. cit.*, p. 345.
26. Niklas Zetterling, *op. cit.*, p. 355 et 373.
27. Paul Carell, *op. cit.*, p. 172-173.
28. Horst Müller et Pierre Ayçoberry, *op. cit.*, p. 467-468.
29. Carlo d'Este, *Histoire du Débarquement,* Perrin, 2013.
30. Franz Kurowski, *op. cit.*, p. 29-33.
31. David Isby, *op. cit.*, p. 66.
32. Franz Kurowski, *op. cit.*, p. 35-38.
33. *Ibid.*, p. 39.
34. *Ibid.*, p. 48-52.
35. Éric Lefebvre, *op. cit.*, p. 119.
36. Mark Reardon, *op. cit.*, p. 59.
37. Vince Milano et Bruce Conner, *op. cit.*, p. 152.

38. David Isby, *op. cit.*, p. 27.
39. *Ibid.*, p. 29.
40. Vince Milano et Bruce Conner, *op. cit.*, p. 144.
41. David Isby, *op. cit.*, p. 32.
42. Vince Milano et Bruce Conner, *op. cit.*, p. 145.
43. David Isby, *op. cit.*, p. 59.
44. *Ibid.*, p. 63.
45. Albert Pipet, *op. cit.*, p. 38-39.
46. Claude Paris, *op. cit.*, p. 50-54 ; Vince Milano et Bruce Conner, *op. cit.*, p. 185-188.
47. Franz Kurowski, *Panzergrenadier Aces,* Stackpole Books, 2010, p. 57-60.
48. David Isby, *op. cit.*, p. 86-88.
49. *Ibid.*, p. 228.
50. Claude Paris, *op. cit.*, p. 110-112.
51. *Ibid.*, p. 106-107.
52. Mark Reardon, *op. cit.*, p. 63.
53. Albert Pipet, *op. cit.*, p. 49.
54. Éric Lefebvre, *op. cit.*, p. 126.
55. Mark Reardon, *op. cit.*, p. 71.
56. *Ibid.*, p. 59.
57. David Isby, *op. cit.*, p. 133, 136 et 153.
58. Mark Reardon, *op. cit.*, p. 46.
59. *Ibid.*, p. 49.
60. Lloyd Clark, *Battle Zone Normandy, Orne Bridgehead,* Sutton Publishing Ltd, 2004, p. 79.
61. Richard Hardgreaves, *op. cit.*, p. 75.
62. David Isby, *op. cit.*, p. 118.
63. *Ibid.*, p. 152.
64. Hans von Luck, *op. cit.*, p. 187.
65. Georges Bernage, *Objectif Carentan, op. cit.*, p. 40.
66. Mark Reardon, *op. cit.*, p. 42.
67. *Ibid.*, p. 54.
68. David Isby, *op. cit.*, p. 125.
69. Georges Bernage, *Objectif Carentan, op. cit.*, p. 59.
70. Martin Pöppel, *op. cit.*, p. 207.
71. *Ibid.*, p. 206-208.
72. Mark Reardon, *op. cit.*, p. 51 et 57 ; David Isby, *op. cit.*, p. 19.

73. Karel Margry, *Operation Market-Garden, Then and Now,* After the Battle, 2002, p. 18.
74. Mark Reardon, *op. cit.*, p. 63.
75. *Ibid.*, p. 49.

Notes du chapitre XI, p. 207.

1. Yves Buffetaux, « 6 juin 1944, La bataille des plages », hors-série *Militaria Magazine* n° 72, p. 37-38.
2. Richard Hardgreaves, *op. cit.*, p. 71.
3. *Ibid.*, p. 75.
4. Erwin Rommel, *op. cit.*, p. 432-433.
5. Mark Reardon, *op. cit.*, p. 43.
6. Benoît Lemay, *op. cit.*, p. 395.
7. Friedrich Ruge, *op. cit.*, p. 225.
8. Jean-Pierre Benamou, *op. cit.*, p. 111.
9. Erwin Rommel, *op. cit.*, p. 432.

Notes du chapitre XII, p. 217.

1. Ian Daglish, *Operation Epsom,* Pen & Sword, 2007, p. 30-31.
2. Mark Reardon, *op. cit.*, p. 74.
3. Georges Bernage, « La bataille du Cotentin, 9-19 juin 1944 », hors-Série *Normandie 1944 Magazine* n° 8, p. 47-49.
4. *Ibid.*, p. 52 et 79.
5. Niklas Zetterling, *op. cit.*, p. 230.
6. Russell Hart, *op. cit.*, p. 295.
7. Richard Hargreaves, *op. cit.*, p. 96.
8. *Ibid.*, p. 98.
9. Gordon Harrison, *Cross Channel Attack, The Official US Army History of the Operation Overlord D-Day Invasion of Normandy,* Red and Black Publishers, 2013, p. 430.
10. Horst Müller et Pierre Ayçoberry, *op. cit.*, p. 511-512.
11. Ian Daglish, *op. cit.*, p. 30.
12. Richard Hardgreaves, *op. cit.*, p. 106.
13. Mark Reardon, *op. cit.*, p. 110.
14. Jean-Pierre Benamou, *op. cit.*, p. 172.

15. Ian Daglish, *op. cit.*, p. 124-125.
16. Yves Buffetaut, « La bataille de Caen, 1. La cote 112 », *Militaria Magazine*, hors-série n° 58, p. 13.
17. Ian Daglish, *op. cit.*, p. 104-107.
18. Anthony Beevor, *op. cit.*, p. 256.
19. Richard Hargreaves, *op. cit.*, p. 109.
20. *Ibid.*, p. 109-110.
21. Walter Warlimont, *op. cit.*, p. 253.
22. Horst Müller et Pierre Ayçoberry, *op. cit.*, p. 511.
23. Friedrich Ruge, *op. cit.*, p. 250.
24. James Wood, *op. cit.*, p. 78-79.
25. Mark Reardon, *op. cit.*, p. 282.

Notes du chapitre XIII, p. 235.

1. Antony Beevor, *D-Day et la batille de Normandie, op. cit.*, p. 286.
2. Yves Buffetaut, « Normandie, la percée (2), Opération Cobra », hors-série *Militaria Magazine* n° 29, p. 106.
3. *Ibid.*, p. 112.
4. Jean Quellien, *Les Américains en Normandie,* OREP Éditions, 2012, p. 176.
5. Sönke Neitzel et Harald Welzer, *Soldaten, On fighting, killing and dying, the secret WWII transcripts of German POWs*, New York, Alfred A. Knopf, 2012, p. 84.
6. Antony Beevor, *op. cit.*, p. 317.
7. Richard Hargreaves, *op. cit.*, p. 133.
8. Milton Shulman, *La Défaite allemande à l'Ouest,* Paris, Payot, 1948, p. 149.
9. Georges Bernage, « Normandie 1944, la bataille finale pour Saint-Lô », *Historica* n° 69, p. 83-85.
10. À Graignes, entre le 11 et le 30 juin 1944, des éléments de la 17e division de panzergrenadiers perpétrèrent des crimes sur les parachutistes américains, en représailles de l'apreté des combats menés par les GI.
11. Claude Paris, *op. cit.*, p. 38-40.
12. Eddy Florentin, *Stalingrad en Normandie*, Presses de la Cité, 1965, p. 310.
13. Sönke Neitzel et Harald Welzer, *op. cit.*, p. 202-204.

14. Antony Beevor, *op. cit.*, p. 320.
15. Didier Lodieu, *La Massue, Les soldats polonais dans la bataille de Normandie*, Ysec Éditions, 2004, p. 150.
16. Vince Milano et Bruce Conner, *op. cit.*, p. 175 et 250.
17. Georges Bernage, « Normandie 1944, la bataille finale pour Saint-Lô », art. cité, p. 112.
18. Yves Buffetaut, « La bataille de Caen, 1. La cote 112 », art. cité, p. 58.
19. Albert Pipet, *op. cit.*, p. 52.
20. Jean-Pierre Benamou, *op. cit.*, p. 114.
21. Antony Beevor, *Stalingrad en Normandie*, Presses de la Cité, 1965, p. 315.
22. Eddy Florentin, *op. cit.*, p. 174.
23. Martin Pöppel, *op. cit.*, p. 218.
24. Jean-Pierre Benamou, *op. cit.*, p. 177.
25. Vince Milano et Bruce Conner, *op. cit.*, p. 183.
26. Martin Pöppel, *op. cit.*, p. 216.
27. Vince Milano et Bruce Conner, *op. cit.*, p. 162-164.
28. Claude Paris, *op. cit.*, p. 113.
29. Mark Reardon, *op. cit.*, p. 117.
30. Vince Milano et Bruce Conner, *op. cit.*, p. 166.
31. Antony Beevor, *op. cit.*, p. 269.
32. Eddy Florentin, *op. cit.*, p. 155.
33. Vince Milano et Bruce Conner, *op. cit.*, p. 166.
34. Claude Paris, *op. cit.*, p. 113.
35. Jean-Pierre Benamou, *op. cit.*, p. 113.
36. Ian Daglish, *op. cit.*, p. 222.
37. Mark Reardon, *op. cit.*, p. 89.
38. Samuel Mitcham, *Panzers in Normandy, General Hans Eberbach and the Defense of France, 1944,* Stackpole Books, 2009, p. 82-83 ; Mark Reardon, *op. cit.*, p. 139.
39. Mark Reardon, *op. cit.*, p. 115.
40. Friedrich Ruge, *op. cit.*, p. 282.
41. *Ibid.*, p. 258-259.
42. Vince Milano et Bruce Conner, *op. cit.*, p. 165.
43. Martin Pöppel, *op. cit.*, p. 211.
44. Milton Shulman, *op. cit.*, p. 147.
45. Ian Daglish, *Operation Goodwood*, Pen & Sword, 2005, p. 44.

46. Russell Hart, *op. cit.*, p. 297.
47. Samuel Mitcham, *Panzers in Normandy, General Hans Eberbach and the Defense of France, 1944, op. cit.*, p. 75.
48. Claude Paris, *op. cit.*, p. 260.
49. Yves Buffetaut, « Normandie, la percée (2), Opération Cobra », art. cité, p. 112.
50. Martin Pöppel, *op. cit.*, p. 212.
51. Yves Buffetaut, « Normandie, la percée (2), Opération Cobra », art. cité, p. 106.
52. Didier Lodieu, *Mourir pour Saint-Lô,* Histoire & Collection, 2007, p. 83.
53. Antony Beevor, *op. cit.*, p. 317.
54. Mark Reardon, *op. cit.*, p. 223.
55. *Ibid.*, p. 326.
56. *Ibid.*, p. 303.
57. James Wood, *op. cit.*, p. 126.
58. Hans von Luck, *op. cit.*, p. 202.
59. Martin Pöppel, *op. cit.*, p. 210-211.
60. Vince Milano et Bruce Conner, *op. cit.*, p. 209.
61. Russell Hart, *op. cit.*, p. 309.
62. Niklas Zeterling, *op. cit.*, p. 181 et 191.
63. *Ibid.*, p. 82.
64. Jean Quellien, *op. cit.*, p. 139.
65. Didier Lodieu, *Mourir pour Saint-Lô, op. cit.*, p. 6.
66. *Ibid.*, p. 51-52.
67. Yves Buffetaut, « Normandie, la percée (2), Opération Cobra », art. cité, p. 106.
68. Albert Pipet, *op. cit.*, p. 66-67.
69. Samuel Mitcham, *Panzers in Normandy, General Hans Eberbach and the Defense of France, 1944, op. cit.*, p. 72.
70. Bob Carruthers, *op. cit.*, p. 349.
71. Mark Reardon, *op. cit.*, p. 202.
72. Didier Lodieu, *Mourir pour Saint-Lô, op. cit.*, p. 58.
73. Bob Carruthers, *op. cit.*, p. 348.
74. Ian Daglish, *Operation Goodwood, op. cit.*, p. 79 et 207.
75. *Ibid.*, p. 79 et 208.
76. Samuel Mitcham, *Panzers in Normandy, General Hans Eberbach and the Defense of France, 1944, op. cit.*, p. 73.

Notes du chapitre XIV, p. 267.

1. Niklas Zetterling, *op. cit.*, p. 240.
2. Mark Reardon, *op. cit.*, p. 88.
3. Richard Hargreaves, *op. cit.*, p. 122-123.
4. Mark Reardon, *op. cit.*, p. 199.
5. Russell Weigley, *op. cit.*, p. 197.
6. Mark Reardon, *op. cit.*, p. 169.
7. *Ibid.*, p. 219.
8. Martin Pöppel, *op. cit.*, p. 217.
9. *Ibid.*, p. 220.
10. Georges Bernage, *Cobra, la bataille décisive, Normandie 44*, Heimdal, 1984, p. 41-42.
11. Antony Beevor, *op. cit.*, p. 270.
12. Paul Carell, *op. cit.*, p. 299-300.
13. Didier Lodieu, *Mourir pour Saint-Lô, op. cit.*, p. 60.
14. Franz Kurowski, *Elite Panzer Strike Force, German Panzer-Lehr Division in World War II, op. cit.*, p. 97.
15. Niklas Zetterling, *op. cit.*, p. 390.
16. Carlo d'Este, *op. cit.*, p. 326-327.
17. Frédérick Jeanne, « Carpiquet juillet 1944 », *Historica* n° 64, p. 11.
18. *Ibid.*, p. 19.
19. Anthony Beevor, *op. cit.*, p. 291.
20. Jean-Pierre Benamou, *op. cit.*, p. 190 et 199.
21. *Ibid.*, p. 188.
22. *Ibid.*, p. 244-245.
23. *Ibid.*, p. 248.
24. Anthony Beevor, *op. cit.*, p. 296.
25. *Ibid.*, p. 297.
26. Jean-Pierre Benamou, *op. cit.*, p. 203.
27. Yves Buffetaut, « La bataille de Normandie, 1. La cote 112 », *Militaria Magazine*, hors-série n° 58, p. 46.
28. *Ibid.*, p. 52-53.
29. *Ibid.*, p. 54-56.
30. Richard Hargreaves, *op. cit.*, p. 120-121.
31. *Ibid.*, p. 122.

32. Mark Reardon, *op. cit.*, p. 129.
33. *Ibid.,* p. 165.
34. Vince Milano et Bruce Conner, *op. cit.*, p. 210.
35. Mark Reardon, *op. cit.*, p. 175-716.
36. Vince Milano et Bruce Conner, *op. cit.*, p. 224.
37. Didier Lodieu, *Mourir pour Saint-Lô, op. cit.*, p. 51.
38. Albert Pipet, *op. cit.*, p. 88 ; Didier Lodieu, *Mourir pour Saint-Lô, op. cit.*, p. 107.
39. Didier Lodieu, *Mourir pour Saint-Lô, op. cit.*, p. 104-105.
40. *Ibid.*, p. 146.
41. *Ibid.*, p. 130 et 137-139.
42. Vince Milano et Bruce Conner, *op. cit.*, p. 228 et 231.
43. Claude Paris, *op. cit.*, p. 196.
44. Albert Pipet, *op. cit.*, p. 81-82 ; Didier Lodieu, *Mourir pour Saint-Lô, op. cit.*, p. 85-87.
45. Didier Lodieu, *Mourir pour Saint-Lô, op. cit.*, p. 92.
46. *Ibid.*, p. 89-103.
47. Claude Paris, *op. cit.*, p. 264.
48. Mark Reardon, *op. cit.*, p. 195 et 202.
49. Vince Milano et Bruce Conner, *op. cit.*, p. 239.
50. Didier Lodieu, *Mourir pour Saint-Lô, op. cit.*, p. 162-163.
51. Vince Milano et Bruce Conner, *op. cit.*, p. 245.
52. Paul Carell, *op. cit.*, p. 307.
53. Russell Weigley, *op. cit.*, p. 209-210.
54. Erwin Rommel, *op. cit.*, p. 437-438.
55. Niklas Zetterling, *op. cit.*, p. 253.
56. Georges Bernage, *Goodwood, Bombardement géant brise-Panzers,* Heimdal, 1994, p. 24.
57. Russell Hart, *op. cit.*, p. 384.
58. Ian Daglish, *Operation Goodwood, op. cit.*, p. 16 et 36.
59. Yves Buffetaut, « Opération Goodwood », *Militaria Magazine*, hors-série n° 26, p. 24.
60. Jean-Pierre Benamou, *op. cit.*, p. 159.
61. Yves Buffetaut, « Opération Goodwood », art. cité, p. 28-29.
62. Georges Bernage, *Goodwood, Bombardement géant brise-Panzers, op. cit.*, p. 35-36.
63. Yves Buffetaut, « Opération Goodwood », art. cité, p. 41 ; John Keegan, *Six Armies in Normandy*, Jonathan Cape Ltd, 1982.

64. Ian Daglish, *Operation Goodwood, op. cit.*, p. 64-65.

65. *Ibid.*, p. 61.

66. Georges Bernage, *Goodwood, Bombardement géant brise-Panzers, op. cit.*, p. 45.

67. *Ibid.*, p. 45-48.

68. Ian Daglish, *Operation Goodwood, op. cit.*, p. 87.

69. Hans von Luck, *Panzer Commander, The Memoirs of Colonel Hans von Luck*, A Dell Books, p. 196 ; Ian Daglish, *Operation Goodwood*, Pen & Sword, 2005, p. 91-98.

70. Georges Bernage, *Goodwood, Bombardement géant brise-Panzers*, Heimdal, 1994, p. 65.

71. Jean-Pierre Benamou, *Album Mémorial : Bataille de Caen*, Heimdal, 1988, p. 347-349.

72. Carlo d'Este, *Histoire du Débarquement*, Perrin, 2013, p. 387.

73. Georges Bernage, *Goodwood, Bombardement géant brise-Panzers*, Heimdal, 1994, p. 79.

74. Voir à ce sujet Peter Hoffmann, *Stauffenberg, Une histoire de famille, 1905-1944*, traduit de l'anglais par Anne-Hélène Kerbiriou, Laval, Les Presses de l'Université, Laval, 2010.

75. Hans von Luck, *op. cit.*, p. 201-202.

76. Paul Carell, *op. cit.*, p. 317.

77. Didier Lodieu, *L'Odyssée du bataillon de Panther de la 116. Panzer-Division en Normandie, juillet-août 1944*, Histoire & Collections, 2012, p. 10.

78. Antony Beevor, *op. cit.*, p. 367 et 384.

79. Walter Warlimont, *op. cit.*, p. 259-260.

80. Richard Hargreaves, *op. cit.*, p. 156.

81. Martin Pöppel, *op. cit.*, p. 221.

82. Ian Kershaw, *Hitler, 1936-1945*, Nemesis, Penguin Books, 2001, p. 699.

Notes du chapitre XV, p. 307.

1. Mark Reardon, *op. cit.*, p. 230-231.

2. Yves Buffetaut, « Opération Cobra », art. cité, p. 93.

3. *Ibid.*, p. 95.

4. Russell Hart, *op. cit.*, p. 386 ; Niklas Zetterling, *op. cit.*, p. 325, 367 et 390.

5. Russell Hart, *op. cit.*, p. 389-390 et 403.
6. Richard Hargreaves, *op. cit.*, p. 164.
7. *Ibid.*, p. 166-167.
8. Yves Buffetaut, « Opération Cobra », art. cité, p. 105.
9. Richard Hargreaves, *op. cit.*, p. 167.
10. Niklas Zetterling, *op. cit.*, p. 388.
11. Georges Bernage et *alii*, *Le Couloir de la mort, Falaise-Argentan 1944*, Heimdal, p. 35.
12. Antony Beevor, *op. cit.*, p. 378.
13. Russell Hart, *op. cit.*, p. 390.
14. David Isby, *op. cit.*, p. 44.
15. Mark Reardon, *op. cit.*, p. 237.
16. Richard Hargreaves, *op. cit.*, p. 170.
17. Yves Buffetaut, « Opération Cobra », art. cité, p. 154-156 ; Laurent Mari, « Opération Cobra-la percée américaine », in Georges Bernage *et alii, Album mémorial : Bataille de Normandie*, Heimdal, 1994, p. 328.
18. Yves Buffetaut, « Opération Cobra », art. cité, p. 156.
19. David Isby, *Fighting the Breakout, The German Army in Normandy from Cobra to the Falaise Gap,* Greenhill Books, 2004, p. 98.
20. Richard Hargreaves, *op. cit.*, p. 171.
21. Antony Beevor, *op. cit.*, p. 387.
22. Didier Lodieu, *L'Odyssée du bataillon de Panther…*, *op. cit*, p. 16.
23. Russell Weigley, *op. cit.*, p. 246-247.
24. Carlo d'Este, *op. cit.*, p. 407.
25. David Isby, *Fighting the Breakout, The German Army in Normandy from Cobra to the Falaise Gap, op. cit.*, p. 103.
26. Richard Hargreaves, *op. cit.*, p. 184.
27. Eddy Florentin, *op. cit.*, p. 51.
28. Georges Bernage, « Opération Bluecoat », in Georges Bernage *et alii, Album Mémorial : Bataille de Normandie*, *op. cit.*, p. 401.
29. *Ibid.*, p. 400-401.
30. David Isby, *Fighting the Breakout, The German Army in Normandy from Cobra to the Falaise Gap, op. cit.*, p. 165.
31. Russell Hart, *op. cit.*, p. 367.
32. David Isby, *Fighting the Breakout, The German Army in Normandy from Cobra to the Falaise Gap, op. cit.*, p. 167.

33. Russell Hart, *op. cit.*, p. 367.
34. Didier Lodieu, *La Massue, Les soldats polonais dans la bataille de Normandie*, Ysec Editions, 2004, p. 9.
35. Eddy Florentin, *op. cit.*, p. 77-78.
36. Didier Lodieu, *La Massue, Les soldats polonais dans la bataille de Normandie*, *op. cit.*, p. 26.
37. Richard Hargreaves, *op. cit.*, p. 192.
38. Didier Lodieu, *La Massue, Les soldats polonais dans la bataille de Normandie*, *op. cit.*, p. 18 ; Niklas Zetterling, *op. cit.*, p. 237-238.
39. Didier Lodieu, *La Massue, Les soldats polonais dans la bataille de Normandie*, *op. cit.*, p. 73.
40. Joachim Ludewig, *Rückzug, The German reteat from France, 1944,* The University Press of Kentucky, 2012, p. 34-39.
41. David Isby, *Fighting the Breakout, The German Army in Normandy from Cobra to the Falaise Gap, op. cit.*, p. 74.
42. Russell Weigley, *op. cit.*, p. 280 ; Russell Hart, *op. cit.*, p. 404 ; Carlo d'Este, *op. cit.*, p. 422.
43. Russell Hart, *op. cit.*, p. 404.
44. Eddy Florentin, *op. cit.*, p. 44.
45. *Ibid.,* p. 52.
46. Richard Hargreaves, *op. cit.*, p. 179.
47. *Ibid.*, p. 178.
48. Eddy Florentin, *op. cit.*, p. 88.
49. Georges Bernage *et alii*, *Le Couloir de la mort*, *op. cit.*, p. 46.
50. David Isby, *Fighting the Breakout, The German Army in Normandy from Cobra to the Falaise Gap, op. cit.*, p. 78-79.
51. Richard Hargreaves, *op. cit.*, p. 185-186.
52. Samuel Mitcham, *Panzers in Normandy, General Hans Eberbach and the Defense of France, 1944,* Stackpole Books, 2009, p. 146.
53. David Isby, *Fighting the Breakout, The German Army in Normandy from Cobra to the Falaise Gap, op. cit.*, p. 82.
54. Eddy Florentin, *op. cit.*, p. 109.
55. *Ibid.*, p. 138.
56. Georges Bernage, « Normandie : août 1944, Franchir la Seine », hors-série 39/45, *Magazine* n° 4, p. 34.
57. Didier Lodieu, *D'Argentan à la Seine, le bataillon de Panther de la 9. Pz. Div. face au XVe Corps Américain*, Ysec Éditions, 2003, p. 44-63.
58. Franz Kurowski, *op. cit.*, p. 121-122.

59. Georges Bernage, *Le Couloir de la mort*, *op. cit.*, p. 48-49 ; Didier Lodieu, *L'Odyssée du bataillon de Panther*..., p. 54.

60. Samuel Mitcham, *Panzers in Normandy, General Hans Eberbach and the Defense of France, 1944, op. cit.*, p. 150.

61. Eddy Florentin, *op. cit.*, p. 167-168 et 366.

62. *Ibid.*, p. 157-158.

63. Samuel Mitcham, *Panzers in Normandy, General Hans Eberbach and the Defense of France, 1944, op. cit.*, p. 147-148.

64. Georges Bernage, *Le Couloir de la mort*, *op. cit.*, p. 50.

65. Richard Hargreaves, *op. cit.*, p. 198.

66. Joachim Ludewig, *op. cit.*, p. 82.

67. Eddy Florentin, *op. cit.*, p. 171-173 et 177-178.

68. Milton Shulman, *op. cit.*, p. 187-190.

69. Georges Bernage, *Le Couloir de la mort*, *op. cit.*, p. 77-78.

70. Yves Buffetaut, « Normandie 1944, 2. L'été des Anglo-Canadiens », *Militaria Magazine*, hors-série n° 65, p. 73.

71. Russell Hart, *op. cit.*, p. 369.

72. Samuel Mitcham, *Panzers in Normandy, General Hans Eberbach...*, *op. cit.*, p. 154-156.

73. Didier Lodieu, *Objectif : Chambois*, Ysec Éditions, 2003, p. 5-18 ; Didier Lodieu, *D'Argentan à la Seine*..., *op. cit.*, p. 154-160 ; Didier Lodieu, *L'Odyssée du bataillon de Panther*..., *op. cit.*, p. 67.

74. Samuel Mitcham, *Panzers in Normandy, General Hans Eberbach...*, *op. cit.*, p. 159-160.

75. Didier Lodieu, *Combats sur la Seine,* Ysec Éditions, 2007, p. 69-72.

76. Yves Buffetaut, « Franchir la Seine », hors-série, *Militaria Magazine* n° 78, p. 30.

77. David Isby, *Fighting the Breakout, The German Army in Normandy*..., *op. cit.*, p. 220.

78. Didier Lodieu, *Combats sur la Seine, op. cit.*, p. 97.

79. *Ibid.*, p. 109.

80. Yves Buffetaut, « Franchir la Seine », art. cité, p. 58.

Notes du chapitre XVI, p. 343.

1. Milton Shulman, *op. cit.*, p. 196.
2. *Ibid.*, p. 192-193.
3. Eddy Florentin, *op. cit.*, p. 188.

4. Milton Shulman, *op. cit.*, p. 196.
5. Didier Lodieu, *Objectif : Chambois !, op. cit.*, p. 58.
6. Eddy Florentin, *op. cit.*, p. 290.
7. Didier Lodieu, *D'Argentan à la Seine…*, *op. cit.*, 2003, p. 193.
8. Jean-Claude Perrigault, *La Panzer-Lehr,* Heimdal, 1995, p. 312.
9. Milton Shulman, *op. cit.*, p. 196.
10. Eddy Florentin, *op. cit.*, p. 270.
11. Samuel Mitcham, *Panzers in Normandy, General Hans Eberbach…*, *op. cit.*, p. 152.
12. Eddy Florentin, *op. cit.*, p. 257.
13. Didier Lodieu, *D'Argentan à la Seine…*, *op. cit.*, p. 162.
14. David Isby, *Fighting the Breakout, The German Army in Normandy…*, *op. cit.*, p. 218.
15. Eddy Florentin, *Opération Paddle,* Perrin, 2006 [1993], p. 460.
16. *Ibid.*, p. 485.
17. Georges Bernage, « Normandie : août 1944, Franchir la Seine », art. cité, p. 36-37.
18. Eddy Florentin, *op. cit.*, p. 286.
19. *Ibid.*, p. 293.
20. David Isby, *Fighting the Breakout, The German Army in Normandy…*, *op. cit.*, p. 217.
21. Frédéric Deprun, « L'enfer de Saint-Lambert-sur-Dives (1) », *Normandie 44 Magazine* n° 5, p. 74.
22. Didier Lodieu, *La Massue…*, *op. cit.*, p. 164.
23. Georges Bernage *et alii*, *Le Couloir de la mort*, *op. cit.*, p. 82-83, p. 111 et 143 ; Didier Lodieu, *La Massue…*, *op. cit.*, p. 173.
24. Didier Lodieu, *La Massue…*, *op. cit.*, p. 223.
25. Eddy Florentin, *op. cit.*, p. 296.
26. Didier Lodieu, *D'Argentan à la Seine…*, *op. cit.*, p. 211-213.
27. Milton Shulman, *La Défaite allemande à l'Ouest,* Paris, Payot, 1948, p. 194.
28. Eddy Florentin, *Stalingrad en Normandie*, *op. cit.*, p. 309.
29. *Ibid.*, p. 313-314.
30. Didier Lodieu, *La Massue…*, *op. cit.*, p. 206-212.
31. *Ibid.*, p. 249.
32. Georges Bernage, *Le Couloir de la mort*, *op. cit.*, p. 136.
33. Didier Lodieu, *D'Argentan à la Seine…*, *op. cit.*, p. 173-175.

34. Jean-Paul Pallud, *Rückmarsch, the German retreat from Normandy, Then and Now,* After the Battle, 2006, p. 89.
35. Yves Buffetaut, « Franchir la Seine », art. cité, p. 87.
36. Eddy Florentin, *Der Rückmarsch,* Presses de la Cité, 1974, p. 78.
37. Mark Reardon, *op. cit.*, p. 282.
38. David Isby, *Fighting the Breakout, The German Army in Normandy…*, *op. cit.*, p. 222.
39. Eddy Florentin, *op. cit.*, p. 357.
40. Georges Bernage, *Le Couloir de la mort*, *op. cit.*, p. 147.
41. George Patton, *Carnets Secrets*, présentés par Martin Blumenson, Paris, Plon, 1975, p. 330.
42. Jean-Paul Pallud, *op. cit.*, p. 149-150.
43. Eddy Florentin, *Der Rückmarsch, op. cit.*, p. 46-47.
44. David Isby, *Fighting the Breakout, The German Army in Normandy…*, *op. cit.,* p. 225.
45. Didier Lodieu, *L'Odyssée du bataillon de Panther…*, *op. cit.*, p. 105.
46. Eddy Florentin, *Der Rückmarsch, op. cit.*, p. 290.
47. Ronald McNair, « La Retraite allemande », in Georges Bernage *et alii, Album Mémorial : Bataille de Normandie*, *op. cit.*, p. 486.
48. Didier Lodieu, *L'Odyssée du bataillon de Panther…*, *op. cit.*, p. 98.
49. Eddy Florentin, *Der Rückmarsch, op. cit.*, p. 277.
50. Jean-Paul Pallud, *Der Rückmarsch, op. cit.*, p. 165.
51. Didier Lodieu, *Combats sur la Seine, op. cit.*, p. 104 et 156-157.
52. Jean-Paul Pallud, *Der Rückmarsch, op. cit.*, p. 212.
53. Ronald McNair, *op. cit.*, p. 486.
54. Eddy Florentin, *Der Rückmarsch, op. cit.*, p. 290 et 494.
55. Anthony Beevor, *op. cit.*, p. 535-536.
56. Didier Lodieu, *D'Argentan à la Seine…*, *op. cit.*, p. 234.
57. Eddy Florentin, *Der Rückmarsch, op. cit.*, p. 459-463.
58. Mark Reardon, *op. cit.*, p. 255.
59. Yves Buffetaut, « Franchir la Seine », art. cité, p. 76.
60. Didier Lodieu, *L'Odyssée du bataillon de Panther…*, *op. cit.*, p. 110-111.
61. *Ibid.*, p. 123.
62. Eddy Florentin, *Der Rückmarsch, op. cit.*, p. 493.
63. Jean-Paul Pallud, *Der Rückmarsch, op. cit.*, p. 174.
64. Didier Lodieu, *D'Argentan à la Seine…*, *op. cit.*, p. 239.

65. Jean-Paul Pallud, *Der Rückmarsch..., op. cit.*, p. 120.
66. *Ibid.*, p. 187.
67. Mark Reardon, *op. cit.*, p. 258.

Notes du chapitre XVII, p. 369.

1. Eddy Florentin, *op. cit.*, p. 371.
2. Erwin Rommel, *op. cit.*, p. 417.
3. Richard Hargreaves, *op. cit.*, p. 244.
4. Benoît Rondeau, « Le second front ouvert en 1944 : un mythe ? », in *2e Guerre mondiale Magazine* n° 44, 2012, p. 50-63.

ANNEXES

Annexe I

PRINCIPAUX OFFICIERS SUPÉRIEURS ALLEMANDS DES FORCES TERRESTRES SUR LE FRONT DE L'INVASION

OB West (*Oberbehfelshaber West,* haut commandement allemand à l'Ouest) : Rundstedt ; Kluge ; Model.

Groupe d'armées B (*Heeresgruppe B*) : Rommel ; Kluge ; Model.

7e armée : Dollmann ; Hausser.

Groupe de panzers Ouest puis 5e armée de Panzer (Panzergruppe West ; 5e Panzerarmee) : Geyr von Schweppenburg ; Eberbach.

1er corps SS de Panzer (I. SS Panzerkorps) : Dietrich.

2e corps SS de Panzer (II. SS Panzerkorps) : Hausser ; Bittrich.

2e corps de parachutistes (II. Fallschirmkorps) : Meindl.

47e corps de Panzer (XLVII. Panzerkorps) : Funck.

58^{e} corps de Panzer (LVIII. Panzerkorps) : Krüger.

84^{e} corps (LXXXIV. Korps) : Marcks ; Choltitz ; Elfeldt.

86^{e} corps (LXXXVI. Korps) : Obstfelder.

81^{e} corps (LXXXI. Korps) : Kuntzen.

74^{e} corps (LXXIV. Korps) : Straube.

3^{e} division de parachutistes (3. FJD) : Schimpf.

272^{e} division d'infanterie (272. ID) : Schaft.

5^{e} division de parachutistes (5. FJD) : Wilke.

275^{e} division d'infanterie (275. ID) : Schmidt.

6^{e} division de parachutistes (6. FJD) : Heyking.

276ᵉ division d'infanterie (276. ID) : Badinski.
16ᵉ division de campagne de la Luftwaffe (16. LFD) : Sievers.
277ᵉ division d'infanterie (277. ID) : Praum ; Viebig.
17ᵉ division de campagne de la Luftwaffe (17. LFD) : Höcker.
326ᵉ division d'infanterie (326. ID) : Drabisch-Waetcher.
49ᵉ division d'infanteire (49. ID) : Macholz.
331ᵉ division d'infanterie (331. ID) : Steinmüller.
77ᵉ division d'infanterie (77. ID) : Stegmann ; Bacherer.
344ᵉ division d'infanterie (344. ID) : Schwalbe.
84ᵉ division d'infanterie (84 ID) : Menny.
346ᵉ division d'infanterie (346. ID) : Diestel.
85ᵉ division d'infanterie (85. ID) : Chill.
352ᵉ division d'infanterie (352. ID) : Kraiss.
89ᵉ division d'infanterie (89. ID) : Heinrichs.
353ᵉ division d'infanterie (353. ID) : Mahlmann.
91ᵉ division d'infanterie (91. Luftlande-D) : Falley ; Koenig.
363ᵉ division d'infanterie (363. ID) : Dettling.
243ᵉ division d'infanterie (243. ID) : Hellmich ; Klosterkemper.
708ᵉ division d'infanterie (708. ID) : Arndt.
265ᵉ division d'infanterie (265. ID) : Düvert.
709ᵉ division d'infanterie (709. ID) : Schlieben.
266ᵉ division d'infanterie (266. ID) : Spang.
711ᵉ division d'infanterie (711. ID) : Reichert.
271ᵉ division d'infanterie (271. ID) : Danhauser.
716ᵉ division d'infanterie (716. ID) : Richter.

Panzer Lehr : Bayerlein.
2ᵉ division de Panzer (2. PZD) : Lüttwitz.
9ᵉ division de Panzer (9. PZD) : Jolasse.
21ᵉ division de Panzer (21. PZD) : Feuchtinger.
116ᵉ division de Panzer (116. PZD) : Schwerin ; Rheinard.
1ʳᵉ division SS de Panzer (1. SS PZD) « Leibstandarte Adolf Hitler » : Wisch.
2ᵉ division SS de Panzer (2. SS PZD) « Das Reich » : Lammerding.
9ᵉ division SS de Panzer (9. SS PZD) « Hohenstaufen » : Bittrich ; Müller.
10ᵉ division SS de Panzer (10. SS PZD) « Frunsberg » : Harmel.

12e division de Panzer (12. SS PZD) « Hitlerjugend » : Witt ; Meyer.

17e division de Panzer (17. SS PZGD) « Götz von Berlichingen » : Ostendorff ; Baum.

Annexe II

EFFECTIFS EN HOMMES ENGAGÉS DANS LA BATAILLE DE NORMANDIE

1er juin : 1 400 000 soldats allemands en France, en Belgique et aux Pays-Bas.

Heer : 806 000 ; Luftwaffe : 326 000 ; Kriegsmarine : 96 000 ; Waffen SS et police : 85 000 ; volontaires étrangers : 61 000 ; alliés : 13 000 ; forces armées auxiliaires : 145 600.

880 000 soldats allemands dans les forces terrestres (y compris Luftwaffe et Waffen SS) en France, en Belgique et aux Pays-Bas, dont 680 000 au sein des divisions et 58 047 dans des unités non divisionnaires (bataillons, régiments ou brigades indépendants).

6 juin-25 juillet : 410 000 hommes ont été envoyés en Normandie au sein des divisions, soit peut-être 490 000 avec les troupes des services et les hommes envoyés comme remplaçants.

6 juin-22 août : pas plus de 640 000 Allemands ont combattu en Normandie ou en soutien des opérations qui y ont été menées.

5 juillet : 380 000 Allemands en ligne (face à 1 450 000 Alliés).

10 août : 540 000 hommes en Normandie selon Hans Stöber.

6 juin : 3 000 000 d'hommes au Royaume-Uni dans les forces armées impliquées dans Overlord.

19 juin : 557 000 soldats alliés sont en Normandie.

3 juillet : 929 000 hommes (avec 177 000 véhicules et 586 000 tonnes de matériel).

25 juillet : 1 450 000 hommes.

Annexe III

EFFECTIFS EN BLINDÉS ENGAGÉS DANS LA BATAILLE DE NORMANDIE

L'OKW annonce 1 562 Panzer et Sturgeschütze opérationnels à l'Ouest et 249 en atelier.

12 Tiger II
126 Tiger I
655 Panther
897 Panzer IV
30 Panzer III
453 canons d'assaut III et IV
18-28 Sturmpanzer IV « Brumbär »
80 Marder (environ)
114 Jagdpanzer IV
25 Jagdpanther
soit 2 420 Panzer engagés en Normandie

363 Panzer et canons d'assaut d'unités non divisionnaires combattent en Normandie, sans compter les chars obsolètes (d'origine française) des 206e bataillon de Panzer (Pz Abt. 206) et 100e bataillon de Panzer de remplacement et d'instruction (Pz Ersatz und Ausbildung Abt. 100).

15 juin : 590 Panzer et canons d'assaut en Normandie
30 juin : 865
10 juillet : 800 (soit la moitié des Panzer envoyés sur le front)
20 juillet : 750

25 juillet 1944

2 250 tanks britanniques (plus de 3 000 débarqués, y compris chars de DCA et de commandement).

2 287 tanks et chasseurs de chars (Tanks Destroyers) américains (plus de 3 000 débarqués, y compris chars de DCA et de commandement).

Blindés arrivés en renfort sur le front de l'Invasion du 25 juillet à la fin août : 2 000 blindés alliés, 450 blindés allemands.

12 août 1944

plus de 8 400 chars alliés sont arrivés en Normandie depuis le 6 juin (sans compter engins de remplacement).

plus de 2 500 blindés allemands leur ont été opposés (plus de la moitié perdus ou en ateliers).

Août 44

en théorie 3 800 blindés américains : 2 100 Sherman, 1 000 Stuart et 700 chasseurs de chars (Tanks-Destroyers) pour 7 divisions blindées (Armored Divisions), 15 bataillons de chars indépendants et 20 bataillons de chasseurs de chars (Tanks-Destroyers).

en théorie 4 000 blindés britanniques sans compter les chasseurs de chars.

Répartition des Panzer en Normandie

15 juin : 520 Panzer face aux Britanniques et 70 face aux Américains

30 juin : 725 Panzer face aux Britanniques et 140 face aux Américains

25 juillet : 645 Panzer face aux Britanniques et 190 face aux Américains

9 juillet : 498 engins antichars perdus définitivement (15 Tiger I, 85 Panther, 149 Panzer IV, 5 chars de commandement, 32 canons d'assaut, 40-50 chars français obsolètes, 27 Pak de 88 mm et 135 Pak de 75 mm automoteurs ou tractés).

27 juillet : l'OB West annonce 483 pertes en blindés (23 Tiger, 131 Panther, 224 Panzer IV, 60 canons d'assaut et 45 chasseurs de chars).

31 juillet : l'OKW annonce 481 blindés définitivement perdus et 450 en atelier.

Panzer abandonnés : 45 à Mortain, 320 dans la poche de Falaise, 150 entre la poche de Falaise et la Seine.

1er juin-31 août : la Wehrmacht perd 4 050 Panzer et canons d'assaut sur tous les fronts (respectivement 2 366 et 1 684), pour moitié en Normandie (le reste à l'Est mais aussi en Italie).

Début septembre 1944 : les 10 divisions de Panzer et de panzergrenadiers engagées en Normandie alignent 208 Panzer opérationnels.

Revendications allemandes

624 tanks et 33 canons détruits ou capturés par la 7e armée du 6 au 15 juin.

1 705 tanks détruits et 293 avions abattus du 6 juin au 16 juillet.

3 663 chars alliés détruits du 6 juin au 21 août, soit : 1 059 du 6 juin au 3 juillet (38 par jour), 1 300 du 4 juillet au 30 juillet (soit 48 par jour) et 1 304 du 31 juillet au 21 août (soit 59 par jour).

Chars définitivement détruits, selon les Alliés, en juin, juillet et août :

899 Sherman américains et 1 211 tanks britanniques.

Du 6 juin au 20 juillet : les Britanniques perdent 609 tanks détruits et 667 endommagés et réparables.

Annexe IV

PERTES TOTALES DE LA CAMPAGNE

Pertes terrestres alliées : 209 672 hommes (125 847 Américains et 83 825 Britanniques), dont 36 976 tués. Les Alliés ont en outre perdu 16 714 aviateurs tués ou disparus au cours de la bataille.

L'OB West annonce 288 685 pertes au 31 août (y compris les hommes perdus dans le Sud, en Bretagne et au cours de la retraite vers l'est) :

Juin : 4 975 tués, 14 631 blessés, 15 848 disparus.
Juillet : 10 839 tués, 38 624 blessés, 55 135 disparus.
Août : 7 205 tués, 13 605 blessés, 127 633 disparus.
Total : 23 019 tués, 67 060 blessés, 198 616 disparus.

Le groupe d'armées B annonce 158 930 pertes au 13 août. Après cette date, 50 000 hommes ont été perdus dans la poche de Falaise et au moins 30 000 en dehors de la poche. Les pertes en Normandie seraient donc d'au moins 240 000 hommes (dont 206 000 au sein des divisions).

Les Alliés ont longtemps revendiqué – notamment dans les mémoires des grands généraux – avoir fait subir des pertes de l'ordre de 450 000 à l'armée allemande en Normandie. De fait, les Allemands auraient perdu 393 689 hommes à l'Ouest, dont 54 747 tués. Mais ces pertes incluent vraisemblablement les pertes subies en août en Bretagne et surtout dans le sud de la France (de l'ordre de 100 000 hommes). En tout état de cause, les Allemands ont perdu 158 000 hommes à la date du 13 août selon le groupe d'armées B. On compte 330 000 Allemands en ligne en Normandie le 19 août. 80 000 de ces derniers sont perdus entre le 19 et le 31 août, période qui inclut les pertes de la poche de Falaise. Cela fait donc un total de 240 000 hommes, ce qui est loin de 400 000 pertes même en rajoutant les hommes perdus entre le 13 et le 19 août et même si certaines unités n'ont pas été comptabilisées par l'OB West et le groupe d'armées B, comme la garnison de Cherbourg par exemple (plus de 13 000 hommes selon un rapport de Hans Speidel, le chef d'état-major de Rommel). L'OB West donne des chiffres un peu différents du groupe d'armées B puisqu'il estime les pertes à l'Ouest (ce qui dépasse donc le cadre de la seule Normandie) à 188 695 hommes, un chiffre probablement incomplet et provisoire et il faut sans doute admettre qu'une partie des pertes du mois d'août se retrouvent dans les pertes de septembre (non incluses ici).

Au total, les divisions engagées contre l'Invasion perdent 200 000 hommes.

25 juin : 43 070 hommes perdus par les Allemands (50 818 pertes alliées au 26 juin).

1er juillet : 62 603 hommes, dont 15 500 à Cherbourg où sont capturés également 6 000 hommes de l'Organisation Todt, 2 900 hommes de la Luftwaffe et 4 100 hommes de la Kriegsmarine.

11 juillet : 85 865 hommes (60 315 pertes américaines au 13 juillet).

16 juillet : 100 000 hommes (entre les deux tiers et les trois quarts face aux Américains).

23 juillet : 116 863 hommes (96 728 pertes alliées au 19 juillet).

13 août : 158 930 hommes (180 000 pertes alliées au 19 août).

Au 25 juillet, au moins 28 000 hommes (peut-être 40 000) ont été perçus en remplacement ou en renfort (en comptant blessés légers, permissionnaires de retour et diverses unités de remplaçants).

6 juin-15 juin : la 7e armée a capturé 4 000 soldats alliés.

19 juin : 13 000 Allemands capturés (sur le front américain).

Cherbourg (18-28 juin) : 39 000 Allemands capturés.

3-8 juillet : 5 500 Allemands capturés (sur le front américain).

Poche de Roncey (28-29 juillet) : 4 000 Allemands capturés.

Poche de Falaise (19-22 août) : 40 000 Allemands capturés.

Bataille de Normandie : 177 000 prisonniers au 21 août selon les Alliés (ce chiffre semble élevé et englobe probablement les Allemands capturés dans le Sud et en Bretagne).

Annexe V

L'AVIATION PENDANT LA BATAILLE DE NORMANDIE

1 726 pertes en appareils : 897 avions de la 9e armée de l'air américaine (9th USAAF) et 829 de la 2e force aérienne tactique britannique (2nd TAF), ce qui n'inclut pas les pertes du Bomber Command, de la 8e armée de l'air américaine (8th USAAF) ni les avions de transport.

4 200 avions perdus et 16 000 hommes d'équipage, total qui inclut vraisemblablement toutes les pertes sur le front Ouest.

Revendications allemandes

6 juin-16 juillet : 293 avions abattus par l'armée

6 juin-30 juillet : 402 avions abattus par l'armée

6 juin- 6 août : 475 avions abattus par l'armée

Du 5 juin au 27 août, les Allemands ont perdu 1 100 avions abattus sur le front de l'Invasion (en Normandie ou sur l'ensemble du front Ouest).

Opération Charnwood (8 juillet) : 2 300 tonnes larguées lors du « carpet bombing »

Opération Goodwood (18 juillet) : 8 000 tonnes

Opération Cobra (25 juillet) : 3 300 tonnes

Opération Tractable (7 août) : 3 500 tonnes

Opération Totalize (14 août) : 3 800 tonnes

Annexe VI

L'ARTILLERIE PENDANT LA BATAILLE DE NORMANDIE

À la veille du Jour J, les Allemands possèdent 3 800 canons de campagne et obusiers. Ces chiffres incluent les batteries en position sur le littoral.

16 juin : Rommel dispose de 629 pièces d'artillerie de campagne de Caumont-L'Éventé à Troarn.

25 juillet : l'artillerie allemande compte 1 672 pièces.

25 août : l'OB West annonce 601 pièces d'artillerie de campagne perdues.

Les pertes dans la seule poche de Falaise se montent en fait à 700 canons et obusiers.

6 juin : les Alliés ont prévu de débarquer 3 000 canons (y compris la DCA et l'artillerie antichars).

25 juillet : 3 240 pièces d'artillerie chez les Alliés, soit 1 520 pièces en service chez les Anglo-Canadiens et 1 720 canons et obusiers d'artillerie chez les Américains.

31 juillet : les Américains ont perdu 83 pièces d'artillerie depuis le 6 juin.

25 juin : 250 pièces d'artillerie pour l'opération Martlet, lancée par le 30th Corps vers Rauray.

26 juin : 800 pièces d'artillerie pour l'opération Epsom, lancée par le 8th Corps vers l'Odon.

7 juillet : 632 pièces pour l'opération Charnwood, lancée sur la rive gauche de Caen.

18 juillet : 760 pièces pour l'opération Goodwood, lancée à l'est de l'Orne.

Si la *Wehrmacht* parvient à fournir environ 500 tonnes de munitions par jour (y compris d'infanterie) l'US Army dépense quotidiennement 1 500 tonnes de munitions, et encore ne s'agit-il là que des munitions d'artillerie.

BIBLIOGRAPHIE

La bibliographie concernant la bataille de Normandie est impressionnante. Le Débarquement, et les deux mois d'affrontement qui ont suivi, constitue probablement le premier sujet de prédilection des historiens et des passionnés de la Seconde Guerre mondiale.

Parallèlement aux souvenirs des principaux acteurs impliqués dans l'immense bataille, forcément quelque peu biaisés et orientés en leur faveur, les récits de témoins oculaires complètent l'information des historiens et des lecteurs. Entaché d'erreurs historiques, *Ils arrivent !* de Paul Carell est certes célèbre mais l'ouvrage pèche par un manque d'objectivité évident et un survol de bien des aspects de la bataille. Le lecteur qui s'intéresse à la bataille de Normandie vécue par l'armée allemande ne peut faire l'économie de la lecture des livres publiés par certaines maisons d'édition françaises spécialisées : Heimdal, Ysec et Histoire & Collections. Les travaux d'historiens tels que Georges Bernage ou Didier Lodieu sont d'un apport précieux. Certains ouvrages en langue étrangère, comme celui de Richard Hargreaves, portent spécifiquement sur la Wehrmacht en Normandie. Enfin, certains livres, indispensables, fournissent des données directement issues des archives militaires allemandes : le journal de guerre de la 7e armée (*Defending Fortress Europe* de Mark Reardon), les rapports hebdomadaires du groupe d'armées B (*Army of the West* de James Wood) ou encore des données chiffrées concernant toutes les unités allemandes engagées en Normandie (*Normandy 1944* de Niklas Zetterling). *Clash of Arms* de Russell Hart s'appuie également sur de nombreuses sources allemandes. La bibliographie qui suit ne se veut pas exhaustive mais reflète uniquement les travaux lus ou consultés par l'auteur dans sa préparation du présent ouvrage.

Ouvrages

BARTOV Omer, *L'Armée d'Hitler,* Le Grand Livre du Mois, 1999.
BEEVOR Antony, *D-Day et la bataille de Normandie*, Calmann-Lévy, 2009.
BENAMOU Jean-Pierre, *Album mémorial : Bataille de Caen,* Heimdal, 1988.
BERNAGE Georges et CADEL Georges, *Cobra, la bataille décisive, Normandie 1944*, Heimdal, 1984.
BERNAGE Georges et FRANÇOIS Dominique, *Utah Beach, Sainte-Mère-Église*, Heimdal, 2004.
BERNAGE Georges, *Objectif Carentan,* Heimdal, 2010.
– *Goodwood, Bombardement géant brise-Panzers,* Heimdal, 1994.
BERNAGE Georges *et alii, Objectif Sainte-Mère-Église,* Heimdal, 1993.
– *Le Couloir de la mort, Falaise-Argentan 1944*, Heimdal, 2007.
– *Album mémorial : Overlord, Jour J en Normandie*, Heimdal, 1993.
– *Album mémorial : Bataille de Normandie*, Heimdal, 1994.
BUCKLEY John *et alii*, *The Normandy Campaign 1944, Sixty Years On*, John Buckley, 2006.
BUFFETAUT Yves, *Chars et blindés de la bataille de Normandie, 6 juin 1944*, tome 1, Ysec Éditions, 2009.
CARELL Paul, *Ils arrivent !*, Robert Laffont, 1961 ; Tallandier, « Texto », 2011.
CARRUTHERS Bob, *The German Army in Normandy*, Coda Boobs Ltd, 2012.
CHAZETTE Alain, *Atlantikwall : le mur de l'Atlantique en France, 1940-1944*, Heimdal, 1995.
CLARK Lloyd, *Battle Zone Normandy, Orne Bridgehead,* Sutton Publishing Ltd, 2004.
COPP Terry, *Fields of Fire, The Canadians in Normandy,* University of Toronto Press, 2003.
DAGLISH Ian, *Operation Bluecoat*, Leo Cooper, 2003.
– *Operation Epsom*, Pen & Sword, 2007.
– *Operation Goodwood*, Pen & Sword, 2005.

DE LAUNNAY J. ET DE SCHUTTER J., *Arromanches 44, Le Débarquement de Normandie*, Édition J.-M. Collet, 1979.
D'ESTE Carlo, *Histoire du Débarquement,* Perrin, 2013.
EISENHOWER Dwight D., *Croisade en Europe,* traduit de l'anglais par Paule de Beaumont, Paris, Robert Laffont, 1949.
FLORENTIN Eddy, *Stalingrad en Normandie*, Presses de la Cité, 1965.
– *Der Rückmarsch,* Presses de la Cité, 1974.
– *Opération Paddle,* Perrin, 2006 [1993].
FOWLER Will, *Pegasus Bridge*, Raid n° 11, Osprey Publishing, 2010.
FRAPPE Jean-Bernard, *La Luftwaffe face au débarquement allié*, Heimdal, 1999.
FÜRBRINGER Herbert, *9. SS Panzer-Division*, Heimdal, 1984.
GRIESSER Volker, *Les Lions de Carentan,* Heimdal, 2006.
GUARD Julie (sous la direction de), *Airborne, World War II Paratroopers in Combat*, Osprey Publishing, 2007.
HARGREAVES Richard, *The Germans in Normandy,* Stackpole Books, 2006.
HARRISON Gordon, *Cross Channel Attack, The Official US Army History of the Operation Overlord D-Day Invasion of Normandy*, Red and Black Publishers, 2013.
HART Russell A., *Clash of Arm., How the Allies won in Normandy,* University of Oklahoma Press, 2004.
HART Stephen, *Colossal Cracks, Montgomery's 21st Army Group in Northwest Europe, 1944-45*, Stackpole Books, 2007.
HASTINGS Max, *Overlord,* Michael Joseph Ltd, 1984.
HENNING Otto, *Als Panzer und Spähtruppführer in der Panzer-Lehr Division, 1943-1945*, Fleschig Verlag, 2006.
HOFFMANN Peter, *Stauffenberg, Une histoire de famille, 1905-1944*, traduit de l'anglais par Anne-Hélène Kerbiriou, Laval, Les Presses de l'Université, 2010.
ISBY David, *Fighting in Normandy, The German Army from D-Day to Villers-Bocage*, Greenhill Books, 2001.
– *Fighting the Breakout, The German Army in Normandy from Cobra to the Falaise Gap*, Greenhill Books, 2004.
KEEGAN John, *Six Armies in Normandy*, Jonathan Cape Ltd, 1982.
KERSHAW Ian, *Hitler, 1936-1945*, Nemesis, Penguin Books, 2001.
KEUSGEN Konrad von, *Pointe du Hoc*, Heimdal, 2006.

– *Point d'appui WN 62*, Heimdal, 2004.
– *Les Canons de Saint-Marcouf*, Heimdal, 2005.
– *Omaha Beach. La Tragédie du 6 juin 1944*, Heimdal, 2007.
KUROWSKI Franz, *Panzergrenadier Aces,* Stackpole Books, 2010.
– *Elite Panzer Strike Force, German Panzer-Lehr Division in World War II*, Stackpole Books, 2011.
LEFEBVRE Éric, *Les Panzers, Normandie 1944*, Heimdal, 1978.
LELEU Jean-Luc, *10. SS Panzer-Division*, Heimdal, 1999.
– *Falaise 16/17 août 1944 : un mythe revisité*, Ysec, 2007.
LEMAY Benoît, *Erwin Rommel,* Perrin, 2009.
LODIEU Didier, *Mourir pour Saint-Lô,* Histoire & Collection, 2007.
– *Objectif : Chambois !,* Ysec Éditions, 2003.
– *D'Argentan à la Seine, le bataillon de Panther de la 9. Pz. Div. face au XV*e *corps américain*, Ysec Éditions, 2003.
– *Combats sur la Seine*, Ysec Éditions, 2007.
– *La Massue. Les soldats polonais dans la bataille de Normandie*, Ysec Éditions, 2004.
– *L'Odyssée du bataillon de Panther de la 116*e *Panzer-Division en Normandie, juillet-août 1944*, Histoire & Collections, 2012.
– *La 90th US Inf. Div.*, tome 1, *Juin 1944*, Mémorial de Montormel, 2013.
– *La 90th US Inf. Div.*, tome 2, *Juillet 1944*, Mémorial de Montormel, 2013.
LUCAS James et BARKER James, *The Battle of Normandy. The Falaise Gap*, Homes and Meir Publishers, 1978.
LUCK Hans von, *Panzer Commander, The Memoirs of Colonel Hans von Luck*, A Dell Books, 1989.
LUDEWIG Joachim, *Rückzug, the German Retreat from France, 1944*, The University Press of Kentucky, 2012.
MAGDELAINE Yann, *Atlas du Débarquement,* Ouest-France, 2012.
– *Gold Beach,* OREP Éditions, 2012.
MARAID Édouard et PARIS Claude, *6 Juin, le Choc, Allemands et Américains se souviennent des combats*, Ouest-France, 2004.
MARGRY Karel, *Operation Market-Garden, Then and Now,* After the Battle, 2002.
MARIE René, *Villers-Bocage,* Heimdal, 2011.

MASSON Philippe, *Histoire de l'armée allemande, 1939-1945*, Perrin, 1994.

MEYER Hubert et BERNAGE Georges, *12. SS Panzer-Division,* Heimdal, 1991.

MILANO Vince et CONNER Bruce, *Normandiefront, D-Day to Saint-Lô through German Eyes*, 2011.

MITCHAM Samuel, *Panzers in Normandy, General Hans Eberbach and the Defense of France, 1944*, Stackpole Books, 2009.

– *The Desert Fox in Normandy,* Cooper Square Press, 2001 [1997].

MÖLLER Horst et Pierre AYCOBERRY Pierre, *Joseph Goebbels, Journal 1943-1945*, Tallandier, 2005.

NASSE Jean-Yves, *Green Devils ! German Paratroopers 1939-1945*, Histoire & Collections, 1997.

NEITZEL Sönke et WELZER Harald, *Soldaten, On fighting, killing and dying, the secret WWII transcripts of German POWs*, New York, Alfred A. Knopf, 2012.

PALLUD Jean-Paul, *Rückmarsch, the German Retreat from Normandy, Then and Now,* After the Battle, 2006.

PARIS Claude, *Paroles de Braves,* Charles Corlet, 2007.

PATTON George S., *Carnets secrets*, présentés par Martin Blumenson, Paris, Plon, 1975.

PERRIGAULT Jean-Claude, *La Panzer-Lehr,* Heimdal, 1995.

PIPET Albert, *D'Omaha à Saint-Lô, La Bataille des Haies*, Heimdal, 1980.

PÖPPEL Martin, *Heaven and Hell : The War Diary of a German Paratrooper*, The History Press Ltd, 2010.

PRIME Christophe, *Omaha Beach, 6 juin 1944*, Tallandier, 2011.

QUELLIEN Jean, *Les Américains en Normandie,* OREP Editions, 2012.

QUÉTEL Claude (sous la direction de), *Dictionnaire du Débarquement,* Éditions Ouest-France, 2011.

REARDON Mark, *Defending Fortress Europe, The War Diary of the German 7th Army in Normandy, 6 June to 26 July 1944*, The Aberjona Press, 2012.

RIGGE Simon, *War in the Outposts*, Time Life, 1981.

ROMMEL Erwin, *La Guerre sans haine.* Carnets présentés par Basil Liddell-Hart, avant-propos de Manfred Rommel, traduits par Jacques Mordal, Collin Delavaud, Henri Daussy, René Jouan, Paris, Le Livre Contemporain, 1960.

RUGE Friedrich, *Rommel face au Débarquement*, Presses de la Cité, 1960.
RYAN Cornelius, *Le Jour le plus long*, Robert Laffont, 1960.
SHULMAN Milton, *La Défaite allemande à l'Ouest,* Paris, Payot, 1948.
SPEIDEL Hans, *Invasion 44*, J'ai Lu, 1964.
STAFFORD David, *Ten Days to D-Day. Countdown ti the Liberation of Europe*, Abacus, 2004 [Little Brown, 2003].
THOMPSON R.W., *Le Jour J. Ils débarquent,* Marabout, 1970.
WARLIMONT Walter, *Cinq ans au GQG d'Hitler,* Elsevier, Séquoia, 1975.
WEIGLEY Russell, *Eisenhower's Lieutenants, The Campaigns of France and Germany, 1944-1945*, Bloomington, Indiana University Press, 1981.
WOOD James A., *Army of the West, the Weekly Reports of German Army Group B from Normandy to the West Wall,* Stackpole Books, 2007.
ZALOGA Steven, *Rangers Lead the Way,* Raid n° 1, Osprey Publishing, 2009.
ZETTERLING Niklas, *Normandy 44, German Military Organisation, Combat Power and Organizational Effectiveness*, Fedorowicz, 2000.

Articles

BERNAGE Georges, « Normandie : août 1944, La retraite allemande », dans *39/45 Magazine*, hors-série n° 4, 1988.
– « Omaha la sanglante », dans *Historica* n° 69, Heimdal, 2001.
– « La nuit des paras », dans *Historica* n° 70, Heimdal, 2002.
– « Les paras du Jour J », dans *Historica* n° 71, Heimdal, 2002.
– « Débarquement sur Sword, Juno et Gold Beach », dans *Historica* n° 75, Heimdal, 2003.
– « Les Panzers face au Débarquement », dans *Normandie 1944 Magazine*, hors-série n° 6, 2012.
– « La bataille du Cotentin, 9-19 juin 1944 », dans *Normandie 1944 Magazine*, hors-série n° 8, 2013.
– « Normandie 1944, la bataille finale pour Saint-Lô », dans *Historica* n° 69, 2011.
BOUCHERY Jean et DESCHODT Christophe, « Les paras US de Normandie », dans *Militaria Magazine* n° 22/23, 1987.

BUFFETAUT Yves, « Le plan secret de Rommel », dans *Batailles* n° 8, 2005.
– « Opération Goodwood », dans *Militaria Magazine*, hors-série n° 26, 1997.
– « 6 juin 1944, La première vague », dans *Militaria Magazine*, hors-série n° 12, 1993.
– « La bataille du bocage », dans *Militaria Magazine*, hors-série n° 13, 1993.
– « Normandie, la percée (2), opération Cobra », dans *Militaria Magazine*, hors-série n° 29, 1998.
– « La poche de Falaise », dans *Militaria Magazine*, hors-série n° 46, 2002.
– « Omaha la sanglante », dans *Militaria Magazine*, hors-série n° 57, 2005.
– « La bataille de Caen, 1. La cote 112 », dans *Militaria Magazine*, hors-série n° 58, 2005.
– « Normandie 1944, 2. L'été des Anglo-Canadiens », dans *Militaria Magazine*, hors-série n° 65, 2005.
– « 6 juin 1944, La bataille des plages », dans *Militaria Magazine*, hors-série n° 72, 2009.
– « Franchir la Seine », dans *Militaria Magazine*, hors-série n° 78, 2011.
CAZENAVE Stephan et BERNAGE Georges, « Otto Funk, 18 ans, un grenadier en enfer », dans *Normandie 1944 Magazine* n° 1, 2011.
– « Premières patrouilles de reconnaissance de la 12e SS Panzer-division HJ », dans *Normandie 1944 Magazine* n° 3, 2012.
DEPRUN Frédéric, « L'enfer de Saint-Lambert-sur-Dives (1) », dans *Normandie 44 Magazine* n° 5, 2012.
FORTIN Ludovic, « Opération "Martlet" », dans *Batailles & Blindés* n° 31, 2009.
– « La deuxième bataille pour Rauray », dans *Batailles & Blindés* n° 32, 2009.
– « Juin 1944, opération "Epsom" », dans *Batailles et Blindés* n° 30, 2009.
JACQUET Stéphane, « Opération Matador, 7 août 1944 », dans *Normandie 1944 Magazine* n° 4, 2012.

– « 15-16 août 1944 : le XXXe corps britannique traverse le Noireau en force et prend la crête de Berjou », dans *Normandie 1944 Magazine* n° 6, 2013.

JEANNE Frédérick, « Carpiquet juillet 1944 », dans *Historica* n° 64, Heimdal, 2010.

KADARI Yannis, « Dans l'enfer du bocage », dans *Batailles & Blindés* n° 36, 2010.

LODIEU Didier, « Le Fallschirmjäger-Regiment 6 à la veille du Débarquement en Normandie », dans *Batailles* n° 17, 2006.

PERRIGAULT Jean-Claude, « *Leutnant* Höller, vétéran du 192e régiment de panzergrenadiers », dans *Normandie 44 Magazine* n° 1, 2011.

RONDEAU Benoît, « Les divisions d'infanterie dans l'enfer normand », dans *2e Guerre mondiale Magazine* n° 35, 2010.

– « Le bilan de la Wehrmacht en Normandie », dans *Champ de Bataille, Deuxième Guerre mondiale* n° 19, 2012.

– « Le second front ouvert en 1944 : un mythe ? », dans *2e Guerre mondiale Magazine* n° 44, 2012.

STUTIN Pierre, « Tonnerre sur la Wolfschanze », dans *39/45 Magazine* n° 1, 1983.

THERS Alexandre, « Duels dans le bocage », dans *Batailles & Blindés,* hors-série n° 22, 2013.

TIRONE Laurent, « Panzer en Normandie. Le grand gâchis », dans *Trucks & Tanks Magazine* n° 29, 2012.

TROMBETTA Philippe, « Un bilan sur les pertes US du Jour J à Omaha Beach », dans *Normandie 1944 Magazine* n° 1, 2011.

VAN DEN BRINK Denis, « Deux ponts trop loin », dans *Normandie Magazine* n° 2, 2012.

– « Paras US à la Pointe-du-Hoc », dans *Normandie 1944 Magazine* n° 4.

WENKIN Hugues, « Les mécanos de l'extrême », dans *Trucks & Tanks Magazine* n° 36, 2013.

Documentaire Arte : « Le mur de l'Atlantique. Bouclier des nazis », de Johan op de Beeck, 2001.

Deutsche Wochenschauen, Actualités filmées allemandes de 1944.

REMERCIEMENTS

J'exprime toute ma gratitude envers Claude Quétel, Vincent Jamet et Anne-Laure Bonnet pour leur excellent travail de relecture.

INDEX DES NOMS DE PERSONNES

INDEX DES NOMS DE LIEUX

Achevé d'imprimer en mai 2014 sur rotative numérique Prosper
par Soregraph à Nanterre (Hauts-de-Seine).

Dépôt légal : mars 2014
ISBN : 979-10-210-0415-3
N° d'édition : 3675
N° d'impression : 13834

Imprimé en France

L'imprimerie Soregraph est titulaire de la marque
Imprim'vert® depuis 2004.